# 『「不完全国家」ミャンマーの真実　民主化10年からクーデター後までの全記録』正誤表

| | 誤 | 正 |
|---|---|---|
| 目次vi頁、29頁2部分 | 大統領とスーチー氏と急接近 | 大統領とスーチー氏が急接近 |
| 8頁「2」冒頭 | 2011年の「国軍の日」 | 2010年の「国軍の日」 |
| 67頁16行目 | 産業政策の具体的に | 産業政策が具体的に |
| 85頁15行目 | 2010年8月、 | 2011年8月、 |
| 141頁3～4行目 | 総選挙では。 | 総選挙では、 |
| 177頁13行目 | 「性的暴力があった」31%は、 | 「性的暴力があった」31%、 |
| 311頁最終行 | 意味ではい。 | 意味ではない。 |
| 319頁最終行 | 1998年の軍事クーデターから | 1988年の軍事クーデターから |
| 347頁5行目 | 紹介してもらないか、 | 紹介してもらえないか、 |
| 354頁5行目 | カチン独立軍（KIO） | カチン独立軍（KIA） |
| 410頁16行目 | ヤンゴンを結ぶルート。 | ヤンゴンを結ぶ。 |

（第1版第1刷　2022年2月15日）

# 「不完全国家」ミャンマーの真実

## 民主化10年からクーデター後までの全記録

深沢淳一［著］
（読売新聞元アジア総局長）

文眞堂

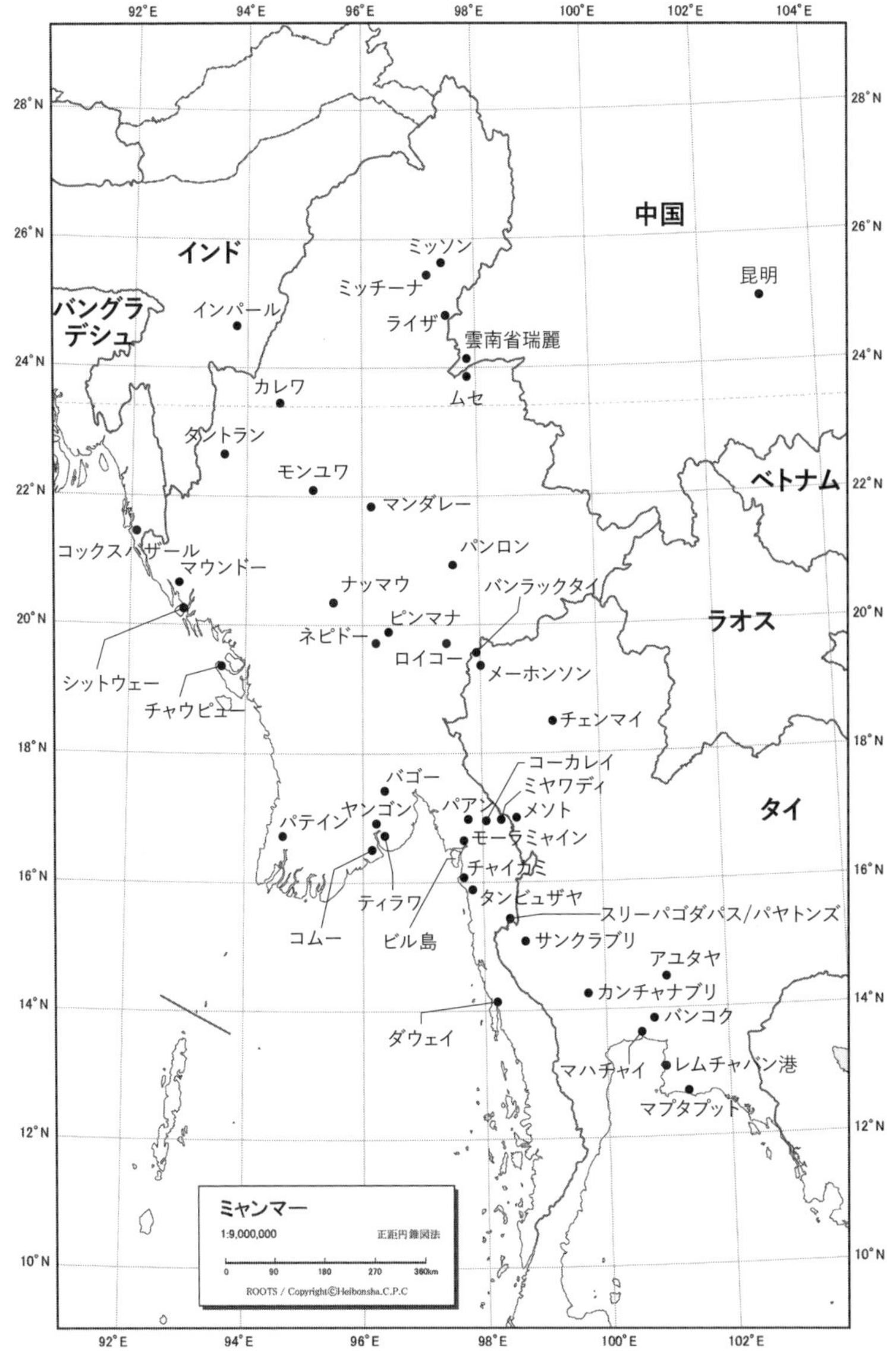

中国
インド
バングラデシュ
ベトナム
ラオス
タイ
昆明
ミッソン
ミッチーナ
ライザ
雲南省瑞麗
ムセ
インパール
カレワ
タントラン
モンユワ
マンダレー
コックスバザール
マウンドー
パンロン
ナッマウ
バンラックタイ
ピンマナ
ネピドー
ロイコー
メーホンソン
シットウェー
チャウピュー
チェンマイ
コーカレイ
ミヤワディ
バゴー
パアン
メソト
パテイン
ヤンゴン
モーラミャイン
チャイカミ
タンビュザヤ
ティラワ
コムー
ビル島
スリーパゴダパス/パヤトンズ
サンクラブリ
アユタヤ
カンチャナブリ
バンコク
ダウェイ
マハチャイ
レムチャバン港
マプタプット
ミャンマー
1:9,000,000
正距円錐図法
0 90 180 270 360km
ROOTS / Copyright©Heibonsha.C.P.C

# はじめに

ミャンマーの最大都市ヤンゴンに、軍事独裁政権の時代に多数の民主化運動家や市民を「政治犯」として収容してきた悪名高き「インセイン刑務所」がある。約10年前、約半世紀も軍政状態が続いたミャンマーで信じられないような民主化改革が始まり、２０１２年１月、この刑務所から全ての政治犯が一斉に釈放された。じりじりと照りつける乾季の日差しの下、早朝から正門前では出迎えの家族や民主化運動の仲間たちが「政治犯」の解放を待ち続けていた。ようやく昼前に受刑者が一人ずつ脇の門から釈放されると、一帯は地鳴りのような歓喜の渦に包まれた。汗まみれでシャッターを切りながら、胸がたまらなく熱くなった。

読売新聞バンコク支局に駐在していた当時、少数民族武装勢力の支配地域も含めてミャンマーの各地を30～40回は訪れ、民主化の空気が国の隅々まで浸透していく様子を取材した。

初めてヤンゴンを訪れたのは、まだ軍政が外国人記者の入国を厳しく制限していた２０１０年３月だった。街を歩くと、バス停や屋台にいる市民からも自分が監視されているような、そんな不気味な雰囲気を感じた。だが、２０１１年３月に軍政から民政に移管され、次第に民主化が進展するにつれて、密告と監視の暗黒社会から解放された人々は、驚くほど冗舌に自己主張を始めた。ミャンマーを訪れるたびに、国民の表情が明るく変化していくのが分かった。

民政移管した2011年から2021年2月のクーデターまでの10年間は、国民が自分たちの将来とこの国の未来に初めて夢と希望を持つことができた一瞬だった。以前の軍政当時の弾圧に耐え、やっと自由と権利を手にした国民の間に、「新生ミャンマー」に対する「新愛国心」「新ナショナリズム」が芽生え、それが拡大していくのがわかった。

しかし、2021年2月1日、軍はクーデターで時計を暗黒時代に逆戻しする暴挙に走り、10年間の民主化の取り組みは水泡に帰した。クーデターの狙いは、ミャンマーを事実上の軍政体制に戻し、再び軍が国を完全に支配することである。国民はようやく手にした自分たちの「新生ミャンマー」という国家を破壊する軍に命をかけて抵抗し、新愛国心の下に連帯して、民主化を奪還するための闘いを続けている。クーデター後のミャンマーで起きているのは、軍政体制の「完全復活」と「完全解体」をかけた、軍と国民の激突である。

本書は、2011年の民政移管からクーデターまでの10年間を、テイン・セイン政権による前半の5年間、アウン・サン・スー・チー政権による後半の5年間に分け、その間に起きた政治、経済、社会、少数民族問題、外交などあらゆる動きを網羅的にきめ細かく追い、束の間だった10年間を詳細に分析・検証した。さらに、クーデターが起きた原因と、今後のミャンマーの展開の可能性も示した。五感とフィールドワークを動員した拙い取材をベースに、以前の軍政時代、民主化改革、そしてクーデターという大きな歴史的うねりの底流にある横断的な原因と構造を、徹底的に紐解いてみたつもりである。

本書で最も伝えたかったのは、ミャンマーの人々の民主化への強い渇望と、不屈の精神である。民政の10年間で見せた国民の生き生きとした表情と町の活気、軍から「民主化ミャンマー」を必ず取り戻すという強固な決意、団結、連帯の力。人々の喜怒哀楽の声と通りの喧噪が行間から聞こえてきたら、とても嬉しく思います。

※　文中の肩書、年齢は当時のもの。「本紙」とは読売新聞の紙面。記者会見、声明、リリースなどの発表もので、ミャンマー、タイ、欧米などの複数のメディアに同じファクトが掲載されているものは、全ての引用元を表記していない場合もある。ドル、円、ミャンマーチャットなどの通貨換算の金額は当時の為替レートに基づく。

# 目次

# 第1部　予期しなかった民主化の加速

## テイン・セイン政権の5年間



ミャンマーという国家は、暗黒の軍事独裁体制から永遠に抜け出せない宿命なのだろうか――。

２０２１年2月1日、アウン・サン・スー・チー氏率いる国民民主連盟（ＮＬＤ）政権を軍がクーデターで追放し、自国民に銃口を向けて弾圧と虐殺を繰り返している状況は、第二次世界大戦後に英国から独立して以来、ずっと未完国家の状況を抜け出せないミャンマーの歴史を改めて想起させた。

ビルマ（現ミャンマー）は１９４８年に英国の植民地支配から独立したが、現在に至るまでミャンマーの東部、北部の山岳地帯で軍と少数民族武装勢力との紛争が続いている。政治が混乱して統治体制が安定しない中、１９６２年、1回目の軍事クーデターが発生してネ・ウィン政権が発足し、ビルマ社会主義計画党（ＢＳＰＰ）の一党支配の下で独裁体制が敷かれた。国民はネ・ウィン独裁体制下の「ビルマ式社会主義」による鎖国政策と圧政で貧困に苦しみ、１９８８年、怒りが頂点に達した学生たちが民主化を求めて大規模に蜂起して、ＢＳＰＰのネ・ウィン議長を辞任に追い込んだ。

しかし、軍は国内の混乱を鎮静化する名目で同年、２回目のクーデターを決行して軍事政権を発足し、軍が国の統治に直接乗り出した。居住先の英国から母親の病気見舞いのためたまたま帰国していたスー・チー氏が学生などから民主化運動のカリスマに担ぎ上げられ、ＮＬＤを結成したのはこの時期である。

1回目のクーデターからは約半世紀後、2回目のクーデターからは23年後の２０１１年3月、ミャンマーの統治体制は軍政から民政に移管した。国民も国際社会もメディアも、誰もが「軍人が軍服からスーツや（伝統衣装の）ロンジーに着替えただけで、実態は軍政と何も変わらない」「名ばかりの民政移管にすぎない」と冷ややかに見ていた。ところが、民政移管で発足したテイン・セイン政権は大胆な民主化改革を推し進め、軍政下では絶対に起こり得なかった政策を次々に打ち出した。大方の予想は良い方向に外れ、ミャンマーの将来に大きな希望が広がった。２０２１年2月に3回目のクーデターが起きるまでは……。

第1部では、民政移管からクーデターまでの「民主化」の10年間のうち、テイン・セイン政権下の前半5年間を詳しく記す。「軍政はどのような意図で民政体制に転換したのか」「テイン・セイン大統領はなぜ大胆な民主化改革を進めたのか」など、猛烈な速さで軍政から民主化に変化を遂げたミャンマーの状況を、当時の取材をベースに詳細に分析・検証する。

# 1章　20年ぶりの総選挙

## スー・チー氏を排除して決行

### 1. 軍政最後の「国軍の日」式典、3年ぶりに外国メディアの入国を許可

ミャンマーの3月は灼熱だ。容赦なく照りつける暴力的な日差しは気温を40度近くまで押し上げ、ヤンゴンの野良犬はわずかな日陰で腹ばいになり、荒く息をしている。軍事政権の人権弾圧に対する欧米の経済制裁の影響で、ミャンマーはインフラ整備が著しく遅れている。電気は水力発電の依存度が高く、乾季が終わりに差しかかるこの時期はダムの水位が低下して、出力不足で停電が頻発する。「停電」は、ミャンマーでは真夏の「季語」である。建物の中はエアコンが止まって蒸し風呂状態になり、屋外に出ても全身が汗でびしょぬれになる。酷暑から逃れる手だてはない。２０１０年の3月も、そのような暑さがミャンマーを包んでいた。

軍事政権にとって、２０１０年は極めて重要な節目の年だった。軍政は２００3年に公表した民主化に向けた「行程表」（ロードマップ）に基づき、２０１１年3月に軍政から民政に移管することを表明していた。２０１０年はその「前夜」にあたる。軍政は毎年3月27日の「国軍の日」に、首都ネピドーで軍事式典を行っているが、２０１０年は外国メディアに取材ビザを3年ぶりに発給して外国人記者の

入国を認めた。軍政下では最後となる国軍の日の式典を取材させるためだった。

「国軍の日」とは、第二次世界大戦末期の１９４５年3月27日、現在のネピドーに隣接するピンマナという町で、日本軍の支援部隊だったビルマ人の青年たちの部隊が日本軍に反旗を翻し、武装蜂起した日にちなんでいる。英国の植民地支配と日本軍の支配が長く続いたミャンマーには、もともと国軍は存在していなかった。この時の日本軍への蜂起が軍の源流と定義され、国軍の日と定められた。この反乱を先導したのは、日本軍が南シナ海に面した海南島で軍事教練を施した青年たちだ。アウン・サン・スー・チー氏の父で、現在も国民的英雄のアウン・サン将軍はリーダー格の一人だった。将軍は英国からの独立と少数民族との融和に尽力していた最中の１９４７年7月、32歳の若さで政敵から暗殺された。１９６２年のクーデターで独裁政権を敷いたネ・ウィン氏も海南島で訓練を受けており、日本軍に武装蜂起した一人だった。

ちなみに、ネピドーは軍政が21世紀に人工的に開発した首都であり、第二次大戦当時は影も形もない。２０００年代、軍政はヤンゴンから北に約３２０キロメートル離れた内陸部のピンマナ周辺のジャングルを極秘裏に開発し、中央省庁の庁舎や公務員用の集合住宅が点在する都市を建設した。ヤンゴンの地元紙記者によると、「ネピドーの一帯は、昔は虎が出てくるようなジャングルだった」という。「首都をネピドーに移す計画は、２００５年11月に突然発表された。国民は軍政がそこに都市を建設していることを全く知らず、本当に寝耳に水だった」と、軍政の徹底した情報管理も含めて、当時の驚きを語った。

ネピドーの建設を主導したのは、軍政最高権力者だったタン・シュエ国家平和発展評議会（ＳＰＤ

C）議長だった。占星術で縁起が良かった2005年11月6日午後6時37分、それまでの首都だったヤンゴンの各省庁から1000台以上の軍用トラックを使って引っ越しを行い、首都移転を完了させたという(1)。

2010年3月に話を戻す。軍政が外国メディアに国軍の日の取材を認めたといっても、取材ビザの発給は1社一人に限定され、滞在できる日数はわずか4日間だった。ヤンゴンとネピドーの往復で2日間は取られるため、外国人記者を最小限の日数しか国内に留まらせない態度が露骨に出ていた。

当時、軍政は外国メディアがミャンマー国内に支局を開設することを認めず、日本や欧米のメディアは、隣国タイのバンコク支局からミャンマー情勢をウオッチしていた。軍政の情報省は、外国メディアがヤンゴン在住のミャンマー人の地元記者などと通信員（ストリンガー）の契約を結び、ストリンガーとのメールや電話での連絡や、ストリンガーが取材した情報をバンコク支局など国外に送り、そこから記事化することは認めていた。

ミャンマーに入国したのは、この時が個人的にも初めてだった。次にいつ取材ビザが出るのか全く見通せないため、事前にヤンゴンのストリンガーとやり取りして、可能な限りの取材を詰めこんだ。参考までに、以下のような行程だった。

▽3月25日午前8時45分、ヤンゴンにバンコクから空路着。ストリンガーのココさんと空港で初めて会い、取りあえずホテルにチェックイン。ココさんは私と同世代で、ヤンゴンで中堅のメディア会社を経営している。陽気で義理人情に厚いジャーナリストであり、英語も堪能だった。彼の「弟子」のミンさんとともに、ストリンガーという関係ではなく「同士」として、その後の私や同僚のミャンマー取材

を強力に支えてくれた。

昼食は、ミャンマーのシンボルである黄金の巨大仏塔「シュエダゴンパゴダ」が路地の向こうに見える食堂でミャンマーカレー。午後は外交関係者にミャンマーの政治・経済情勢を取材。ヤンゴンの下町の古い雑居ビルにあるココさんが経営する小さな新聞社のオフィスに移動。彼からミャンマー情勢の説明を受ける。車で国民民主連盟（ＮＬＤ）本部の周辺に。その後、夕方の帰宅時間帯のヤンゴンの様子を撮影。道行く人たちは男女や年齢を問わず、ほぼ全員がロンジー（腰巻きの民族衣装）をまとい、女性は植物由来の伝統顔料の「タナカ」を両頬に白く塗っていた。排気ガスで街の空気は汚れている。夜は日本大使館幹部とバンコクから来た日本人記者との取材懇談。

▽26日は、ココさんが手配してくれた車で朝6時半にホテルを出て一緒にネピドーへ移動。ヤンゴンとネピドーの間は自動車専用の有料道路で片道5～6時間。車の交通量はわずかで、道は閑散としている。路面は粗いコンクリート製でくぼみが多く、雨季はスリップによる死亡事故が多発するという。道の両側は原野が延々と広がり、東方の遠くに山脈が見える。シャン族などの少数民族武装勢力の支配地域は山脈の向こう側に点在している。

ヤンゴンとネピドーの区間はその後、何度も車で往復したが、携帯電話は常に圏外だ。路面がデコボコで車が上下に大きく揺れ続けるためパソコンが使えず、本や資料も読めない。揺れで仮眠もできず、じっと前方を眺めているしかなかった。この日は昼ごろネピドー着。人工の首都を車で回り、公務員住宅や役所の建物、商業施設などを観察。

▽軍事式典当日の27日、外国人記者に指定されたコテージ型のホテルにまだ暗い午前5時、当局が差

し向けたバスが到着、軍事パレード専用に造られた広大なグラウンドに移動。途中、シュエダゴンパゴダを模して建てられた巨大なパゴダがライトアップされ、日の出前の闇の中を黄金色に浮かび上がっていた。

軍事式典は酷暑の昼間を避け、日が昇り始めた午前7時から同8時30分まで行われた。入り口の検査場で携帯電話を預けなければならない。式典終了後は、民政移管に向けて建設が進む国会議事堂など議会関係の建物群の広大な現場を取材。昼過ぎにホテルのコテージ型の離れの部屋に戻り、軍事式典の原稿をパソコンに打ち込んで東京本社へGメールで送信。ちなみに、軍政当時はヤンゴンもネピドーもインターネットの環境は劣悪だった。通信速度は極度に遅く、ウェブサイトにアクセスしても開くのに時間がかかり、途中で途切れることも多かった。動画は重すぎて再生できない。軍政は欧米メディアのサイトなどへの接続を遮断していた。デジカメで撮影した写真を送信できるかどうかは、データをかなり圧縮しても運任せだった。

携帯電話も軍政当時は国外とのローミングが行われてなく、タイから持ち込んだ携帯端末は使えない。ミャンマー用の端末を現地でレンタルするか購入して、通信量をチャージした現地のＳＩＭカードを差し込まなければならなかった。ローミングは、２０１２年頃にようやく可能になった。

▽深夜、車でネピドーを出てヤンゴンへ。28日未明にヤンゴンのホテル着、2〜3時間仮眠。午前と昼過ぎに、11月の総選挙に参加する予定のミャンマー民主党と、軍寄りの政党の幹部にそれぞれ取材。ホテルのロビーで原稿を打ってメール送信。夕方に空港へ。ココさんと別れて19時45分発のタイ航空でバンコクへ戻る——。

軍政下のミャンマー取材は、このような状況だった。滞在時間が極めて限られていたうえ、外国人記者の行動は情報省や治安当局がチェックしており、民主化勢力や市民に取材する機会は作れなかった。軍政は、外国メディアを国民に極力接触させないようにしていた。

## 2. 軍政の最高権力者、「軍はいつでも国政に関わる」

軍政体制下では最後となる2011年の「国軍の日」の式典は、広大なフィールドに向かって350脚ほどの椅子が並べられていた。薄いクリーム色のスーツの軍服と制帽を着用したテイン・セイン首相ら軍政の閣僚陣が最前列に座り、陸海空軍の幹部、各国の大使館の駐在武官などの来賓、そして取材の外国人記者が、あらかじめ指定された椅子に着席した。

やがて500メートルほど向こう側から歩兵の行進が始まった。数十の隊列に分かれた兵士たちが大きな掛け声をあげ、足並みをそろえて続々とフィールドに入ってくる。甲子園球場

2010年3月の「国軍の日」、演説を終えて敬礼するタン・シュエSPDC議長（筆者撮影）

表1-1　軍政が示した7段階の民主化行程表（ロードマップ）

| | |
|---|---|
| ① | 国民会議の招集 |
| ② | 憲法の基本原則の決定 |
| ③ | 国民会議が定めた基本原則に基づく新憲法起草 |
| ④ | 新憲法草案の是非を問う国民投票 |
| ⑤ | 新憲法に基づく自由・公正な国会議員選挙の実施 |
| ⑥ | 国会の召集 |
| ⑦ | 国家指導者の選出と民主国家の樹立 |

の高校野球の入場行進の巨大版だ。総勢約1万3000人の兵が行進を終えて所定の位置に整列するまで、30分以上かかった。静まり返ったフィールドに向けて、演台から軍政最高権力者のタン・シュエ国家平和発展評議会（SPDC）議長の演説が始まった。

「われわれ（軍）は国や人々の命を守るだけではなく、必要とあればいつでも国政に関わる」。タン・シュエ議長は静かな口調でこう強調して、軍は民政移管後も政治に関与していくことを宣言した。外国メディアに軍政が3年ぶりの入国と式典取材を許可したのは、国際社会にこの宣言を発信する狙いだったとみてよいだろう。

11月の総選挙については、2003年に軍政が定めた7段階の「民主化行程表」（ロードマップ）に基づき、「新しいシステムへの移行は始まっている」と述べ、「自由で公平な選挙が年内に実施される」と明言した。

一方で、選挙活動を機に国民から軍政批判や反軍デモが起きる事態を警戒し、「社会不安に対して最大の警戒が必要だ。安定、平穏、結束を危険にさらす暴力、不適切な選挙キャンペーンは避けなければならない」「候補者や政党は、勝利するために国民や地域を分裂させることにつながる誹謗中傷は避けなければならない」と述べ、民主化勢力や国民に選挙運動で節度を守るよう強くくぎを刺した。

民政移管後に進められる民主化のペースに関しては、あくまでも漸進的に行うべきだという考えを、次のような言い回しで指摘した。

「一つのシステムからもう一つのシステムに次第に移行する際の失敗は、国と国民を危険にさらす」「外からの影響力に頼ることは絶対に避けなければならない」「民主化の誤ったやり方は無秩序を招く」「選挙に参加する政党は、民主主義が成熟するまで自制・節度を示すべきだ」――。

つまり、一気に民主化を進めることで、軍を頂点とする国家のヒエラルキーを破壊することは許されない、まして欧米などの「外からの影響力」と協力して、軍の政治的影響力を駆逐しようとする企ては断じて許さない、という主張である。

軍は民政移管後も政治への影響力を堅持していく――。これが、最高権力者が軍政最後の国軍の日に残したメッセージの「信条」であり、軍が「行き過ぎた民主化体制」だとみなせば、クーデターを使ってでも軍政体制に戻すという警告だった。

## タン・シュエ議長が周到に準備した安全な引退のシナリオ

ミャンマーの歴史学者タン・ミン・ウー氏は自著で、タン・シュエ議長が民政移管に伴って軍を引退する際、自身の「身の安全」を守るためのシナリオを入念に練っていた、と次のように指摘している。(2)

長く権力のトップにいた者は、その間に受けた反感、恨み、権力抗争や腐敗などが原因で、引退前後にライバルや次の権力者から訴追や財産没収などの形で攻撃されるリスクを伴いがちだ。実際、タン・シュエ議長は、1962年から独裁体制を敷いたネ・ウィン氏が2002年に死亡する間際に、その家族を逮捕した。「ネ・ウィン氏の家族は政治的な影響力を持っている」と疑い、影響力を取り除くためだった。

タン・シュエ議長が次にパージの標的にしたのは、軍の諜報部門をコントロールしていたキン・ニュン首相だった。諜報部門が掌握するスパイ網と膨大な情報提供者のネットワークは、民主化勢力だけでなく、軍の内部からも恐れられていた。このため、タン・シュエ議長はキン・ニュン首相から寝首をかかれることを警戒し、2004年に更迭して自宅軟禁下に置くとともに、諜報部門の3万人以上の幹部、兵士も即座に解雇した。一方で、キン・ニュン氏が公表した民主化の「行程表」(ロードマップ)は、その後も履行が維持された。

議長は民政移管前年の2010年からは、自身が無事に引退して、家族や子孫も含めて安全に過ごしていくための段取りを慎重に進めた。議長を務めるSPDCは、民政移管と同時に廃止されるが、タン・シュエ議長は私的な会合で、「(民政移管後に)自分はトップに就くことを望んでいない」と述べて、身を引く意向を示していたという。ただ、長年のライバル関係にあった軍政ナンバー2のマウン・エイ上級大将補が軍に残れば、自身がネ・ウィン氏の家族にそうしたように、自分や家族を失墜させる恐れがある。このため、上級大将のタン・シュエ議長は自身とマウン・エイ上級大将補の軍政ナンバー1と2が、軍を同時かつ確実に引退する段取りを固めた。

一方、軍政序列3位のトゥラ・シュエ・マン大将は権力志向が強かったため、独裁者と化して引退後の自分を脅かすことのないよう、周囲から有力視されていた初代大統領の芽を摘み、実権のない下院議長に充てた。代わりに、軍政で首相を務めながらも政治的野心が薄く、軍首脳部には珍しく家族が軍の縁故ビジネスに手を染めていない序列4位のテイン・セイン氏を大統領に抜擢したという。

当時78歳だったタン・シュエ議長は2010年8月、軍の序列上位だった十数人の高官を一度に引退させ、一部はUSDPから総選挙に立候補するための準備にあたらせた。彼らの引退で空席になったポストには「次世代」の40代後半から50代前半の幹部を昇進させて、軍部の大幅な若返りを図った。抜擢人事で忠誠心と恩を自分に抱かせる狙いもあったとみられている。後継の最高司令官には、約20歳も若く、2021年2月のクーデターを主導したミン・アウン・フライン氏を指名した。

## 7段階の「民主化行程表」に基づき総選挙へ

軍政が2010年11月に総選挙を実施したのは、2003年8月に当時のキン・ニュン首相が発表した7段階の「民主化行程表」（ロードマップ）に基づく措置だった。

行程表には、軍政体制から民政に移管するまでの7段階のプロセスが示されていた。順に、①新憲法を起草するため「国民会議」を招集する、②憲法の基本原則を決定する、③国民会議が定めた基本原則に基づく新憲法を起草する、④新憲法草案の是非を問う国民投票を実施する、⑤新憲法に基づく自由・公正な国会議員選挙を実施する、⑥国会を召集する、⑦国家指導者を選出し、民主国家を樹立する――という段取りだ。総選挙は、行程表の5段階目にあたる。

軍政が民主化の行程表を策定したのは、当時発足したばかりのキン・ニュン体制が民主化に取り組む姿勢を単にアピールしただけにすぎない、と国内外からみられていた。行程表には、それぞれの段階を実施する目標時期や具体的な措置が明記されてなく、国際社会は「項目を列記しただけで具体性に乏しい」と非難した。ただ、実際に２０１１年3月に民政移管が完了に至るまでの過程は、一応は行程表に示された七つの項目を、軍政が一つずつ実行に移してきた帰結だった。

そもそも軍政は１９９８年のクーデターから2年後の１９９０年に総選挙を行い、アウン・サン・スー・チー氏が率いる国民民主連盟（ＮＬＤ）がその選挙で圧勝した。しかし、軍政はこの選挙結果を受け入れず、「憲法を制定することが先決だ」と主張して政権移譲を拒否した。その後、行程表の4段階目に示された「新憲法草案の是非を問う国民投票」は２００８年、サイクロン「ナルギス」の襲来でミャンマー国内が壊滅的な被害を受けた数日後に実施され、投票結果を疑問視する見方が強い中、国民から圧倒的な賛成を得たとして、軍に都合の良い中身の憲法が成立した。その新憲法の下、１９９０年以来20年ぶりとなる総選挙が２０１０年11月に実施されることになった。

## 3. ＮＬＤは総選挙をボイコットして解党

軍政は２０１０年11月の総選挙に向けて、選挙関連法の規定などを通じて、総選挙からアウン・サン・スー・チー氏を徹底排除するとともに、他の民主派政党に対しても、候補者に課される供託金を高額に設定して選挙参加のハードルを高くした。軍政は、国民のカリスマであるスー・チー氏を排除した国民民主連盟（ＮＬＤ）であれば、総選挙に参加しても前回１９９０年のような大勝利を収める可能性は低いと踏んだとみられる。ＮＬＤや他の民主派政党の参加で、形式的には複数政党による民主的な総選挙の実施を国内外に演出し、実態は民政移管後も軍の政治への影響力を維持する狙いだった。

軍政側は、総選挙に先駆けてテイン・セイン首相など20人以上の閣僚らが軍籍を離脱して「民間人」となり、軍政の継承政党となる連邦団結発展党（ＵＳＤＰ）を結成した。２０１０年７月には、会員数２５００万人とされる軍政の大衆運動組織「連邦団結発展協会」（ＵＳＤＡ）をＵＳＤＰに統合し、ＵＳＤＡの資産や事務所をＵＳＤＰに移し替えて組織力、財力とも万全な体制を整えた。

### 投票日はスー・チー氏の自宅軟禁の満了直前

総選挙の投票日は、スー・チー氏が自宅軟禁から刑期満了で解放される４日前の11月７日と定められた。選挙運動期間中にスー・チー氏が自由の身となり、その言動が世論と選挙に影響を及ぼすことがないようにするためだ。

ただ、ＮＬＤ自体は、選挙関連法の規定を不服として、３月の時点で総選挙のボイコットを機関決定して、５月に同法に基づいて「解党」した。その後、ＮＬＤは全国各地の事務所や党員などの体制は維持したまま、政党ではなく「非合法組織」として存続した。ＮＬＤの選択は、軍政にとっては誤算だった。ＮＬＤも加えて自由で公正な総選挙を国内外に演出するはずだったが、形式的な選挙を経て事実上の軍政体制を維持する狙いが、かえって強調される結果となったためだ。

ＮＬＤが総選挙のボイコットを決断したのは、次のような経緯だった。軍政は３月10日、総選挙に向けて「政党登録法」を制定し、国営紙を通じて内容を公表した。同法の主な規定は、▼新たに設立される政党だけでなく、既存の政党も政党登録法制定から60日以内に選挙委員会へ再登録しなければならない、▼有罪判決を受けた者は党員になれない、▼宗教関係者も政党を組織できない――という内容だ。

スー・チー氏は自宅軟禁下の2009年8月、ヤンゴンの自宅裏手に面した湖の対岸から泳いで敷地に侵入してきた米国人を、無断で滞在させたとして、国家防護法違反の罪で有罪判決を受けた。政党登録法に基づけば、NLDが政党として再登録するには、スー・チー氏の党籍離脱が不可避となる。もしくは、NLDがそれを拒んで政党に再登録しない場合は、NLDは解散に追い込まれる。スー・チー氏には、除籍になればNLDとの接触や政治活動を全面的に禁じられる恐れもあった。

## 露骨にスー・チー氏の排除を狙った「政党登録法」

スー・チー氏は軟禁中のヤンゴンの自宅で3月11日、NLD幹部でもあるニャン・ウィン氏ら弁護士2人と2時間にわたって対応を話し合った。関係者によると、「スー・チー氏のNLDからの除籍」か「NLDの解党」の二者択一を迫る政党登録法の規定をスー・チー氏は激しく非難したという。「このような弾圧的な法律になると思っていなかった」「恥ずべき中身だ」「一人の人物（スー・チー氏）に向けて書かれており、法律になっていない」「法の高潔さを傷つけている」などと、強い怒りをあらわにしたという。

それから18日後の3月29日、NLDは最高意思決定機関である中央執行委員会（CEC）のメンバーと、全国14の州・管区にある地方組織の代表ら113人が出席して、ヤンゴンの党本部で幹部会議を開いた。その席で、ＮＬＤは政党登録を拒否して選挙をボイコットすることを、全会一致で決定した。ＣＥＣの関係者によると、中央執行委員会の委員20人は、この会議の直前までは、態度未定の３人を除いて10人が総選挙のボイコットを主張したが、７人は「政党の責務を果たすために総選挙に参加すべきだ」との意見だった。しかし、ニャン・ウィン氏が会議で「スー・チー氏は政党登録を受け入れない考えである」と伝えたことで、流れは一気に総選挙のボイコットに決まった。

## 4．高額の供託金が民主派政党のハードルに

軍政はまた、政党が総選挙に参加する際に必要な供託金の面からも、民主派政党の参加を抑えこむ措置に出た。選挙関連法の付則として、候補者一人あたりの供託金を前回１９９０年の総選挙時よりも米ドル換算で50倍の約５００ドル（前回は約10ドル）に引き上げたのだった。この金額は、ミャンマーでは教員の年収の半分に匹敵する「大金」である。さらに、政党が選挙委員会に政党登録する際の費用も同約３００ドルと、前回（約５ドル）の60倍にアップした。

一方、候補者が選挙運動に使える選挙活動費の上限は同約１万ドルと規定され、前回の約70ドルから大幅に上積みされた。選挙活動費は候補者と政党のどちらが調達しても良く、党員数が多い党ほど多くの資金を集めやすい。会員数２５００万人とされる軍政の大衆運動組織「連邦団結発展協会」（ＵＳＤＡ）を引き継いだ軍系政党のＵＳＤＰは、寄付や会費などの名目で多くの資金を調達して、選挙運動を大々的に展開することが可能になる。潤沢な資金力があるＵＳＤＰには有利な条件であり、外交関係者

は「組織力を持つUSDPは選挙の広告や集会の費用をふんだんに使えるが、規模が小さい少数民族や民主派の政党には厳しすぎるルールだ」と指摘した。

3月にネピドーでの軍事式典を取材した後、ヤンゴンで取材した「ミャンマー民主党」は、1948年に英国の植民地支配から独立後、ビルマで初めて首相を務めたウー・ヌ氏と、2代目の首相を務めたバ・スエ氏のそれぞれの娘が幹部に名を連ね、反軍政党の一翼として期待されていた。しかし、高額な供託金の確保がネックになり、総選挙で十分な候補者を立てられなかった。同党のトゥ・ウェイ議長（79）は8月にヤンゴンで記者会見し、「ビルマ（ミャンマー）のような貧しい国では、候補者一人500ドルの供託金はとても大きな金額だ」と苦渋の色を浮かべ、党の候補者は全体で100人前後にとどまり「目標にはとても届かない」と語った。

## 5．NLDの分派政党が選挙に参加、スー・チー氏と摩擦

一方、アウン・サン・スー・チー氏が率いる国民民主連盟（NLD）は、総選挙のボイコットを決めて、政党届け出上は5月に「解党」した。しかし、NLD内でこの決定に不満を抱いた一部の幹部らは、NLDを離党して新党「国民民主勢力」（NDF）を結成し、総選挙への参加を決めた。

NLDは、自宅軟禁中のスー・チー氏の意をくむ形でボイコットを機関決定したが、党内には「選挙に参加して議会から民主化を主張するのが筋だ」などと、選挙参加を主張する声も根強かった。NLDから分派したNDFには、NLDの最高機関である中央執行委員会（20人）から少なくとも6人が参加

しており、彼らは「アウン・サン・スー・チー氏とは仲たがいではなく、（離党は）民主化を求める方法論の違いにすぎない」と説明した。

ただ、ＮＬＤは総選挙を翌月に控えた10月下旬、国民に投票のボイコットを呼びかける声明を発表した。「国民には投票しない自由もある」というスー・チー氏の主張を踏まえたもので、「軍政が定めた憲法や法律の下では民主的な選挙は保証されない」という理由からだった。さらに、ＮＬＤから分派したＮＤＦに対して、声明では「アウン・サン・スー・チー氏はＮＤＦのリーダーではない」としてＮＬＤとは全く無関係の政党であることを強調し、ＮＬＤはＮＤＦを支持しない姿勢を打ち出した。

関係者によると、ＮＬＤ内では、総選挙をボイコットすべきかどうかを検討した際、ボイコットを主張するスー・チー氏や長老と、「議会で民主化を主張すべきだ」とする若手層が最後まで対立した。ＮＬＤ内の「選挙参加派」が離党して設立したＮＤＦのナンバー２を務めるテイン・ニュン氏は本紙の取材に、「民主化は選挙を通じて求めていくものだ。民主化を訴え続けたスー・チー氏が投票のボイコットを主張するのはおかしい」と指摘した（ＮＬＤ内のスー・チー氏と一部党員との確執は、後ほど詳しく触れる）。

投票日が近づく中で、スー・チー氏の投票ボイコットの呼びかけを疑問視する世論の声があったのも事実だ。当時、ヤンゴンでは「（軍政の継承政党であるＵＳＤＰが圧勝するという）結果がわかっているのに投票する必要はあるのか」（会社員、32歳）などとして、投票ボイコットは妥当だという声が多かった。一方で、「完全な民主化が訪れないのは分かっているが、（民主派政党から一人でも多く当選すれば）今よりマシになるかもしれない」（同50歳）、「投票ボイコットは良い結果を生まない」（出版業、

45歳）など、民主派政党の議席を少しでも確保すべきとの意見もあった。

軍系政党のＵＳＤＰが9月上旬、ヤンゴンなどの有権者に郵送した選挙公約には、外交や人権、地域発展まで幅広い政策方針が書かれていた。それに目を通したヤンゴン市民は「一言一句、軍政が掲げてきた文章と全く同じだ。20年も（同じ文言を）聞かされ続けてうんざりする」と苦笑した。投票ボイコットの是非では意見が割れても、反軍政感情では大多数のミャンマー国民は一致していた。しかし、軍政は選挙関連法などを通じて、反軍政の民意の受け皿となる政党の参加を抑制し、ＵＳＤＰが圧勝する仕組みを総選挙に向けて周到に整えた。

## 6. 軍政のシナリオ通りにUSDP圧勝の「欠陥選挙」

総選挙の10日ほど前、ベトナムのハノイで東南アジア諸国連合（ＡＳＥＡＮ）の外相会議と首脳会議が行われた。軍政はこの機会を、総選挙に向けてＡＳＥＡＮ各国を懐柔する場に活用した。

テイン・セイン首相は10月28日の首脳会議で、自宅軟禁中のアウン・サン・スー・チー氏を「11月のいずれかの時期に解放する」と各国首脳に表明した。前日の27日に行われた外相会議では、軍政のニャン・ウィン外相が総選挙での外国政府による視察に関して、「外交官の視察をＡＳＥＡＮ以外の国も含めて各国5人以内で受け入れる。視察先は各国が自由に決められる」と発言し、ＡＳＥＡＮのスリン事務局長は会議後の取材で、「（ミャンマーを除く）ＡＳＥＡＮ9カ国はミャンマーの提案を歓迎している。各国から5人ずつ視察させる予定だ」と軍政の対応を評価した。

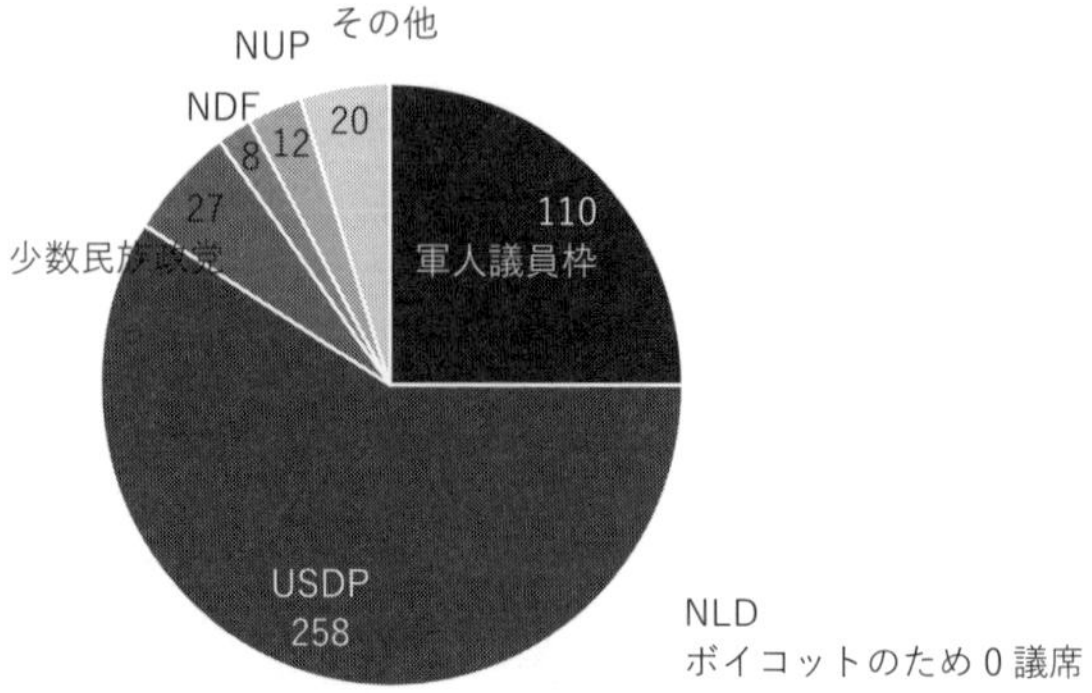


自由アジア放送（Radio Free Asia）まとめ。
定数と一致しないのは、選挙が実施されなかった選挙区があるため。

**図 1-1　2010 年総選挙（下院選）後の議会構成**

とはいえ、公式の会議を離れれば、ＡＳＥＡＮ各国からは、「ミャンマーの総選挙は茶番にすぎない」（フィリピン政府関係者）などと軍政の選挙プロセスに対する批判が出ていた。

11月７日に実施された総選挙では、軍政は外国メディアに取材ビザを発給せず、外国人記者の入国をシャットアウトした。投票結果は「既定路線」通りに、軍系の連邦団結発展党（ＵＳＤＰ）が地方議会を含む全選挙区で１１００人以上の候補者を擁立し、圧勝を収めた。

ＵＳＤＰの獲得議席は、下院（定数４４０）は２５８議席を占めたうえに、軍政が制定した憲法では、上下両院と地方議会は定数の各25％が軍人議員枠として割り振られ、選挙を経ずに軍に自動的に提供される。下院はＵＳＤＰの議席数と軍人議員枠を合計すると３６８議席、上院（同２２４議席）はＵＳＤＰの獲得議席数が１２３議席、軍人議員枠を加えると１７９議席となり、上下両院で圧倒的多数を押さえた。

一方、民主派政党は予定の候補者数に必要な供託金を

表1-2　2010年11月に行われた総選挙の概要（筆者作成）

| | |
|---|---|
| 選挙 | 人民議会（下院、定数440のうち330議席）、民族議会（上院、同224のうち168議席）、地方議会 |
| 参加政党 | ▽軍人枠を除く計1100議席に37政党の約3150人が立候補<br>▽主な政党<br>〈軍系〉<br>「連邦団結発展党」（USDP、候補者1112人）、その他複数の軍寄りの政党が参加<br>〈民主化勢力〉<br>「国民民主勢力」（NDF、162人）、「シャン民族民主党」（SNDP、157人）、「ミャンマー民主党（DP、47人）」など<br>〈第三極〉<br>ネ・ウィン政権の流れを継ぐ国民統一党（NUP、999人） |
| | 女性候補者は全体の3.7% |
| 有権者数 | 18歳以上の約2900万人 |
| 投票所数 | 約4万カ所 |

集めることができず、選挙直前になっても「全国約1100の選挙区で、野党勢力は合計500人程度しか候補者を立てられない」（ミャンマー民主党幹部）と大苦戦を強いられた。スー・チー氏が率いる国民民主連盟（NLD）から分派した国民民主勢力（NDF）が擁立した候補者は最終的に約160人、ミャンマー民主党は約50人にとどまった。資金力と全国規模の組織力で民主派政党はUSDPに完全に力負けしたのに加えて、スー・チー氏が投票直前になって国民に投票ボイコットを呼びかけたことも、民主派政党の票の取り込みにマイナスに働いたのは事実である。

総選挙の結果を踏まえて、ASEAN議長国のベトナムは11月9日、「ASEANはミャンマーの民主化に向けた意味のある一歩として、7日に行われた総選挙を歓迎する」との声明を発表し、ASEANとして選挙結果を受け入れる姿勢を示した。しかし、米国はクリントン米国務長官が「軍政の圧政ぶりを改めて見せつけた欠陥選挙だ」と厳しい言葉で非難し、ミャンマーの国民や国際社会も同様の認識だった。日本や欧米のメディアは、「形だけの民政移管を経て、軍政状態は今後も維持される」という見通しを報じた。翌年から劇的な民主化改革が起きることなど、その時は誰も微塵も想像できなかった。

## 7．スー・チー氏、ようやく自宅軟禁から解放

総選挙の投票日から6日後の11月13日、軍政はアウン・サン・スー・チー氏をヤンゴンの自宅軟禁から解放した。スー・チー氏は２００３年5月に軍政に拘束された後、同年9月から3度目の自宅軟禁下に置かれており、実に7年半ぶりに拘束・軟禁を解かれて自由の身となった。

スー・チー氏の自宅は、ヤンゴン市内で最も大きい湖のインヤー湖に面した古い洋館の豪邸だ。父のアウン・サン将軍の頃からの建物で、ミャンマーの象徴的存在である黄金色に輝く巨大なシュエダゴンパゴダから約3キロメートル離れた中心部の高級住宅地にある。近くには大型ホテル、ヤンゴン大学、アメリカ大使館などが立ち並ぶ。車の往来が多い大通りに沿って自宅の高い塀が続き、正門の横に守衛の詰め所がある。軟禁中、自宅前の大通りは車の通行が禁止されていた。

取材で何度か正門から敷地内に入った。正門をくぐると木々が植えられており、その向こうにフットサルコートがいくつかできそうな広さの芝生の庭園が広がっている。正門から左斜め奥の方にスー・チー氏が居住する2階建ての洋館が建つ。洋館と芝の庭園の奥には、インヤー湖の湖面がほぼ１８０度の視界で広がり、湖をはさんで５００メートルほど先の対岸の大型ホテルや建物が見渡せる。クリント

ン米国務長官や外国の要人がスー・チー邸を訪問した際には、洋館横のインヤー湖側の屋外の芝にメディア用の椅子が並べられ、約50人の記者やテレビクルーが待機する。スー・チー氏とクリントン国務長官らは、邸内での会談を終えると、一階のテラスに出てきて記者会見に臨んだ。

スー・チー氏は2009年5月、インヤー湖の対岸から泳いできた米国人と自宅で接触したとして国家防護法違反の罪で起訴され、自宅軟禁の期限が延長された。そのニュースに接した時には、敷地の広さや自宅とインヤー湖の位置関係が分からなかったため、男がどのように侵入したのかイメージがつかめなかった。実際にスー・チー邸の敷地からインヤー湖に向かって立つと、湖面と敷地はほぼ同じ高さで、防護柵や塀などの仕切りはない。対岸から泳いで敷地に渡れることが理解できた。スー・チー氏は1988年に国軍が民主化運動を武力で鎮圧して、多数の犠牲者や逮捕者が出た際、民主化勢力の中心的存在になった。その後、2010年までの過去21年間のうち、軍施設で拘束されたり、自宅で軟禁されたりした期間は合計約15年に及んだ。

3度目となる今回の自宅軟禁は、2010年11月13日午後5時20分（日本時間同7時50分）に解除された。ストリンガーからの情報では、自宅前の歩道と大通りには数千人の支持者が集まり、塀の内側から姿を見せたスー・チー氏は、「(民主化実現の）目標を達成するため、力を合わせなければなりません」と短くスピーチした。夜は国民民主連盟（ＮＬＤ）の幹部から、総選挙結果の最新情勢などの説明を受けたという。

すでに総選挙はＵＳＤＰの圧勝が確定しており、軍政は自宅軟禁期限の13日にスー・チー氏を予定通り解放することで、「選挙に不正があった」と反発を強める民主化勢力や国際社会の批判をかわす狙いがあった。ミャンマーの国営紙は14日、スー・チー氏の解放は軍政の「恩赦」であると指摘し、軍政の寛容な姿勢をアピールした。軍政関係者は解放当日、本紙の取材に対して、解放後のスー・チー氏は「完全に自由」であり、政治活動の制限などの条件は一切ないと明らかにした。

解放翌日の14日、スー・チー氏は朝からヤンゴンのＮＬＤ本部に入り、法律顧問、中央執行委員会の幹部などと個別に会議をこなし、７年半ぶりに執務を再開した。そしてＮＬＤ本部前に詰めかけた大勢の支持者を前に演説し、「ＮＬＤだけでなく、民主化を信じる全ての勢力と活動していく」

**表 1-3　アウン・サン・スー・チー氏をめぐる動き**

| | |
|---|---|
| 1988 年　9 月 | ・国軍、クーデターで全権掌握<br>・国民民主連盟（NLD）結成、総書記に就任 |
| 89 年　7 月 | ・軍政が戒厳令布告、自宅軟禁下に置かれる。 |
| 90 年　5 月 | ・総選挙で NLD 圧勝。軍事政権は選挙結果の受け入れを拒否 |
| 91 年 12 月 | ・軟禁下でノーベル平和賞を受賞 |
| 95 年　7 月 | ・自宅軟禁を解除 |
| 99 年　3 月 | ・夫マイケル氏が病死 |
| 2000 年　9 月 | ・再び自宅軟禁下に置かれる |
| 02 年　5 月 | ・19 カ月ぶりに軟禁解除 |
| 03 年　5 月 | ・拘束 |
| 9 月 | ・3 度目の自宅軟禁下に置かれる |
| 07 年　9 月 | ・僧侶らが民主化デモ（サフラン革命） |
| 08 年　5 月 | ・軟禁延長 |
| 09 年　5 月 | ・自宅で米国人と接触したとして、「国家防護法」の罪で起訴される |
| 8 月 | ・軟禁期限延長 |
| 10 年　5 月 | ・NLD、解党 |
| 11 月 | ・20 年ぶりの総選挙（7 日）<br>・7 年半ぶりに自宅軟禁から解放（13 日） |
| 12 年　1 月 | ・NLD 議長に就任 |

「私を拘束した人たち（＝軍事政権）に恨みはない」などと述べ、民主化と国民和解の実現に向けて、軍政側とも対話を進める意向を示した。

11月24日には、スー・チー氏はNLD本部で本紙（読売新聞、以下同）バンコク支局からの電話インタビューに応じた。NLDは政党登録法に基づく5月の解党措置の無効を主張して提訴していたが、電話インタビューは最高裁から22日に訴えが退けられた直後だった。スー・チー氏は「NLDを政党として存続させたい」と強調し、その時点では「非合法組織」の位置づけになっていたNLDを、民主派政党として復活させる考えを示した。

その後、スー・チー氏は良くも悪くもさまざまな評価を受けながら、「民主化運動のカリスマ」から「政治家アウン・サン・スー・チー」へと大きく変貌していく。自宅軟禁からの解放は、その変化の出発点だった。

# 2章　突然の「民主化」始動
## アウン・サン・スー・チー氏との「和解」

### 1. テイン・セイン大統領の「民政」が発足

新首都建設から民政移管までの「10年プロジェクト」

２０１０年11月の総選挙結果を踏まえ、２０１１年３月の民政移管で新設される大統領（軍政当時は首相）と２人の副大統領を選出するための国会が、同年１月31日に召集された。軍政はこの取材のビザも外国メディアに発給しなかったばかりか、首都ネピドーは厳重な警備体制が敷かれ、ミャンマーの民間メディアも議事堂周辺に近づけなかった。総選挙に当選して初登院する上下両院の議員も、議事堂内への携帯電話、レコーダー、カメラの持ち込みが禁じられ、議事の内容は国営の新聞とテレビでしか知ることができない徹底した情報管理ぶりだった。

ちなみに、上下両院の議事堂は約3・3平方キロ・メートルに及ぶ広大な議会棟群の敷地の一部にある。敷地の中には、ほかに大統領と副大統領が議会開会中の執務などに使用する建物、地方の州・管区の首相と議会用の建物、迎賓ホールなど、古代ミャンマーの建築様式を模した合計31もの建物が点在している。

2010年3月に「国軍の日」の軍事式典を取材した際、情報省のプレス向け取材見学でここを訪れた時は、敷地内の道路や建物の内装などは工事中だった。ネピドーは、緑の木々が多い丘陵地帯の田舎町という風情で、中央省庁の庁舎や公務員用の集合住宅、商業施設、スーパーマーケット、ホテルなどが森の中や造成地にポツン、ポツンと建っている。いずれの建物も高くても4~5階程度しかない。幹線道路は上下両車線合わせて最大10車線ほどに及ぶ区間もあるが、車の交通量はまばらだ。いつ訪れてもネピドー全体が午睡中のように静まり返っている。議会棟群はそれに輪をかけたような辺ぴな丘陵の造成地に建設されており、丘や森のほかには周囲に何もないところだった。

取材見学の際に話を聞いた議会棟群建設工事の現場幹部によると、この議会棟群一帯の着工は2002年だったという。軍政がひそかに新首都の開発を進めていた頃、すでにネピドーの都市開発計画に議会棟群の整備も組み込まれていたことになる。軍政のキン・ニュン首相が民政移管の7段階の「ロードマップ」を公表したのは2003年8月だったが、議会棟群はすでに前年に着工していた。ロードマップに記された7段階の行程のうち、「国会召集」は6段階目にあたる。総仕上げの7段階目は、召集された国会で「国家指導者の選出と政府機関の設置」を決めることであり、まさに2011年1月に初めて召集された新議会の議題がそれだった。

つまり、軍政は、議会棟群を含むネピドーの都市開発にかかる工事の全ての期間を計算して、議会棟群の建設を始めた2002年の時点で、すでに民政移管の時期を2011年前後に設定していたのではないだろうか。ネピドーの新首都開発の着手、2002年の議会棟群着工、2003年の7段階のロードマップの公表、2008年の憲法制定、2010年の総選挙実施、そして2011年1月に新議会を招集して国家指導者の選出に至るまで、軍政は民政移管の約10年前から具体的なスケジュールを設定して、民政移管の準備を進めていたことになる。

現場幹部によると議会棟群の工期は８年、総事業費は１０００億チャット（１００億円）だった。工事は軍と親しいクローニー（縁故企業、第３部３章で詳述）の建設会社１社が全てを請け負ったという。

## テイン・セイン大統領の誕生

２０１１年１月31日に初めて召集された新議会は、軍系の連邦団結発展党（ＵＳＤＰ）と、憲法に基づき軍に配分される軍人議員（上下両院とも定数の25％）が圧倒的多数を占めた。総選挙で議席の一部を獲得した少数民族の政党なども招集され、ミャンマーで複数政党が参加して議会が開かれたのは、ビルマの国名当時の１９６２年にクーデターで国会と憲法が廃止されて以来、49年ぶりのことだった。

新議会での最大の注目点は、新大統領の人選と、軍政最高機関の国家平和発展評議会（ＳＰＤＣ）で軍政トップに君臨してきたタン・シュエ議長の去就だった。

このうち大統領には、軍政の序列４位で２００７年10月から軍政首相を務めてきたテイン・セイン氏が選出され、軍政序列３位で大統領の本命と目されていたトゥラ・シュエ・マン前軍総参謀長は下院（人民会議）議長に就くことになった。軍の経歴しかないトゥラ・シュエ・マン氏に対して、テイン・セイン氏は３年以上に及ぶ首相としての実績や東南アジア諸国連合（ＡＳＥＡＮ）各国首脳とのパイプがあり、政治的な経歴が評価されたのは確かだろう。

ただ、テイン・セイン首相はタン・シュエ議長の「側近中の側近」とも言われており、タン・シュエ氏が「院政」を敷くために起用したという観測もあった。ところが、3月30日にテイン・セイン大統領の就任式と閣僚陣の任命が行われて、民政体制がスタートしたのと同時に、タン・シュエ議長はＳＰＤＣの解散を命じて軍政体制に終止符を打ち、軍トップからも退いた。その後、テイン・セイン政権下でタン・シュエ氏の言動が表に出ることはほぼ皆無だった。

民政移管した3月30日、テイン・セイン大統領は国営テレビで演説し、「われわれは平和の扉を開けており、総選挙への参加に反対した勢力も歓迎する」と述べ、アウン・サン・スー・チー氏をはじめとする民主化勢力との対話を積極的に進める姿勢を示した。さらに、欧米各国に対して経済制裁を直ちに解除するよう求める一方、外資にミャンマー市場を開放して工業化を進め、経済発展を目指す考えを示した。いずれも軍政に欠けていた柔軟性を早速アピールした形だった。

新政府は、新会計年度が始まる4月1日に始動した。大統領はその前日、軍政に代わる新たな連邦政府の幹部にこう訓示した。「われわれは7段階のロードマップの最終段階である『近代的で発展した民主主義国家』を構築しなければならない。新政権の最も重要な任務は、良い統治とクリーンな政府を作ることである」。

## 2．大統領とスー・チー氏と急接近

テイン・セイン政権がアウン・サン・スー・チー氏と初めて接触したのは、新政府発足から4カ月近くが経過した2011年7月25日だった。ヤンゴンのスー・チー氏の自宅から車で3分ほどしか離れていないインヤー湖ほとりの政府の迎賓施設で、大統領からスー・チー氏との政府側の担当窓口役に指名されたアウン・チー労相とスー・チー氏は、1時間10分ほど会談を行った。取材に詰めかけたヤンゴンの民間メディアの記者たちに、政府は迎賓施設内にプレス用の控室を準備した。地元記者は、「以前にも軍政とスー・チー氏の対話は何度かあったが、プレスに作業部屋が用意されたことは一度もなかった」と政府側の接遇に驚きを禁じ得なかったという。

会談後、スー・チー氏とアウン・チー労相は地元記者の前に現れ、アウン・チー労相が短い声明を読み上げた。「私たち双方は、この会談に満足している。私たちは人々の幸せのために互いに協力する機会について話し合った。議論した問題には、法と秩序の維持、不統一性の排除、人々の利益が含まれている。私たちは適切な時期に再会することに同意した」。

その後の記者とのやり取りで、アウン・チー労相は軍政とスー・チー氏が過去に9回対話したことを挙げ、「過去に具体的な結果がなかったと断言することはできない。いくつか良い結果もあった。今後、以前よりも良い結果が得られることを願っている」「この会談は、将来の多くの協力作業の最初のステップと言えるだろう」と今後の展開に期待を示した。

一方、スー・チー氏はメディアに対して、「(政府との対話で) 国にとって良い結果を期待している。私たちが何をするにしても、何を話すにしても、誰に会うにしても、私たちの目的は人々と国の利益のためである」と語った。新政府とスー・チー氏にとって、初回の接触でミャンマーが抱えるさまざまな問題を対話で解決していくことに合意できたのは、大きな成果だった。その後、双方の関係は、軍政時代には信じられないような急展開を遂げていくことになる。

初会談から約1カ月後の8月12日、アウン・チー労相とスー・チー氏の2度目の会談がヤンゴンの迎賓施設で行われた。両者は記者団に対して、「国の安定と経済発展に向けて、ともに取り組んでいくことで合意した。衝突を避けるため互いに協力する」との声明を発表し、民政移管後の政治の安定と経済の成長に向けて、共同で取り組む姿勢をアピールした。スー・チー氏はこの2日後に、自宅軟禁から解放されて初の地方遊説として、ヤンゴンから約80キロメートル離れたバゴーへの訪問を計画していた。会談はそれを前に、急きょ設定されたものだった。

アウン・チー労相はスー・チー氏に対して、初の地方遊説を新政府が容認し、遊説中の安全確保に協力する考えを伝えるとともに、後ほど触れるテイン・セイン大統領との初会談を提案したとみられる。同じ8月12日、ネピドーでは新政府が発足して初めての記者会見が行われた。席上、チョー・サン情報相は新政府が民主化勢力と良好な関係を構築する方針を示しつつ、非正規団体の状態が続く国民民主連盟（ＮＬＤ）に対して、政党として再登録するよう促した。新政権からＮＬＤに政治参加を呼び掛けたものである。

スー・チー氏のバゴーへの遊説は14日、予定通り実行された。ストリンガーのココ氏の取材によると、スー・チー氏の自宅前を午前5時45分ごろ、ＮＬＤの幹部、党員、地元メディアの記者、英国大使館の外交官などが乗り込んだ36台もの長い車列が出発した。途中、全ての交差点で車列が通過する際に信号が青に切り替わり、バゴーまでスムーズに通行できた。

スー・チー氏は午前10時ごろ、バゴーに開設された図書室と英語の無料教育センターを訪れ、約

３００人の支持者から熱烈な歓迎を受けた。バゴーの町では「We Love May May（mother）Suu（お母さんスー、愛しています）」と記した白い小旗を手にした約１０００人の支持者が出迎え、スー・チー氏は町の２カ所でそれぞれ15分間、「私たちは社会、経済、教育の発展のために一生懸命努力しなければなりません。私から皆さんに話しかけるのではなく、皆さんが私に言いたいことを聞きたい。手紙をください」と演説した。治安当局や外部からの妨害や介入は一切なく、一行は平穏にヤンゴンへ戻った。

新政府のスー・チー氏に対する姿勢はこの頃から、弾圧を繰り返した軍政当時とは明らかな変化が表れてきた。ヤンゴン市民には、テイン・セイン政権は民主化改革に本当に取り組むのではないか、という期待がじわじわと広がっていた。目に見える形での民主化改革の「胎動」は、新政権とスー・チー氏がアウン・チー労相を介して初めて接触した7月25日の会談だった。8月に入ると、政府の民主化への動きが次々に顕在化し、「テイン・セイン大統領は明らかに民主化改革を行おうとしている」と、ヤンゴンのココ氏はGメールのチャットでバンコクにいた私につぶやいた。

政権や軍の内部にも変化が表れてきた。軍関係者によると、その頃、ヤンゴンとミャンマー第二の都市マンダレーを所管する軍の高官２人が、軍政トップだったタン・シュエ氏からポストを継いだミン・アウン・フライン最高司令官に汚職で解任された。タイとの国境周辺担当の軍幹部２人も同様に解任された。

この４人はタン・シュエ氏に近い存在とみられていた。一方、テイン・セイン政権に近い関係者への取材では、政権内で覇権争いが生じ始めていた。政治・経済改革を推し進めようとする「改革派」と、それに反対する「守旧派」の対立である。その取材源によると、ミン・アウン・フライン最高司令官や、軍政序列3位だったトゥラ・シュエ・マン下院議長（前軍総参謀長）らはテイン・セイン大統領の改革路線を支持していた。一方、第一副大統領のティン・アウン・ミン・ウー氏は改革に反対する守旧派の代表であり、閣僚の一部も副大統領に従っていた。改革派と守旧派の対立は、タン・シュエ氏が長年牛耳ってきた軍政内の権力ヒエラルキーが民政移管でリセットされ、新たな権力構造を巡る駆け引きが始まったと言い換えることもできる。

スー・チー氏とテイン・セイン大統領の初めての会談は、8月19日にネピドーで実現した。スー・チー氏が政権トップと会うのは軍政時代の2002年1月、タン・シュエ国家平和発展評議会（ＳＰＤＣ）議長と会って以来だった。スー・チー氏と大統領の会談の内容は明らかにされなかったが、スー・チー氏は現地ストリンガーの取材に対して、「非常に満足している。勇気づけられた」と述べ、かなりの成果があったことを示唆した。

## 民主化勢力、少数民族武装勢力に帰国と和平を呼びかけ

この会談で大統領は、軍政当時に民主化運動で逮捕された2000人以上にのぼる政治犯の釈放をスー・チー氏に約束したとみて間違いないだろう。それと引き換えに、ＮＬＤを政党として再登録して、スー・チー氏に政治の場で民主化プロセスに取り組むよう促したとみられる。

その2日前、大統領は、軍政が弾圧対象としてきた民主化勢力、少数民族勢力の双方と、和解を目指す考えを明確に打ち出した。国営テレビの報道によると、大統領はネピドーで講演し、軍政時代に弾圧

を逃れるためタイや日本、欧米などへ脱出した民主化活動家に対して、「帰国を歓迎する」と述べた。さらに、「帰国に際しては、寛大な措置を検討する」と述べ、指名手配中であっても恩赦を適用することを示唆した。タイや中国との国境周辺の山岳地帯を支配地域とする各地の少数民族武装勢力に対しては、第二次大戦後に英国の植民地支配から独立して以来続いている軍との内戦について、「平和的な解決を目指す」と呼びかけた。

ネピドーでは、スー・チー氏と大統領との会談と前後して、経済改革に関するフォーラムが開催され、スー・チー氏や、１９６０~70年代に国連事務総長を務めたウ・タント氏の孫で歴史学者のタン・ミン・ウー氏をはじめ、軍政を批判する論調を展開してきたミャンマー国外在住の学者らも招待された。

ここで大統領は、「１９８８年以降、ミャンマーに対する外国の政府開発援助（ＯＤＡ）は徐々に減少し、西側諸国はわが国に経済制裁を課した。そのため、マクロ経済は大きな影響を受け、私たちは非常に多くの問題に取り組む必要があった」と講演で述べ、国際社会からのＯＤＡの停止や欧米の経済制裁が経済発展の大きな足かせになっていたことを内外に認めた。

そして、今後は経済の自由化を進めてより多くの対内直接投資（ＦＤＩ）を呼び込むことをマクロ経済政策の目標に掲げ、「（民政移管後の）最初の5年間が、近代的で発展した民主主義国家を構築する上で最も重要な期間であり、正しい一歩を踏み出したい」と語った。

当時、テイン・セイン政権の最大の課題は、欧米による経済制裁の解除と、２０１４年に東南アジア諸国連合（ＡＳＥＡＮ）の議長国就任を実現させることだった。ミャンマーは１９９７年7月にラオス

表1-4　テイン・セイン政権の初期の改革の動き

| | |
|---|---|
| 民主化勢力への対応 | スー・チー氏と協力することで合意。対話を継続していく |
| | スー・チー氏の地方遊説を容認 |
| | 亡命民主化勢力に帰国を呼びかけ。恩赦も示唆 |
| 少数民族武装勢力への対応 | 全勢力に和平協議の開催を提案 |
| 軍の規律強化 | ヤンゴンなどの都市を管轄する軍高官らを汚職で解任 |
| 通貨・経済政策 | 農家支援のためコメなどの輸出税を免除。為替制度を改革 |

とともにＡＳＥＡＮに加盟したが、経済制裁の影響でＡＳＥＡＮ10カ国の中ではラオスと並んで貧困状況が突出している。経済を浮揚させるには、外資やＯＤＡの受け入れが不可欠であり、それには経済制裁の解除が必須だった。

ＡＳＥＡＮ議長国の就任については、ＡＳＥＡＮは国名のアルファベット順に1年単位で議長国ポストを回しているが、ミャンマーは人権弾圧に対する欧米の反発やＡＳＥＡＮ各国の意向を考慮して、以前に議長国を辞退した経緯がある。次に順番が回ってくる２０１４年の議長国への就任がＡＳＥＡＮ各国や欧米から認められれば、ミャンマーの民主化改革は国際社会から一定の評価を得たことになり、制裁解除や外資の流入に弾みがつく。それには、２０１１年11月にインドネシア・バリ島で行われるＡＳＥＡＮ外相会議と首脳会議で、ＡＳＥＡＮ加盟各国から議長国就任の同意を取り付ける必要があった。

民政移管直後の２０１１年7月から8月にかけて、テイン・セイン政権は軍政時代に敵対していたスー・チー氏と対話を通じた改革に取り組む姿勢を打ち出し、国外に逃避していた民主化活動家には帰国を呼びかけた。少数民族武装勢力には和平協議を提案し、軍内部の汚職高官を解任して軍の規律強化にも乗り出した。さらに経済の面では、農家を支援するためコメの輸出税を免除して税負担を緩和したり、為替制度の改善に乗り出したりするなど、新たな経済政策に動き出した。

もう一つの大きな変化は、９月以降、外国メディアに取材ビザが発給されるようになったことだ。当初は上下両院の議会開会日やクリントン米国務長官をはじめ欧米の要人がミャンマーを訪問するなどのイベントに合わせて発給されたが、やがてどのような取材目的でもバンコクのミャンマー大使館に申請すれば、ビザが許可されるようになった。

この頃のテイン・セイン政権の改革の動きに対して、国際社会からは「スー・チーさんを使って国の印象を改善しようとしているにすぎない」（タイ・タマサート大学のミャンマー専門の講師）、「政府に興味深い動きが出ているが、まだ控えめな期待しかできない」（軍政時代にタイへ逃れた民主派メディア）という懐疑的な見方から、「経済が極度に悪化しており、政府は改革を迫られている。一連の動きは欧米へのイメージ作りのためだけではない」（タイ・チュラロンコン大学のミャンマー専門の講師）として「本物の動き」ととらえる見方まで、評価は定まっていなかった。

日本や欧米のメディアは、軍が政治を主導する体制は根本的には変わってなく、民政移管は形式的であるという報道が占めていた。スー・チー氏がバゴーに遊説した2日後、私は本紙に「ミャンマー　改革の一歩?」「アウン・サン・スー・チーさん地方演説容認」という見出しで、「テイン・セイン大統領は守旧派勢力の反応を見極めながら、慎重に改革に乗り出した」という記事を書いた。手前みそで大変恐縮ながら、国内外のメディアの中で、ミャンマーで民主化改革が動き出したことを最初に報じた記事だった。

# 3章　劇的に進んだ経済・政治・社会改革

## 1. 亡命した民主化活動家たちが続々と帰国

### 風刺喜劇団がタイから4年ぶり帰国、国民的コメディアンも釈放

テイン・セイン大統領の帰国の呼びかけに応じて、9月になると隣国タイなどから数年〜数十年ぶりに民主化活動家、ジャーナリスト、学者などが続々とミャンマーに戻り始めた。

軍政を風刺する劇を演じて人気を集めていた喜劇グループ「ティー・レイ・ティー」のメンバーたちも、逃避先の活動拠点だったタイ北部のチェンマイから、4年ぶりに帰国した。劇団名はビルマ語で「四つの果実」を表し、男女7人のメンバーが民族舞踊や喜劇を演じる。2011年9月11日夕方、メンバーがタイからヤンゴン空港に帰国すると、多くのファンや取材メディア、政府関係者らが出迎えに来ていた。ヤンゴン市内の二部屋ほどしかない小さな家で取材に応じてくれたリーダーの「ゴジラ」ことマウン・マウン・ジンさん（47）は、「飛行機がヤンゴンに着陸した瞬間、とても幸せな気持ちだった。泣いているメンバーもいた」と語った。女性メンバーのチョー・スー・ミョーさん（36）は「空港で母と約4年ぶりに会い、涙が止まらなかった」と笑顔で話した。

「ティー・レイ・ティー」のメンバーは2007年、ミャンマー国内で僧侶や学生、市民が蜂起した

民主化運動の「サフラン革命」の際、深刻な貧困問題を放置したままの軍政を討論会で厳しく批判した。当時、劇団のアドバイザーであり、ミャンマーでは誰もが知っている国民的コメディアンのザガナー氏と民主化運動を展開したが、ザガナー氏は軍政に逮捕された。拘束の危険を感じた「ティー・レイ・ティー」のメンバーたちは同年末、全員でシンガポールへ脱出し、以来、チェンマイを拠点に東京、米国、韓国、シンガポール、マレーシア、バンコクでも公演を行ってきた。そうした活動資金は、各国に逃れたミャンマー人たちがカンパで支えてくれた。

彼らの風刺劇の一節はこのような感じだ。「ミャンマーの首相は胸を張ってこう言った。指導者たちは脳を持っていない。しかしこの国を40年間も統治しつづけてきたのだ。だから我々は有能だ」――。

「これをミャンマーで演じれば軍政に逮捕され、外国で公演するとお客さんから拍手を浴びる」とゴジラは笑った。軍政時代の首相だったテイン・セイン大統領のことをどう見ているのだろう。「大統領はアウン・サン・スー・チーさんと共に国を良くしようとしている。信用できる人だ」と、積極的に評価する答えが返ってきた。「大統領が帰国を呼びかけていることをニュースで知り、メンバー全員で帰ることを即決した」という。タイからの帰国に際しては、ミャンマー政府がパスポートの効力延長などの便宜を図ってくれた。

「ゴジラ」にインタビューしたのは、彼らの帰国からわずか8日後だった。「私たちが国外へ脱出したとき、国民は弾圧に苦しんで泣いていた。今はみんな表情が明るく、笑顔になっている」と町の人々の印象を語り、「町を歩くと『ヘイ、ゴジラ！』とあちこちから声をかけられるよ」と笑った。

約1時間のインタビューの間、ゴジラは終始笑みを絶やさず、穏やかな口調で質問に応じてくれた。

「私たちの喜劇で国民が笑いながら一つに結束して、民主化へつながっていってほしい。これからも、一部の政治家やチェンマイで目に留まったNGOの腐敗などを風刺していくつもりだ」。

雨季の午後。インタビューの間、雨がトタン屋根を激しくたたいていた。開け放した木戸と窓から大音量の雨音が部屋に入り込み、時折ゴジラとチョー・スー・ミョーさんの声が聞き取りにくくなった。小さな貧しい住まいは、幸福感と解放感に満たされていた。

10月12日、テイン・セイン政権は政治犯の釈放に踏み切った。欧米政府や国際人権団体は、軍政が逮捕・拘束した政治犯は「2000人以上」にのぼると指摘し、長年にわたって全員の即時釈放を求めてきた。この日のの釈放は、国内各地の刑務所から200人近くにとどまり、欧米などが指摘する人数の1割に満たない規模だった。しかも、1988年の民主化デモを先導したミン・コー・ナイン氏や、2007年の「サフラン革命」のデモを率いた高名な僧侶などの有力な民主化活動家は含まれず、半数強の約100人はスー・チー氏が率いる国民民主連盟（NLD）のメンバーだった。テイン・セイン政権はスー・チー氏に配慮を示す一方、今回は「小出し」の釈放で欧米の反応を探る意図があったとみて間違いないだろう。

この日に釈放された政治犯の中に、唯一といえる民主化運動の象徴的な人物が含まれていた。喜劇グループ「ティー・レイ・ティー」のメンバーが師と仰ぐ国民的コメディアンであり、2007年の民主化運動に関わって軍政に逮捕されたザガナー氏（50）である。釈放されて2カ月後の12月12日、ザガナー氏はヤンゴンのアパートで快く取材に応じてくれた。

大柄な体にスキンヘッド、野太くて低い声。部屋の壁にスー・チー氏の大きな写真が掲げられていた。過去に軍政から4回も逮捕され、今回が4回目の釈放にあたる。ミャンマー北部カチン州の州都ミッチーナの刑務所の独房に収監されていた。ザガナー氏は「まだ多くの仲間が刑務所に残っているのでハッピーではない」と話しつつ、「政府は釈放時に、コメディアンの活動を禁止しないと約束した。来年の独立記念日（１９４８年に英国の植民地支配から独立した日の1月4日）にパフォーマンスを行って活動を再開するよ」と、床にあぐらを組み、堪能な英語で語った。

ザガナー氏はスー・チー氏と親しく、ミャンマー国内で政治的な発言力と影響力は大きい。後述するクリントン米国務長官が12月にヤンゴンを訪れた際にもザガナー氏はクリントン長官と面談し、長官に対して全政治犯の釈放を米国が引き続きミャンマーの政権に要求することに加えて、「繊維製品の米国市場への輸出を開放してくれるようお願いした」と話した。ミャンマー製品の欧米市場への輸出は経済制裁で厳しく制約されており、多くの女性が働く主力産業の繊維業を救うための「直訴」だった。

ザガナー氏は、「クリントン長官からは、その場で『何とかする』という答えをもらった。それから間を置かずに（米政府のミャンマー特別代表・政策調整官で、直後にミャンマー大使となる）デレク・ミッチェルから、『一カ月以内に何とかする』というメールが送られてきた」と明らかにした。

この時の取材から4日後、ザガナー氏にとって人生初めてのパスポートが発給される予定だった。「受け取ったら、バンコクとプノンペンに行くよ」とうれしそうに語った。

「政治はトレイン（列車）のようなものだ。後戻りしないよう、前へとプッシュしつづけないといけない。でも、自分はネピドー（の議会）には行きたくないね。アウン・サン・スー・チー氏はサポートするが、政治家になるつもりはない」と、今後もコメディアンとして社会のゆがみを風刺し、ミャンマーの民主化を前に進めていく考えを強調した。

別れ際、「シムラケン（志村けん）は大好きだよ。彼はとても面白いコメディアンだ」。ザガナー氏は唐突に言うと、太い声で笑った。日本に住む知人が送ってくれたビデオを見て、一目で大ファンになったという。

## 2. 全ての政治犯を釈放

年が明けたばかりの2012年1月13日、ミャンマーに劇的な変化が起きた。テイン・セイン大統領は恩赦を実施して、国内の刑務所から全ての政治犯の釈放に踏み切ったのだった。詳しくは後述するが、前年12月にクリントン米国務長官はオバマ大統領の指示でミャンマーを訪問し、テイン・セイン大統領、アウン・サン・スー・チー氏とそれぞれ会談した。米外交関係者によると、オバマ政権はテイン・セイン大統領の民主化改革を高く評価しており、米国とミャンマーの関係が急速に改善に向かう中、クリントン長官がミャンマー訪問で改めて要請した「全ての政治犯の釈放」に、ミャンマー側が即応した。

1月13日午前7時前、多数の政治犯を収容するヤンゴンのインセイン刑務所の正門前には、民主化運動の支持者や政治犯の家族らが集まり始めていた。雲一つない乾季の澄んだ青空からまぶしい日差しが照り付け、時間の経過とともに気温がぐんぐん上がっていく。汗が噴き出して止まらない。9時頃には数百人が集まり、支持者から支持者に白い花や赤いバラが配られていく。「良心の受刑者（＝政治犯）

に自由を」と英語でプリントされた白いTシャツを着たグループがいる。２００８年に政治犯として収監され、前回の２０１１年10月の恩赦で釈放された国民民主連盟（ＮＬＤ）の女性活動家ヌー・ヌー・スエさんの姿もあった。「仲間の釈放を歓迎するために来た。大統領の判断はとても喜ばしい」と語った。

４時間以上も待った午前11時30分ごろ、柵の向こう側の刑務所内の小道を、警護官に引率された人たちが続々とこちらに歩いて来るのが見えた。いつの間にか５００人以上に膨れ上がった出迎えの人たちから大歓声が起き、途切れることなく続いた。受刑者たちは民族衣装のロンジー姿で、片手に風呂敷のような包みを持っている人もいる。刑務所で使った衣類や日用品を入れているのだろう。正門右手の通用口から政治犯が一人ずつ出てくると、支持者の取りまとめ役が声をかけ、本人に名前を確かめる。手に持った拡声器で名前を周囲に紹介するたびに、「ウオーッ」と割れるような、腹の底からの歓声と拍手が響いた。通用口の周辺に人々が詰めてきて、群衆の中で身動きがとりづらい。シャツは汗でびしょぬれだ。よれよれの帽子をかぶった無精ひげの初老の男性は、拡声器を持つ支持者のそばで、釈放された人たちに右の親指を立て、力一杯のガッツポーズを向けていた。歓喜の光景にデジカメのシャッターを切りまくった。鳥肌が収まらなかった。

１時間ほどたっただろうか。釈放が一段落すると、シュプレヒコールが自然発生的に沸き起こった。「皆で協力してミャンマーに平和を」「政治犯の皆さん、健康であれ」――。「大統領、健康であれ」とテイン・セイン大統領をたたえる大合唱も聞こえてきた。「良心の受刑者に自由を」と書かれた大人用のダブダブのTシャツを着た幼い女の子は、生まれて初めて父親に抱きかかえられた。

## キン・ニュン元首相も自宅軟禁から解放

この日、インセイン刑務所のほかにも、ミャンマー西部のラカイン州、東部のシャン州、中部のマンダレーなど国内各地の刑務所から政治犯が釈放された。コ・コ内相は14日に行った記者会見で、「NLDから提出を受けたリストを元に302人を釈放し、政治犯はもはや（刑務所には）いない」と言明した。実際には暴力的な行為で有罪になった政治犯たちがその時点では釈放されていなかったが、ほぼ全ての政治犯が釈放されたといえる内容だった。

1988年の学生による民主化デモで逮捕され、その後いったん釈放されたが2007年の「サフラン革命」で再び拘束され、禁錮65年の判決を受けたミン・コー・ナイン氏や、ココ・ジー氏、テイ・チュエ氏、ピオン・チョー氏など、「88年世代学生グループ」のリーダーたちは全員解放された。「サフラン革命」を主導した僧侶のガンビラ氏、少数民族シャン族の民族運動家クン・トゥン・ウー氏をはじめ、国民への影響力が大きく軍政が敵視してきた著名な民主化運動家は、軒並み自由の身になった。

さらに、軍政の最高権力者だったタン・シュエ国家平和発展評議会（SPDC）議長から更迭されて、自宅軟禁下に置かれていたキン・ニュン元首相も同日、軟禁を解かれた。キン・ニュン氏は2004年に失脚して以来、自宅軟禁措置となった。キン・ニュン氏の息子も収監されていたが、他の政治犯とともに13日に釈放された。

自宅軟禁を解かれた翌14日の夜、キン・ニュン氏は息子夫婦と孫たちと一緒にシュエダゴンパゴダを訪ねた。孫と手をつなぎ、とてもゆっくりとした足取りで1時間半ほどかけてパゴダの外周を歩き、所々ひざまずいて祈りをささげた。「自由を感じている」と私に語った。自宅軟禁から解放後、キン・

ニュン氏は周囲に「政治復帰はしない」と話したという。

### 「アジア史最大級の政治犯の釈放」

1月13日に行われた政治犯の釈放に、国際社会は素早く反応した。軍政当時から全政治犯の釈放を要求してきた米政府のある高官は、「アジア史で最大級の政治犯の釈放だ」と高く評価した。クリントン国務長官は「改革の重大な前進だ」、国連の潘基文事務総長は「ミャンマーの指導部を称賛する」とそれぞれ高くたたえた。

テイン・セイン政権としては、一連の民主化改革で大統領を支持する世論が国内に広がっており、民主化勢力や少数民族との関係改善も進展する中、過去に反軍政活動を先導してきた有力な民主化活動家などを釈放しても、反政府運動が再現されることはない、と判断したとみられる。

ミャンマー国家人権委員会は14日付の国営紙に、「（13日の恩赦は）西側諸国の期待を満たすものだ」とする公開書簡を掲載して、欧米の要求に応えた措置であることを強調した。欧米が経済制裁の解除を判断する条件を整えた、というアピールである。

### 「88年世代」民主化リーダーたちは大統領を評価

元政治犯たちは当時、テイン・セイン大統領のことをどう見ていたのだろうか。「88年世代学生グループ」のリーダーだったミン・コー・ナイン氏（47）とココ・ジー氏（50）に、解放された翌2月にヤンゴンで会い、ザガナー氏や「ゴジラ」氏と同様の質問を投げかけてみた。ちなみにミン・コー・ナイン氏は、見た目は物静かで少し気難しい雰囲気だが、実際は誠実な人柄だ。ココ・ジー氏は社交的で、気さくに話をしてくれる。２人は対照的な性格だった。

ミン・コー・ナイン氏の自宅は、玄関を入ると、長い奥行きのアトリエのスペースになっていた。父親は有名な画家で、大きなキャンバスの風景画がいくつも立てかけられていた。ちょうど絵筆を握っていた高齢の父親は、私を見ると「コンニチハ！」とにこやかに声をかけてくれた。ミャンマーでは裕福な部類の家庭であろう。

奥の部屋で椅子に座って向き合うと、ミン・コー・ナイン氏は静かに語り始めた。「テイン・セイン政権の内部は改革派と守旧派の二つのグループに分かれている。私は、大統領は改革派だと信じている。国民は変化への希望を抱いており、われわれは（改革派の）大統領やシュエ・マン下院議長を支持する」と、大統領をサポートする考えを示した。さらに、「三つのフィールドで民主化を進める必要がある」と語った。一つは議会と政党、二つ目は市民社会、三つ目は少数民族との関係である。このうち、特に少数民族の権利を理解する必要があることを強調した。民主化の取り組みの中で、とりわけ少数民族との融和を重視している姿勢が印象的だった。

ココ・ジー氏も、大統領の改革姿勢を評価すると述べ、「政権内には改革の反対派が存在するが、大統領は改革を進めるための良い枠組みを構築している」と取材で語った。今後の活動方針としては、スー・チー氏を支持していく一方、国内の民間活動団体（ＮＧＯ）、環境保護団体、ジャーナリスト、ミュージシャンなどと連携して新たな民主化ネットワークを組織し、議会の外から政府に改革を求めていく考えを示した。

ヤンゴンで取材した著名な民主化活動家たちは、異口同音にテイン・セイン大統領の政治姿勢を信頼し、改革路線に強い共感を示した。かたや政権側は、軍政時代には考えられなかった活動の自由を彼らに保障した。２０１１年8月に大統領とスー・チー氏が初めてネピドーで対話したのを境に、民政移管後の政権と民主化勢力の間に信頼関係が醸成されていく様子が、さまざまな取材を通じてはっきりと確認できた。

## 3．言論も自由化、半世紀続いた新聞検閲を廃止

### ウェブサイトやSNSの接続禁止が続々と解除

ミャンマーは半世紀以上にわたり、言論の自由が全く存在しない国だった。軍政は事前検閲制度で民間メディアの新聞記事を厳しく統制してきた。軍政の発表は国営の新聞とテレビを通じて行われ、重要な発表は夜9時のテレビニュースのトップで報じられる。軍政は外国メディアがミャンマーに支局を置くことを認めなかったため、日本や欧米のメディアのミャンマー人通信員（ストリンガー）が現地で国営紙や夜のニュースの報道を常にチェックして、主な内容をバンコク支局などに連絡していた。国営紙には、国民向けのビルマ語紙と、外国向けの情報発信を意図した英字紙 *New Light of Myanmar*（「ミャンマーの新しい灯」）があり、通常、前夜のテレビニュースのトップが翌朝刊の1面トップに掲載される。英字紙はミャンマー国外でもウェブでダウンロードできるため、ウェブからプリントした紙面でミャンマー情勢を毎朝チェックすることが、バンコク支局のルーティンの一つだった。

民間メディアの新聞や雑誌も軍政時代から存在していたが、新聞は日刊の発行が認められず、週刊に限られていた。しかも、情報省による事前検閲があり、当局から記事のチェックを受けなければ印刷、発行はできなかった。ヤンゴンの地元紙の記者によると、情報省の検閲を経て戻ってきた記事の多くは黒く塗りつぶされ、削除や修正を求められた。言論・表現・出版の自由は民主主義の根幹だが、軍政時代のミャンマーには報道の自由という概念は存在しなかった。ウェブサイトにしても、国民がネットカフェなどで閲覧できるサイトは当局が厳しく選別した。国外から軍政批判を展開している民主化勢力側のメディアや欧米メディアのサイトは、ミャンマー国内でのアクセスを遮断していた。

ところが、２０１１年９月から、記事の事前検閲やウェブサイトのアクセス遮断措置は急速に緩和され、軍政時代にはあり得なかった自由な言論空間が見る見るうちに広がった。

インターネットの接続規制は同月から大幅に解除され、軍政が国内での接続を遮断していたタイ拠点のミャンマーの民主派メディアのニュースサイトや、動画投稿サイト「YouTube」などの閲覧が可能になった。これまでは、そうしたサイトに接続を試みると、閲覧禁止を表示する画面が現れていた。しかし、９月になると、米政府海外向け放送（ＶＯＡ）、英国放送協会（ＢＢＣ）のミャンマー語サイト、タイを拠点に軍政批判と民主派関係のニュースを展開するウェブメディア「イラワディ」などへの接続規制が、なんの予告もなく解除された。

同月13日には、ノルウェーのオスロに拠点がある「民主ビルマの声」（ＤＶＢ）、米議会の出資で設立された「自由アジア放送」（ＲＦＡ）など、ＶＯＡやイラワディと同様に軍政批判を展開してきた国外サイトの接続が一斉に解禁された。

実際、９月中旬に首都ネピドーのホテルで接続を試みると、これらのサイトにごく自然に接続できた。YouTubeに投稿された１９８８年と２００７年の大規模な民主化デモの模様や、軍が武力でデモ隊を弾圧する様子を映した動画も見ることができた。軍政時代はミャンマー国内では絶対に閲覧できなかった類いのコンテンツであり、接続解除の大転換に驚くばかりだった。

同時期、ソーシャルネットワーク（ＳＮＳ）の利用制限も解除された。軍政当時からミャンマー国内にはネットカフェがあり、パソコンや携帯電話を持たない大学生や高校生などがサイト閲覧やＳＮＳに利用していた。ネットカフェの運営は軍政当局の許可が必要だった。当時、ヤンゴンにネットカフェは５００店以上あるといわれ、利用料は1時間３００チャット（約30円）が相場だった。

ＳＮＳは、軍政当時はネットを通じて短いテキストをやり取りするインスタントメッセンジャーの「グーグルトーク」が最も使われ、フェイスブックも人気があった。それらに加えて、２０１１年９月から簡易投稿サイト「ツイッター」が突然利用できるようになった。軍政当時はヤフーとマイクロソフトの無料メールサービスの利用が規制されていたが、これも9月に解除された。ヤンゴンのネットカフェの経営者（40）は「なぜだか知らないが、ツイッターが最近使えるようになった。ネットの接続速度も少し速くなってきた気がする」と語った。

### 半世紀続いた民間新聞の事前検閲を廃止

同じころ、民間メディアの新聞記事に対する事前検閲に対しても、記事の削除や修正を求められる基準が大幅に緩められた。９年前からヤンゴンで政治・経済の週刊新聞を発行している編集担当者（35）

は、「アウン・サン・スー・チーさんの記事も載せられるようになった。以前なら逮捕されていたよ」と語った。ヤンゴンの街角の新聞売りに新聞を卸す会社を営んでいる男性（33）は、「全ての国内の民間新聞は記事の掲載が自由になった。読者が特に知りたがっているアウン・サン・スー・チーさんや父親（アウン・サン将軍）の記事も今は当局に規制されずに掲載できる。腐敗した政治家や役人の記事はまだ検閲でカットされるようだが、政治の記事や亡命者の帰国の記事は自由に掲載できる。紙面がおもしろくなった」と語った。全体の販売部数も増え、民間発行の新聞はそれまでの2倍の30紙以上になったという。

これだけでも相当な変化だが、テイン・セイン政権はミャンマーで約50年続いてきた新聞の事前検閲制度の撤廃に踏み切ることを決めた。２０１２年2月上旬、ヤンゴンで取材に応じた情報省の幹部は、国営紙に限られていた日刊の新聞発行を民間にも認める方針を示し、検閲制度の廃止に向けた関連法案を作成中であることを明らかにした。そして半年後の8月20日、情報省は同日付で事前検閲制度を完全に廃止したことを正式に発表した。情報省の検閲担当部門である新聞監査登録局のティン・スウェ副局長は取材に対し、「局内の検閲機能は完全に廃止された」と明言した。

ミャンマーの検閲制度は、軍事クーデターで発足したネ・ウィン体制下の１９６２年に新聞を規制する法律が定められ、事前検閲制度もその頃導入された。以来、半世紀にわたって厳しい言論統制が敷かれ、国際ジャーナリスト団体「国境なき記者団」（本部パリ）の２０１２年時点での最新の報道自由度ランキングで、ミャンマーは１７９カ国中１６９位と世界最低の水準だった。ミャンマー政府が言論統制を撤廃して言論・報道の自由を保障することがどれほど画期的だったのかを、この順位が物語っている。

## 亡命メディアも帰国してヤンゴンに拠点

同様に画期的だったのは、インドから軍政批判を続けてきた民主派メディアがヤンゴンに拠点を移したことだった。軍政による弾圧や民主化勢力の動向を伝え続けた「ミジマ」という著名メディアは２０１２年９月、ヤンゴンで新聞の発行を始めた。社長と編集局長を兼務するソー・ミントさん（44）は、ラングーン大学（現ヤンゴン大学）の学生時代に１９８８年の反政府デモに参加し、「メーンストリート」という学生連盟新聞の編集にも関わっていた。軍政の摘発を逃れるため山岳地帯に1年間身を潜め、仲間とバンコクへ向かった。そして１９９０年11月、バンコク発ヤンゴン行きのタイ航空をハイジャックした。「投降前に記者会見を開いて、軍政の非道ぶりを世界に伝えたかった」ためで、武器は持っていなかった。

ハイジャックしたタイ航空機はインド東部のコルカタに緊急着陸し、ソー・ミントさんは投降後、インド政府から同国の滞在が認められた。現地の裁判で有罪判決が下されたが、その後、「ハイジャックにはあたらない」として無罪になった。１９９８年にニューデリーで「ミジマニュースグループ」を設立し、当初はビルマ語のｅメールサービスの配信から始めて、３年後にビルマ語と英語のニュースサイトを立ち上げた。

「軍政当時、ヤンゴンに極秘の取材拠点を置き、記者、カメラマン、ＩＴ技術者など10人のスタッフを配置していた。記者は帽子にカメラのレンズを取り付けて撮影して、命がけで取材した情報を衛星電話でニューデリーに送信したりしていた」という。

帰国を決意したのは、テイン・セイン大統領が2011年8月に亡命者に帰国を呼びかけたことが大きな契機になったという。「メディアの発展と国のために役に立ちたいと思った」と、仲間10人とともに2012年1月に帰国し、ヤンゴンにオフィスを構えて新聞、ウェブ、テレビの各媒体のスタッフを約50人採用した。情報省からはメディア事業の許可がすぐに下り、英語のビジネス週刊誌とビルマ語の週刊新聞の発行を始めた。

一番の悩みは資金繰りという。「インドでは民主化を支援する国際NGOなどから資金援助を受けていたが、今はない。家も車もない状態。でもメディアが好きだから帰ってきた」と笑った。「メディア事業をビジネスとしてしっかり手掛けたい。政府のメディア改革は、表現の自由の保障などで不十分な点もあるが、方向性は正しい。大統領のチームはとても純粋に改革に取り組んでいる。純粋なリーダーシップの下で改革が行われるのは、この国の歴史上初めてだろう」。

世界に向けて軍事政権批判を発信するためハイジャックという超強硬手段に出た当時には、自分がそんな言葉を発することなど全く想像できなかったはずだ。

## 悩みはニュースの品質向上と記者の育成

2012年9月29日、ヤンゴン中心部にあるアパートのビルの一室で、ジャーナリスト協会の事務所開きが行われた。協会には約1000人の記者やメディア関係者が所属し、この日は約50人の記者が集まって新たなメディア団体の門出を祝福した。会長は著名ジャーナリストのソー・テイン氏が務める。

当日、事務所で取材に応じてくれたソー・テイン氏は、「約50年ぶりに政府の支配からメディアが独立することができて、報道の自由を感じている」と語った。

軍政当時、メディアは情報省がスポンサーの「ライター・ジャーナリスト協会」に束ねられていた。民政移管後、政府は２０１２年に独立組織としてのメディア団体の設置を認め、それがこの事務所開きにつながった。

ソー・テイン氏によると、協会の主な目的は二つある。一つは記者の取材の権利や安全を保護すること。もう一つは、報道の自由の質を高めることであり、「記者の育成に努めたい」と語った。

実際、ミャンマーの民間メディアは、長らく情報省の事前検閲制度に「馴染んできた」ことの弊害として、報道の自由と責任の意味を記者が十分に理解できていない、という懸念がメディア関係者から多く聞かれた。

２０１３年1月24日には、軍政時代の情報統制の「司令塔」だった情報省の検閲当局が、政府の閣議決定で廃止された。軍政時代は国営紙に限られていた新聞の日刊発行が、4月に民間メディアに解禁されることも正式に決まった。制度面で報道の自由が確立されていく中、主体となる民間メディアは記者の人材不足に加えて、価格競争やデジタル対応、広告受注競争の激化など、メディア経営の難しさを実感していた。

ヤンゴンメディアグループというメディア企業を経営し、週刊新聞などの媒体を発行しているストリンガーのココさんは当時、「これまでの言論統制の影響で、報道する側としての基本的な素養を身に着けていない記者も多い。ジャーナリストとしての訓練が不足している」と打ち明けた。

4月の日刊紙解禁に向けて、ヤンゴンでは約20の地元紙が従来の週刊発行から日刊発行に切り替えることを計画していた。各紙は「記者、カメラマン、編成、デザイン、販売、広告担当を50人募集」などの求人広告を自らの紙面に載せて人材確保を急ぎ、他社の優秀な記者を「即戦力」として高給で引き抜く動きも活発化していた。

しかし、経験が浅い記者を育成するカリキュラムは、長年の言論統制の弊害で確立されてなく、「報道の自由」の意味をはき違えて、新聞を売らんがためのゴシップ記事や裏付けが十分に取れていない記事が氾濫したり、政治家や企業からお金をもらって「ちょうちん記事」を書いたりといった、報道の責任が欠落する事態が心配されていた。

例えば、２０１２年4月の議会補選でアウン・サン・スー・チー氏が党首を務める国民民主連盟（ＮＬＤ）が対象選挙区のほとんどに候補者を擁立し、スー・チー氏自らも出馬した際（ＮＬＤの補選参加の詳細は5章で詳述）、ミャンマーの民間各紙は各地で熱狂的な歓迎を受けるスー・チー氏の動向を詳しく報じ、１面トップは常にＮＬＤの記事だった。ヤンゴンの記者は「ＮＬＤの記事を載せると新聞が売れる」と語った。

これに対し、補選に参加した他の民主派政党からは、ＮＬＤ一辺倒のメディアの報道姿勢に不満と焦りを強めた。２０１０年11月の総選挙にも候補者を立てたミャンマー民主党のトゥ・ウェイ議長は「各紙は全政党の主張を伝えるべきであり、フェアではない」と各紙の報道に憤りを隠さなかった。ＮＬＤから分派した国民民主勢力（ＮＤＦ）のタン・ニェイン議長も、やはりメディアの補選報道にバランスを求めた。

軍政当時はそもそも選挙報道が存在していなかったため、ミャンマーの民間メディアにとって、この補選は初めて選挙を報道する機会となった。スー・チー氏の遊説を大きく扱うのはニュース性の観点から妥当としても、他の政党を含めた選挙報道のバランスのとり方に大きな課題を残した。

民間メディア業界は、記者と報道の質が制度の自由化に追い付いていない状況で、ヤンゴンメディアグループは記者の養成対策として、採用した記者は１カ月の座学と２カ月の実地研修による、合計３カ月間に及ぶ育成プログラムの導入を検討していた。

メディア経営の点でも、各社は課題に直面していた。各メディアが一斉に日刊紙の発行に踏み切れば、一部あたりの価格競争が激化する。週刊新聞の相場は一部５００チャット（約50円）だったが、「日刊は一部２００チャットに下げないと売れない。その分、広告依存度が高くなるが、日々の紙面に広告が集まるのか不安だ」とココ氏は語った。ミャンマーは道路インフラが貧弱なため、地方へ毎日いかに速く配送するかも各社の頭の痛い問題だった。

さらに、当時は世界的に携帯端末やウェブサイトを通じたニュース配信が存在感を強め始めた時期だ。ミャンマーの携帯端末ユーザーは２００万人になり、増加の勢いが加速していた。紙の新聞に比べてデジタル媒体は収益力が低い。ミャンマーのメディア各社は、報道の自由は保証されたものの、日刊化とデジタル化の両面の対策で、いきなり現実的な難しい対応を迫られる形となった。「メディアは自由になったが、生き残りは難しい時代に入っていく」。約１００人が働く自社のオフィスでココ氏は厳しい表情で語った。

### 国営紙も変革を求められる

メディアを取り巻く変革への対応は、軍事政権時代に当局の宣伝媒体だった国営紙も同様だった。ミャンマーの国営紙はミャンマー語2紙と英字紙の計3紙あり、情報省が直轄している。国営各紙は軍政当時、軍幹部による農村視察や橋の開通式への出席などの動静記事を中心に掲載し、軍政が経済発展や国民の生活向上に尽力しているイメージを宣伝してきた。一方、民主化勢力に関する記事では、2007年に軍が民主化デモを排除して多数の死傷者が出た責任をデモ隊側に押しつけるなど、攻撃的な論調を展開した。

ところが民政移管後にテイン・セイン政権がメディア改革に着手して、それまで言論を統制してきた守旧派の情報相を2012年8月に更迭した後、国営紙のプロパガンダ色は極端に薄まった。英字紙は*New Light of Myanmar*から*Global New Light of Myanmar*に名称を変え、それまでの粗い紙質のモノクロ版からカラー印刷に衣替えして、欧米のセレブや芸能、スポーツなどの軟らかいテーマの記事を増やした。オンライン版も開始し、政権の動向や政府の政策などを客観的に伝える「公共紙」の立ち位置に変化した。

## 4．経済改革が始動　空前のミャンマーラッシュ始まる

### タイとの経済発展の「時差」は40～50年

ミャンマーの経済は、米国のブッシュ政権が2003年に経済制裁の禁輸政策を強化した際、米国市

場への輸出に依存していた主力産業の繊維業界が大打撃を受けた。軍政はこれを教訓に輸出相手国の多角化を進め、「西側の経済制裁に関与していない中国、インド、ベトナム、タイ、韓国などの国々との貿易を増やすことに成功した」（在ヤンゴンの外交関係者）。

欧米の企業は、自国の経済制裁でミャンマーとの貿易・投資活動が禁じられていた。日本企業も対ミャンマービジネスを本格展開すれば、国際社会から批判を招き、自社のイメージダウンと不買運動を招きかねない。ニューヨーク証券取引所をはじめ、経済制裁を発動している国の証券市場で上場基準に抵触する恐れもあった。一方、中国や東南アジア各国の企業は、ミャンマーのビジネスに大きな制約を抱える欧米と日本の企業の間隙を縫い、対ミャンマーの貿易・投資活動を着々と拡大した。

米国が経済制裁を強化した２００３年から、民政移管直前の２０１０年までの間、「軍政は従来の欧米が中心だった貿易相手を、ミャンマーの安い労働力と資源を確保したい中国、インド、東南アジア諸国連合（ＡＳＥＡＮ）の国々などにこの7～8年の間にうまくシフトした」（外交筋）。アンダマン海で産出される天然ガスのタイへの輸出が始まる時期と重なったこともあり、ミャンマーの主な輸出品目は天然ガスやコメなど資源と農産物が中心になった。このうち天然ガスは、タイのエネルギー会社が自国消費用に全量を輸入し、ミャンマーの輸出額全体の4割を占めるようになった。

ミャンマーの外貨準備は、２０００年頃はほぼゼロだったが、天然ガスの輸出などに支えられ、２０１０年頃には輸入額の8カ月分相当に膨らみ、適正とされる水準の3倍近くに積み上がった。一人あたり国内総生産（ＧＤＰ）は２００４年の１９５ドルから、０８年には４７９ドルと約2・5倍になり、統計の上では、軍政は欧米の経済制裁の無力化に成功した形だった。

しかし、その程度の規模の貿易・投資活動では、国家経済を底上げするには不十分だった。軍政は道路建設などの予算不足を補うため、軍政と「癒着」している「クローニー」と呼ばれる複数の新興コングロマリットにＢＯＴ（Build Operate Transfer）方式で建設・維持・運営を委ね、契約期間終了後に所有権を軍政に移す方式を取り入れていた。

軍政は、中古車の輸入販売権（ライセンス）をクローニーに供与するなどして、他の事業部門で利益が上がるよう配慮した。ミャンマーの中古車輸入は、タイ側から少数民族武装勢力の地域を通って入ってくる密輸車を除き、公的には毎年の輸入販売権の枠（台数）が業者に割り当てられていた。輸入台数が限られるため中古車の価値が高まり、民政移管後にこの制度が廃止されるまで、ヤンゴンの中古車市場では、例えばトヨタマークⅡの中古が円換算で４００万円前後もしていた。ヤンゴンの中古車展示販売場で、ある販売業者は「この値段で買えるのは、地方の役人や軍人だけだ」と話した。皆、支払いはミャンマー通貨のチャット札で現金一括払いという。きれいなお金ではなかったはずだ。

クローニーへのＢＯＴ方式の発注だけでは、大規模なインフラ開発に対応するのは不可能である。ミャンマーでは、欧米や日本からの政府開発援助（ＯＤＡ）と、アジア開発銀行（ＡＤＢ）など国際金融機関からの融資が経済制裁でストップした影響で、経済発展に必要な電力、道路、港湾、鉄道などの新たなインフラが整備されず、数十年前に日本の経済協力で建設された老朽発電所がフル稼働している状況だった。鉄道は電化が進まず、保線作業が不十分なため、各地のレールはこげ茶色にさび、くねっていた。

ヤンゴンから一歩外に出れば、電気、ガス、水道が通っていない集落があちこちにある。ヤンゴンから約４００キロメートル北に、アウン・サン将軍が生まれ育ったマッナウという小さな町がある。そこへ向かう途中、日没近くに通りがかった小さな集落では、夕闇の中を村人が井戸の水をくむため行列を作り、水を入れたドラム缶を木の台車で家に運んでいた。乾季の末期にヤンゴンで停電が多発することは冒頭に書いた通りである。ヤンゴンでは、夕方になると古びたビルやアパートから自家用発動機がうなる音があちこちから聞こえてきた。ＡＤＢの「２０１２年版アジア経済見通し」によると、２０１１年に民政移管した当時、国民の４人に１人は貧困状態、４人に３人は電気のない生活に耐えていた。

ようやく取材ビザが発給されるようになった２０１２年前後、ヤンゴンを走っている車のほとんどは、昭和30～40年代に生産された日本車だった。映画「ALWAYS　3丁目の夕日」から飛び出してきたようなポンコツのミニトラック、ワゴン車、乗用車、バスが現役で走り、ヤンゴンの街全体が日本車の「歴史博物館」の趣だった。熱帯のパゴダやロンジー姿の市民を背に、日本ではとっくの昔に退役した車が行き交う光景を眺めていると、時空のゆがみに迷い込んだような奇妙な感覚を覚えた。

ミャンマーとタイの時差はミャンマーが30分遅れており、日本より2時間30分遅い。ヤンゴンとバンコクの時間距離は飛行機なら1時間ほどで、客室乗務員が急いで配った軽食をつまんでいる途中で機体は降下を始める。一方、「経済の時差」は途方もなく広がっていた。ミャンマーとタイを往復するたびに、両国の間は40年から50年もの時間の壁に隔てられている感じがした。

ミャンマーの一人あたり国内総生産（ＧＤＰ）は、軍政最終年の２０１０年は８１１ドルと、東南アジア諸国連合（ＡＳＥＡＮ）加盟10カ国ではカンボジア（８０１ドル）に次いで下から2番目だった。タイとは6倍、トップのシンガポールとは約60倍の開きがあった。軍政時代は広がる一方だった膨大な

「経済成長の時差」を縮めること——。それがテイン・セイン政権の経済課題だった。

### ベトナムが官民挙げて素早く進出

民政移管直前の2010年ごろ、「ミャンマーは、民政移管で経済規制が緩和され、市場開放が進む」という観測が周辺国に広がり、ASEAN各国や中国、インド、韓国などアジア資本の流入が加速した。欧米が経済制裁を解除することも想定して、西側企業より少しでも先にミャンマー市場を押さえて先行利得を確保する狙いだった。

2010年当時、タイの流通大手グループは、ミャンマー初のコンビニチェーンをヤンゴンに出店する計画を表明した。タイ企業の幹部は「ミャンマー市場は必ず成長する。成功を確信している」と語った。韓国勢はミャンマー沖の天然ガスを採掘する一方、ミャンマー西部のチャウピューから中国雲南省に石油・天然ガスを輸送する中国のパイプライン敷設工事を受注した。インドのタタ自動車は、ミャンマーに組立工場を建設する計画を発表した。

そうした中、ベトナムは官民一体でミャンマー市場の開拓に動いた。2010年4月、グエン・タン・ズン首相は官民合同のビジネスミッションを引き連れてミャンマーを訪れ、ネピドーで軍政トップのタン・シュエ国家平和発展評議会（SPDC）議長らと会談した。ベトナムはその年のASEAN議長国であり、表向きの訪問の目的は、議長国の立場から、民主的な総選挙の実施を軍政に要請することだった。しかし、真の狙いは、民政移管後をにらんだ経済関係の強化だ。この時のグエン・タン・ズン首相による首脳外交が、その後のベトナム企業の活発なミャンマー投資の起点になっている。

首相のミッションには約１７０社のベトナム企業が同行した。ヤンゴンの外交筋によると、この中には、米国、豪州、ドイツなどの西側企業が出資しているベトナムやＡＳＥＡＮ各国の企業が多く含まれていた。欧米企業は自国の経済制裁でミャンマー市場に直接参入できなかったため、ＡＳＥＡＮの出資先企業を「隠れみの」にしてビジネス機会をうかがっていた。

グエン・タン・ズン首相とテイン・セイン首相はネピドーで４月２日に会談し、共同声明で次の１２分野を軸に、両国の経済関係を強化することを表明した。⑴農業、⑵漁業、⑶銀行・金融、⑷航空、⑸通信、⑹電子機器製造、⑺石油・ガス、⑻鉱物、⑼自動車組み立て、⑽建設、⑾投資・貿易、⑿文化、教育、スポーツ、国防などその他――である。

ベトナムは、ミャンマーで大きな成長が見込める建設、情報通信の各分野を中心に、サービス市場への参入拡大を狙っていた。両首相の共同声明には、軍政が特定のベトナム企業にミャンマーでのビジネス活動を許可したというコミットメントが随所に盛り込まれた。ベトナムからすれば、共同声明はミャンマーでのベトナム企業の事業展開を軍政が保証した「覚書」といえる内容だった。

例えば、ベトナムの軍が実質的に経営する通信会社「ベトナム・ミリタリー・テレコミュニケーションズ・グループ」（ベトテル）に対しては、ヤンゴン事務所の開設と、相互ローミングを許可することが記された。一見すると小粒な合意にみえるが、ベトテルはこれを機にミャンマーで通信事業を展開する足場を築いた。ベトテルはミャンマー軍系コングロマリット「ミャンマー・エコノミック・コーポレーション」（ＭＥＣ）などの地元連合と携帯電話会社「テレコム・インターナショナル・ミャンマー」（マイテル）を設立し、２０１８年に携帯事業を開始した。

共同声明はさらに、ベトナムの製造業者に対してミャンマーでの電子機器の製造許可、自動車組み立て投資の奨励、ベトナムの建設会社への事業活動の許可などが列記され、「（ベトナム資本はミャンマーで）銀行、航空分野の投資にグリーンライト（青信号）がともった」（ミャンマータイムス、２０１０年4月12日）。ベトナム政府は同年11月、ミャンマーの天然ガスや鉱物などのエネルギー分野の開発協力を拡大することでも軍政と合意している。

ベトナム企業はこの共同声明を後ろ盾にして、ミャンマー市場の開拓に本格的に着手した。不動産開発大手「ホアンアインザーライ・グループ」は4億４０００万ドルを投資して、ヤンゴン中心部のインヤー湖のそばに、ショッピングセンターと大型ホテルを備えた高層ツインビルと、高級アパートやオフィスなどが入居する高層ビルで構成する「ホアンアインザーライ・ミャンマーセンター」を開発した。

このうち大型ホテルはマレーシア資本が経営しており、上層階からは湖の対岸にあるアウン・サン・スー・チー邸も眺望でき、ヤンゴンからはるか遠くの地平線を眺めることができた。ミャンマーセンターは、ミャンマーの経済成長を象徴するランドマークになっている。

ホアンアインザーライ・グループの経営者は、「ヤンゴンの不動産市場は成長と過熱が予想されており、競争相手より早く参入する必要がある」「ヤンゴンのオフィスビルは供給量が少なく、賃料は1平方メートルあたり80～１００ドルと（ベトナム最大都市の）ホーチミンより高額だ」とベトナムメディアに語った。ＡＳＥＡＮなどの競合企業に先駆けてミャンマー市場に参入し、先行者利益をいち早く獲得する戦略だった。

ベトナム投資開発銀行も共同声明に基づいてヤンゴンに支店を開設し、ベトナム企業のミャンマーでの事業展開を支援している。ベトナムからミャンマーへの投資額は、2003年は100万ドル単位の統計で「ゼロ」だった。輸出額も1250万ドルにすぎず、両国間の貿易・投資活動は行われていないに等しい状態だった。しかし、2010年4月の両首相の共同声明を機にベトナムからミャンマーへの貿易・投資は活発化し、2018年のベトナムからの投資額は2億2600万ドルと、ASEAN内ではシンガポール、タイに次ぐ規模に拡大した。

### 37年ぶりに為替制度改革

外資のミャンマー進出ラッシュの流れを確実にしたのが、テイン・セイン政権による経済分野の大胆な規制改革である。大統領は2011年8月、軍政時代に国外へ避難した民主化活動家に帰国を呼びかけ、少数民族武装勢力には和平実現を目指す考えを表明した。同じ時期に、経済改革に着手する方針も打ち出した。

経済改革の第1弾は、為替制度の37年ぶりの見直しだった。ミャンマーでは、1975年に導入された経済実態とかけ離れた「公定レート」と、市中の両替店などで交換される「実勢レート」の二つの為替レートが併存し、民間の経済活動に支障をきたしてきた。例えば、公定レートは1ドル＝約6チャット（ミャンマーの通貨単位）で固定されており、国有企業の輸入や外国企業が合弁会社を設立する場合などに適用される。一方、実勢レートは時々で増減し、当時は1ドル＝約780チャットと、公定レートとは約130倍もの開きがあった。ミャンマー中央銀行は国際通貨基金（IMF）の助言を受けながら特異な為替制度の改正に取り組み、２０１２年4月1日に37年間続いた公定レートを廃止して、変動為替相場制に移行した。ゆがんだ為替制度を是正して、外資の対内投資と貿易を活発化させるためだった。

軍政が為替相場の実態から完全に乖離した公定レートを維持してきたのは、不当に利益を得るためだったという指摘がある。見かけ上の異常ともいえる作為的なドル安のレートを固定化して、国有企業や軍閥企業の帳簿上の輸入費を抑え、輸入品を国内に流通させる際のチャット建て価格との恣意的な差で軍幹部らが裏金を得ていた、との指摘も聞かれた。

公定レートは外国企業が合弁会社を作る際にも適用され、外国企業はチャット建ての資金を準備する際、実態と乖離した超チャット高のレートで多額のドルをチャットに換金する必要があった。

テイン・セイン大統領が為替制度の改革を表明した当時、中国、タイへの天然ガスなどの資源輸出が増加したため、輸出で得たドルをチャットに換金する需要が高まり、実勢レートは1年で20％以上もチャット高になった。この影響で主力輸出品のコメ、穀物などの農産物や繊維製品はドルに対する輸出価格が上昇して、採算割れに陥った。政府は農民や労働者の収入減や不満を和らげるため、輸出税を一時的に免除する措置を取ったが、そのような特例に踏み切ること自体、軍政時代はありえない対応だった。ヤンゴン市民からは「軍政の時は、不景気で国民の生活が苦しくなっても何もしなかった」と政府の変化を歓迎する声が上がった。

## 労働者の権利保護、労使とも不慣れな賃上げ交渉

労働者の権利を保護するための改革も進められた。政府は2011年10月に労働組合法を定め、労働者には労働組合の結成と、経営側との団体交渉、ストライキを行う権利などが認められた。軍政時代は労組の結成は認められてなく、為替制度と並ぶ画期的な経済制度改革だった。しかし、大半の労働者は労働組合法が制定されたことを知らなかった。労働省の担当者は「労働者と経営者の双方に、労働組合を作るよう促している」と取材で語った。

無理もない。軍政時代、国民は自らの権利を主張する機会を許されていなかった。このため、民政移管で労働者に団体交渉を行う権利が認められたものの、労使ともにそれまで団交の経験は全くなく、双方ともやり方が分からず戸惑っている状況だった。

衣料品や繊維、靴などの労働集約型の工場が立ち並ぶヤンゴン北部の工業団地で2012年6月、「奇妙な賃上げ交渉」を取材した。管理棟の広い会議室に経営側と労働者のそれぞれ約10人がイスに座って数メートル離れて向かい合い、双方の間を、電卓とノートを持った男2人が頻繁に行き来している。中国人が経営する靴工場の団体交渉の現場だった。

この2人の男性は、なぜか労働省の役人だった。「この金額でどうだ」と経営者に電卓の数字を示したが、「駄目だ」と突っぱねられた。2人は労働者側の席に戻って賃上げの希望額を労働者に改めて確かめ、再び経営側の席に出向いて要求額を提示する——。昼前に始まった団体交渉はこうしたやり取りが延々と続き、この日は妥結できず夜8時に打ち切られた。

労働者の要求額は月給5万4000チャット（約4960円）だった。経営側の回答額は最初の

4万5000チャット（約4140円）から5万2790チャット（約4850円）まで上がったが、わずかな溝は埋まらなかった。

なぜ労働省の役人が賃上げ交渉の「調停役」を務めていたのだろうか。労使の間を何度も往復していたウィン・シャイン氏は、「ヤンゴンだけで5月以降、41の工場で賃上げ要求ストが起きた。このうち31の工場は妥結したが、ここを含めて10工場が残っている。労使とも初めての賃上げ交渉なので、妥結のやり方が互いに分からず、労働省が労使交渉の仲裁に入っている」と語った。「今年は団体交渉の訓練期間のようなもの。来年からは労使でやるようになるでしょう」と苦笑した。

民主化勢力「88年世代学生グループ」の元政治犯らも、労働省の要請で各地の交渉に立ち会っていた。その一人のココ・ジー氏は「軍政時代、労働者は自分たちの権利や要求を経営者や政府に主張できなかった」と述べ、労働者の権利保護に動いた政府の姿勢を評価した。

中国人が経営する靴工場の団体交渉が行われていた会議室の奥では、韓国人が経営する紳士靴工場の労使が団交の順番を待っていた。ミャンマーでは、繊維業や軽工業は多くの雇用を維持していくための基幹産業だ。地方の農村からヤンゴンに出稼ぎに来て、相部屋の簡易宿泊所に家賃と食費で月2万チャット（約2000円）を払いながら工場に通う労働者も多い。団交に参加していた女性工員（35）は、「5月は給料が払われなかった。母と弟の4人家族なので、月給が増えないと生活が苦しい」と話し、「お金がないのでタイに働きに行きたい」と切実な表情で語った。

労使ともに不慣れな賃上げ交渉の光景は、軍政時代には認められていなかった労働者の権利が保障されてきた表れでもあった。一方で団交の様子から、低賃金の労働集約型産業に雇用吸収力を依存しているミャンマーの産業政策の課題が浮かび上がって見えた。

## 経済改革の第二波、外国企業の投資を促進

テイン・セイン大統領は２０１２年６月19日、首都ネピドーで演説し、政権発足以来取り組んできた民主化改革に加えて、経済発展と国民の生活向上に重点を置いた「第二波の改革に取り組む」ことを表明した。政策の柱は次の５点だった。

①積極的な外資導入を通じて、今後５年の経済成長率は７％台後半を確保する、②日本や欧米などからの外資の直接投資額を２倍に増やす、③一人あたり国内総生産（ＧＤＰ）を５年以内に３倍に増やす、④法定最低賃金制度を導入して、労働者の権利を一段と保護する、⑤国有企業の民営化を進める――。

前年３月の政権発足から１年半を経て、初めて具体的な経済成長の目標を示した。為替制度改革、労働者の権利保護に加えて、２年目は外資導入に本腰を入れ、ダウェイ、チャウピュー、ティラワの各経済特区の整備にも取り組む姿勢を強調した。

外資の導入促進策の目玉は、軍政が１９８８年に制定した旧外国投資法に代わる「新外国投資法」の制定だった。外資のミャンマーへの投資基準を明確に規定した、外資系企業誘致に関する基本法となるものだ。議会下院では、「外資の市場参入は規制すべきだ」と反発する国内企業の意向を受けて、法案は外資規制を逆に強める内容に修正された。しかし、上院と大統領の巻き返しにより、２０１２年11月に大統領が署名して新外国投資法は成立した（成立の紆余曲折は６章で詳述）。外国企業に土地の保有

を最大で70年間認め、事業開始から5年間は税金を免除することなどが規定された。

ヤンゴンでは、信号待ちをしている車の間を、新聞を抱えた売り子たちが縫い歩き、ドライバーに新聞を販売する光景が日常的だった。新外国投資法が成立した直後には、この法律の条文を英訳した小冊子を新聞と一緒に売り歩く商魂たくましい姿があちこちで見られた。車に外国人が乗っていると、ドアの窓越しに条文の冊子を売り込んでくる。値段は4000チャット（約400円）とミャンマーではかなり割高だが、若い男性の売り子は、「外国人やミャンマー人のビジネスマンが1日10部は買っていくよ」と満足げに話した。「街角の信号待ちの車に法律の冊子を売るなんて、考えたこともなかった」とヤンゴンの地元紙記者は脱帽していた。

ネピドーで外資誘致の司令塔である国家計画経済開発省の高官に取材した際、経済法制を早急に整備する方針を明らかにした。知的財産権の保護、独占禁止などの公平な競争政策、消費者保護に関する法律など、外資が安心して投資できる環境を整備して企業を呼び込みたいという。「今は国民の300万人がやむなく外国へ働きに出ている。国内に外国企業を誘致して、雇用の場を早く作り出していきたい」と語った。

誘致戦略は三つのステージに分ける方針だった。「第1ステージは衣類や靴、電機など労働集約型の企業、第2ステージはすそ野企業が幅広い自動車など付加価値が高い産業、第3ステージは重工業やハイテク産業の誘致に力を入れる」という。民政移管から1年を経て、産業政策の具体的に動き出そうとしていた。

## 「未開拓市場」に殺到する日本企業

テイン・セイン政権が民主化改革に動き始めたのに合わせて、日本企業の猛烈なミャンマー視察ラッシュが起きた。日本経団連、日本商工会議所、経済同友会の経済３団体のほか、日本各地の商工会議所や企業、バンコク駐在の日系企業などが続々と視察団を派遣し、「数えきれないほどの勢いで企業の視察が増えている」（日本貿易振興機構ヤンゴン事務所）という状況だった。

実際、バンコク発のヤンゴン便の機内にはスーツ姿の日本人が目立つようになり、１日３便だったタイ航空のヤンゴン路線は航空券の確保が次第に難しくなっていった。さらに困難を極めたのがヤンゴンのホテルの予約だ。当時、ヤンゴンには施設が比較的充実した都市型ホテルが四つしかなく、どこも常に満室状態になった。取材ビザは申請すれば取得しやすくなったが、皮肉なことに今度は航空券とホテルの確保が最大の難関となり、１週間ほどの出張の場合、同じホテルに連泊できる可能性はほぼ皆無だった。安宿も含めて2～３カ所泊まり歩くことを余儀なくされた。宿泊費も当然のように急騰し、１泊70ドル程度だった部屋が、数カ月後に行くと３００ドル近くに跳ね上がっていた。

軍政時代の１９９８年、三井物産が開発に参加して、ヤンゴン郊外にミャンマー唯一の外国企業向け工業団地となる「ミンガラドン工業団地」が開業した。進出企業はわずか8社（うち日系は縫製業３社）しかなく、開業から10年以上も低調だったが、民政移管による経済改革への期待から、２０１１年9月までの1年間で台湾、韓国、日本の企業計11社が進出契約を結んだ。縫製、靴、カツラ、自動車スペア部品、デジカメ部品などのメーカーで、用地の54％が埋まった。その後も強い引き合いが続き、一気に満杯になったという。

ミャンマーの一人あたり国内総生産（GDP）は東南アジアで最低水準だが、最大都市ヤンゴンや中部のマンダレーなどの主要都市は一定の消費力があるといわれる。日本企業は欧米の経済制裁下に表立ったミャンマー投資を控えてきたが、中国、韓国、ASEANの企業に出遅れる懸念が強まり、大手商社は2012年前後、ネピドーに競うように駐在事務所を開設した。政権関係者や各省庁とのパイプを築き、インフラ整備の受注をはじめ「未開市場」の開拓を急ぐためである。

このうち、三井物産は2012年6月にネピドー事務所を開設した。ネピドーのホテルで記者会見した飯島彰己社長は、ミャンマー市場の魅力について、①鉱物、農業という未開発の天然資源が豊富にあること、②人口5000万人超の消費市場としての成長の可能性と、競争力のある労働力を供給する基地であること、③中国、インド、タイと隣接している地理的な優位性――を挙げた。日本企業はいずれも同様の期待感をミャンマーに抱いていた。

### 日本が整備した「ティラワ経済特区」

ヤンゴン中心部から南東に約20キロメートル。車でバゴー川にかかる橋を渡り、その先を右折して下流方向へ進むと、川沿いにミャンマー最大の工業団地「ティラワ経済特区」が広がっている。民政移管後の経済改革を象徴する大規模な開発事業であり、日本は開発段階から官民が深く関わってきた。

ティラワ地区での工業団地の開発は、1990年代半ばにシンガポール企業が一度手がけた。しかし、直後の1997年に起きたアジア通貨危機の影響や、軍政下で外資の進出意欲が慎重だったため頓挫した。テイン・セイン政権下で改めてティラワ地区の開発構想が浮上し、大統領は日本に協力を求めた。

日本政府は２０１１年12月に民主党の玄葉外相がミャンマーを訪問した際、開発の可能性調査に協力する意向をミャンマー政府に伝えた。それ以降、日本は政府開発援助（ＯＤＡ）を絡めて、大手商社が開発を進めた。

テイン・セイン政権は２０１５年に行われる次の総選挙に向けて、ティラワ特区の完成を、目に見える経済改革の成果として国民にアピールしようとした。開発スケジュールはゾーンＡ、ゾーンＢの区域に分け、ゾーンＡは一期、二期とも２０１３年12月に着工し、総選挙の２カ月前の２０１５年９月に開業した。ゾーンＢは一期が２０１８年８月、二期は２０１９年８月にそれぞれ完成した。特区の運営は、丸紅、住友商事、三菱商事、みずほ銀行、三井住友銀行、三菱ＵＦＪ銀行、ＪＩＣＡで構成する日本勢とミャンマーの官民が共同出資した「ミャンマー・ジャパン・ティラワデベロップメント」社が担う。出資比率は49対51でミャンマー側が過半数を押さえた。

特区に隣接するヤンゴン川には、香港の港湾運営会社が開発した河川港が、ティラワ特区が開発される前から細々と稼働していた。この港湾施設も、日本の援助で機能が強化された。ティラワとヤンゴンの間のバゴー川にかかっている橋は、鉄道と車の両方の通行に使われているが、老朽化が激しい。橋の中央部に単線の鉄道レールが敷かれ、車道はレールの両側に一車線ずつしかなく、渋滞も発生しやすい。このため、日本はヤンゴンとティラワ特区を結ぶ物流導線の拡大にも協力している。

まだティラワ開発が構想段階だった２０１１年12月、特区の予定地を取材した。現地はひたすら荒野が広がり、河川港のそばに、数軒の民家の小屋と雑貨屋が点在しているだけだった。空気が澄んだ乾季のオレンジ色の薄暮の中、小屋の脇の木陰では、上半身裸でロンジーをまとった中年の男性が、井戸からくみ上げた水を何度も頭から浴びていた。

２０１８年に再び訪れると、景色は全く様変わりしており、小屋があった場所は分からなかった。５７２ヘクタールの広大な特区の構内は縦横に走る舗装道路で区画が分けられ、90社以上の工場が進出していた。スズキ自動車、エースコックなどの日本企業名のロゴの看板がそれぞれの工場の建屋に掲げられ、遠くでさらに特区の拡張工事が進められていた。５万キロワットの発電所、変電所、送電網などの電力インフラも日本のＯＤＡで整備され、生産活動に十分な電力が各工場に供給されている。タイやマレーシアなどのＡＳＥＡＮ内の先端工業団地と比較しても、規模やインフラの水準には全く遜色がなかった。

運営会社のミャンマー・ジャパン・ティラワデベロップメント社によると、日本の商社が東南アジアで開発した工業団地の場合、通常は進出企業の６〜７割は日系企業だが、ティラワ特区は日系の割合が約５割と低く、タイ、韓国、台湾、シンガポールや欧米の企業が多いという。

その話を聞き、ベトナム北部で急速に工業化が進んだ当時の取材を思い出した。ベトナムでは、１９９０年代までは南部のホーチミンに外資系の工場が集中し、首都ハノイがある北部の工業化は遅れていた。日本企業にとってハノイ周辺は進出の「土地勘」がないエリアだったが、２０００年代初頭に日本のＯＤＡでハノイ近郊にタンロン工業団地が開発されると、状況は一変した。

米同時テロが起きた２００１年９月に、まだ開発途中だったタンロン工業団地を初めて取材した時は、正面ゲートから向こう側の遠くに三菱鉛筆の建屋がポツンとある以外は、一帯は広大な更地だった。正面ゲートの外では、２頭の水牛がのんびり草を食んでいた。

ここにキヤノンがプリンター工場の進出を決めたことが引き金となり、パナソニックをはじめとする日本企業の「タンロン進出ラッシュ」が起きた。日本のＯＤＡで開発され、住友商事が運営しているという信頼感と、グローバル企業のキヤノンが進出する安心感でタンロン工業団地は一躍「人気物件」となり、現在は第三タンロン工業団地まで開発されている。生産拠点の中国への過度な集中を避けるためＡＳＥＡＮ内にも拠点を確保する「中国プラスワン」の経営課題が日本メーカーに浸透したことも、タンロンが注目を集めるきっかけになった。２０００年代初頭に取材した時は空き地が目立っていた沿岸部側の野村ハイフォン工業団地も全ての区間が埋まり、ベトナムで日本企業は南部に加えて、北部の集積も一気に進んだ。

日本企業や各国企業の工場が相次いで進出しているティラワ特区の活況ぶりは、２０００年代初めのタンロン工業団地への進出ラッシュと重なって映った。ミャンマー・ジャパン・ティラワデベロップメント社の担当者は２０１８年当時、「ミャンマーに進出するならティラワ特区だという認識が、各国の企業に広がっている。ここの区画の販売ペースはＡＳＥＡＮ内の工業団地と比べて驚異的に速い」と手応えを語った。

### 開発が進まないタイ主導のダウェイ特区構想

一方、ミャンマー南部のインド洋に面したダウェイという人口約15万人の田舎町では、「ダウェイ経済特区」構想が軍政当時の２００８年から存在している。大型の貿易港と東南アジア最大規模の工業地帯をセットで開発する計画だが、具体化の動きは10年以上過ぎても遅々としている。

構想は、もともとはタイ政府が軍政に提案したもので、現在に至るまでタイが積極的に実現を働きかけてきた。事業化を当初主導したのは、「イタリアン・タイ・デベロップメント」（ＩＴＤ）社というタイの大手ゼネコンで、ダウェイ一帯で総事業費１３０億ドル（約1兆１１３０億円）規模の巨大経済特区を開発する構想を打ち上げた。

２００８年5月、タイ政府と軍政はシンガポールで行われたＡＳＥＡＮ外相会議の際、開発の覚書を交わした。その翌月、ＩＴＤ社も軍政と同様の覚書を締結し、現地調査に着手した。さらにタイ政府はミャンマーが民政移管する前年の２０１０年8月、商務省のアロンコン副大臣が軍政に改めてダウェイ開発を呼びかけた。

当時、アロンコン副大臣は「港湾、経済特区、タイとダウェイを結ぶ高速道路の開発を、ミャンマーが正式に表明することで軍政と合意した」と私の取材に明らかにした。さらに、実際の開発は、民政移管後の新政府が着手すると語った。

当初のＩＴＤ社の開発構想は、①ダウェイの中心部から約30キロメートル離れた３２０平方キロメートルの予定地に、大型船が接岸できる深海港と経済特区を設け、石油化学、鉄鋼、自動車、電機などの工場を誘致する、②ダウェイとタイ西部カンチャナブリまでの約１５０キロメートル区間に高速道路を整備し、タイとの物流ルートを構築する、③ＩＴＤ社がミャンマーと共同でダウェイ特区開発を事業化し、全体の完成は着工から5年以内を目指す――という内容だった。アロンコン副大臣は、「カンチャナブリまでの高速道路は（２０１０年11月の）ミャンマーの総選挙後の早い時期に着工するよう軍政に求めている」と語った。

構想が実現すれば、ダウェイ特区と約３５０キロメートル離れたタイ最大港湾のレムチャバン港はトラックで12時間圏内になり、インドや中東、欧州方面とレムチャバン港の所要時間は、ダウェイで積み荷を降ろして陸路でタイへ運べば、現状のマラッカ海峡経由の海運ルートより３日間短縮される。

さらに、アジア開発銀行（ＡＤＢ）などがベトナムのホーチミンとバンコクを結ぶ広域幹線道路として整備している「南部経済回廊」がカンチャナブリ経由でダウェイに延伸されると、南シナ海側とインド洋側が南部経済回廊で結ばれる。ダウェイ特区が本当に実現すれば、日本や韓国、欧米などの外資系メーカーのＡＳＥＡＮ、インドでの生産拠点戦略に大きなインパクトを及ぼすだろう。

タイ側はアロンコン氏の訪問から2カ月後の２０１０年10月、ミャンマーの総選挙の前月にアピシット首相がネピドーを訪れ、テイン・セイン首相と会談した。タイ首相府への取材によると、両者はこの時、ダウェイに大型貿易港を共同開発することに正式合意した。

アピシット首相のミャンマー訪問は、首相就任から約2年でこの時が初めてだった。一国の首脳が就任以来、隣国を訪問しない状態が続くのは、外交上極めて異例だ。原因は軍政側のアピシット首相への反発だった。首相が以前、ミャンマーの人権問題に懸念を表明したことに軍政は強く反発し、タイ側からの訪問の打診を何度も拒否していた。この時の会談では、11月の総選挙は主なテーマにならず、ダウェイ特区構想をはじめとする経済協力が中心だったという。

２００８年の政府間による覚書締結から2年半に及んだタイ側の秋波が実り、軍政は総選挙5日前の11月2日、ダウェイ特区の開発用地をＩＴＤ社に最大75年間貸与する契約をネピドーで交わした。ミャンマーにとって初めての経済特区構想だった。国営テレビはその夜のニュースで、「ダウェイに重工業中心の経済特区と2万〜5万トン級の大型船が25隻停泊できる大型港湾が、10年以内に段階的に開発される」「ダウェイとタイを結ぶ全長170キロメートルの8車線高速道路と鉄道も建設される」などと大きく報じた。

総選挙の翌8日には、バンコクにあるＩＴＤ本社の高層ビルで、プレムチャイ社長の記者会見が行われた。本社ビルは駐在日本人が多く住むスクンビット地区に隣接しており、周辺には外国人向けのコンドミニアムが建ち並んでいる。会見が行われた高層フロアの会議室は眺望がよく、平野のはるか遠くまで見渡せた。ワンマン経営で知られるプレムチャイ社長は、自ら開発予定地の写真を示しながら構想を力強く発表し、「世界最大の経済特区を整備する」と報道陣に威勢よく語った。会長によると、総事業費は530億ドル（約4兆8000億円）、開発面積は250平方キロメートルに及ぶ。

翌9日には、バンコク駐在の日本の新聞各社とアピシット首相のグループ会見がもともと設定されていた。その中でＩＴＤ社のダウェイ特区構想も質問に挙がり、首相は「ダウェイ特区が完成すれば、ＡＳＥＡＮ内の物流の連結性が高まる」と述べて、ＡＳＥＡＮの地域統合に貢献するとの期待感を示した。

タイがミャンマー南部での経済特区の開発にこれほど熱心なのは、タイでは国民の環境問題への意識が高まり、鉄鋼、化学などの重工業系の工場や工業団地の新設が、非常に困難になったためだ。タイ東部にあるマプタプットという地区の公害訴訟が世論の流れを決定づけた。

バンコクの東方約200キロメートルのタイ湾沿いには、広大な工場群が開発されている。タイは工業化を目指していた1980年代に「東部臨海計画」を定め、一帯に大規模な工業地帯を開発した。ラヨン県にあるマプタプット工業団地はその中核にあたり、タイ湾から産出される天然ガスを使った石油化学系の工場や、鉄鋼、セメントなどの重工業など約180の事業所（工場）が集積していた。この工業団地を巡って住民から公害訴訟が提起され、日系企業を含むマプタプット地区の工場は大混乱に陥った。

工業団地から約1・5キロメートル離れた土地で農業を営むノイさん（71）は、「工業団地から排出された汚染物質が原因で、気管支や皮膚に異常が生じる住民が増えた」と取材で語った。地元NGO「東部住民グループ」代表のアチャサイさん（34）は、「汚染物質が浸透して地下水も汚れた。すべて公害の影響とは言えないが、2000人がガンで死亡した。政府は状況を直視しようとしない」と批判した。アチャサイさんらは行政訴訟に踏み切り、最高行政裁判所は2009年末、「憲法に基づく健康・環境影響調査が行われないまま政府が個別の開発案件を認可した」として政府の手続きは違憲だったと認定し、日本企業を含む計64の工場に操業や建設計画の停止命令を下した。それにより、工場建設の計画段階の案件から、すでに稼働中の工場まで、全てが長期間の停止を余儀なくされた。

アピシット首相は2010年2月、バンコクのホテルで行われたマプタプット問題のセミナーで、「タイ国内に『公害の安息地』が発生していた」と述べ、政府の公害・環境対策が後手に回ったことで地域に公害を生み出していたことを認めた。タイ政府は、国民の健康と環境に配慮した立地政策への転換と、その徹底を求められることになり、重工業系の工場の新規立地は難しい状況になった。そこでタイ国内の重工業の代替地として着目したのが、タイ西部のカンチャナブリから道路で接続できる、隣国ミャンマーのダウェイだった。タイ側は、今後の鉄鋼や化学系工場の新設と移転はダウェイ特区に集約し、実質的にダウェイをタイの工業地帯として活用する狙いだった。

一方、ミャンマー側にはダウェイを開発する積極的な理由がなかった。テイン・セイン政権は「タイが特区をダウェイに開発するのは構わないが、ミャンマーが事業費を負担するつもりはない」と冷めた構えだった。タイ政府は資金の協力国が必要になり、日本からの開発援助を得るべく、バンコクに駐在する日本政府関係者にダウェイ事業への参加を呼びかけた。当時、タイの日系企業はダウェイ開発にほとんど関心を示していなかったが、日本は開発の「当事国」として組み込まれていくことになる。

2012年5月、ITD社はタイメディアとバンコク駐在の一部の日本メディアを対象に、開発予定地の取材ツアーを実施した。夜明け前に記者やカメラマンを乗せた2台のワゴン車でバンコクを出発し、ダウェイの現地に着いたのは夕方近くだった。目の前にアンダマン海が広がり、白い砂浜が延々と続いている。半ズボンに上半身裸の子供たちが魚をかつぎ、犬と浜辺を歩いて行った。未開のリゾート予定地という風情だった。

海岸のそばにITD社のゲストハウスのコテージが10軒ほど並び、参加者はそこに宿泊した。周辺に人家はなく、夜は真っ暗闇だ。コテージの各棟の玄関の明かりに、無数の羽虫が飛び交い、窓のわずかな隙間から部屋にも入ってきた。携帯電話は圏外のままだった。

現地でITD社の幹部は、「来年（2013年）始めにタイ国境をつなぐ延長約130キロの高速道路の建設を始める。同時に、大型船舶用の深海港も着工し、いずれも2015年の完成を目指す」と説明した。現地事務所にはミャンマー側の役人も、ミャンマー側の窓口として駐在していた。ミャンマーの役人の幹部は「インド洋に面したダウェイの地理的な利点は大きい。日本や韓国の鉄鋼メーカーも関心を示している」と語ったが、ＩＴＤ社へのリップサービスだったのかもしれない。現在に至るまで、開発はほとんど進んでいない。

その一番のネックは、総額1兆円を超える国家プロジェクト級の事業費をどこが負担するのかという問題と、計画自体が採算に合うかどうかだ。特区の面積（２５０平方キロメートル）は東京23区の４割、シンガポールの３割強に匹敵する。ＩＴＤ社の関係者は、「事業費は全体で1兆５０００億円になる可能性がある」と指摘したが、ＩＴＤ社の経営規模は日本の中堅ゼネコンクラスで、しかも赤字基調が続いていた。

とてもＩＴＤ社だけで開発できるスケールではなく、実現にはタイ、ミャンマー両政府の強力な関与が不可欠だが、両政府とも資金協力には消極的だった。

次のようなエピソードもある。政権交代でアピシット首相に代わって就任したタイのインラック首相は、２０１２年9月にミャンマー訪問を予定していたが、直前になってミャンマー側の要請で延期された。テイン・セイン大統領はその2カ月前、東南アジア屈指の貿易港であるタイのレムチャバン港を視察し、その際、インラック首相とダウェイ開発を推進する覚書を交わした。タイ側はインラック首相のミャンマー訪問時に開発計画の細部を大統領と詰める考えだったが、タイ首相府筋は「ミャンマー政府は、準備が整っていないとして延期を求めてきた」と取材で明らかにした。同筋によると、ミャンマー側はタイが示した開発資金の調達計画に後ろ向きだった。タイ首相府の幹部は「両政府の信頼関係の欠如と、ダウェイ開発への姿勢の違いが背景にある」と指摘し、開発を巡る両国の姿勢に大きな開きがあることを認めた。

ミャンマー側は「ダウェイ特区はタイにしか利益をもたらさず、ミャンマーはただ土地を提供するだけにすぎない」という受け止め方だった。テイン・セイン政権は、ミャンマーがダウェイ開発で先進国からの政府開発援助（ODA）や国際金融機関の援助で債務を抱えることに否定的だった。しかも、大統領はヤンゴン近郊のティラワ経済特区の開発を優先していた。

タイ政府はこの辺りから、日本を絡めた3カ国が共同でダウェイ特区を開発するという枠組みに改め、日本を巻き込んで構想を前に動かそうとした。インラック首相の兄で元首相のタクシン氏は、「ダウェイ特区の開発は、タイの日系企業が最も恩恵を受ける」と指摘し、日本側に資金協力を呼びかけた。タイの日系工場とダウェイ特区の間で新たにサプライチェーン（部品供給網）が構築できるうえ、タイとインド、欧州方面との貿易にかかる日数も、ダウェイの貿易港が活用できるため短縮できるというロジックだった。ITD社のプレムチャイ社長は当時、日本の国際協力機構（JICA）や国際協力銀行（JBIC）が開発資金を融資してくれる、という楽観的な考えを抱いていた。

一方の日本側は、ASEAN内の日系企業などへのダウェイ特区に関する関心調査や、特区自体の採算性の分析は行っていなかった。日本側の検討が不十分だった中、タイ側からは「資金の出し手」としての日本への期待感が先行して膨らみ、3カ国で共同開発する流れがタイ主導で既成事実化されていった。

ダウェイ特区の開発構想自体は、タイ政府もITD社も緻密に練り上げたものではなく、粗々の青写真にすぎない。巨額の資金を投じるリスクは大きく、日本は財政面で深くコミットするのは避けるべきである。他方、仮に中国がタイやミャンマーへの資金協力などを通じてダウェイの特区開発に参入してきた場合、港湾施設が将来的にインド太平洋地域の安全保障上の脅威となる恐れも否めない。

このため、日本は現在の「未完の特区構想」の状況のまま、タイ、ミャンマーと共同開発する枠組みはしたたかに保持していくべきだろう。その間に、日本、米国、インド、豪州による「クアッド」や、クアッドに英国を加えた連合体で、「自由で開かれたインド太平洋」構想にダウェイをどう位置づけるかを詳細に検討する必要がある。その際、事業の採算性と完成時期が見通せない経済特区構想をいったん切り離して、ＡＳＥＡＮ地域の物流の効率性と東アジアの安全保障の視点から、港湾開発の可能性を先行して検討すべきである。

## 5．守旧派を一気に追放　改革の布陣を確立

２０１１年3月の民政移管から1年が経過し、テイン・セイン政権による政治・経済分野の民主化改革が軌道に乗ってきた頃、大統領は大規模な内閣改造を断行して、改革に消極的だった「守旧派」を一掃した。

大統領と親しいミャンマーの新聞記者は当時、政権内の「守旧派」勢力を次のように解説してくれた。まず守旧派の代表格は、２人制の副大統領のうち、憲法に基づいて国軍の選出枠から任命されたティン・アウン・ミン・ウー副大統領だった。軍高官のコ・コ内務相、ティン・ネイン・テイン国家計画・経済発展相、軍政時代から言論統制を担当してきたチョー・サン情報相も守旧派だった。このうち

国家計画・経済発展相は当初、外資のミャンマーへの直接投資を審査する委員会の担当だったが、「守旧派が外資の投資を審査する立場にいると、経済改革が進まない」として、テイン・セイン大統領が代えたという。

一方、大統領を支える「改革派」は、医師出身で軍の経験はないシャン族のサイ・マウ・カム副大統領、アウン・ミン鉄道相、ニャン・トゥン・アウン運輸相、ソー・テイン工業相などだ。閣僚はほぼ全員が、軍政の最高機関だった国家平和発展評議会（ＳＰＤＣ）か国軍の出身であり、その中で大統領を支持する改革派と、既得権益を守るために大統領の改革路線に否定的だった守旧派に分かれていた。ただ、双方による勝敗の行方を見極めるため、旗色を鮮明にしていない閣僚も多かった。

このうち、守旧派代表格のティン・アウン・ミン・ウー副大統領は２０１２年5月上旬、健康上の理由で大統領に辞表を提出し、受理された。ミャンマーの議会は同年8月、後任に海軍トップのニャン・トゥン司令官を選出した。関係筋によると、ニャン・トゥン司令官が任命されたのは、陸海空3軍の間の年次的な序列に加えて、穏健で革新的な思考が評価されたためという。大統領は改革にふさわしい人物と判断した。

同年6月には、「通信・郵便・電信省とエネルギー省の各副大臣の辞任を承認した」とする大統領名の官報の告知が国営紙に掲載された。関係者によると、２人は汚職による事実上の罷免だったという。その時期、30人の閣僚のうち、守旧派は5人から10人前後と目されていた。大統領側近は、「近々、大統領は初の内閣改造を行って守旧派を封じ込める。今回の副大臣２人の辞任はその始まりだ」と指摘した。

そして8月、大統領は勝負に出た。内閣改造で9人の閣僚を配置換えして、2人を事実上解任した。さらに、副大臣のうち15人は、民間の企業関係者や官僚を中心に起用し、大臣、副大臣の陣容を大幅に一新した。軍政時代からメディアの言論統制を担当してきたチョー・サン情報相は他のポストに降格され、後任には、民政移管直後からアウン・サン・スー・チー氏と政権との対話の窓口を担当したアウン・チー労働相が就いた。さらに、大統領府の担当閣僚として、少数民族武装勢力との停戦交渉を担当するアウン・ミン鉄道相、外国投資の誘致を担当するソー・テイン工業相、フラ・トゥン財務・歳入相など、大統領の信頼が厚い4人を加えた。その結果、大統領の右腕となる大統領府相は6人体制に増強され、大統領府の権限が強まった。

軍政当時に絶対的な権力を握っていたタン・シュエ国家発展評議会（SPDC）議長の「側近中の側近」とされたゾー・ミン第一電力相は、大統領が本人からの辞意を認める形で、事実上解任された。テイン・セイン大統領は、大統領府の閣僚に加えたアウン・ミン氏、ソー・テイン氏には特に信頼を置いていた。タン・ミン・ウー氏の著書 *THE HIDDEN HISTORY OF BURMA* によると、両氏は2006年に設立されたイグレスというヤンゴンの政策提言シンクタンクと水面下で議論を重ね、テイン・セイン大統領に民主化改革案を繰り返し進言した。むしろ同書では、民主化改革路線の方向に大統領を引っ張った存在として書かれている。第4部で詳しく触れるが、少数民族武装勢力との停戦交渉は、アウン・ミン氏の精力的な取り組みがなければ進展していなかった。2人はミャンマーの記者たちからも人気があった。ネピドーでミャンマーのメディアと両氏らの記者会見を一度のぞいたことがあるが、時折笑いも起きて双方が質疑のやり取りを楽しんでいる雰囲気が感じられた。

大統領は、通信・郵便・電信省などの副大臣には、民間の企業人や経済の専門家、官僚などを多く起用し、初めて女性閣僚を社会福祉担当に登用した。民政移管当初の閣僚、副大臣に占める軍出身者の割合を下げ、実務重視の布陣を強く打ち出したのが特徴である。大統領は「改革の第二波」として、①経済改革の推進、②少数民族勢力との和解——を最大課題に挙げており、関係筋は「大統領は今回、大統領府の機能を強化しており、トップダウンで改革を進める狙いだ」と分析した。閣内の守旧派勢力は一掃されてほぼ皆無となり、大統領は強固な政権基盤を整えた。

ヤンゴンの政治専門家は、「政権発足当初の内閣の陣容は、軍政当時の序列や権力構造を踏襲しており、タン・シュエ国家発展評議会（ＳＰＤＣ）議長が全てを決めたのは間違いない。今回の内閣改造は、テイン・セイン大統領が自ら手を加えて『自分の内閣』の陣容に刷新した。民主化改革を加速させるには、いずれ守旧派の一掃に手をつける必要があった」と解説した。

民政移管で急速に始まったさまざまな改革は、タン・シュエ氏が青写真を描いたという指摘も一部にあった。しかし、タン・シュエ氏が詳細なシナリオを決めたのは、民主化の「行程表」の総仕上げである「民政移管の完了」までと見るのが妥当だろう。大統領がこのような大規模な内閣改造を断行できたのは、軍政の絶対権力者だったタン・シュエ氏の直接的な影響力の介入がなかったことを意味している。

上下両院の議会では、上院のキン・アウン・ミン議長は「守旧派」、軍政当時は序列３位（国軍総参謀長）で初代大統領就任が最有力視されていた下院のトゥラ・シュエ・マン議長は「改革派」とされていた。ミャンマーの知り合いの新聞記者は、「キン・アウン・ミン上院議長は、議会で野党議員の発言を途中で制することがある。逆にシュエ・マン下院議長は、与党のUSDPの議員が野党議員を強くののしった時に、『ここは議会だ』とUSDP議員の発言を止めさせた。シュエ・マン議長はメディアにもフレンドリーで、気さくに立ち話に応じてくれる」と両議長の違いを解説した。

上下両院の議場は、自由な発言が認められていた。2011年9月に初めてネピドーで議会を取材した際、4人の野党議員と夕食を共にしながらディスカッションする機会があった。前年11月の総選挙で当選した元NLD幹部のテイン・ニュン氏（下院）、同氏と新党設立準備を進めるフォン・ミン・アン氏（上院）、少数民族政党のラカイン民族発展党のオン・ティン副党首（上院）、シャン民族民主党のサイ・マン・ティン中央執行委員（下院）だ。彼らは口々に「下院の議長（シュエ・マン氏）は議員に議場で発言する権利をきちんと与えており、議会は自由に討論できている」「大統領の改革は正しい方向を進んでおり、われわれも歓迎する」「改革のスピードを速めるのが議会の役目だ」と、テイン・セイン政権の取り組みに一定の評価を与えた。

政権の顔ぶれは軍政当時とほぼ同じにも関わらず、なぜ民主化改革が始まったのだろうか――。誰もが抱く疑問への彼らの答えは明確だった。「一つは、今の政権は国際社会の一員になりたがっていること。軍政当時のように孤立したままでは、国が行き詰まるからだ」。そして、「もう一つの理由は、彼らは歴史に名を残したいのだろう。アウン・サン・スー・チーではなく、国軍がミャンマーの民主化を進めたのだ、と」。

## 6．多様化する民意

### 自由に自己主張を始めた市民

新政権のさまざまな改革が進むにつれて、軍政時代の弾圧に苦しんでいた国民の表情が明らかに変わっていくのが分かった。

軍政が外国人記者の取材入国を排除していた2010年3月に初めてミャンマーを訪れた時、ヤンゴンの街を歩くと治安当局から尾行されていないか気になり、考えすぎなのだろうが市民からも行動を監視されているような気がした。ミャンマー人の友人は、「軍政の頃は、バス停で知り合いと政治の話をすれば、バス待ちの市民を装った私服警官から肩をたたかれ、警察に連行される危険が常にあった」という。

ミャンマーの監視社会は、1988年に民主化デモを鎮圧してクーデターで発足した軍事政権はもとより、それまで1962年から26年間続いたネ・ウィン政権に端を発している。ネ・ウィン政権当時は、「(ネ・ウィンの)『ネ』といっただけで、その人は翌日どこかにいなくなっていた」(在ヤンゴン外交筋)とブラックジョークで例えられるほど、徹底した監視と締めつけが続けられてきた。

自分の意見を口にすれば治安当局に拘束される恐怖の中を生きてきた国民は、監視に対する警戒を簡単に緩めるものではない。その警戒心を解く大きな転機となったのが、2010年8月、テイン・セイン大統領とスー・チー氏が初めてネピドーで会談し、軍政当時に外国へ逃れた民主化活動家たちの帰国と、少数民族武装勢力との和平を目指すことを大統領が呼びかけたことだった。

その前年の軍政当時は絶望的に見えたヤンゴンの市民の表情が、その後、取材で繰り返し訪れるたびに、穏やかな顔つきになっていった。それは単なる印象論だけではない。暗黒の監視社会から解放された人々は、自らの主張を始めた。

ヤンゴン北部の工業団地で労働者と経営側との賃上げ交渉を取材したあとの帰り際、若い女性工員たちから「長い時間、私たちの話を聞いてくれてありがとう」と言われ、自由と権利をようやく手にしつつある彼女たちの姿に、少し熱いものがこみ上げてきた。

民主的な空間が広がるにつれて、人々の要求の比重は生活に関する事柄に移り始めた。当局に事前申請すればデモや集会が認められる法律が２０１１年12月に成立すると、賃上げ要求ストや、頻発する停電への抗議集会が起きるようになった。２０１２年５月には、ヤンゴンやマンダレーで数百人の市民が集まり、政府に電力の安定供給を求めた。このうちヤンゴンの集会は中心部の市役所前で行われ、参加者は火をともしたロウソクを手に約45分間抗議した。ヤンゴンで大規模な市民デモが行われたのは、軍の強制排除によって多数の犠牲者が出た２００７年の民主化デモ以来だったが、ロウソクデモは静かな雰囲気の中、平和的に終了した。マンダレーでは、電気が１日数時間しか供給されない日もあり、集会参加者は「国民向けの電力が不足しているのに、政府は（軍政時代に結んだ契約で、ミャンマーで発電した電気を）中国に売っている」と政府を強く批判した。

軍政の監視社会だった頃は、街の中で数人が集まることすら禁じられていた。まして国民が政府に向けて自らの権利や不満を主張するなど、あり得ないことだった。

### 若い民主化グループも活動空間が広がる

軍政当時から民主化運動を続けてきたグループも、自由な活動空間を手にした。

2012年2月12日の「ユニオンデー」の祝日。ヤンゴンでは、シャン、モン、アラカン、チンなど各地の少数民族が設立した六つの少数民族政党が、合同で初めて祝賀式典を催した。ユニオンデーとは、1947年の同日に、アウン・サン将軍と少数民族の代表たちが、英国から独立して連邦国家を作ることを決めた「パンロン合意」を記念する日だ。各民族の舞踊が披露されている会場に突然、10人ほどの若者たちが入ってきて、10卓ほど並べられた円卓を次々に回り、赤いバラを描いたステッカーを出席者たちの胸にペタペタと貼っていった。

彼らは、軍政時代に若者たちが作った民主化グループ「ジェネレーション・ウエーブ」のメンバーだった。上は黒を基調にした同じデザインのTシャツ姿、下はジーンズや短パンなど各自が自由な身なりだ。リーダーの一人、ボー・ボーさん（24）は「少数民族と軍の戦闘が終わるよう、市民に花を配る平和キャンペーンに取り組んでいるところです」と笑顔で話した。

ジェネレーション・ウエーブのメンバーたちは軍政時代、夜中にヤンゴン市内のあちこちの壁に軍政批判のスローガンや、「NO VOTE」（投票拒否）などのメッセージをスプレーで殴り書きしていた。ヒップホップでも若者に民主化を訴えた。政治犯として軍政に30人が逮捕され、このユニオンデーの前月までに29人が釈放されたという。ボー・ボーさんは、逮捕を逃れてタイのメソトという国境の町に3年ほど身を潜め、2カ月前にミャンマーへ戻ってきた。

彼と会ったのは、実は2度目だった。最初は軍政下の2010年11月に行われるミャンマー総選挙を前に、バンコクのタイ外国特派員協会で、ボー・ボーさんが軍政を批判する記者会見を行ったときだった。彼は顔が分からないよう帽子を目深にかぶってサングラスをかけ、終始うつむきがちにボソボソと小声で話していた。外国メディアの記者は私も含めて十数人だっただろうか。付き添いの女性から、メディアは写真撮影を控えるよう要請された。

「ユニオンデー」の会場で、すぐにはあの日の記者会見と同じ若者だと分からなかった。バラのステッカーを配っていた「謎のグループ」に話を聞こうと、会場を出た彼らを追いかけて外で話をしているうちに、その中のリーダー格が記者会見の彼だったことに気づいた。

タイから久しぶりに戻ったミャンマーの感想は、やや辛口だった。「完全に自由ではないが、改革は進んでいる。ただ、人々の生活は変わっていなかった。貧困のままだし、教育制度も悪い」――。「もうサングラスをかける必要はないし、壁にペイントもしない。昼間に堂々と活動するよ」。女性２人、男性７人の若い仲間たちと笑顔で横に並び、右手の親指を立てたポーズで気さくに撮影に応じてくれた。

１９８８年の民主化デモを主導した「88年世代学生グループ」のリーダーで、元政治犯のミン・コー・ナイン氏（47）は、若い民主化グループを歓迎する。「若い世代の活動には、本当に励まされる。われわれが闘争で使ってきた（民主化運動のシンボルの）闘うクジャクの旗を、いずれ彼らに継ぎたい」と次世代の活動に期待を寄せた。88年世代学生グループのもう一人の幹部のココ・ジー氏（50）も、「若い世代が出てきてくれて、とてもうれしい。ヒップホップを歌ったりペインティングをしたりと、彼らの表現はとてもクリエイティブだね」と若々しいセンスに感心していた。

## 伝統的な生活様式も変化がじわり

市民の生活スタイルにも変化が現れてきていた。ミャンマーに行くと、伝統衣装の「ロンジー」という木綿の腰巻きをまとった老若男女と、「タナカ」という植物由来の塗り物で両側の頬を白く塗った女性や子供を必ず目にする。ただ、ジーンズや輸入化粧品の影響で、こうした伝統様式からの若者離れも見られるようになった。

ロンジーは、ミャンマーでは人々が日常的に身にまとい、好みの柄や上に着るシャツ、ブラウスなどの組み合わせで個性やファッション性を一人ひとりが楽しんでいる。ところが民政移管後の２０１２年頃、若者の間でジーンズ派が増え始め、ロンジーの人気は下降気味となった（２０２０年前後には、さらにその傾向が広がった）。ヤンゴンの有名なロンジー店「ゾーマイン」を営むキン・テイさん（77）は、「40年前は国民全員がロンジー姿でしたが、今は7割程度に減りました。ロンジーの生産と販売量は年々減っています」と語った。実際、20代の２人の男性店員は、ジーンズにＴシャツ姿で店頭に立っていた。２人とも「ジーンズの方がカッコイイし、自由に着こなせる」と言い、キン・テイさんは「ロンジーを着るように叱っても、言うことを聞かない」と苦笑した。

ミャンマーでは、小学校から高校までの制服はロンジーだ。大学では学生が自由に選べるようになったが、一部はジーンズを禁止しているという。ただ、「私服の時はロンジー離れが進み、放課後はジーンズやパンツに着替える子供が多い」という。ヤンゴンのショッピングセンターの衣料品店は洋服を扱うテナントが圧倒的に多く、韓流スターのファッションを扱う店も増えている。

テレビのニュースなどでアウン・サン・スー・チー氏が新しい柄のロンジーを着ていると、多くの女性が同じ柄のものを買いに来るという。だが、大半は中年以上だ。キン・テイさんは、「若者向けに、人気のモデルなどを使った広告も考えないといけない」と話していた。

ミャンマー古来の塗り物で、かんきつ系の木から作られる「タナカ」も、輸入化粧品との競争にさらされている。主なタナカのメーカーは国内に5社ほどある。このうち、国内シェア（市場占有率）が90％を占める最大手の「シュエ・ピー・ナン」社のチョー・ミン社長（51）は、「ミャンマーも欧米や韓国、日本からの輸入化粧品が増えている。昨年まで2年連続でタナカの売上高は横ばいになり、目標を大きく下回った」と話した。

タナカの原木はミャンマー中部のバガン、マグウェーなどの乾燥地帯が産地で、高品質のタナカを作るには樹齢が7年以上必要という。タナカには、日焼け止めや肌を守る効果があるとされ、生後数か月から10歳前後の子供に塗る母親も多い。小学生は男子もタナカを塗っている子を見かけるが、中高生以上の年齢層になると、愛用者は主に女性だ。両側の頰に円を描くように薄く塗るのが一般的だが、たまに顔のほぼ全体を白く塗りつぶしている女性も見かける。

チョー・ミン社長は、「タナカは医薬品としての効果がある。効能を強力にアピールしていく」と話し、美肌や紫外線（UV）カットなどの効き目の認知度をさらに高めて、輸入化粧品との差別化を図るという。併せて、外国市場を目指して輸出先の開拓も進める考えだ。

ヤンゴンの大型ショッピングセンターでは、一階部分は日本の百貨店と同様に、欧米や韓国、日本などのブランド化粧品を扱うショップが華やかに並んでいる。若い女性客はロンジー、タナカよりもジーンズやパンツ姿が目立つ。日本は戦後、生活様式が西洋化するにつれて、普段着が和服姿の人をほとんど見かけなくなった。ロンジーとタナカも、そのような道をたどり始めたのだろうか。

# 4章 脱中国
## 欧米へ接近で「バランス外交」に転換

テイン・セイン政権は、中国一辺倒だった軍政当時の外交政策を180度転換し、断絶状態だった米国、欧州など西側との関係緊密化に動いた。ミャンマーの外交は民政移管後も中国寄りのスタンスは変わらないとみられていたが、外交政策も軍政時代には想像できなかった方向に、しかも信じられない速さでかじが切られた。米国のオバマ大統領がミャンマーを歴史的に訪問して、経済制裁が全面的に解除され、ミャンマーは初めて西側から国際社会の一員として認められた。

### 1. 軍政時代は中国と利害が一致

**中国が「10年構想」で雲南省とインド洋を貫くパイプラインを開通**

軍事政権当時、ミャンマーは中国を基軸とする外交を展開しており、一方の中国は権益を拡大するためミャンマーとの関係を強化した。中国のエネルギー安全保障上、ミャンマーは地政学的に極めて重要な隣国であり、中国の国益上、強力に囲い込む必要があったためだ。

中国は2010年代、ミャンマー西部のインド洋に面したラカイン州チャウピューという町から中部

ミャンマー中部マンダレー近郊のパイプライン建設現場
(2012年6月、筆者撮影)

マンダレーなどの内陸部を通り、シャン州のムセから中国・雲南省側に接続する石油・天然ガスのパイプラインを開通させた。ミャンマー沖で産出される天然ガスの中国へのパイプライン輸送は2013年に開始され、2017年には中東から石油をタンカーでチャウピューまで運び、そこからパイプラインで中国への輸送を始めた。

中国にとって、ミャンマーを貫くパイプラインの敷設は長年の悲願だった。通常、中東方面から中国に向かうタンカーは、日本に向かう船と同じくマレー半島とインドネシア・スマトラ島に挟まれたマラッカ海峡を航行する。この海峡は、幅が狭いうえに所々の水深が浅い海上交通の難所でありながら、日本、中国、韓国、ベトナム、シンガポール、フィリピン方面などと中東を行き来する大型タンカーで常に混雑している。テロや海賊の脅威も絶えないうえ、仮に米中間の緊張が高まる事態が発生すれば、中国はマラッカ海峡から南シナ海、東シナ海をつなぐシーレーン上の安全が確保できなくなる可能性もある。このため代替ルートの開発は、中国にとってエネルギーを含む安全保障上の至上命題だった。

２００４年４月、中国のマクロ経済政策を所管する国家発展改革委員会のエネルギー政策部門の研究幹部に、北京で取材する機会があった。その時に驚いたのは、この時すでに、中国がミャンマーでのパイプライン敷設構想の検討を始めていたことだった。

匿名を条件に話してくれたこの幹部は、「まだ研究者の青写真の段階」であると前置きしたうえで、「中東から石油をタンカーでミャンマーまで運び、そこから中国西南部にパイプラインで運ぶ計画」があることを明らかにした。

ただ、問題は「ミャンマー国内が不安定なこと」だと指摘し、中国とミャンマーの国境地帯を支配するシャン族などの少数民族武装勢力とミャンマー軍との内戦が、パイプラインの安全確保の障害になりかねないという懸念を示唆した。この幹部は、「ミャンマーを通るパイプラインは中国にとって経済的なルートだと思う」と魅力を語り、「すぐにできるわけではないが、将来は分からない」との見通しを示した。

図1-2　昆明、ムセ、チャウピューの位置関係

その言葉通り、中国は副主席当時の習近平氏が2009年にネピドーを訪問し、軍政とパイプラインの建設に合意した。そして北京での取材から約10年後、中国は当時の青写真に沿って、インド洋と雲南省を結ぶパイプラインを稼働させたのだった。

### テイン・セイン大統領の初の外遊先は中国、親密をアピール

一方、中国と国境を接するミャンマー北部のカチン州では、中国資本が大規模な水力発電ダムを建設し、発電した電気の大半を雲南省に送ることを計画していた。中国のエネルギー戦略上、ミャンマーは石油・天然ガスの内陸輸送ルートに加えて、雲南省への電力供給基地としても非常に重要な位置づけにあった。

中国の対ミャンマー投資は、軍政下だった1989年から2010年1月までの12年間の累計は13億4600万ドルと、国別で4番目に多かった。内訳は、雲南省に送電するための水力発電ダムの建設など、中国向けのエネルギー分野が大半を占め、中国はエネルギー安全保障の観点からミャンマーと緊密で安定的な関係を維持することが不可欠だった。

このため、民政移管に向けて総選挙が行われた2010年には、総選挙の5カ月前の6月に温家宝首相がミャンマーを訪問し、軍政トップのタン・シュエ国家平和発展評議会（SPDC）議長、テイン・セイン首相らと会談した。その際、両国の経済関係の強化を目的とした複数の覚書に署名している。中国の首相がミャンマーを訪れたのは実に16年ぶりであり、11月の総選挙と翌年の民政移管を強く意識した訪問だったのは間違いない。温首相はパイプライン敷設計画を実現させるため、軍政にさらなる資金

援助や経済協力を約束したと見られる。

同年の9月7日から11日にかけては、タン・シュエSPDC議長が訪中して、胡錦濤国家主席、温家宝首相と会談した。両国の首脳レベルの訪問は前年12月に続いて3回目だった。中国中央テレビによると、胡主席は会談で「国際情勢がいかに変化しようと、善隣友好を発展させることに変わりはない」と述べ、タン・シュエ議長は「経済貿易面での協力のレベルを高めたい」と応えた。中国軍も陳炳徳・総参謀長が同月7日、軍政ナンバー3のトゥラ・シュエ・マン氏（民政移管後は下院議長に就任）と会談し、両国の軍事交流を強化することで一致した。中国はミャンマーとの軍事的な関係を深めて、インド洋進出の足がかりを築く狙いがある。この会談の前月には、中国海軍の艦艇2隻がミャンマーの軍港に初めて寄港している。

2011年3月に民政移管で発足したテイン・セイン政権も、軍政当時からの親中国の外交政策を堅持するとみられていた。大統領は就任2カ月後の同年5月、初の外遊先として中国を訪問し、胡錦濤国家主席と経済技術協力を推進することに合意した。中国中央テレビによると、胡主席は会談で「ミャンマーの人民が国情に基づいて自ら選んだ発展の道、政治制度を尊重する」と述べ、大統領は「引き続き中国と密接に協力していきたい」と返した。席上、胡主席はエネルギーや鉄道などの分野でミャンマーへの経済協力を提案し、会談後、双方は合意文書に調印した。

2010年6月の温家宝首相のミャンマー訪問、同年9月のタン・シュエ議長の訪中、民政移管直後のテイン・セイン大統領の訪中と続いた首脳レベルの活発な訪問外交を見れば、ミャンマーは中国一辺倒の外交政策を踏襲していくと見るのが自然である。ところが、そうした予想とは全く異なる展開が次々に起きていった。

## 2. 突然の巨大ダム建設中止、距離を置き始めた対中関係

ミャンマーの軍事政権は、中国から経済援助と投資を受け入れるとともに、天然ガスのタイへの輸出拡大や農産物の輸出先の多角化により、国家経済的には欧米による経済制裁の打撃緩和に一定の成果を挙げていた。米国は1990年代以降、ミャンマーの国営企業との取引禁止措置や、軍政幹部の資産凍結などの経済制裁を本格的に導入したが、軍政体制の崩壊と民主化につながらなかった。むしろ2003年の制裁強化が繊維産業に大きな影響を与えたように、制裁が軍政ではなく国民の生活を苦しめている面は否めなかった。

その教訓からオバマ政権は2009年9月、従来の制裁に加えて軍政との「対話」を進める硬軟織り交ぜた戦術に転換した。クリントン国務長官は同月、ニューヨークの国連本部で記者団に対して、ミャンマーへの経済制裁の重要性を強調する一方で、「必ずしも望んでいたような成果は出ていない」と効果が乏しいことを率直に認めた。そのうえで、「今後は関与と制裁の両方の手段を用いる」とするオバマ政権の新たな対ミャンマー方針を表明した。

だが、「対話と圧力」政策に転換後も、スー・チー氏の自宅軟禁からの解放は依然実現せず、軍事政権に対する米国の対策は手詰まりの様相を強めていた。

それから2年後。民政移管で発足したテイン・セイン政権は、軍政当時の中国一辺倒だった外交政

策を大転換して、欧米との関係正常化に積極的に動いた。国際社会にそのメッセージを明確に伝えるため、大統領は中国国有企業がミャンマー北部のカチン州に建設を進めていた大規模水力発電ダムの「ミッソンダム」の建設凍結を突然表明し、中国と欧米の双方に衝撃が広がった。

ミッソンダムは、カチン州の山岳地帯からミャンマー中央部の肥沃なイラワディ平野を通ってインド洋に流れるイラワディ川の2本の源流が合流する地点に、原発数基分に匹敵する出力6000メガ・ワット（600万キロワット）の巨大発電ダムを建設する計画だった。総事業費は36億ドル（約2760億円）にのぼり、軍政と中国国有の電力グループ「中国電力投資集団公司」（CPI）が建設契約を結び、2009年に着工した。

中国は周辺に合計七つの大型ダムを開発し、発電した電力の9割を中国雲南省に送電する。ミャンマー側は、軍政トップのタン・シュエ国家平和発展評議会（SPDC）議長に近いとされ、ヤンゴン空港やヤンゴン港の建設も手掛けた財閥グループ「アジアワールド」が工事に関わった。

ミッソンダムの建設を巡っては、ダム周辺やイラワディ川下流域の農業地帯の環境に悪影響を及ぼすとして、軍政当時から地元少数民族のカチン族や環境保護団体が強く反対してきた。少数民族武装勢力のカチン独立軍（KIA）と国軍の武力衝突の一因にもなっており、2010年4月には工事現場で3回の爆発が起きた。

民政移管後にテイン・セイン政権が言論や集会の自由を国民に認めるようになると、2011年8月ごろからミッソンダムの建設問題をミャンマーのメディアが新聞やネットで大々的に取り上げだした。「Save the Irrawady（イラワディ川を守れ）」をスローガンとする建設反対運動が全国規模で急速に広がり、アウン・サン・スー・チー氏も8月に公開書簡を政府に送付して、ダム建設の反対を表明した。

そうした民意をくむ形で、新政府は2011年9月17日、首都ネピドーでミッソンダム建設に関するワークショップを開催した。ミャンマー人の記者は「軍政は人々の声に耳を全く傾けなかった。政府が国民の声を聞くのは（軍政時代も含めて）これが初めてだ。メディアがキャンペーンを張っているので無視できなくなっている」と開催の背景を解説してくれた。

ワークショップは土曜日の午後に行われたが、電力省の講堂には関係閣僚、議員、政府関係者、学者、専門家、環境NGO、地元メディアなど約200人が集まり、ミッソンダムを建設する中国国有企業からも幹部ら数人が呼ばれていた。熱気に包まれた会場では、メディアの取材や写真撮影は何の制限もなく自由だった。

ワークショップの冒頭、中国国有企業の担当者が壇上のスクリーンに映した資料を示しながら、「ダムの工事は安全であり、地元に雇用創出と経済効果をもたらす」と述べ、二酸化炭素の排出量取引でも地元は利益を得られると説明した。これに対してミャンマー側の出席者からは、ミッソンダムの環境影響調査の結果を疑問視する意見をはじめ、建設に反対する声が官民から相次いだ。

軍政時代に行われた環境影響調査の結果については、「森林破壊や地震の影響などを懸念する内容が示されていたにも関わらず、両国の政府はそれを無視したうえ、中国電力投資集団公司（CPI）は中身を秘匿していた」とNGO関係者が強い口調で指摘した。

環境政策を担当する新政府の閣僚は、「軍政時代には環境法がなかったが、間もなく制定する予定だ。それに従って環境調査を再度実施して、公平で偏りのない中立的な報告書を作成したい」と発言した。軍政当時の報告書には問題があった、との考えを示唆したものだ。さらに、外国からの投資促進を担当する別の閣僚は、「以前に行われた環境調査は不十分だったという意見が多い。単に環境だけでなく住民生活への影響を含めた包括的な調査を行うべきではないか」と指摘した。

軍政当時はタン・シュエＳＰＤＣ議長の右腕として知られ、民政移管後も電力担当の閣僚ポストに留任したゾー・ミン第一電力相は、ミッソンダムの建設に軍政当時の当初から関わっていた。ワークショップでは「再調査の結果に従う」と述べ、環境影響調査を改めて行うことを約束せざるを得ない状況に追い込まれた。ちなみに、環境調査のやり直しに言及した環境担当、外国投資担当の２人の閣僚は大統領寄りの「改革派」だった。「守旧派」のゾー・ミン第一電力相が前述のようにテイン・セイン大統領に辞意を伝えて事実上解任されたのは、このワークショップの約1年後だった。守旧派と改革派の「闘争」は、民政移管から半年ほど経ったこの頃が最も激しかった。

ミッソンダムに話を戻すと、ミャンマー人はイラワディ川をミャンマーの国土を代表する川として深く敬愛しており、源流が流れるカチン州に住むカチン族は、イラワディ川を神聖視している。それだけに、イラワディ川の二つの源流が合流する地点に中国資本が中国へ送電するためのダムを建設することは、ミャンマー人には感情的にも許容しがたいものがあった。ダムの建設反対運動は、軍政時代に抑え込まれていた国民の反中感情の発露でもあった。

ワークショップでは、ダムの建設を反対する理由として、安全上の懸念も聞かれた。仮に中国とミャンマーの関係が悪化して中国がミッソンダムを爆破したり、大地震が発生してダムが崩壊したりしたら、下流の集落やカチン州の州都ミッチーナは一瞬で水没する、という心配だった。「ダムが崩壊したら中国は責任を取れるのか」とカチン族の議員に詰め寄られ、中国国有企業の関係者が黙り込む場面もあった。参加者が次々にマイクで環境調査の再実施や建設反対を主張するたびに、会場は大きな拍手に包まれた。

ミャンマー人の記者は、「ミッソンダムの建設で中国側からタン・シュエ議長ら軍政幹部に多額の賄賂が渡ったといううわさがあり、国民は事実とみている」と教えてくれた。ワークショップ会場は、ダム建設の糾弾集会の雰囲気を強めていった。その記者は「中国は、もはやミャンマーで簡単にカネを作れなくなった（＝軍政幹部を囲い込んで中国に利益誘導することは難しくなった）ということだ。ミャンマー人はもともと中国人を嫌っている。ダム建設が中止されれば、ものすごく大きな意味を持つことになる」と興奮気味に語った。

それから12日後の9月30日、テイン・セイン大統領は、自らの政権の任期中はミッソンダムの建設を中止することを議会に表明した。軍事政権が認可した中国絡みの大型プロジェクトを新政府が覆すという、極めて異例の事態であり、政権内で改革派が守旧派を抑え込んだことを意味した。

この日、大統領が議会に宛てた声明は、「ミッソンダムの建設に対して、国民の懸念が広がっていることに注意を払う。すなわち、①大地の恵みである美しい自然が失われる、②上流からの洪水で少数民族集落の生活が失われる、③ゴム、チーク農園が破壊される、④気候変動の影響による北部の山々からの雪解け水、豪雨、大地震などの災害でダムが破壊され、下流域の住民の生命・財産が失われる、⑤イラワディ川に壊滅的な影響を及ぼす――などの懸念である。われわれの政権は国民から選ばれたものであり、私たちは全ての人々の懸念に対処する責任がある。このため、ミッソンダムの建設は私たちの政権の間は中止する」（以上、要旨）。大統領は世論を尊重した決断であると強調しており、スー・チー氏は同日、ヤンゴンで記者団に「国民の声に耳を傾けたのはとても良いことだ」と大統領の判断を評価した。

突然のミッソンダムの建設中止表明に対して、当然ながら中国側は混乱し、強い不快感を示した。ダム開発の主体企業である中国電力投資集団公司の陸啓州社長は10月３日、新華社通信に「非常に驚きで理解できない」と述べ、不快感を隠さなかった。中国外務省も「両国は話し合いで適切に処理すべきだ」と、怒りをかみ殺したような声明を出し、中国側にとっては建設中止が「寝耳に水」だった様子がうかがえる。テイン・セイン大統領が5月に中国を訪れた際、中国側は「（新政権に移行しても）良好な関係が続くという手応えを感じた」（中国筋）。それだけに、中国からの「離反」とも読み取れるミャンマー側の言動に対して、中国は想定外の頭痛の種を抱える形となった。

一方のミャンマーでは、軍政時代に抑制されていた国民の反中世論が一気に噴出した。ネットのＳＮＳは大統領の判断を歓迎する声があふれ、「利己主義の中国と戦う時が来た」などと反中感情をあおる書き込みも多く投稿された。ミャンマー西部のチャウピューから雲南省に石油・天然ガスを運ぶパイプライン計画に対しても、「これらの計画も中止させろ」という投稿が多く目に留まり、「ミャンマーを都合よく利用しようとする中国への国民の強い不快感」（地元記者）がＳＮＳ上で公然と示されていた。

## 3. 米政府との急速な関係改善

### 「制裁解除」と「中国支配からの奪還」、一致する外交上の利害

テイン・セイン政権はその頃、水面下でオバマ政権と頻繁に接触を重ねていた。ワナ・マウン・ルウィン外相はテイン・セイン大統領がミッソンダムの建設中止を表明した同じタイミングの9月29日、ワシントンでカート・キャンベル国務次官補（東アジア・太平洋担当）、デレク・ミッチェル米政府ミャンマー担当特別代表・政策調整官らと会談している。両政府の閣僚・高官級による協議は、9月だけで3回目を数えた。経済制裁が解かれていないミャンマーの外相がワシントンを訪問することも異例だった。

テイン・セイン大統領の側近の一人であるゾー・テイ大統領府官房長は11月初旬、本紙ストリンガーとの会見に応じ、ミャンマーの民主化改革を進展させるために、外交政策上は、①欧米との関係修復と経済制裁の全面解除、②2014年の東南アジア諸国連合（ASEAN）議長国の就任——の2点が重要であるとの政権の考えを明らかにした。テイン・セイン政権として欧米、日本など西側との外交関係を正常化し、加えて、ASEANの一員としてASEAN各国とも積極的に協調を図っていく、という方針を明確に示したものだ。つまり、「中国一辺倒」だった軍政当時の外交戦略を抜本的に見直し、中国との関係は維持しながらも、西側各国およびASEANとの関係をより緊密化させる「バランス外交」に大きくかじを切るという表明である。

一方の米政府は、ミャンマーの新政権が軍政からの流れで中国とさらに緊密になり、インド洋の入り口に位置するミャンマーが中国のインド洋進出への橋頭堡となる事態は何としても防がなければならなかった。さらに言えば、民政移管を機にミャンマーを中国の影響圏から奪取したい考えだった。

テイン・セイン政権とオバマ政権は、中国との関係という点で外交上の利害が一致していた。あとは、ミャンマーが民主化改革を今後もさらに深掘りしていくという確証と信頼を、米側が得られるかが両国関係の改善のカギだった。米側はワシントンでのワナ・マウン・ルウィン外相とカート・キャンベル国務次官補らの会談で、全ての政治犯の解放と、スー・チー氏の政治参加に門戸を開く確約が得られれば、制裁解除に前向きに対応する意向を伝えたとみられる。

その後の重要な外交日程として、11月中旬にインドネシアのバリ島で東南アジア諸国連合（ASEAN）首脳会議と、オバマ大統領が出席する東アジア首脳会議が開催される。ASEAN首脳会議では、ミャンマーが強く希望する２０１４年の議長国の選定も議題になる。テイン・セイン大統領によるミッソンダムの建設中止の表明は、この日程から逆算して米国とASEANに送った和解のプロポーズだった。ゾー・テイ大統領府官房長は本紙ストリンガーに、ミッソンダムの建設中止は「外側の世界に大統領が何を求めているかを示す合図である」と述べ、新政権に対する国際社会の支持と理解を要望した。

## 「隣人（隣国）は選べないが友人（友好国）は選べる」

テイン・セイン大統領は、政治、経済などの政策顧問を３人ずつ置いていた。このうち、政治担当の政策顧問のココ・フライン氏とネイ・シン・レット氏に２０１１年12月、ヤンゴンのレストランで外交政策の大転換などの狙いをインタビューする機会があった。

2人は元国軍の幹部で、大統領の政策決定に大きな影響力を持っていた。ミャンマーが外交方針を中国寄りから大きく変更した狙いについて、両氏は、「軍政時代は欧米が経済制裁を課しており、中国しか頼ることができなかった。しかし、経済を本格的に浮揚させるためには、欧米や日本企業を積極的に誘致して、雇用と輸出を増やすことが不可欠だと判断した」と語り、ミャンマー経済を浮揚させるには中国依存だけでは限界があったことを率直に認めた。

ミッソンダムの建設中止を表明した狙いについては、「今後、ミャンマー政府は中国との関係に一線を画す、という欧米への明確なメッセージだった」とはっきりと語り、国際社会に向けて発信した「脱中国宣言」であったことを、政権内部から初めてメディアに明らかにした。

その際、中国が何らかの報復に出てくるという懸念はなかったのか――。彼らの答えはこうだった。

「中国はミャンマー国内で（西部のチャウピューから中国・雲南省までを結ぶ）石油・ガスパイプラインの建設を重視している。中国にとってはパイプラインの完成で得られる（エネルギー安全保障上の）利益の方が、ミッソンダムから得る利益よりはるかに大きい。このため、ミッソンダムの建設を中止しても中国は報復や制裁に動いてこないと判断した」

仮に中国がダム建設中止による巨額の補償金をミャンマーに要求すれば、両国の関係が悪化してミャンマーはパイプライン建設も中止に踏み切るかもしれない。中国は悲願のパイプライン開通という大魚を逃すことを恐れ、ミッソンダム問題では強硬に出てこない――。彼らは事前にそう読んでいた。自国のエネルギー安全保障や、ミャンマーの囲い込みを巡る欧米やインドとの駆け引きを考えると、ミャンマーとは穏やかで良好な関係を維持する方が中国の国益にかなう――。そうした中国の対ミャンマー外交の損得勘定を新政権は巧みに突いた形だった。

彼らはこう語った。「隣人（隣国）は選べないが、友人（友好国）は選べる。ミャンマー政府は多くの国と友人になりたい。その方が利益は大きい」。さらに続けた。「外交の黄金律は、隣人の大国とけんかをしないことだ。（2008年8月にグルジア＝現ジョージアが南オセチアに侵攻し、ロシアが軍事報復した）グルジアのケースがそれを物語っている」――。

ミャンマー新政権は、欧米と親しくする代わりに、国境を接する隣人である大国の中国にけんかを売ったり、別れたりするつもりはない。実際、ミッソンダムの建設中止を表明した10日後の10月10日、ワナ・マウン・ルウィン外相が大統領特使として訪中し、習近平国家副主席らと「友好的な協議を通じて適切に問題を処理する」ことで一致した。ミャンマーと事を荒立てたくない中国側の心理を巧みに突き、両国間のダム建設の中止が外交問題になる事態を短期間のうちに防いだ。テイン・セイン政権は、中国と欧米の「どちらの陣営につくのか」という二者択一の外交スタンスではなく、ミャンマーを自陣営に引き込みたい米中やインド、欧州などをてんびんにかけながら、投資や経済協力などの国益を双方から導き出す「バランス外交」に踏み出した。

## 4．ASEAN議長国に内定、クリントン長官がミャンマー訪問

### ASEAN、議長国就任で一層の改革と責任を求める

インドネシア政府は大規模な国際会議を議長国としてホストする際、交通渋滞が激しい首都ジャカルタよりも、大型リゾートホテルや国際会議場が立ち並ぶバリ島のヌサドゥア地区を会場に選ぶことが多い。島内でヌサドゥアにつながる主なゲートは一カ所しかなく、各国代表団が宿泊するそれぞれのホテルの裏手はプライベートビーチと海が広がっている。ジャカルタと比べて、各国要人の警備に適した環境であることが理由なのだろう。個人的な取材歴では、ヌサドゥアは２００３年のアジア欧州会議（ＡＳＥＭ）財務相会議、ＡＳＥＡＮ共同体の創設に合意したＡＳＥＡＮ首脳会議、２０１１年７月のＡＳＥＡＮ外相会議とＡＳＥＡＮ地域フォーラム（ＡＲＦ）の取材で合計3回訪れた。

まぶしい日差しと真っ青な海が広がるリゾートに来てまで、プレスセンターや国際会議場でぶら下がり取材と記事の作成に没頭しなければならないのは、正直、もったいない気分だった。その4回目を体感したのが、２０１１年11月にヌサドゥアで行われたＡＳＥＡＮ首脳会議と東アジア首脳会議（ＥＡＳ）だった。その頃、タイは記録的な大洪水に見舞われ、日本企業の電機、自動車、精密部品などの工場が入居するバンコク北方のアユタヤ地区などの工業団地も次々に水没した。濁った茶色の水に約1カ月も取材で浸かったタイからヌサドゥアに「転戦」すると、バリ島の美しさがそれまで以上に目に染みた。

ミャンマーの２０１４年のＡＳＥＡＮ議長国就任は、この時のＡＳＥＡＮ首脳会議に先立って現地で15日に行われた外相会議ですんなり内定した。インドネシアのマリティ外相はメディアの囲み取材で、「議長国になることで、ミャンマーの改革のモメンタムがさらに拡大することを期待している」と述べ、ミャンマーにＡＳＥＡＮ議長国としての責任と自覚を持たせることで、政治・経済改革を一段と促すというＡＳＥＡＮ側の狙いを語った。会議関係者によると、議長国就任が正式に決定した17日のＡＳＥＡＮ首脳会議では、全ての首脳が「ミャンマーで大きな改革が起きている」と新政府の政治・経済改革を高く評価した。

ＡＳＥＡＮの議長国は1年交代の輪番制で、ミャンマーは当初、２００６年の番だった。しかし、当時は軍政による人権弾圧に対する批判が欧米に加えてＡＳＥＡＮの一部の国からも強く出され、軍政は議長国の辞退を余儀なくされた。11月のヌサドゥアでのＡＳＥＡＮ首脳会議の半年前の5月にジャカルタで行われた首脳会議では、事前の外相会議ではミャンマーの議長国就任に合意したものの、「民主化の取り組みはまだ不十分だ」として首脳会議で却下された経緯がある。7月にヌサドゥアで行われたＡＳＥＡＮ地域フォーラム（ＡＲＦ）に出席した米政府高官は、「民主化改革が行われなければ、議長国になるための国際的な正当性を欠く」とけん制した。

テイン・セイン政権の民主化改革が目に見える形で動き出したのは２０１１年6月頃からであり、5月のジャカルタでのＡＳＥＡＮ首脳会議や7月のＡＲＦの時は、政権に対して「実質的に軍政状態が続いているにすぎない」と否定的な見方が支配的だった。その後にさまざまな改革が急速に進みだし、国際社会のミャンマーへの見方は変化した。11月のヌサドゥアでのＡＳＥＡＮ首脳会議では、これまでミャンマーの議長国就任に反対してきたシンガポールのリー・シェンロン首相も「大規模な国際会議の運営ノウハウをミャンマーに提供したい」と歓迎したという。

大統領に随行した側近によると、テイン・セイン大統領は首脳会議の終了後、「非常に喜ばしいことだ。われわれは一層の責任を負う」とミャンマーの政府代表団に語った。チョー・サン情報相はヌサドゥアで本紙の取材に、「幅広い分野で改革を進め、非常に近い時期に国際社会と調和した開かれた社会にする」と話した。別の随行筋は、安堵の表情を浮かべていた。「ASEAN首脳会議で議長国就任が再び拒否されて、政権内の守旧派を勢いづかせて民主化が逆戻りすることを心配していた」ためだ。

ASEANの議長国は、年2回行われる首脳会議のほか、その年に開催される外相、財務相、経済担当相、防衛相など数多くの閣僚会議を主導する。さらに、ASEAN各国と日本、中国、韓国、米国、ロシア、インド、豪州、ニュージーランドの大統領や首相が出席する東アジア首脳会議の議長も務める。東アジアの市場統合や南シナ海問題などでASEAN域内外の国々との外交調整力が試される一方、国際社会の信任は高まり、軍政時代に欠落していた外資の投資先としての信頼の回復が期待できる。軍政当時の無策で経済が極度に困窮しているミャンマーにとって、欧米の制裁解除を実現し、日本や欧米企業を誘致して貧困脱却を図る上で、議長国就任は大きなチャンスだった。

ASEAN各国にとっても、ミャンマーが議長国に就く意義は大きかった。欧米から長年にわたり、「ミャンマーの人権問題にASEANは何も対処していない」と常に批判を浴び続けてきたASEAN各国は、ミャンマーの変化に安堵していた。2009年、クリントン米国務長官は軍事政権の人権弾圧に抗議して、タイのテレビ局のインタビューを通じて、「スー・チー氏の自宅軟禁を解かなければ、A

SEANからのミャンマーの除名を検討すべきだ」とASEAN側に厳しく迫った。それに対するASEANの答えは、「仲間内の圧力」で解決に導くことだった。当時、タイのアピシット首相は「除名すればミャンマーはさらに孤立する。それが問題の解決になるだろうか」と、欧米流の圧力を否定した。

そもそも1997年にASEANがミャンマー加盟を承認した際に、米国と欧州連合（EU）はアウン・サン・スー・チー氏とともに「軍政の正当化につながる」と猛反対した。だが、マレーシアのマハティール首相とインドネシアのスハルト大統領は、こうした反対を押し切って加盟を認めた。「ミャンマーを国際社会から孤立させれば中国の影響力が強まる」という懸念もあり、ASEAN各国はミャンマーをASEANに迎え入れ、つなぎ留める選択肢を選んだ。

以来、ASEANはミャンマーの加盟を認めた代償として、米国とEUから自由貿易協定（FTA）の交渉入りを事実上拒否された。ミャンマーは長年、ASEANの喉元に刺さった骨のような存在だった。

「お荷物」だったミャンマーに想像もできなかった変革が起きた要因として、西側外交筋は「テイン・セイン大統領は軍政当時、首相としてASEANの首脳会議などに何度も出席しており、そこで欧米からの批判や自国の経済発展の遅れを痛感してきたことも一因ではないか」と指摘する。ASEANという窓から外の世界を知り、そのギャップを埋める必要性を肌で感じてきたのではないか、という推測である。

ミャンマーを仲間として囲い込み、穏やかに解決を促すASEAN流の手法は、長い時間を費やしたとはいえ、この時点では一定の成果を導いたといえるのではないだろうか。

## スー・チー氏とNLD、国政参加を決断

ヌサドゥアでASEAN首脳会議が行われていた頃、ヤンゴンでは、アウン・サン・スー・チー氏と国民民主連盟（NLD）が国政に参加することを決断した。NLDは政党資格を再登録したうえで、2012年前半に行われる予定の上下両院の補欠選挙に候補者を立て、スー・チー氏は下院の補選に出馬する。スー・チー氏とNLDが議会の中から民主化を推し進める決意をしたことで、ミャンマーの民主化は新たな局面に入った。

2011年3月の民政移管後、スー・チー氏はテイン・セイン大統領と8月に初めて会談し、政権側のスー・チー氏の担当窓口であるアウン・チー労相とも4回の対話を重ねた。これらの過程で新政権側は、政党登録法の規定を緩和することを約束し、NLDの政党再登録と、スー・チー氏らNLDメンバーが議会補選に立候補するよう要請した。NLDは、政党登録法に定められた政党員の資格要件や、軍政が定めた憲法を順守する規定などの3項目を修正するよう要求し、テイン・セイン大統領はこれを受け入れて11月4日に同法改正案に署名し、NLDが応諾する条件が整った。

NLDは11月18日、地方組織を含む約100人以上の中央執行委員をヤンゴンの本部に集め、政党復帰と補選参加の是非を幹部会議に諮った。NLD幹部のニャン・ウィン氏は本紙に、「幹部会議の前には反対意見もあったが、参加者全員が政党の再登録と補選への参加に賛成した」と述べ、補選で対象となる上下両院48議席のすべてにNLDの候補者を立てる方針を示した。

テイン・セイン政権には、NLDが議会政治に参加すれば、国際社会に民主化の顕著な進展を大きくアピールでき、欧米との関係改善に弾みがつくという期待があった。ヌサドゥアでテイン・セイン大統

領に随行していたチョー・サン情報相は、現地で本紙に、「全ての政治勢力の参加を歓迎する」と述べた。別の随行筋は「NLDが議席を獲得すれば、(軍政の翼賛組織を事実上継承した与党の）連邦団結発展党（USDP）との論戦が活発化し、国民のためになる」と期待を示した。

### オバマ大統領、クリントン国務長官を派遣へ

NLDが補選への参加を決定した同じ18日、オバマ大統領が東アジア首脳会議に出席するためヌサドゥアに到着した。大統領はクリントン国務長官を12月にミャンマーへ派遣すると表明し、国際メディアセンターにどよめきが起きた。オバマ大統領は、「長年の暗黒を経て、改革の明かりがともり始めた」とテイン・セイン政権を評価し、「(クリントン長官を派遣するという）本日の決定は、(ミャンマーという）素晴らしい国、勇気ある人々、普遍的価値観に対する米国の取り組みを示すものである」と明言した。ミャンマーの民主化改革に米国が積極的に関与していく考えを、強力に打ち出したものである。

1990年以降、両国関係は断絶状態にあり、米国の国務長官がミャンマーを訪問するのは約50年ぶりになる。オバマ大統領は、この声明の発表に先立つ17日、訪問先の豪州からバリ島へ移動する途中の大統領専用機から、ヤンゴンのアウン・サン・スー・チー氏に電話をかけた。その際、スー・チー氏から「米国の関与を支持する」との意向を確認したことで、「改革に向けた歴史的な好機を生かしたい」とクリントン長官の派遣を最終決定した。

オバマ大統領はヌサドゥアでミャンマー政策に関する声明を発表し、テイン・セイン政権がスー・

チー氏と対話を開始したことを「最も重要な改革である」と歓迎した。さらに、長官の派遣は「（米国とミャンマーの関係に）新たな章を開くことを目指す」ためであると強調した。ただ、経済制裁を解除して関係を完全に正常化するには、政治犯釈放などの「具体的な行動」が必要であると注文をつけた。

オバマ大統領は機上からのスー・チー氏への電話で、ＮＬＤの国政への参加とスー・チー氏が下院補選に出馬する意向を直接伝えられたはずだ。クリントン長官のミャンマー派遣の是非や、大統領が今回の声明でどこまで踏み込むかも、スー・チー氏と綿密にすり合わせたはずである。米政府はテイン・セイン政権の民主化改革の真偽を見極めたり、ミャンマー政策を判断したりするうえで、スー・チー氏の意向や見解を重要なリトマス試験紙にしていた。

### テイン・セイン大統領へのインタビュー

テイン・セイン大統領はヌサドゥアのホテルで、読売新聞など一部メディアのインタビューに応じた。3月に就任して以来、国内外のメディアからインタビューを受けること自体、これが初めてだった。ちなみにヌサドゥアでのＡＳＥＡＮ首脳会議と東アジア首脳会議の期間中、テイン・セイン大統領が行った首脳会談は、日本、シンガポールとの2カ国だけで、中国の温家宝首相とは会談しなかった。各国の首脳が集まる場でミャンマーが中国と首脳会談を行わないのは極めて異例であり、「中国離れ」の一端が表れていた。

大統領はこの時のインタビューで、アウン・サン・スー・チー氏との関係改善の考え方や、ＮＬＤが政治参加を決めた理由なども語った。当時の取材ノートと紙面を元に、民主化改革の記録の一つとしてここに再録する。

【民主化について】この国の民主化はまだ8カ月しかたっておらず、徐々に進める必要がある。ミャンマーは異なる民族、文化、宗教を抱えており、他国と状況が異なる。他の国の民主化（の内容や進め方）と比較はできず、まねであってもいけない。民主化の発展に最も重要なのは（国の）安定である。

【アウン・サン・スー・チー氏との関係について】民主化は私一人ではできない。アウン・サン・スー・チー氏とは多くのことを話してきた。意見が異なる点もいくつかあるが、共通の課題は一緒に取り組んでいける。私はスー・チー氏に、全ての国民が求めているのは安定と発展、経済発展と近代化であり、共に取り組んでいきたいと伝えた。スー・チー氏も同意した。それが、国民民主連盟（NLD）が政党として再登録して、補選に参加することを決めた理由だ。スー・チー氏はわれわれの意思を理解した。

【対米関係について】アウン・サン・スー・チー氏が（テイン・セイン政権と協調する姿勢に）考えを変えたことで、外国の政府もそれに従って（ミャンマー新政権に対する）見方が（評価する方向に）変化した。オバマ大統領は（ミャンマー政策の声明で）「ミャンマーの民主化はまだ注視が必要だ」と述べたが、オバマ大統領自身がわれわれの最近の改革の取り組みを認識したことは、わが国にとって良いことだ。クリントン国務長官のミャンマー訪問と、NLDの補選への参加は、非常に良いニュースである。最近、英国の閣僚と対話して、われわれの改革の政策を理解してもらった。欧州連合（EU）とわれわれの関係も進展している。

## クリントン長官とスー・チー氏の固いハグ

ミャンマーの12月は乾季で大気の状態が安定しており、毎日、澄み切った晴天が続く。バリ島で行われたASEAN首脳会議、東アジア首脳会議から約10日後の11月30日夕方、クリントン米国務長官はネピドー空港に専用機で降り立ち、2泊3日の日程でミャンマーの公式訪問を開始した。

12月1日にネピドーで外相、大統領、上下両院の議長とそれぞれ会談し、夕方にヤンゴンへ空路で移動し、ミャンマー人の誇りである黄金色の巨大仏塔のシュエダゴンパゴダを表敬訪問した。パゴダの敷地内ははだしでなければ入れない。クリントン長官を警護する黒のスーツとサングラス姿の屈強なSPたちも例外ではなく、靴下を脱いで同行した。

その後、クリントン長官はスー・チー氏とヤンゴンのホテルで会い、翌日の正式会談を前に夕食を数時間共にした。長官がスー・チー氏に会うのは、この時が初めてだった。翌2日朝、会談はスー・チー邸で午前9時に始まり、予定を30分ほどオーバーして11時ごろ終了した。そのあと、2人は広い庭をゆっくりと一周して、洋館のテラスから記者会見に臨んだ。

スー・チー氏は、米国の政治家の間では「人権問題のシンボル」として敬愛と尊敬を集めており、オバマ大統領もスー・チー氏は自らのヒーローであると語っていた。クリントン長官は中庭での記者会見で、「米国民が尊敬してやまないアウン・サン・スー・チーさんにお会いできて光栄です」「あなたは私たちにとって励みとなる存在です」と話し始め、「自宅軟禁に屈せず民主化を訴え続けた愛国心は多

ヤンゴンのスー・チー邸での会談後、自宅庭で記者会見に応じるスー・チー氏（右）とクリントン米国務長官（2011年12月2日、筆者撮影）

くの米国民の心をつかみました」と称賛した。スー・チー氏は、「クリントン長官を派遣してくれたオバマ大統領と米国に感謝します」と応じ、2人は両腕を互いの背中に回して、きついハグを交わし、満面の笑みで頰を何度も寄せ合った。

それは米国とミャンマーの関係が劇的に改善された瞬間だった。世界的な影響力を持つ2人の女性がスー・チー邸の中庭でハグする光景を、民政移管した8カ月前の時点では、誰が想像できただろう。米国の国務長官がミャンマーを訪問すること自体、かけらも予想できなかった。記者会見を終えた2人は手をつないでスー・チー邸の室内に戻り、一部の記者から拍手がわき起こった。テイン・セイン大統領はこの翌月の2012年1月、前述のように全ての政治犯の釈放に踏み切った。

スー・チー邸での2人の記者会見の要旨は次の通りである。

【スー・チー氏】民主化を前進させる道は、関与を続けることにある。米国だけでなく、国際社会の支援が必要です。政治犯の釈放と少数民族問題の解決に向けた法治体制の整備と、教育・保健体制の充実が特に重要です。オバマ大統領には、私たちへの協力と、（政権への）適切な対応を感謝しています。これが新たな未来への始まりとなることを願っています。米国とミャンマーの関係改善を中国が歓迎したのは喜ばしいことです。中国との関係は重要です。

【クリントン長官】米国は（ミャンマーが）全ての政治犯を釈放し、少数民族と和解の道を歩むパートナーになりたい。政府の機能を強化するには多くの作業が必要です。私たちは、あなた（アウン・サン・スー・チー氏）や政府、全ての善意の人々のパートナーになりたい。あなたの指導力と米国との協力関係に感謝を申し上げます。

クリントン長官の訪問以来、日本、英国、欧州連合（ＥＵ）などの外相や主要閣僚が毎月のようにテイン・セイン大統領とスー・チー氏を訪れるようになり、英国のキャメロン首相、韓国の李明博大統領、インドのシン首相など各国の首脳の訪問も相次いだ。軍政時代には北朝鮮との武器取引疑惑も指摘されたが、民政移管の初年度で、新政権は欧米をはじめ国際社会との外交関係を正常化させた。

# ５章　ＮＬＤが国政に参加

## 欧米は経済制裁を解除

２０１２年４月に行われた議会の補欠選挙で、アウン・サン・スー・チー氏が率いる国民民主連盟（ＮＬＤ）は圧勝を収めた。スー・チー氏は下院議員に当選し、それまでの「民主化運動指導者」から、「政治家スー・チー」へと変貌していく。当選後、スー・チー氏は隣国タイを手始めに、欧州、米国などへの外遊を積極的にこなし、国際社会の中で存在感を一段と高めた。自宅軟禁中に授与されたノーベル平和賞の受賞演説も、ようやく行うことができた。

スー・チー氏とＮＬＤの国政参加が実現したことで、２０１１年に始まった民主化改革は一つの区切りをつけた。オバマ大統領がミャンマーを訪問し、欧米の経済制裁は全面的に解除された。

### 1．活気を取り戻したＮＬＤ本部

ミャンマーの民主化運動の拠点は、壊れかけたようなカビ臭い建物だった。天井には雨漏りのシミが広がり、クモが巣を張っている。スコールが降ると、ポタポタと落ちてくる水滴で服がぬれた。土間の床にネズミがチョロチョロ現れ、すぐに机の下に隠れていった――。

ヤンゴンのシュエダゴンパゴダの近くにある国民民主連盟（ＮＬＤ）の本部は、現在は近代的なビルに建て替えられたが、軍政から民政移管当時にかけては老朽化した木造2階建てで、奥行きは20メートルほどしかなかった。軍政が民主化運動を封じ込めていた当時、通行量が多い車道の反対側に「監視小屋」が置かれ、数人の私服警官がカメラを向けて、人の出入りに目を光らせていた。ＮＬＤの党員は地方の小さな組織に至るまで常に行動を見張られ、拘束の危険にさらされていた。

民政移管後は、ＮＬＤ本部の正面の引き戸は常に開放され、誰でも自由に本部内に出入りできるようになった。取材で何度もここを訪れたが、１階はいつも30人ほどの党員が集まり、エアコンのない室内は人いきれと蒸し暑さがこもっていた。メンバーのほとんどは中高年層だった。イスに腰掛け、何やらにぎやかに語らっている光景は、地区の集会所のような雰囲気だ。若い女性党員は「毎日朝から夕方まで、ああやって活動方針を議論しているんですよ」と笑った。

正面から入ってすぐ右手には、プラスチック製の赤い机の上にスー・チー氏の写真をプリントしたＴシャツ、コーヒーカップ、キーホルダーなどを並べた「土産コーナー」もあった。両頰に真っ白くタナカを縫った年配の女性は、「Ｔシャツは1日5枚から15枚ほど売れますね。外国人の支持者などがよく買っていきます」と話した。皆、表情は明るかった。

肩幅ほどしかない狭くて急な木の階段を上った薄暗い2階には、スー・チー氏など幹部の執務と会議に使う部屋がある。２０１１年9月にＮＬＤ本部を訪れた際には、前年2月に約7年ぶりに釈放された80歳を超えるティン・ウ副議長の姿もあった。12月に再訪すると、上下両院の補選への参加に向けて、政党に再登録する準備が進められていた。政治犯として過去に何度も収監された幹部のウィン・テイン氏は、「11月に政党再登録を決定し、メンバーはがぜん元気づいた」と穏やかな表情で語った。

ＮＬＤのスポークスマンで、スー・チー氏の弁護士も務めるニャン・ウィン氏（73）は誠実で実直な人柄だった。時間が空いていれば、アポイントがなくても笑顔で取材に応じてくれた。「スー・チー氏の議会での発言は国際社会も注目するため、政府は無視できない。大きな影響力を持てる」と補選に参加する意義を強調した。

ＮＬＤにとって、今回の補選は２０１５年に行われる次回総選挙の「前哨戦」の位置づけだ。ニャン・ウィン氏は「次の総選挙で過半数を獲得して、不公平な憲法の改正と腐敗の撲滅、法の統治を実現したい」と政権奪取の意気込みを示した。ミャンマーの中央選挙委員会は12月12日、ＮＬＤが申請した政党再登録を承認した。

ミャンマーの憲法では、国会議員は閣僚になると議員を辞職しなければならない。補選はその空席分を補充するために行われる。補選は翌年の２０１２年4月1日、上院（定数２２４）６議席、下院（同４４０）40議席、地方議会2議席の合計48議席を対象に行われることが決まった。

## 2. スー・チー氏はヤンゴン郊外の農村から出馬

ヤンゴンの西側を流れるヤンゴン川をはさんで南西方向の河口近くに、人口12万人のコムーという小さな町がある。国民民主連盟（ＮＬＤ）の本部から川をはさんで直線距離だと約30キロだが、ヤンゴンと対岸のコムー側を最短で結ぶ橋がないため、ヤンゴンから荒れた道を車で2時間ほどかけて北に迂回して、約55キロメートル走らなければならない。アウン・サン・スー・チー氏は、延々と広がる田園の中に集落が点在するコムーの選挙区から、下院補選に出馬することを決めた。

スー・チー氏が立候補の第一声を発するひと月前、コムーを訪ねてみた。町はずれにＮＬＤの小さな支部があり、敷地の正門の両脇に、アウン・サン将軍とスー・チー氏の写真を印刷した畳数枚分の大きな看板が立てられていた。支部の小屋は2カ月前、地元のＮＬＤメンバーのエイ・ティンさん（57）が、補選の事務所用に提供した。

元のコムー支部は、２００８年のサイクロン・ナルギスで大破したが、軍政は修繕を許さなかった。「スー・チーさんは、今回の選挙運動でこの町を3回訪れる予定です」とエイ・ティンさんは話した。スー・チー氏はコムーで生まれ育ったわけではないが、「この一帯で最も貧しいコムーの発展に取り組むことも、スー・チーさんがここから出馬する理由の一つです」と支部の女性組織リーダー、ミン・チーさん（64）は語った。

地元で小学校の教諭を41年務めるミン・ミン・ウィンさん（62）は、「コムーには米作農家しかなく、生活が苦しい。子供たちは2割しか高校を卒業できない」と話した。町にはスー・チー氏が２０１０年に寄贈した「マザーズ・ライト・スクール」（母の灯の学校）という名の「塾」があった。6畳ほどの木の掘っ立て小屋と、竹と木を組んで作った奥行き10メートルほどの小屋があり、いずれも足元は土の地面だ。土曜日の午後、小屋をのぞくと「グレード7」（日本の小学6年生）の9人の児童が土に敷いたゴザに座り、長机に広げた「アリババと40人の盗賊」の英語テキストを、ボランティアで教えている青年と一緒に音読していた。子供たちは勉強に集中して気づいていなかったが、隙間から入ってきた鶏とひよこが小屋の後ろの方を歩いていた。

「マザーズ・ライト・スクール」では、１３５人の児童や生徒たちが地域の学校に通いながら、その前後の午前6時から8時半、午後4時から6時、同7時から9時のそれぞれの時間帯に勉強し、ボランティアの13人の先生が教えている。ＮＬＤが国民から高い支持を得ているのは、軍政当時からこうした社会活動を地道に続けていることも大きな理由だ。

ミン・ミン・ウィンさんは、「コムーの住民の9割以上はアウン・サン・スー・チーさんに投票するでしょう」と圧勝を確信していた。一方で、農民からは「軍政時代は収穫したコメの半分を収めなければならなかったが、テイン・セイン大統領になって自由に売れるようになった」（48歳男性）、「大統領は全ての農民に肥料を配ってくれるだろう。収入が増えることを期待している」（46歳男性）などと、大統領に好意的な声も聞かれた。

2月11日、スー・チー氏はコムーで選挙運動の第一声を上げ、静かな田園地帯が熱狂に包まれた。メディアも含めて１００台以上にも及ぶトラックや乗用車、ワゴン車などの車列と、何百台もの地響きを立てて随行するバイクが集落の狭い道をゆっくり進んでいく。数十台のトラックの荷台では、ＮＬＤのロゴが入った赤いキャップと白いシャツを着た運動員たちが、クジャクを描いたＮＬＤの大きな赤い旗を左右に振っていた。先頭の車から最後尾までの長さは数キロメートルあった。車列の後方からは先頭がどこか全く見えない。コムーにこんなに大勢の人たちが住んでいたのか、と思うほど、沿道にＮＬＤの小旗を振る人たちが途切れることなく続き、車列に大声援を送っていた。

スー・チー氏を乗せた四輪駆動車は所々で1分ほど止まり、スー・チー氏はサンルーフから上半身を出してマイクを手に支持を訴えた。この地区はカレン族が多く、スー・チー氏は法被のようなカレン族の民族衣装を羽織っていた。

「ビルマ族、カチン族、チン族、少数民族もみんな同じ国民です。民主主義と人権が欲しいのなら、NLDに投票して！」「ビルマ族もムスリムもNLDは歓迎します」「私たちは同じミャンマー人です」「人々とNLDが連携すれば国を一つにできる。民主化のゴールに一直線に行くことができます」「自分たちの力でこの国を変えられることを知ってほしい。みんなの力を貸して！」――。

スー・チー氏が声を発するたびに、沿道は「マザー・スー！」（スーお母さん）、「NLDウィン」「ウィ・ラブ・スー」などの大歓声が響いた。農業を営むカレン族のコー・リーさん（73）は「アウン・サン・スー・チーさんは議会で国民のために働いてくれる。民主化と自由を感じる」、チョー・テインさん（66）は「死ぬ前にアウン・サン・スー・チー氏に投票できてうれしい」と満面の笑みで語った。

この第一声の取材は、チャーターした車にストリンガーのミンさんと、現地メディアの知り合いの若いミャンマー人記者を乗せて、選挙運動の車列に交じって移動した。NLDの小旗を車の窓から何気なく沿道の人たちに振っていたら、彼らから「取材は中立じゃなきゃいけないよ」と、笑いながらだったが注意された。確かにその通りだ。つい先日まで軍政から取材と言論の自由をはく奪されてきた彼らは、そのようなジャーナリストの鉄則やプロ意識をどのように身に着けたのだろう。などと感心すると同時に、ミャンマーのジャーナリズムの将来を楽しみに感じたことを、鮮明に覚えている。スー・チー氏に希望を託して沿道で小旗を振る人たちの、にぎやかな光景とともに。

スー・チー氏はその後、各地のNLDの候補者を応援するため、ミャンマー南部のダウェイやヤンゴン西方に広がる農業地帯のイラワディ地域を訪れ、コムーと同様に大群衆に囲まれた。スー・チー氏は側近に、「候補者を立てた全ての選挙区を回るのは難しいが、少なくとも州都の選挙区は訪れたい」と話した。北部のカチン州の州都ミッチーナでは、「和平なくして発展はあり得ません」と市民に呼びかけて、軍とカチン族などの少数民族武装勢力との和解に取り組むことを約束した。

同僚の取材では、ヤンゴンの中心部から車で南東に約1時間の田舎にあるダゴンセガン選挙区では、主婦のティン・ティン・オーさん（35）は「ただただスー・チーさんとＮＬＤに勝ってほしい。必ず社会を変えてくれる」、農業を営むティン・タンさん（55）は「何の制約もなくスー・チーさんのために投票できることが喜びだ」と話し、演説に訪れるスー・チー氏の到着を待っていた。軍政の継承政党である連邦団結発展党（ＵＳＤＰ）のメンバーが、住民に飲み水を提供する給水車を近くに置いたが、誰も見向きもしなかった。軍政当時の１９９０年に行われた総選挙での「アウン・サン・スー・チー旋風」が、約20年ぶりに全国で巻き起こった。

## 3.「政治家スー・チー氏」の誕生

### 補選でNLDがUSDPを打ち砕く

「ＮＬＤが圧勝」「ＵＳＤＰは惨敗」――。４月１日に行われた補欠選挙は、極端に対照的な結果に終わった。ミャンマー中央選挙管理委員会は４月３日、最終集計結果を発表し、補選の対象となった地方議会を含む45議席のうち、国民民主連盟（ＮＬＤ）は43議席を獲得した。内訳は、ＮＬＤは全体で43人の候補者を擁立し、下院は37選挙区全てで勝利した。上院は6選挙区のうち4議席、地方議会は2議席の全てをそれぞれ獲得した。連邦団結発展党（ＵＳＤＰ）は上院で1議席を取っただけで、完敗だった。上院のもう1議席は少数民族政党のシャン民族民主党（ＳＮＤＰ）が獲得した。

スー・チー氏は選管が最終発表する前日、ヤンゴンのＮＬＤ本部前で勝利宣言した。「この勝利が新たな時代の幕開けになることを願っています」「私たちの勝利ではなく、政治への参加を決断した国民の勝利です」「真の民主主義を達成するため、選挙に参加した全政党の協力を望みます」と演説し、支援者の大声援に力強く手を振って応えた。

今回の補選には17の政党が参加したが、全選挙区に候補者を擁立したのは、全国に組織を持つＮＬＤとＵＳＤＰだけであり、事実上、両党による因縁の一騎打ちだった。ＮＬＤは軍政下の１９９０年に行われた総選挙で大勝したが、軍政は選挙結果を認めず無効にした。それ以来20年ぶりとなった２０１０年11月の総選挙はＮＬＤがボイコットしており、市民の「民主化支持票」「反軍政票」の行き場は狭められた。今回のＮＬＤの大勝は、国民がスー・チー氏に完全な民主化の実現を託した結果である。裏を返せば、国民は軍政の継承政党であるＵＳＤＰに対して、２０１０年の総選挙から約1年半越しに強烈な「ノー」を突きつけた。

テイン・セイン大統領はＵＳＤＰの党首でもあったが、憲法では、大統領は所属政党の党務は行えないため、実質的にはＵＳＤＰから離れている。国民の間には、「大統領はスー・チーさんと同じ改革派だ」と評価する声が多く、クリントン米国務長官をはじめオバマ政権も「テイン・セイン大統領は改革派だ」と分析している。一方で、国民はＵＳＤＰという政党と、軍人出身が多いＵＳＤＰの所属議員に対しては、「軍政当時からの既得権益を守ることしか頭にない」「民主化に否定的だ」などと嫌悪してきた。国民がテイン・セイン大統領とＵＳＤＰは別々と捉えていることが、補選の結果から明確になった。

## テイン・セイン改革の「第一段階」が完了

今回の補選での改選議席数は、下院（定数４４０議席）が全体の9・1％、上院（同２２４議席）は2・7％に過ぎず、与党のＵＳＤＰと軍人議員を合わせて定数の８割以上を占める議会の構成自体は変わらない。補選の本質的な意味は、議席数ではなく、テイン・セイン大統領による民主化改革の「第一段階の仕上げ」という点にある。

大統領は就任以来、政治・経済改革を次々と実行してきた一方で、２０１４年のＡＳＥＡＮ議長国就任と欧米との関係改善を通じて、経済制裁の解除に一定の道筋をつけた。アウン・サン・スー・チー氏とＮＬＤを議会に迎え入れることは、経済制裁の完全な解除を確実にするために不可欠な「パーツ」だった。

前述のように国民はＵＳＤＰと大統領は全く別と見ており、補選でＵＳＤＰが惨敗しても、大統領の政権基盤には影響を及ぼさない。大統領側は、その点も十分に計算したうえで、スー・チー氏に補選の参加を呼び掛けたとみるべきだろう。

スー・チー氏とＮＬＤの政治参加で、テイン・セイン改革の「第一段階」は完了した。続く「第二段階」の主眼は２点だった。一つは半世紀以上も内戦状態が続く少数民族武装勢力との和平の実現であり、もう一つは、欧米から経済制裁の解除を導き出し、経済の確実な浮揚を図ることだった。

## 初登院を巡る「トラブル」

国民はアウン・サン・スー・チー氏とNLDに対して、議会でのUSDPや軍人議員との活発な論戦を期待していた。しかし、4月23日の議会初日、当選したスー・チー氏をはじめNLDの41人は初登院をいきなりボイコットし、国民や国内外のメディアは呆気にとられた。選挙で当選した議員は、憲法を順守する内容を含む宣誓文を、議会の議長の前で読み上げることが憲法で定められている。スー・チー氏とNLDは、軍政が制定した憲法の改正を以前から主張しており、宣誓式に臨むのを拒否したためだった。

憲法の付表に記されている宣誓文は次の通りだ。「私は（人民院、民族院、管区・州議会の）議員として選出されたため、憲法を保護し、国家の法律に従います。ミャンマー連邦共和国とその国民に対して忠誠を誓います。連邦の分裂阻止、民族の団結および国家主権の堅持等を常に目標として行動します。また、現在担っている責務を忠実に担うことを誓います[3]」。

議会とNLDは妥協点を探ったが、その間、国民からは「NLDに期待して投じた1票はどうなるのか」というブーイングも聞かれた。テイン・セイン大統領はその日、訪日中だった。東京都内のホテルで以前から設定されていた日本メディアとの記者会見を行い、スー・チー氏らが初登院を延期したことに関しては、「議会に参加するかどうかは、スー・チー氏が決めなければならない」と妥協を促した。

軍政が制定した憲法を擁護する趣旨の宣誓には応じられない、というスー・チー氏らの気持ちは理解できる。しかし、補選の選挙運動中に、初登院時の「宣誓問題」を有権者に言及したことはなく、宣誓のボイコットは唐突に映った。多くの国民やメディアは、ＵＳＤＰなどの守旧派への強力な対抗軸として、ＮＬＤに大きな期待を寄せていた。ミャンマーの友人らは、「そこまでかたくなに宣誓を拒否しなければならないのだろうか」「宣誓拒否は子供じみた対応だ」という指摘も聞かれた。

スー・チー氏とＮＬＤの補選当選者はようやく5月２日、宣誓式に臨み、スー・チー氏は正式に下院議員に就任した。議会に出席する議員らは通常、マイクロバスに分乗してネピドーの宿舎から上下両院のそれぞれの議事堂の正面玄関前にやって来て、数十段の緩やかな階段を上って議事堂内に入る。スー・チー氏はその日、黒塗りの乗用車で議事堂の玄関前に到着し、報道陣に囲まれながら秘書と階段を上って議場へ入っていった。

本来、下院議会は４月30日に閉会する予定だったが、スー・チー氏やＮＬＤの当選議員の宣誓を待つため、この日まで延長していた。初登院で議事堂の前まで車で乗りつけることや、宣誓式のためだけに会期を延長することは異例の計らいであり、議会はかなりの厚遇でスー・チー氏を迎え入れた。

スー・チー氏は宣誓式で、民族衣装の正装を着た他のＮＬＤの議員らとともに、壇上のシュエ・マン下院議長の前に横一列に並んだ。背後の議員席から、緑色の軍服姿の軍人議員と民族衣装姿の民間議員が起立して見守る中、スー・チー氏は文庫本ほどのサイズの宣誓書を両手で持ち、文面を淡々と読みあげた。この日の議案は宣誓のみで、30分で終了した。議場で報道陣に囲まれたスー・チー氏は笑顔を浮かべて、「議会に参加できて、とても幸せを感じる。支持者と国民のために働きます」と穏やかな表情で語った。

ＮＬＤが２０１０年総選挙のボイコットを機関決定したことに反発して、ＮＬＤを飛び出した元幹部らが結成した野党・国民民主勢力（ＮＤＦ）のソー・ウィン副党首は、議場でメディアに「ＮＬＤを２年間待ち続けた。議会でＮＬＤと協力していく」と歓迎した。

一方、補選でＮＬＤに大敗したＵＳＤＰのテイ・ウ書記長は宣誓式後、議場内でぶら下がり取材に応じ、「有権者がＵＳＤＰを信用していなかったことが補選の敗因だ」と、率直に敗因を語った。さらに、補選から３年７カ月後の２０１５年11月に行われる次の総選挙までに国民の信認を得られなければ、「われわれは再び敗北する」と強い危機感を隠さなかった。

コムー選挙区でスー・チー氏に敗れたＵＳＤＰ候補者のソー・ミン氏は、「貧困のままでは国民は自由を感じられない。経済状況が改善されないことが、政府と与党（ＵＳＤＰ）への不満につながっていった」と取材に対して敗因を語った。

### スー・チー氏、24年ぶりの国外でタイと欧州を外遊

下院議員に就任したアウン・サン・スー・チー氏は、１９８８年に英国から帰国して以来、実に24年ぶりにミャンマーから出国し、外国の政府や国際機関、現地のミャンマー人社会との対話を開始した。スー・チー氏は１９８８年、母親の病気見舞いのために英国から帰国した際、軍事政権に対する学生たちの大規模な民主化要求デモに遭遇し、それに呼び込まれるように周囲から民主化運動指導者に祭り上げられた。それ以来、ミャンマーの国外へ出ると軍政から再入国を拒否されて、帰国できなくなる恐れがあるため、英国人の夫と２人の子供を英国に残したまま、ミャンマーにとどまり続けた。夫がロンド

ンで病死した時も、ヤンゴンから駆けつける選択肢を自ら断ち切った。

次のようなエピソードもある。西側の外交関係者によると、ある時、夫が軍政に便宜を図られて英国からミャンマーに入国し、ヤンゴンのスー・チー氏を訪ねてきた。その際、スー・チー氏は「なぜ来たのか。あなたとは絶対に会わない」と自宅入り口の門をはさんで、夫を厳しく叱責した。夫は数日にわたって通い詰めたが、スー・チー氏はその都度、夫を文字通り門前払いしたという。

ようやくスー・チー氏は夫を私邸に入れた。しかし、スー・チー氏は、軍政が国際社会に向けて「スー・チー氏と夫には人道的な配慮を施している」と宣伝に使うことをかなり警戒していた。軍政に借りを作るような「隙」を見せた夫に対して、スー・チー氏は終始激怒していたという。民主化を絶対に勝ち取るという、スー・チー氏の揺るぎない決意と覚悟を鮮明に物語っている。

スー・チー氏がミャンマーから自由に出国できるようになったことは、まさに隔世の感だった。テイン・セイン政権にとっては、スー・チー氏がミャンマーと各国を行き交うことで、民主化改革の進展を国際社会に強く印象づけられる。

スー・チー氏が最初に選んだ外遊先は、隣国タイだった。スイスで毎年行われているダボス会議を主催する世界経済フォーラムが、バンコクで6月1日から3日間、同フォーラムの東アジア会議を開催する。スー・チー氏はこの会議に出席し、さらにタイの水産加工の町で働くミャンマー人の出稼ぎ労働者と対話して、さらにはタイ西部の山間部に足を延ばし、ミャンマーの内戦から逃れてきた少数民族の難民キャンプを訪問することが目的だった。当初は先に欧州訪問を予定していたが、世界経済フォーラムはミャンマーの民主化勢力を長年支持しており、その礼を伝えることを兼ねてバンコク行きを優先した。

タイ時間で5月29日21時過ぎ、スー・チー氏はヤンゴンからタイ航空でバンコクのスワンナプーム国際空港に到着し、タイや日本、欧米のメディアが待ち構えるターミナルビルの車寄せに姿を現した。無数のフラッシュがさく裂する中、テレビカメラのまぶしいライトに浮かび上がったスー・チー氏は、ほほ笑みながら足早に車に乗り込み、バンコクのチャオプラヤ川沿いに建つ高級ホテルに向かった。

翌朝の訪問先は、バンコクから南西に車で1時間弱のサムットサコン県だった。タイ湾に面した一帯はタイの水産加工基地を形成しており、ミャンマーからの住み込みの出稼ぎ労働者が、漁船や水産加工工場で働いている。タイに来ているミャンマーの出稼ぎ労働者は、２００万人から３００万人にのぼる。タイの製造業や建設現場には欠かせない労働力だ。バンコクの建設工事現場で働く作業員は、大半がミャンマー、カンボジア、ラオスからの出稼ぎ労働者で、その多くはミャンマー人だ。サムットサコン県でも、マハチャイという地区を中心に50万人程度がアパートで共同生活しながら、エビの殻向きや魚を加工する工場で働いている。

マハチャイを歩くと、周辺はミャンマー人ばかりだ。若い女性の労働者が特に多く、夕方の帰宅時間帯には、ほろをつけた軽トラックの荷台に乗った白い作業着姿の女性工員たちが、勤務先の水産加工工場からアパートの近所まで送られてくる。

彼女や彼らは、スー・チー氏がこの町にやって来ることなど、絶対に夢にも思っていなかったはずだ。スー・チー氏が屋外の市場の近くで演説することを知った１０００人以上の労働者たちが、午前中の仕事を休んで、スー・チー氏の写真やミャンマー国旗の小旗を手に早朝から待ち続けた。スー・チー氏が、市場に面した古びた5階建ての建物の3階バルコニーに姿を現し、マイクで演説を始めると、スーパースターの公演が始まった瞬間のように、彼らの興奮は沸点に達した。大歓声と「メー・メー・スー」（スーお母さん）のコールが沸き起こった。

「ここには、（最低賃金の支給を守らないなどの）工場経営者、（それに対処しないタイの）政府、そして、自分たちの権利を知らない多くの労働者という三つの問題があることを知りました。私は問題の解決のために尽力します」――。スー・チー氏はこう語りかけ、ミャンマー人労働者の権利保護と労働環境の改善に取り組む決意を示した。周りの誰もが興奮していた。女性の労働者（27）は「スー・チーさんにタイで会えるとは思っていなかった。信じられないくらいうれしい！」と大声で話した（スー・チー氏がタイで実感したことや、マハチャイのミャンマー人の生活などは第2部3章で詳しく触れる）。

タイには、ミャンマーが抱える深刻な問題がいくつも凝縮されている。一つは、軍政の経済無策と欧米の経済制裁の影響で、ミャンマーには雇用の場が乏しいことだ。タイに近いミャンマー東部に住むカレン族やモン族の人々をはじめ、ミャンマー人はお金を稼ぐためタイに来て、エビの殻むきやビルの建設現場など、タイ人が敬遠する過酷な「３Ｋ」の仕事に就いている。ミャンマーの少数民族がタイの構造的な労働力不足を補完し、タイ経済を支えているのが実情である。

二つ目は、国軍と少数民族武装勢力による内戦の影響だ。山岳地帯から国境の川を渡ってタイへ逃げ込んできた難民は約15万人にのぼる。また、軍と戦闘を続けているモン族、カレン族、カチン族、パオ族などの少数民族武装勢力は、タイ政府が容認してサンクラブリ、チェンマイ、メーホンソンなどの国境の町に連絡事務所を置き、欧米など外の世界との接点を確保している。タイ政府は見返りに、各勢力からミャンマーの治安情報を収集する。タイはミャンマー側の諜報員がタイ側国境地域に出入りすることも黙認して、軍政と少数民族勢力との外交的なバランスを取ってきた。

とりわけタイ北西部のメソトという町は、さまざまな勢力が今も入り交じっている。モエイ川という数十メートルの幅の小さな川が国境だ。メソトはこの川をはさんでミャンマーのミヤワディという町と向き合っており、軍政当時は、ミャンマーの民主化勢力や少数民族武装勢力がメソトに紛れ込んでいた。

ミャンマー側の情報当局者も町に入り込み、住民になりすまして民主化組織などの行動に目を光らせていた。「敵」と「味方」が町にうごめいていた状況を、メソトで会ったミャンマーの民主化組織の幹部は、「町を歩いている人を見ただけでは、それが住民なのかタイやミャンマーの情報当局の関係者なのか、全く見分けがつかなかったよ」と苦笑した。

スー・チー氏は、バンコクから民間機でメソトに到着し、地元タク県の知事の案内で、四方を山に囲まれたメラ難民キャンプを訪れた。スー・チー氏がミャンマーの難民キャンプに足を運ぶのは、もちろん初めてだ。少数民族支配地域に点在しているミャンマー国内の避難民キャンプも、訪れたことはないはずだ。

タイ側には、国境に沿って数カ所のミャンマー難民キャンプが設けられており、メラキャンプはその中で最も人口が多い。山の斜面やすり鉢状の底の平たん地に、カレン族伝統の木材と木の葉を組み合わせた小さな家々が密集して建てられ、カレン族を中心に約5万人の家族が生活している。外国の政府や団体からの援助で簡素な診療所や学校も一応は整っている。だが、難民キャンプはメラに限らず全般的に、難民はキャンプの外に出ることを許されていない。

スー・チー氏はメラキャンプでカレン族やモン族の代表と会い、彼らの悩みに初めて直接耳を傾けた。そして、診療所前のグラウンドに集まった大勢の難民たちに呼びかけた。「私は常に、あなた方のことを思っています」。

バンコクへ戻る際にメソトの空港で記者会見したスー・チー氏は、「難民が抱いていた最大の不安は、自分たちは忘れられてしまうのではないか、ということでした」と語った。「改善されるべき点は多い」と述べ、難民の生活環境の改善や、ミャンマーへの帰還の実現に取り組む考えを強調した。２００６年にメラキャンプに避難してきた女性（18）は「スー・チーさんは私たちの希望です。きっと未来を変えてくれる」と、スー・チー氏に同行した同僚記者に興奮気味に話した。

スー・チー氏の初めての外遊の日程は、かなりタイトだった。▼5月29日　バンコク到着、▼30日　マハチャイ地区を訪れてミャンマーからの出稼ぎの労働者たちに演説と激励、▼31日　再びマハチャイを訪れ、タイの入管当局などと意見交換、ミャンマー人労働者たちに演説と激励、▼6月1日　バンコクで世界経済フォーラム東アジア会議に出席、▼2日以降　タイ北西部のメラ難民キャンプを視察、少数民族武装勢力の代表とも会談。▼4日　ヤンゴンに帰国。

その後、欧州への訪問は、▼6月14日　ジュネーブの国際労働機関（ＩＬＯ）本部で演説、▼16日　ノルウェーのオスロで１９９１年ノーベル平和賞の受賞演説、▼18日　アイルランドのダブリンで「Ｕ２」のボノ氏のコンサートに参加、▼20日　母校の英オックスフォード大学から名誉博士号授与、▼21日　英国議会の両院で演説、▼フランスを訪問して30日に帰国——という長期間のスケジュールだった。

スー・チー氏は14日のＩＬＯ総会の演説で、「私たちの国に必要なのは、民主化を促進するための経済成長です」と述べ、経済発展を重視していく考えを示した。ＩＬＯは演説に先立つ13日、ＩＬＯの会議への参加制限など、軍政に科していた対ミャンマー制裁を解除した。16日にはオスロ市庁舎で、自宅軟禁下の１９９１年に授与されたノーベル平和賞の受賞演説を、約20年遅れて行った。当時、授与式には夫と息子が出席し、スー・チー氏は遠いヤンゴンの自宅に閉じ込められていた。スー・チー氏は演説で、「ノーベル平和賞が、世界の注目をビルマ（ミャンマー）での民主主義や人権の戦いに引きつける役割を果たしてくれました」と謝意を述べ、国際社会が民主化改革に引き続き協力していく重要性を訴えた。

19日には、家族思い出の地である英国で67歳の誕生日を迎えた。母親の病気見舞いで１９８８年にミャンマーに帰国するまで、スー・チー氏はここで家族と暮らしていた。誕生日の前日の18日には、アイルランドの首都ダブリンで、同国の世界的人気ロックバンド「Ｕ２」のボーカリストで、スー・チー氏を長年支持してきたボノさんらとミャンマー支援のコンサートに参加し、終了後に誕生祝いのケーキをサプライズで贈られた――。

自由をかみしめながら思い出の地をたどったこの時の訪欧は、スー・チー氏の人生の中で至福のひと時だったのではないだろうか。外の世界との接触を長く閉ざされていた間も、国際社会は自分とミャンマーの人たちを案じ続けてくれていたことを、心から感じた旅だっただろう。

## 米政府が制裁を全面解除　経済関係と大使派遣が正常化

米政府はミャンマーの議会補選で国民民主連盟（ＮＬＤ）が圧勝した直後から、経済制裁の解除に動き出した。それを先導したのは、ミャンマーの「身内」の東南アジア諸国連合（ＡＳＥＡＮ）だった。補選から３日後の２０１２年４月３日にカンボジアのプノンペンでＡＳＥＡＮ首脳会議が開幕し、各国はＡＳＥＡＮとして欧米に経済制裁の解除を要請することに合意した。ＡＳＥＡＮ関係者によると、こうしたミャンマーに関する討議は、当初は予定されていなかった。出席したテイン・セイン大統領が「補選は自由かつ公正に実施された」と報告し、経済制裁の解除を、ＡＳＥＡＮとして求めるよう各国に要請したという。各国の首脳からは「補選の結果を前向きにとらえている」「ミャンマーの民主化は不可逆的である」と評価する声が相次ぎ、欧米に制裁解除を求めることで一致した。

米国のクリントン米国務長官は４月４日、声明を発表し、米企業に課してきたミャンマー向けの金融サービスや投資を禁じる措置の部分解除を含め、制裁を緩和する方針を明らかにした。長官は、補選の結果を「民意が劇的な形で示された」とたたえ、テイン・セイン大統領らの「リーダーシップと勇気を称賛する」と高く評価した。さらに、「これまでの（民主化の）前進を全面的に評価する」と手放しで歓迎した。

米国のミャンマー制裁は、五つの関連法と四つの大統領令が絡み合って成立しており、製品の禁輸措置のほか、送金や金融サービスの提供の禁止、軍政関係者の資産凍結などが含まれている。今回のクリントン長官が表明した措置は、一部の金融サービスや投資を解禁する手続きに着手するほか、①米国際開発庁の現地事務所の開設と、国連開発計画の開発プログラムの支援、②米国の団体や個人による教育分野などでの非営利活動の解禁、③一部のミャンマー政府高官への渡米ビザの給付制限の緩和――という内容だった。

農業支援や通信サービス、クレジットカードの利用や電子商取引の容認など、ミャンマーの国民生活の改善に直結する分野が検討された。経済や国民の生活が改善されれば、テイン・セイン政権に対する国内の支持がさらに高まり、民主化のサポートにつながるという計算がある。

それから約2週間後の5月17日、オバマ米大統領は声明で、「対ミャンマー経済制裁を停止して、米企業による金融サービスの提供や投資を全面的に解禁する」と発表した。4月のクリントン長官の発表時点では消極的だった天然ガスや石油などの天然資源開発、林業などに対しても、米国の企業や団体からの強い要請を踏まえ、米企業の投資を解禁した。クリントン長官は同日、訪米したミャンマーのワナ・マウン・ルウィン外相と共同記者会見を行い、「米国は責任を持って投資し、雇用や機会を促進して改革を後押ししたい」と語った。

さらにオバマ大統領は同日、デレク・ミッチェル米政府ミャンマー担当特別代表・政策調整官を駐ミャンマー大使に指名すると発表した。同時にワナ・マウン・ルウィン外相も、駐米大使にタン・スエ国連大使の起用を表明した。米国は、軍政に抗議して1990年にミャンマーから大使を引き揚げており、22年ぶりに両国の大使派遣が正常化した。

それから4カ月後の9月26日、オバマ大統領はさらに大胆な決断を下した。ミャンマー製品の全面禁輸措置の解除を決定したのである。ミャンマーとの関係を緊密にして中国をけん制したいオバマ政権と、輸出拡大と外国企業の誘致を促進して経済浮揚を図りたいテイン・セイン政権の利害が一致した結果だった。

この日、テイン・セイン大統領は初めて訪米してワシントンを訪れており、クリントン長官は大統領と会談した際、米政府の禁輸解除を伝えた。両氏の会談は、長官が初めてミャンマーを訪問した2011年末以来、すでに3回目を数えていた。関係者によると、両氏は終始和やかな雰囲気だったという。今回のオバマ政権の措置で禁輸の9割以上が解除され、1988年のクーデターで発動された米国の対ミャンマー経済制裁は、軍政幹部らの資産凍結などを除いて事実上撤廃された。米政府高官は、「米国市場をミャンマーに開放して、雇用機会の創出や経済発展を支援することで、ミャンマーの民主化改革を後押しできる」と説明した。

ミャンマーにとって、テイン・セイン大統領とスー・チー氏が連携してオバマ政権から禁輸解除を導き出したという点でも、その意義は大きかった。スー・チー氏は、テイン・セイン大統領とは別行動ながら同じ時期に訪米し、経済制裁の解除を支持する考えを米国内での演説で表明した。オバマ大統領やクリントン長官は、対ミャンマー政策を大きく転換する際には、スー・チー氏の意見を聞いて、その考えを尊重してきた。米政府高官は「(制裁解除などの) 前向きの措置を取る場合は、アウン・サン・スー・チー氏の同意が重要だと考えていた」と本紙に振り返った。

オバマ政権の制裁解除の決定は、スー・チー氏が容認に転じたことが後押ししたのは確かだ。それまでスー・チー氏は一貫して「制裁を解除すれば、軍政当時からの既得権益層を利するだけだ」として、解除に反対していた。だが、国民の貧困脱却を図るため、現実的な判断に転じた。

米政府は2012年11月、ミャンマー製品の輸入解禁措置を正式に発動した。軍政関係者の資金源である翡翠、ルビーの禁輸措置と、過去に軍政の人権侵害に関与したりした関係者と米企業との取引禁止措置を除き、両国の経済関係は、ミャンマー製品を禁輸する米国内法が2003年に制定されて以来、約10年ぶりに正常化した。

### オバマ大統領が歴史的訪問、ASEAN議長国も卒なくこなす

その直後の11月19日、オバマ大統領は現職の米大統領として初めてミャンマーを訪問し、ヤンゴンでテイン・セイン大統領、アウン・サン・スー・チー氏と相次いで会談した。ヤンゴンはオバマ大統領の歓迎ムード一色に染まり、空港から市内につながる沿道には、ミャンマーと米国の国旗の小旗を持った高校生が並んで大統領を出迎えた。市内の空き店舗の壁にはオバマ氏の似顔絵がペイントされ、記念撮影の即席の「名所」になった、と本紙や地元メディアは報じた。

クリントン国務長官が前年12月にミャンマーを初めて訪問した際にも感じたことだが、市民は軍政時代に疎遠だった米国との関係が加速度的に親密になるにつれて、軍政時代に抱えた絶望感と閉塞感が払拭され、将来への夢と希望を描けるようになっていった。特に若者たちがそうだった。オバマ大統領がヤンゴン大学で行った講演には約1000人の市民が詰めかけ、男子学生（22）は「米国との経済交流が深まれば、私たち若者には仕事のチャンスが広がっていく」と本紙に期待を語った。

大統領がヤンゴン大学で講演していた時、私はASEAN首脳会議と東アジア首脳会議が開催されていたカンボジアの首都プノンペンの国際メディアセンターで、ヤンゴンからのテレビ中継を観ていた。オバマ大統領が登壇し、「ミンガラバー（こんにちは）！」と笑顔で聴衆に呼びかけたとき、米国の大

統領がミャンマーの地に立っているという信じ難い映像に、鳥肌が立つ思いだった。

米側は、ミャンマーの民主化の進捗を見極めながら、経済制裁の緩和や要人往来の見返りを与えてきた。オバマ大統領は「今日、私は約束を守り、友情の手を差し伸べるために来た」と演説でミャンマーの国民に強調した。元政治犯で民主化グループを主導するココ・ジー氏は、「大統領が自らミャンマーを訪問してくれて、私たちはとても勇気づけられる」と語った。

２０１４年11月、首都ネピドーではＡＳＥＡＮ首脳会議と東アジア首脳会議（ＥＡＳ）が続けて開催された。ＥＡＳはＡＳＥＡＮ10カ国の首脳に加え、安倍首相、オバマ米大統領、中国の李克強首相、ロシアのメドベージェフ首相やインド、豪州、ニュージーランドの各首脳が出席し、議長のテイン・セイン大統領の仕切りで南シナ海問題などを議論した。１９６２年にクーデターで発足したネ・ウィン独裁政権から２０１１年３月までの軍事政権にかけて、ミャンマーは約半世紀にわたって欧米との間に深い溝があった。ＡＳＥＡＮとＥＡＳの議長国を卒なくこなしたことで、ミャンマーは欧米から国際社会の一員にようやく認められた。

# 6章　テイン・セイン政権の総括

２０１１年3月に就任したテイン・セイン大統領は、軍事政権時代には想像できなかった数々の民主化改革を推進し、ミャンマーを「人権弾圧の国」から大きく変貌させた。２０１５年11月に行われた総選挙では。アウン・サン・スー・チー氏が率いる国民民主連盟（ＮＬＤ）が圧勝し、テイン・セイン政権は一期5年間で幕を閉じた。その間の詳細な民主化改革の軌跡は、これまで書いてきた通りである。なぜ大胆な改革が行われたのか、その背景を分析してテイン・セイン政権を総括する。

## 1.「清廉な大統領」の青春時代

ミャンマーの人たちにテイン・セイン大統領の印象を尋ねると、軍事政権時代は国民を弾圧する側の首相だったにも関わらず、多くは「清廉でクリーンな人」と口をそろえる。その生い立ちを知りたくて、大統領が中学と高校時代に下宿していたイラワディ川流域のデルタ地帯の町、パテインを訪ねた。

ヤンゴンから西へ車で約4時間。イラワディ川にかかる長い橋を渡った近くに、国連事務総長を務めたウ・タント氏が生まれ育った小さな集落がある。そこを通り抜け、ミャンマー屈指の肥沃な稲作地帯を進んでいくと、やがてパテインに到着する。町の中を広い川幅のパテイン川が流れ、さびた貨物船や小船が何隻も行き交っている。下流へ行けばアンダマン海だ。パテインはイラワディデルタの河川交通の要衝として栄え、カラフルな色合いの伝統傘の産地としても知られている。

テイン・セイン大統領が生まれた村は、ここから毛細血管のように張り巡らされた狭い水路を小船で2時間ほど下ったところの、人口約３０００人のチョンクーという貧しい漁村だった。一帯は今も道路の整備が遅れ、パテインからは車と船を乗り継がなければたどり着けない。大統領のいとこで、パテインに住んでいるシット・サインさん（66）は子供のころ、チョンクーで大統領の実家と家が向かい合わせだった。「大統領は、幼少期は寺の学校に通っていた。よく私の家に泊まりに来て、一緒に遊んだね」と懐かしんだ。大統領の父は港湾労働者だったが、やがて仏門に入った。青年期の大統領を知る人たちは、「実家の家計はかなり苦しかった」と口をそろえた。

大統領は、高校時代はパテインに下宿して、地元のパテイン高校に通った。2学年下だったフラ・チーさん（67）は、「大統領は、両親が船で河口側から運んでくる魚の乾物を町で売り歩いていました。それでも月５０００チャット（２０１2年時点では約４００円）の学費が払えないことがあったな」という。

民政移管した２０１1年3月、大統領は完成した橋の開通式に出席するためパテインを訪れ、公務の合間に1時間ほど時間を作り、高校時代の約90人の同級生と「ミニ同窓会」で旧交を温めた。

「大統領はその席でこうつぶやいた。自分は中学の時も兄とパテインに下宿していたが、高校3年だった兄が卒業まで学費を納められるよう、自分は中学を辞めて村へ戻り、1年後に再入学したんだ、と。皆、しんみり聞いていました」とシット・サインさんは話した。

旧友たちの話からは、極貧に苦しんでいた青春時代の様子が浮かんでくる。しかし、そこには人生の出会いも待っていた。テイン・セイン青年は、下宿の向かい側にあった乾物を納めていた商店の娘に恋をした。その女性が、やがて妻になるキン・キン・ウインさんだった。大統領と高校の同級生だったフラ・インさん（70）は、「彼は真面目で正直、控えめな性格で、勉強は一生懸命やっていた。成績は相当優秀だった」と語った。「サッカーが好きで、同じチームで一緒に練習に打ち込んだ。彼はフォワードかゴールキーパーだったね」と語り、「まさか国のトップになるなんて、あの頃は全く想像しなかったよ」と大笑いした。

高校卒業後の進路は、軍の士官学校を選んだ。「士官学校は願書を出せば入れた。大学に進学しなかったのは、学費を払えるだろうかという心配もあったかもしれない」とシット・サインさんは当時の大統領の胸の内を推察する。

軍では１９６７年に少尉に任官され、陸軍の部隊などに配属された。97年からは軍事政権の中枢を歩み、２００７年、首相に就任した。軍政の最高権力者である国家平和発展評議会（ＳＰＤＣ）のタン・シュエ議長の「側近中の側近」とされ、初代大統領にはタン・シュエ氏の意向で選ばれた。

汚職や腐敗のうわさが横行している軍政の幹部の中で、大統領はその当時から「クリーンで清廉」という評が国民に浸透していた。シット・サインさんは、「大統領は、国民に『貧困の削減に取り組む』とよく呼びかけるが、貧しかった自分の生い立ちから、本気で目指しているのだろうね」としみじみと語った。その言葉にうなずける気がした。

大統領が国民から多くの支持を集めていたのは、ミャンマーの人たちと話をすると実感できた。民主化運動に関わっている人々や市井の人たち、メディア関係者、ビジネス関係者、少数民族など、あらゆる階層の人たちへの取材で感じられた。

大統領が初めて訪米してオバマ大統領と会談し、帰国した時のことだ。ヤンゴンなどの繊維工場で働く若い女性労働者たちがヤンゴン国際空港の周辺の道路沿いに大勢集まり、大統領を歓声と拍手で出迎えた。オバマ大統領との会談で繊維製品の対米輸出が解禁される見通しとなり、沿道からは「大統領のおかげで今より給料が増える」「働く機会がさらに増える」という声が聞かれた。「ありがとう、大統領」と感謝を記したプラカードを掲げる若い女性も多く見られた。

ヤンゴンの地元記者はこう語った。「ＮＬＤの幹部は、『あれはやらせで、労働者に動員をかけたものだ。この国で大勢の人々が沿道で歓迎するのはアウン・サン・スー・チー氏しかいない』と主張した。だが、あれは決してやらせなんかではない。大統領の帰国を出迎えるため、労働者たちが本当に自然発生的に集まったんだよ」。

２０１２年1月、ヤンゴンのインセイン刑務所から政治犯たちが釈放された時にも、数百人の出迎えの人たちから、「大統領、末永くお元気で！」というコールが何度も沸き起こっていた。

## 2. スー・チー氏の「政治的嫉妬」とシュエ・マン氏との共闘

テイン・セイン大統領への国民の人気と支持が高まり、米政府も大統領との関係を構築するにつれて、大統領の改革に協調的だったアウン・サン・スー・チー氏は、次第に大統領と距離を置き始めた。

「この国で沿道に人々が列を作って歓迎するのはスー・チー氏しかいない」はずの中、国民の人気を集める大統領への政治的な「嫉妬」が理由だったとみられる。2015年11月の次の総選挙に向けて、大統領個人や大統領が党首を務めるUSDPの支持が高まることへの警戒感があったのも確かだろう。

スー・チー氏は、2011年の民政移管の際に大統領の最有力候補と目されていたシュエ・マン下院議長と共闘するようになった。政治的野心が強いとされるシュエ・マン議長は、大統領就任の強い願望を抱き続けていた。2020年11月の総選挙には、落選したが自ら政党を設立して臨んだ。

スー・チー氏とシュエ・マン下院議長が大統領への対抗で共闘したのは、外国企業の進出を促す新外国投資法案が最初だった。この法律は経済改革の柱の一つだったが、下院はテイン・セイン政権の意図に逆らい、外国企業を警戒する国内企業の意をくんで「外資規制法」ともいえる内容に修正し、2012年8月に可決してしまった。

外交筋によると、下院の修正案は、①最低資本金は500万ドル（約4億円）と、製造業は現状の10倍に拡大する、②農漁業への外資の投資は原則禁止する、③国内の中小企業に影響を及ぼす投資は禁止する、④合弁会社の出資比率は49％までとする——というもので、下院の審議では政府案に94カ所もの修正が加えられた。大型の投資は国会の承認が必要と規定しており、外資の許認可申請の手続きが長く滞留する恐れもあった。

関係者によると、シュエ・マン議長らが産業界に法案の意見を聞いた際、「ミャンマーの中小企業が多い産業分野には、外国企業を入れさせるな」という声が相次ぎ、修正案にそのまま反映させたという。テイン・セイン政権は上下両院の議員を懸命に説得して最低資本金の案を取り下げさせるなどして、９月上旬に何とか政府案の可決に持ち込んだ。下院の修正案が確定していれば、「外国投資禁止法」的な法律が制定され、経済改革に大打撃が及ぶところだった。

テイン・セイン大統領の民主化改革は、それまでは政権内の「守旧派」を「改革派」が抑えこむ形で進められてきた。それが新たにスー・チー氏とシュエ・マン議長の共闘で「議会」が存在感を主張するようになり、政権と議会が対峙するケースが目につくようになった。

新たな法律と憲法との整合性を審理する役割を担う憲法裁判所を巡っては、憲法裁が議会の各委員会の立法に関わる権限を制約する憲法解釈を２０１２年３月に示したことから、上下両院が猛反発した。議会はＮＬＤを含む議員の圧倒的多数により、憲法裁判所の裁判長と裁判官の合計９人の弾劾を可決した。憲法では、憲法裁の裁判長は大統領が指名すると規定されており、議会の弾劾可決は大統領に大きな痛手となった。この件も、スー・チー氏とシュエ・マン下院議長が共闘したとされている。

こうした動きの背景には、次の大統領の座を狙うシュエ・マン議長が、「議会を通じて自らの力を誇示する狙い」（ヤンゴンの記者）があったとされる。シュエ・マン議長は連邦団結発展党（ＵＳＤＰ）の幹部だったが、２０１５年の総選挙で自身が党から大統領候補に擁立される可能性は低いとみて、国民から圧倒的支持を集めるスー・チー氏に接近した。一方のスー・チー氏は、シュエ・マン議長との関係を強化して、議会で大統領を強くけん制する狙いだったのだろう。タン・ミン・ウー氏は著書で、スー・チー氏はオバマ大統領に、民主化改革の「成功の蜃気楼」に惑わされぬよう、細心の注意を払うように伝えたと記している。テイン・セイン大統領の民主化改革の姿勢を疑うべきとの助言といえるものだ。２０１５年の総選挙に向けた駆け引きは、この頃から始まっていた。

## 3．軍政がもくろんだ「民主主義」を超越した「テイン・セイン改革」

ここまでが、テイン・セイン政権による民政移管一期目（2011〜2016年）に起きた出来事である。軍政は、継承政党の連邦団結発展党（ＵＳＤＰ）と軍人議員で民政移管後の上下両院を圧倒的に支配するため、2010年11月の総選挙からアウン・サン・スー・チー氏と国民民主連盟（ＮＬＤ）を排除した。それまでの軍政下の流れと、2011年3月に発足したテイン・セイン政権下での民主化改革の流れは、フェーズが全く異なっていたことがわかる。

軍事政権が民政移管に踏み切ったのは、これまで触れたように、欧米による経済制裁の解除を実現して、外国企業のミャンマーへの投資と各国の政府開発援助（ＯＤＡ）を促進し、経済を浮揚させることが狙いだった。その理由の一つは、経済制裁が継続されれば、ミャンマーは東南アジア諸国連合（ＡＳＥＡＮ）の経済成長から完全に取り残され、貧困国の状態が恒久化するという焦りからだろう。もう一つは、外国企業の進出や、外国からの援助で電力、道路、港湾、鉄道などのインフラ整備が進めば進むほど、軍が経営する二大コングロマリットと、「クローニー」（縁故企業）といわれる軍と緊密な民間コングロマリットに利益が転がり込む経済構造になっているためだ。

軍が定義する「規律ある民主化」とは、2010年3月の軍政最後の「国軍の日」に、最高権力者のタン・シュエ国家平和発展評議会（ＳＰＤＣ）議長が行った演説内容に集約されている。要は「民主化のスピードと深掘り具合（深度）を決めるのは軍である」ということだ。

**表 1-5　軍事政権と比べたテイン・セイン政権の変化**（筆者作成）

| | 軍事政権 | テイン・セイン政権 |
| --- | --- | --- |
| 〈民主化〉 | アウン・サン・スー・チー氏ら民主化勢力を徹底弾圧。スー・チー氏率いる国民民主連盟（NLD）が圧勝した 1990 年総選挙の結果を無視 | スー・チー氏と大統領が対話路線。協調して改革を推進。2012 年 4 月の補選でスー・チー氏ら NLD メンバーも議会に参加 |
| | 2000 人以上を政治犯として収監。1988 年及び 2007 年の反軍政デモを武力鎮圧し、多数の死傷者が出た | 著名な民主化活動家をはじめ、全ての政治犯を釈放。軍政の弾圧を逃れて国外に逃避した亡命者に帰国を呼びかけ。民主化グループがタイなどから帰国 |
| | 言論を徹底弾圧。事前検閲で民間の新聞記事を規制。国民を監視 | 新聞の事前検閲を完全に廃止。民間の日刊紙発行も解禁。軍政時代に接続を遮断していた BBC など外国メディアのサイトなどの接続禁止措置も解除。集会、デモの自由も認める |
| 〈少数民族〉 | 少数民族武装勢力と内戦。停戦合意を結んでも軍が破棄して攻撃 | 主要な約 15 の武装勢力で組織する「統一民族連邦評議会」（UNFC）と停戦交渉を開始 |
| | 武装勢力地域の住民が難民化。タイ側に 15 万人以上が逃げ込む | タイなどで暮らす難民に帰還を促す。武装勢力地域の国内避難民への人道援助にも理解 |
| 〈経済政策〉 | 欧米が経済制裁を科し、主要輸出先を失ったミャンマー国内の繊維・衣類産業が打撃 | 欧米が民主化改革を評価し、米国が禁輸を解除するなど制裁解除が実現 |
| | 経済実態とかけ離れた公定レートなど、非効率な為替制度が貿易・投資の流れを阻害 | 公定レートを廃止し、IMF の協力で国際標準に合わせた管理変動相場制に移行 |
| | 外国企業は欧米の経済制裁や軍政の不透明な経済制度を敬遠し、外資参入は停滞 | 外資企業の権利などを保障する外国投資法を制定。ヤンゴン近郊のティラワに経済特区を開発 |
| 〈外交政策〉 | 国際社会で孤立する中、中国が資源確保を狙って接近。北朝鮮とも緊密。国別累積対内投資額は中国がトップ。ただ、国民は「資源の買い漁りだ」と中国に反発 | 中国資本が自国に送電するためカチン州に建設中だった巨大水力発電ダム「ミッソンダム」の建設中止を宣言し、親中路線からの転換を国際社会にアピール。日本や欧米との関係を重視する「バランス外交」路線に |

民主化の「深度」とは、軍の政治支配と利権の範囲内での民主化を表しており、それらを損なうような「行き過ぎた民主化」は軍が政治に復帰して直ちにたたきつぶす。つまり、「軍管理型の民主主義体制」である。

軍に都合のよい民主化体制を構築する上で、軍の１９８８年のクーデター後の１９９０年に行われた総選挙で圧勝したＮＬＤが、民政移管に備えた２０１０年の総選挙でも大勝を収めることは、軍として絶対に許されない。このため政党登録法を制定して、その規定に基づいて、自宅軟禁中だったスー・チー氏の総選挙からの排除を企てた。形だけの「複数政党が参加した開かれた選挙」で、軍と表裏一体の連邦団結発展党（ＵＳＤＰ）がシナリオ通りに圧勝し、議会でＵＳＤＰと軍人議員は盤石な体制を敷いた。補欠選挙を通じてスー・チー氏とＮＬＤが議会に参加するという筋書きも、軍政当時に入念に練られていた可能性がある。

民政移管前後の動向をまとめると、①スー・チー氏を自宅軟禁下に置いたままＮＬＤを排除して総選挙を行い、ＵＳＤＰが大勝利する、②選挙直後にアウン・サン・スー・チー氏を軟禁から解放し、ＮＬＤの政治活動も認めて新政権との信頼関係を築く、③議会の補欠選挙でスー・チー氏とＮＬＤを国政に参加させて、国際社会に一層の民主化を印象付ける、④これらの結果、欧米は経済制裁を完全に解除する――。ここまでは軍政やＵＳＤＰにとって順当に進んだ。だが、テイン・セイン大統領が取り組んだ民主化改革は、タン・シュエＳＰＤＣ議長らが想定した民主化の「速度」と「深度」の範囲や想定を超えるものだったのではないだろうか。

一連の改革で最もインパクトが大きかったのは、言論・報道・表現の自由を完全に認めたことだ。約半世紀も続いた新聞・雑誌の事前検閲制度を完全に撤廃し、民間の新聞社にも日刊紙の発行が自由化された。記事を事前に厳しくチェックしてきた情報省の検閲担当部署は廃止した。

軍政下のミャンマーは、言論・表現の自由が全く存在しない暗黒社会だったが、国民は民政移管後に労働組合の結成、労働者の団体交渉権、集会の自由なども認められ、暗闇から解放された。これらの権利は民主主義の必須条件であり、その解禁に踏み切ったのは、テイン・セイン大統領のレガシー（遺産）として評価されるべきだろう。大統領は次の２０１５年の総選挙に出馬せずに引退した。ＵＳＤＰとしては、こうした民主化改革の取り組みが国民から評価され、２０１５年の総選挙では、最低でも軍人議員枠と合わせて議会の過半数を確保できると踏んでいただろう。

注目すべきは、民主的な空間が拡大するにつれて、国民の間に「新生ミャンマー」に対する「新ナショナリズム」「新愛国心」の精神が萌芽して、急速に膨らんでいったことだ。後ほど触れるが、それは次のアウン・サン・スー・チー政権でのロヒンギャの迫害を巡る問題と、２０２１年2月の軍のクーデター後の国民の反軍活動で、顕著な形として表れることになった。

## 4. 15年総選挙でＮＬＤ圧勝、ＵＳＤＰを国民が粉砕

ミャンマーの大統領と議員の任期は憲法で5年間と定められており、軍政下の２０１０年11月に行われた総選挙に続き、２０１５年11月に民政体制下では初の総選挙が行われた。この選挙でテイン・セイン大統領が党首を務める連邦団結発展党（ＵＳＤＰ）は２０１２年4月の議会補選に続いて国民民主連

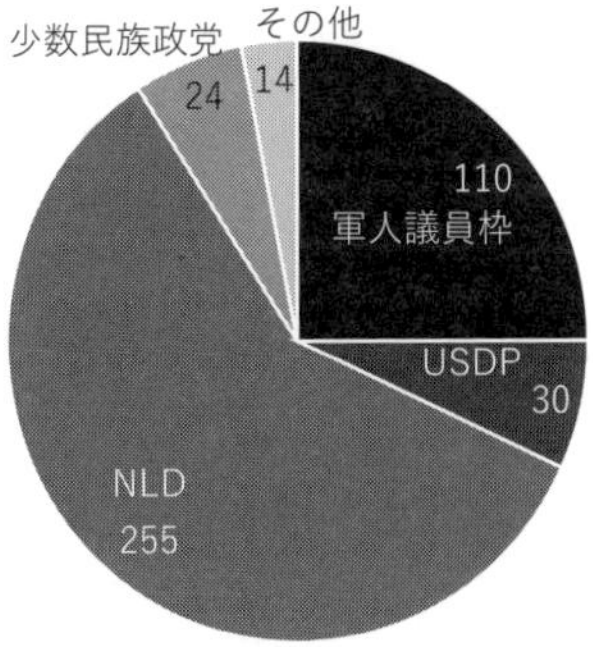


自由アジア放送（Radio Free Asia）まとめ。
合計数が定数と一致しないのは、選挙が実施されなかった選挙区があるため。

**図 1-3　2015 年総選挙（下院選）後の議会構成**

盟（ＮＬＤ）に惨敗し、政権の座をＮＬＤに明け渡した。

憲法の規定では、大統領は政党活動を行えない。このため、テイン・セイン大統領はＵＳＤＰの党首だったものの、実際の党務は軍高官出身の党の幹部陣が仕切っていた。大統領は党のシンボル的な存在だったが、総選挙には出馬せず、民主化改革の実績を花道に引退した。健康上の判断もあったとの観測も聞かれた。

国民は、大統領が推し進めた民主化改革の功績と、軍政の継承政党であるＵＳＤＰという政党を、冷静に区別してとらえていた。２０１５年の総選挙も補選と同じく、国民は軍政時代から抱き続ける軍への強烈な嫌悪と憎悪を込めて、一票の力でＵＳＤＰを打ち負かした。下院は定数４４０議席に対して、ＮＬＤは２５５議席と過半数を獲得した。一方のＵＳＤＰは、２０１０年のＮＬＤがボイコットした選挙では２５８議席と「大勝」したが、２０１５年はわずか30議席と大惨敗を喫した。

上院（定数２２４議席）も、ＮＬＤは１３５議席と過半数を確保した一方、ＵＳＤＰはわずか11議席しか取れず、前回

（123議席）の11分の1に激減した。

軍政が2008年に制定した憲法では、上下両院とも議席数の25％（下院110議席、上院56議席）は、選挙を経ず自動的に軍に割り当てられる。このため、USDPは軍人議員と合算して議会の過半数を確保する計算だったが、上下両院ともふたを開けるとNLDが過半数を占め、そのもくろみは完璧に粉砕された。USDPにとって、軍人議員枠との合計の議席数が、すれすれでも過半数を取れなかったことは大誤算であり、過半数割れの結果は想定していなかったであろう。テイン・セイン大統領の改革の実績から、国民はUSDPを支持していると思い込んでいたに違いない。

## 5. 初めての平和的な政権移譲

2016年1月、民政移管一期目の満了となる議会が招集され、テイン・セイン大統領は最後の演説で5年間の政権運営を次のように総括した。

「私は5年前の2011年3月30日、連邦議会で新大統領としてスピーチを行いました。その日から、私たち全員が政党から離れて、新しい、規律のある、現代的な民主主義国家を構築するため懸命に努力してきました」「（同じ頃に始まった「アラブの春」と比較して）中東諸国は武力紛争から生じる不安定さ、数百万人の難民、アナキズムの急増のために民主主義の当初の目標から遠ざかっています。しかし、私たちの国は、平和的かつ安定した方法で民主的な移行を段階的に実施することができました。これはミャンマーの無類の成功です」。大統領はこう述べ、自らが手がけたミャンマーの民主化プロセスは成功だったとアピールした。

大統領はさらに、政治犯の解放、少数民族武装勢力との停戦合意、市場経済化の取り組み、教育や医療の改善、携帯電話とインターネットの普及促進、インフラ整備、メディアの自由化、腐敗撲滅など、具体的な取り組みと成果を一つずつ挙げ、演説をこう締めくくった。

「私たちの目標は、2015年の選挙でどの政党が多くの議席を獲得するかにかかわらず、2010年に最初に改革を開始したときよりも、国が政治的、経済的、社会的に良い場所にあるようにするための基礎を築くことでした」「その結果、今日のミャンマーでは、多様な視点や信念を持った政治勢力が政治に参加し、対話を通じて差異を解決する文化が定着していることを否定できません。さらに、市民の間で民主主義の慣行が広がり、政治制度はより強力になっています」「2015年の総選挙は、民主的な移行プロセスの重要なマイルストーンであり、自由かつ平和的に開催されました。選挙結果に応じて、国民民主連盟（NLD）は間もなく立法と行政の任務を引き受けます。選挙前に政府が約束したように、権力は既存の法律、規制、手続き、指令に従い、体系的に新政府に移管されます」「政府、市民社会、公務員、国際社会、国際機関、学者、専門家、メディア、そしてミャンマーの全ての市民が、改革に協力してくれたことに感謝します。新政府と議会がミャンマーにさらなる平和と発展をもたらすことを願っています」――。

ミャンマーという国家にとって、独立以来、現職の国家元首と政府が新たに選出された国家元首と政府に平和的に権力を移譲するのは、これが初めてだった。ある外交官は、「軍政だった国が一滴の血も流さず平和的に政権交代したことは、賞賛に値する」と語った。テイン・セイン大統領はNLDに円滑に権限を引き継ぐことを約束して、自らの政権の幕を下ろした。

# 第2部　試行錯誤の民主化
## スー・チー政権の5年間

軍事政権の管理下で行われた2010年11月の総選挙に対して、2015年11月の総選挙は初めて民政下で実施され、アウン・サン・スー・チー氏が党首を務める国民民主連盟（NLD）が圧勝した。この結果に基づき、ミャンマー国民が軍政時代から渇望してきたスー・チー氏の政権が平和的に発足したことは、ミャンマーで極めて歴史的な出来事だった。軍政が定めた憲法の改正問題などの課題は残されていたが、「民主主義」がミャンマーに定着してきたことを表していた。

軍政時代は決して弾圧に屈せず、国民の精神的支柱として民主化運動を先導してきたスー・チー氏とNLDは、国家のかじ取りという経験したことのない未知の領域で、責任政党としての実力を問われることになった。ただ、政権が正式に発足する前の準備段階から、スー・チー氏の公的ポストを巡ってNLDと軍が対立し、双方の関係は極めて険悪な状況に陥った。

さらに、政権1年目にミャンマー西部のラカイン州でイスラム系住民ロヒンギャに対する軍の虐殺問題が発生し、軍を擁護するスー・チー氏の言動に国際社会から厳しい非難が浴びせられた。このほかの政策課題でも、加速しない経済成長、メディアや言論に対する規制の強化、少数民族武装勢力との停戦交渉の停滞、ＮＬＤの組織の制度疲労など、さまざまな問題が浮上した。

テイン・セイン政権と比べて、「スー・チー政権」の下で改革の速度が鈍化したのは確かであり、それどころか、民主化が逆行しているという批判も聞かれた。

一方で、ロヒンギャ問題に隠れて外からは見えにくかったが、スー・チー政権は「完全な文民統治」による民主主義国家の構築を目指して、軍の政治支配と経済的な既得権益を無力化するための策をしたたかに打っていた。このため軍はスー・チー氏への宿怨を一段と深め、２０２１年2月のクーデターにつながっていく。

第2部では、２０１６年3月に発足したスー・チー政権の軌跡を細かく検証する。

# 1章　スー・チー氏が事実上の大統領に、軍は敵対姿勢を強める

## 1.「私は大統領より上」発言で物議

ＮＬＤの政権が正式に発足する２０１６年３月を前に、新大統領を選任するための連邦議会が２月１日に招集された。軍政が２００８年に定めた憲法では、アウン・サン・スー・チー氏は夫と息子が外国籍のため、大統領に就く資格がない。軍政が憲法を制定した狙いの一つは、スー・チー氏を大統領にさせないよう、憲法の縛りをかけることだった。しかし、スー・チー氏は、ＮＬＤの政権で自らが大統領に就くか、もしくは大統領を指示する立場になり、実質的に自分が政権を率いると決めていた。

２０１５年11月８日に行われた総選挙の直前の５日、スー・チー氏はヤンゴンで記者会見し、「ＮＬＤが政権を握れば、私が主導するつもりだ」「私は大統領よりも上に立つことになる」と断言した。さらに、選挙後の10日には、外国メディアのインタビューで「（次期大統領は）自身の権限を持たず、党の決定に従って行動するということを完全に理解しなければならない」と強く指摘した。ＮＬＤ政権の大統領は「憲法の規定に合わせるためだけ（の存在）」と説明し、スー・チー氏が次期大統領を直接操り、スー・チー氏自身が実権を握る考えを示した。

一連の強硬的な姿勢の発言は、国民の間では好意的に受け止められた。スー・チー氏が大統領に就く

のは軍政当時からの国民の願望であり、仮に憲法上の制約で大統領になれなくても、大統領の上に立つ指導者として国家を運営してほしい、という思いを国民は抱いていた。しかし、ミャンマーの識者からはスー・チー氏の姿勢に批判的な声も出た。大統領が持つ行政権と、議会の立法権の双方を掌握すれば、権限が集中しすぎるうえ、お互いをチェックする機能も働かなくなる懸念があるためだ。スー・チー氏はかねて「法の支配」が実行されることが重要であると国民に唱えており、「法の下のルールや法律を無視するのか」と国内外のメディアからも批判された。

## 2. 憲法の資格規定の一時停止を狙う

ＮＬＤは、スー・チー氏を大統領にするために、議会の「正面突破」を検討した。外国籍の親族がいる人物には大統領資格を認めていない憲法条項の効力を、一時的に停止する特別法案を議会に提出するというプランだった。

憲法自体を改正するには、軍人議員も含む全議員の75％超の賛成が必要なうえ、さらに国民投票を実施して過半数の賛成を得る必要がある。これだと手続きに膨大な時間がかかるばかりか、軍の反発は必至であり、実現は極めて困難だ。このため、ＮＬＤの内部では1月中旬頃から、憲法の一部の執行を停止できるかどうかの可否を、本格的に検討してきた。特別法で一部停止にするのであれば、議会の過半数が賛成すれば法案が成立する。ＮＬＤは２０１５年総選挙で上下両院とも単独過半数を確保しており、「議会の多数決なら確実に勝てる」という算段だった。

しかし、現実的な問題として、法的に大統領資格の執行停止が可能なのかどうか、ＮＬＤの内部でも疑問視する声があった。憲法の重要条項の執行を停止するには、憲法改正と同じ手続きが必要だという意見も出た。テイン・セイン大統領は、連邦議会に「新法の制定にあたっては、憲法を尊重するよう望む」と記した書簡を送り、ＮＬＤの特別法案提出の動きをけん制した。

上下両院合同の連邦議会は2月8日、大統領選出の前段の手続きとなる副大統領候補の3人を決定する期限を、1カ月以上先の3月17日と指定した。憲法では、新大統領は、軍が指定する1人を含む3人の副大統領候補の中から、議員の投票で最多を得票した者が指名される。２０１１年にテイン・セイン氏が議会で大統領に選出されたのは、連邦議会の招集日から4日目だった。今回、ＮＬＤは大統領の選出をできる限り引き延ばし、特別法案による「スー・チー大統領」の可能性を、軍との協議でぎりぎりまで模索する考えだった。

しかし、軍から激しい反発を受けて調整は失敗し、ＮＬＤは法案の議会提出を断念した。3月10日、下院で副大統領の選任手続きが開始され、ＮＬＤが副大統領候補として届け出たティン・チョー氏(69)が、15日の議会投票で新大統領に選ばれた。ティン・チョー氏はスー・チー氏と高校時代の同級生で、ＮＬＤの古参メンバーの一人。スー・チー氏はＮＬＤ議員を集めた会合で、「ティン・チョー氏を選んだのには三つの理由がある。党に忠実で、自制心があり、国民から尊敬されていることです」と語った。ティン・チョー氏は誠実な人柄で、党の実務を取り仕切ってきたという。

## 3. 軍は強硬派を副大統領に送り込む

一方、軍は、副大統領に軍の元幹部でヤンゴン管区首相のミン・スエ氏を送り込んできた。旧軍事政権トップのタン・シュエ氏に近いとされ、軍政当時は民主化運動の弾圧に関与していたという。テイン・セイン政権当時の軍幹部の「改革派」と「守旧派」の識別では「守旧派」と目されていた。軍は元軍人の強硬な守旧派を副大統領に配置して、ＮＬＤの民主化改革を間近でけん制する狙いだった。

３月30日の新政権発足に先駆けて、22日に閣僚名簿が公表され、スー・チー氏は外相に就任することになった。ＮＬＤ幹部のウィン・テイン氏は22日、本紙などに対して、「スー・チー氏が内閣全体を統率することになる」と述べ、事実上、スー・チー氏が政権を代表して直接運営することを明らかにした。ＮＬＤの報道官は同日、スー・チー氏が外相に就く理由について、「国防治安評議会のメンバーになる必要があるためだ」と説明した。

同評議会は憲法に定められた組織で、国内が騒乱状態などの危機に陥った際、大統領が非常事態を宣言して立法権、行政権、司法権を国軍最高司令官に委譲するかどうかを協議する場だ。メンバーは、閣僚や議会、国軍の代表者ら11人で、国軍関係者は過半数の６人を占める。評議会の決定次第で軍の最高司令官が全権を掌握することが可能なため、スー・チー氏が同評議会のメンバーになり、軍ににらみを利かせる必要があると判断した。スー・チー氏が評議会に参加して発言権を確保するには、構成メンバーである正副大統領には規定上なれないため、そのほかの軍以外のメンバーである外相か上下両院議長の選択肢しかなかった。

新大統領の就任式は3月30日、上下両院合同の連邦議会で行われ、ティン・チョー氏が正式に就任した。ミャンマーで民主的な選挙を経て文民大統領が誕生するのは54年ぶりとなり、半世紀余りに及んだ軍の統治が一応は終了した。就任式では、スー・チー氏ら新閣僚18人も宣誓した。

## 4.「国家顧問」という裏技で大統領より上に。軍は最大の誤算

憲法の大統領資格の一時停止を断念したNLDは、スー・チー氏を事実上の国家主席とするための裏技に出た。NLDは新大統領就任の翌31日、「国家顧問」のポストを新たに設け、スー・チー氏を任命する法案を上院に提出したのである。NLDの議員は法案の説明で、「国家顧問として立法府、行政府、司法府に助言できるようになる」と述べた。国家の事実上の「最高権力者」「最高指導者」にあたる公的な地位を、法律で明確に保障する狙いだった。スー・チー氏は外相、大統領府相を兼務しながら、新設される「国家顧問」も務めることになる。

NLDは上下両院でいずれも過半数を占めているため、議会の多数決で国家顧問設置の法案を容易に通せると判断した。実際、法案は上下両院を通過した後、ティン・チョー大統領が4月6日に署名して、わずか一週間で成立した。

これに対して、軍部は「国家顧問」という前例のない役職を突然新設したスー・チー氏とNLDに、猛烈に反発した。上院の審議では、軍人議員の一人は「(スー・チー氏を)国家元首の大統領と同じ地

位に置くもので、憲法違反である」と強く反対した。下院の採決では、議席の４分の１を占める軍人議員団は「審議が尽くされていない」と主張して、採決をボイコットして議場から退出した。軍人議員の一人は記者団に対し、「多数派による民主主義の横暴だ」とＮＬＤを激しく非難した。

議会で成立した「国家顧問法」は、国家顧問の役割を「政府機関や各種団体、個人と協議する」ことと定め、国民や国家のために正副大統領、閣僚、省庁などに助言する権限を与えている。しかし、どのような場合に助言するのか、などの具体的な規定は記されていなかった。スー・チー氏は４月７日、国家顧問としての最初の声明で、前政権下で拘束された政治犯の早期釈放を大統領に助言したと発表した。直後に大統領の恩赦で１９９人が釈放され、17日にも政治犯ら83人が釈放された。

軍とスー・チー政権は、発足当初から敵対的な関係になった。軍政はスー・チー氏を大統領にさせないために、憲法の規定できつく縛ったにも関わらず、スー・チー氏とＮＬＤは「抜け道」のような「国家顧問」という公的ポストを新設し、スー・チー氏は大統領に指示を下す国家主席的な地位に就いた。軍政は、民政移管のシナリオの中で、「国家顧問」の役職を創設してスー・チー氏が事実上の大統領に就くことなど、全く想定していなかったはずだ。軍には致命的な誤算だった。(4)

## 5．テイン・セイン政権のやり方を否定

スー・チー政権は、テイン・セイン政権当時に設けた行政組織などを解体し、前政権の政策運営のやり方を否定することから入った。

第4部で詳述する少数民族武装勢力との停戦交渉に関しては、テイン・セイン政権下では、少数民族和平担当のアウン・ミン大統領府相の提案で、「ミャンマーピースセンター」という政府系組織が新設された。停戦交渉の進展に伴って新たな業務が次々に加わり、専門組織が必要になったためだ。

約100人のスタッフが少数民族武装勢力との停戦交渉の調整、西側各国との外交的窓口、国際社会からの少数民族向け援助の取りまとめなどを担っていたが、スー・チー政権はこの組織を解体した。スー・チー政権になってからの少数民族武装勢力との停戦交渉は、第4部で後述するように遅々として進まなかったが、前政権からの停戦交渉の継続性や交渉ノウハウ、政権と少数民族側との人的関係などを、ここで断ち切ってしまった影響はかなり大きかった。

テイン・セイン政権下では、政治や経済の政策顧問を3人ずつ任命したほか、13万人が犠牲になった2008年のサイクロン「ナルギス」の援助活動で存在感を高めた「イグレス」という政策シンクタンクをはじめ、外側組織も活用していた。テイン・セイン大統領の側近閣僚のアウン・ミン氏、ソー・テイン氏らは、外部のシンクタンクと民主化政策の勉強会や議論を頻繁に行っていたという。こうした取り組みが具体的な改革政策につながり、「守旧派」の抑え込みにつながった。シュエ・マン下院議長も民政移管直前の軍人当時、イグレスと政策の議論を交わしていたという。

これに対して、スー・チー氏やNLDは、シンクタンクなどの外部機関を活用したり、積極的に外からの提案を取り入れたりしたという話は聞かなかった。NLDは政権や行政の運営経験はもちろんないが、これから先に書いていくように、スー・チー氏はNLDが中心になって国の政策を企画、展開しようとする意識が強かった。その結果、軍政当時からの元軍人や役人で構成する官僚組織に依存するよう

になり、経済政策や民主化改革のペースが前政権の時より遅くなったという指摘が聞かれる。(5)

# 2章　終わりがないロヒンギャ問題

ミャンマー西部のバングラデシュと国境を接するラカイン州では、仏教徒のミャンマー人住民とイスラム系住民のロヒンギャとの紛争が、軍政時代から断続的に続いてきた。ラカイン州に居住するロヒンギャの推定人口は約100万人。ミャンマーとバングラデシュが共に英国の植民地だった時代に、多くが現在のバングラデシュから移住したとされる。ミャンマーの国民は、ロヒンギャをバングラデシュ方面（ベンガル地方）から移り住んできた不法移民とみなしており、「ベンガリ」(Bengali) の蔑称で呼んでいる。軍政が策定した国籍法では、ロヒンギャはミャンマー国民とは認められていない。

2011年の民政移管後も、テイン・セイン政権時に仏教徒住民とロヒンギャの間で激しい衝突が勃発し、アウン・サン・スー・チー政権下では、ミャンマー軍の掃討作戦で数十万人のロヒンギャがバングラデシュに逃げ込む事態が発生した。欧米は軍がロヒンギャを虐殺したと強く非難し、人道支援も含めて積極的に対策を講じようとしないスー・チー氏を厳しく批判した。国際社会からは、スー・チー氏のノーベル平和賞をはく奪すべきだという主張も聞かれ、軍政の弾圧に屈せずにミャンマーの民主化運動を主導してきたスー・チー氏への国際的な支持と評価は、ロヒンギャを巡る対応で大きく失墜した。

そのころミャンマーでは民主化の進展とともに、国民の間に軍政時代とは全く異なる国家である「新生ミャンマー」に対する強烈な「新愛国心」「新ナショナリズム」が芽生えていた。その愛国心が初めて形として現れたのが、「反ロヒンギャ」「反欧米」という怒りだった。スー・チー氏は、ロヒンギャ問題で感情が高ぶっている国民と慎重に向き合わなければ、怒りの矛先が自身や国民民主連盟（ＮＬＤ）に向かう危惧があった。一方で、軍の代わりに自らが国際社会の批判の矢面に立つことで、軍との関係で優位性を確保しようとしたとみられる。

## １．テイン・セイン政権時にラカイン州で動乱発生

### 民政移管後では初の非常事態宣言を発令

２０１２年6月10日夜、テイン・セイン大統領は国営テレビを通じて緊急演説を行い、ラカイン州に非常事態宣言を発令した。州内の二つの地区で午後6時から翌日午前6時まで発動していた夜間外出禁止令の対象地域も、合計6地区に拡大し、州都シットウェーでも夜間の外出を禁止した。前年3月に民政移管で発足した新政権が非常事態宣言を発令したのは初めてだった。

宣言の発端は一週間前、6月3日にラカイン州内で発生した大量殺害事件だった。ロヒンギャの住民が仏教系住民の少女を乱暴して殺害したことに激情した仏教系の男たちが、バスに乗っていたロヒンギャ住民10人を殺害した。ロヒンギャ側もその報復で仏教系住民の7人を殺害し、約５００戸の住宅に火を着けた。報復合戦はその後もやまず、双方による殺りくと集落の焼き打ちが繰り返された。

騒乱の背景には、ミャンマー、バングラデシュの両国から自国民とみなされていないロヒンギャに対する、仏教系住民の根深い差別意識と憎悪があり、少女への事件でそれが一気に噴出した。大統領は国

営テレビでの緊急演説で、ラカイン州の騒乱は「民主化改革に重大な影響を及ぼし、多くを失う恐れがある」と述べ、騒乱が拡大することに危機感を示した。

政府によると、6月の騒乱で80人以上が死亡し、約7万5000人のロヒンギャの避難民が出た。さらに10月には、アンダマン海に面した同州南部のチャウピューにも飛び火して70人近くが死亡し、AP通信によると避難民は全体で約10万人に達した。

政府やラカイン州当局は、州都シットウェーや騒乱地域への取材を認めなかったが、シットウェーの地元の記者がヤンゴンに7月に出てきた際、現地の状況を教えてくれた。彼の話では、シットウェーの街の中でも仏教系住民とロヒンギャの双方が相手の家屋に放火するなど混乱が収まらず、「市内に住むベンガリ（＝ロヒンギャ）は、大きな市場がある中心部からバイクで5分ほどのロヒンギャが多く住むアウンミンガラ地区に逃げ込んだ」という。シットウェーから60キロメートルほど離れた集落から、そこまで避難してくるロヒンギャもいた。

「仏教系の住民は、ベンガリがアウンミンガラ地区から市内のあちこちに放火などの攻撃に出てくることを怖がっている。ベンガリを恐れて親が学校まで子供を送らないため、シットウェーの5～6校の高校全てと三つの大学は閉鎖されたままだ」。アウンミンガラ一帯や近隣のロヒンギャが住む集落は、非常事態宣言後にミャンマー軍の兵士が壁のように並んで周囲を取り囲み、仏教系住民と接触しないようにしているという。国際人権団体のヒューマン・ライツ・ウオッチ（HRW）が発表した10月25日撮影の衛星写真では、チャウピューの海岸にあるロヒンギャの集落は全て焼け落ち、海岸線一帯は灰と化していた。政府はシットウェー近郊の海岸に幾つものテントを並べて急ごしらえの避難民キャンプを設け、ロヒンギャ住民を保護する名目で、約７万人のロヒンギャをそこに隔離した。ロヒンギャの収容政策はスー・チー政権に移行しても続き、強引な隔離・閉じ込め政策であるとして、欧米や国際人権団体から厳しい批判を浴びた。

### イスラム各国がミャンマーを批判

「イスラム教徒がラカイン州で弾圧されている」――。パキスタンや中東のイスラム各国は、ロヒンギャと仏教系住民の暴動を「イスラム教徒への弾圧」と受け止め、ミャンマーへの批判の声が一斉に上がった。パキスタンでは、「ミャンマーでイスラム教徒が殺害されているのに、政府も国際社会も沈黙したままだ。恥を知れ」というメッセージが市民の携帯電話に頻繁に送られてきた。

パキスタンには、南部のカラチを中心に、ミャンマーから移住した50万人ともいわれるイスラム系住民が暮らす。大半はロヒンギャで、今はパキスタン国籍を持つ。その一人の男性（48）は、ラカイン州で親類３人が拘束されて行方不明になっていると語り、「国際社会の力でミャンマー政府の虐殺を止めてほしい」と本紙の取材に訴えた。パキスタンの各地で宗教政党による抗議デモも頻発し、ザルダリ大統領は「ロヒンギャの生命と財産が失われていることへの深い懸念」を書簡でテイン・セイン大統領に伝えた。また、武装勢力のパキスタン・タリバン運動（ＴＴＰ）は報復声明を出し、ミャンマーへのテロも示唆した。

抗議デモはマレーシア、インドネシア、エジプトなど他のイスラム各国にも広がり、ＡＦＰ通信などによると、サウジアラビアやエジプト政府は「ロヒンギャへの攻撃は民族浄化だ」「治安部隊がロヒンギャを虐殺している」とミャンマー政府を強く非難する声明を出した。イスラム圏全体を敵に回しかねない状況に危機感を強めたテイン・セイン政権は、「これは宗教弾圧ではない」「バングラデシュからの不法移民と地元住民との対立だ」と完全否定に躍起だった。

57カ国・機構が加盟するイスラム協力機構（ＯＩＣ）は8月、ラカイン州の事態を憂慮してトルコのアフメト・ダウトオール外相をＯＩＣ代表としてミャンマーに派遣した。テイン・セイン大統領は「(暴動は）宗教や民族対立ではなく、女性への暴行事件が住民の報復合戦を招いた」と説明し、シットウェー周辺の約7万人の避難民に対するＯＩＣからの援助を受け入れる方針も表明した。

テイン・セイン政権にとって、イスラム圏への対応は頭の痛い問題だった。大統領は暴動の原因と今後の対応を調査する委員会を、ダウトオール外相との会談を踏まえて直ちに設けた。メンバーは、元政治犯で国民的コメディアンのザガナー氏、２０１2年1月に釈放された「88年世代学生グループ」のリーダー格のココ・ジー氏、ＮＬＤから分派した国民民主勢力（ＮＤＦ）の幹部など、かつて軍政が弾圧してきた民主化勢力を含めた「オールミャンマー」体制で構成された。

この委員会は翌年4月に報告書を公表したが、評価は芳しくなかった。ミャンマーの民主系メディアのイラワディによると、今後の改善策を示した「行動計画」の表記について、イスラム系住民を「ロヒンギャ」ではなく「ベンガリ」と全て表現していることに対して、ロヒンギャの代表が不快感を示した。ミャンマー政府は報告書をベースに、２０１4年10月に「ラカイン州行動計画」をまとめた。米国に拠点を置く国際人権ＮＧＯのヒューマン・ライツ・ウオッチは、「住む場所を追われた13万人以上の人々を、今後も閉鎖型のキャンプに強制移住させるものだ」と指摘し、「元の場所への帰還が認められるかどうかに触れていない」と行動計画を批判した。

自由で公平な社会の実現を目指している民主化勢力のメンバーたちが参加した調査委員会でも、ロヒンギャと仏教系住民との暴動の原因や、事態の解決策は示せなかった。そこにミャンマーが抱えるロヒンギャ問題の根の深さが表れている。

## 国民各層がロヒンギャを否定、「ミャンマー人ではない」

ミャンマーで、街の若者からお年寄り、政治家、企業関係者、民主化グループ、メディアの記者、学者から山岳地帯の少数民族武装勢力まで、あらゆる属性の人々にロヒンギャへの認識を尋ねると、私が取材した限りでは、全員が「ベンガリはミャンマーの民族ではない」と言い切った。「ベンガリ」への嫌悪感を表情に隠そうとしない人もいた。

ネピドーの国会議事堂で上下両院の議員に尋ねたときも、返ってきた答えは異口同音に同じだった。シャン民族民主党の下院議員は「人道的な支援は必要だが、彼らはミャンマーの民族ではない」と明言した。ラカイン民族発展党、ワ民主党、タアン民族党、国民統一党（ＮＵＰ）――。さらにそのほかの少数民族政党の議員たちも、「彼らは外国人だ」と断言した。地元ラカイン州のラカイン民族発展党のエイ・マウン党首は「彼らは不法な手段でバングラデシュから移ってきた」と非難し、「不法移民対策を強化する必要がある」と強調した。どの政党や少数民族の議員に尋ねても、ロヒンギャに対する認識は全くブレがなかった。

ミャンマーの人たちは、ロヒンギャがどのように移り住んできたと理解しているのだろうか。ヤンゴン在住の30代のビルマ族の記者は、ミャンマー人の一般的な認識として、ロヒンギャは過去から軍政時代にかけて、三波にわたってベンガル地方（現在のバングラデシュ方面）からやって来た、と理解しているという。英国がラカイン地方を占領した約200年前の1820年代から、ミャンマー全土を治めた1880年代にかけて、労働者や植民地軍として英軍が連れてきたのが第一波だ。第二波は英国の植民地支配から独立後の1960〜62年に、当時のウー・ヌ政権が選挙対策でロヒンギャ票を集めるためミャンマーへの移住を呼びかけたとき。第三波は、1988年のクーデター後の軍事政権当時だ。バングラデシュとの国境の警備や検問にあたっていた軍が、バングラデシュからミャンマーへ入ろうとするロヒンギャから金品を受け取り、ミャンマー国民のID（身分証明）を渡した。ロヒンギャはラカインで商売を営む目的で、不法に移り住んできたという。ロヒンギャの起源は学術的に不明な点も多いとされるが、ビルマ族の記者によると、ミャンマー国民の間では、以上が「定説」になっているという。

日本軍と英国軍がビルマ戦線で戦火を交えた第二次世界大戦中は、日本軍が仏教徒のラカイン人（アラカン族）を、英軍側はイスラム教系のロヒンギャを兵として従わせ、双方は戦闘で血を流し合った。これもラカイン州の仏教系住民のロヒンギャへの憎悪の根底にあるとされる。

ミャンマーでは仏教徒が国民の9割を占め、民族の数は135に及ぶとされる。多数派は人口の7割を占めるビルマ族であり、スー・チー氏などの民主化グループや軍の高官も、ビルマ族が多くを占めている。ロヒンギャは、1982年に施行された「国籍法」で外国人と規定され、ミャンマー国民とみなされていない。国民の各層が「ベンガリ」とさげすんでいるのがミャンマーの現実だ。

## 2. 記者会見で大炎上したスー・チー氏

### スー・チー氏の「平凡」なコメントに国民が激怒

２０１２年４月の補選で下院議員になったアウン・サン・スー・チー氏は２０１２年５月、ミャンマーを24年ぶりに出国し、タイを歴訪した。帰国直後の６月６日午前、ヤンゴンの国民民主連盟（ＮＬＤ）本部でスー・チー氏の記者会見が開かれ、私も地元メディアと一緒に取材した。

かなり老朽化した狭い木造のＮＬＤ本部の中はエアコンがなく、羽根が一応回っている扇風機が、余計に蒸し暑さを演出している。その日の記者会見には約50人の記者やカメラマンが集まり、フロアに窮屈に並べられたプラスチック製の椅子に座った。「英語？　ビルマ語？　ではまずビルマ語でやりましょう」と、スー・チー氏は集まった国内外のメディアの記者たちを見ながら、にこやかに切り出した。

会見では、タイを訪問した感想や、一週間後の６月13日から30日までの長期間にわたって欧州各国を訪問する予定などが語られた。その日は、ラカイン州で仏教徒住民が少女を殺害された報復でロヒンギャの住民を最初に虐殺してから３日後だった。テイン・セイン大統領が非常事態宣言を発令する４日前にあたり、騒乱が拡大しているラカイン情勢に関する質問も出た。スー・チー氏は、「警察の出動が遅れて騒動が拡大したと聞いており、このような事態での規制と規則が必要だ」と指摘した。さらに、ロヒンギャやベンガリという名称は使わずに、「少数派への共感を持つべきだ」と短く答えた。

率直な感想として、答えが一般論的すぎて、「平凡なコメントだな」という印象しか受けなかった。だが、驚いたことに、その表現でスー・チー氏は「大炎上」した。ミャンマーの人たちは、スー・チー氏がロヒンギャを擁護したと受け止め、フェイスブックやツイッターなどのソーシャルネットワーク（SNS）上は、スー・チー氏への批判で大荒れになってしまった。

「ベンガル人は外国人だ。これは宗教対立ではなく、住民と不法移民の対立だ」などの批判が続々と書き込まれ、いわゆる「炎上」は鎮火しなかった。スー・チー氏がかつて国民から大ブーイングを浴びたことはなく、ヤンゴンのベテラン記者は「スー・チー氏に国民の批判が殺到するのを初めて見た」と「大事件」への驚きを隠せなかった。

それ以来、スー・チー氏はロヒンギャ問題に口を閉ざした。SNS上では、「半月に及ぶ欧州訪問は中止すべきだ」との意見や、「欧州ではなくラカイン州に行くべきだ」という指摘も広がった。スー・チー氏は、訪問先の欧州でも、この問題への対応を聞かれたが、抽象的な言葉で濁した。6月14日にジュネーブの国際労働機関（ILO）総会で演説したスー・チー氏は、続く記者会見で仏教系住民とロヒンギャが衝突している問題を問われ、「法律にのっとって解決すべきだ」とのみ答えた。

ヤンゴンのNLD本部で記者会見に臨むスー・チー氏。この時のロヒンギャに関する発言が「大炎上」した
（2012年6月6日、筆者撮影）

スー・チー氏にとって、今回の欧州訪問は、ロンドンで67歳の誕生日を息子と祝い、

フランスも回って30日に帰国する予定だった。前述のように、自身の自宅軟禁中に夫と息子が代理で出席したノーベル平和賞の授与式に臨み、学生時代や家族との思い出の地も再訪する幸福な旅程だった。その中で、ロヒンギャ問題へのメディアからの質問だけは耳障りだっただろう。ロヒンギャ擁護とともれて大きな波紋を広げたＮＬＤ本部での発言を意識して、欧州でのコメントは極めて慎重だった。

欧州から帰国した直後の7月3日、ＮＬＤ本部で再びスー・チー氏の記者会見が行われた。主題は欧州訪問の意義だったが、ラカイン州の暴動に対する質問は6月の会見の時よりも活発に飛んだ。私はその会見にもいたが、スー・チー氏は、「ラカイン州の関係者にまだ会っていないので答えられません」「長い将来、異なる宗教や文化を持つ人々が同じ国に平和に暮らすべきです。それには国際基準に沿った法の支配がポイントになるでしょう」「私たち全員は、大きな問題が起きればそれを小さな問題に、そして小さな問題は何も問題がない状態にしていかなければなりません」と、抽象的な一般論の返答にとどめた。

「ベンガリに市民権を与えるべきか」というストレートな質問が投げられたが、「今、簡単には答えられません」「ＮＬＤはラカイン州の全てのグループと協力していきます」と正面からは答えず、ロヒンギャ問題の解決に向けた意志も聞かれなかった。

### 政権発足早々に新たな暴動が勃発

それらの記者会見から4年後。２０１６年3月に政権の座に就いたアウン・サン・スー・チー氏と国民民主連盟（ＮＬＤ）は、責任政党としてロヒンギャ問題と真正面から向き合うことになった。

２０２１年2月1日に軍がクーデターを起こすまでのスー・チー政権の期間中、ミャンマーから伝わってくる国際ニュースはロヒンギャ問題ばかりが目立った。それは次のようなパターンだった。

「軍がロヒンギャの村を焼き打ちして住民を虐殺」した後、「軍の作戦行動は民族浄化の虐殺ではない」とスー・チー氏が軍を擁護し、その後、「ロヒンギャの武装集団が軍に報復」を加える。「一連の騒乱で大勢のロヒンギャが隣国バングラデシュに逃れ、難民キャンプで不衛生な環境に苦しんでいる」が、「スー・チー氏は問題解決に動こうとせず、国際社会はスー・チー氏を厳しく批判している」——。

こうした報道が5年近く繰り返され、弾圧に屈しない民主化運動の象徴として国際社会から尊敬を集めたスー・チー氏の評価は、大きく崩壊した。

民政移管後のロヒンギャを巡る騒乱は、２０１２年6月にテイン・セイン政権下で発生したラカイン州での仏教系住民とロヒンギャとの衝突事件が引き金だった。スー・チー政権下では、政権発足からわずか7カ月後の２０１６年10月、バングラデシュに接するラカイン州北西部のマウンドー県でロヒンギャの武装集団がミャンマーの国境警備警察本部など3カ所を襲撃し、警察官9人を殺害する事件が起きた。その2日後にも、拳銃や刀、ナイフを持った約３００人の武装集団が軍を襲撃し、少なくとも兵士4人が死亡した。

この襲撃で明らかになったのが、「アラカン・ロヒンギャ救世軍」（ＡＲＳＡ）という反政府武装組織の存在だった。公安調査庁のサイトによると、ＡＲＳＡはテイン・セイン政権下の２０１２年の衝突事件を機に結成され、２０１６年10月の事件当時は「ハラカト・アル・ヤキーン」（ならびに英訳の「The Faith Movement」＝信仰運動）を名のり、ミャンマー政府は「アカ・ムル・ムジャヒディン」（ＡＭ

M）と呼称していた。2017年3月以降、組織はこれらの名称に加えて、ARSAと自称している。

指導者の最高司令官はパキスタンのカラチで生まれ、サウジアラビアで育ったとされる。ARSAはロヒンギャに対するミャンマー国籍の「回復」を要求している。軍事訓練の経験がある戦闘要員は500人程度（2017年9月時点）とみられており、ARSAの一連の襲撃事件には、約5000人が動員されたという分析もある。ARSAは国際テロ組織との関係性を否定している。しかし、ミャンマー政府は、首謀者がバングラデシュ滞在中に中東の過激組織から活動資金を受け取り、パキスタンのイスラム系過激派組織「パキスタン・タリバン運動」（TTP）から軍事訓練を受けたと指摘している。

2016年10月のARSAによる襲撃事件後、ミャンマー軍はラカイン州北部で襲撃組織の強力な掃討作戦を展開した。ロヒンギャが住む集落をしらみつぶしに捜索し、民家の焼き打ちや住民の殺害も行われたとされる。この時、約7万人のロヒンギャがバングラデシュに避難した。

翌2017年の8月、ARSAはさらに大規模な襲撃を仕掛け、マウンドー県の警察施設30カ所と軍の基地を攻撃して、警察官ら12人を殺害した。これを受けた軍の徹底的な掃討作戦で多数のロヒンギャ住民が犠牲になり、約70万人がバングラデシュに逃げ込んだ。

## 3．スー・チー氏、軍の擁護を続けて国際社会と「決別」

### 虐殺を完全否定したミャンマー政府の報告書

2016年から17年にかけて、アラカン・ロヒンギャ救世軍（ARSA）の攻撃と軍の掃討作戦で大量の犠牲者や難民が生じたことは、国際社会にロヒンギャを巡る極めて深刻な人道問題がミャンマーで起きていることを気づかせた。

「軍は虐殺を行ったのか」「掃討作戦は民族浄化が目的ではないのか」「戦争犯罪は行われたのか」「問題解決にはどのような対策が必要か」。そして、「スー・チー氏はなぜ軍を止めようとしないのか」――。こうしたさまざまな疑問点に対して、国連とミャンマー政府はそれぞれ調査委員会を編成し、究明に取り組んだ。このうち、ミャンマー政府側は２０１６年から２０２０年にかけて複数の調査委員会を五月雨的に設けたが、各委員会の調査結果は、いずれも軍の行動は正当だったと結論づける内容になっており、国連人権理事会や国際人権ＮＧＯはミャンマー政府を痛烈に批判した。

２０１６年10月の襲撃事件を巡っては、国連人権高等弁務官事務所（ＯＨＣＨＲ）がバングラデシュのコックスバザール地区に設けられた難民キャンプで２０１７年1月中旬、聞き取り調査を行い、2月3日に結果を発表した。インタビュー対象の子供を含む２０４人のうち、自身の被害と目撃を合わせた証言数は、「軍による殺害が行われた」65%、「（親族や住民が）行方不明」56%、「殴打が行われた」64%、「レイプがあった」43%、「性的暴力があった」31%は、「財産が焼き払われた・破壊された」64%、「財産の略奪・盗難」が40%だった。

報告書は、ヒアリングを行った住民一人ひとりの証言を列記したうえで、結論として「この地域のロヒンギャ住民に対する攻撃（殺害、強制失踪、拷問および非人道的扱い、レイプおよびその他の形態の性的暴力、暴力と迫害の結果としての拘留、国外追放、強制移送）は、組織的であると同時に広範囲に及ぶとみられ、人道に対する罪の可能性が非常に高いことを示している」と指摘し、軍がロヒンギャ住民に人道的な罪を犯したという見方を強めた。

これに対して、ミャンマー軍は同年5月23日、軍内部を調査した結果として「不正な行為は発見されなかった」と指摘し、ＯＨＣＨＲの見解を全面的に否定した。一方、スー・チー政権は大統領令に基づき、マウンドー地区でのＡＲＳＡの襲撃の背景や再発防止策を調査・検討するため、委員13人によるマウンドー地区調査委員会を設置した。ただ、委員長には軍高官出身のミン・スエ副大統領を指名しており、軍の内部調査と同様に、最初から公平・公正な調査は期待できない状況だった。

２０１７年8月に公表された同委員会の報告書は、「国連人権高等弁務官事務所（ＯＨＣＨＲ）が指摘する人道に対する罪、または民族浄化を示す可能性のある証拠はなかった」と主張しており、ＯＨＣＨＲに対する反論書といえる内容だった。

記者会見したミン・スエ副大統領は、「ＯＨＣＨＲの報告書に含まれている虐待の話の多くは根拠がなかった」「ＯＨＣＨＲの報告書は、テロリストと治安部隊の間の武力関与に起因する死傷者と避難民の数、ならびに財産の損失や損害の量を、誇張している。ミャンマーの国際的イメージを傷つけることを意図している」とＯＨＣＨＲに抗議した。

だが、地元の人権団体は、ミン・スエ副大統領の調査委員会は、調査方法に問題があったと指摘する。「委員はヒアリングで村人を詰問したり、脅して証言内容を撤回させたりしていた。黙れ、うそつきだと村人をなじった。大人数でレイプの被害者から聞き取り調査を行うことで、本人に何も話せないようにしていた」とリポートに記している。軍出身の副大統領が率いる委員会は、ロヒンギャ難民から軍に都合のよい証言を引き出すために答えを誘導したり、聞き取った内容を恣意的にゆがめたりしていた、という告発である。

## 国連の事実調査団が軍とスー・チー氏を断罪

一方、国連人権委員会はOHCHRの報告書を踏まえ、2017年3月、ロヒンギャへの人権侵害と虐待の事実を調査する「独立国際事実調査団」を設置した。2016年10月に発生した衝突事件後の軍による掃討作戦やARSAの活動が調査の対象だったが、2017年8月にARSAによる大規模な襲撃事件が起きたため、その後の軍の作戦も対象に含めた。メンバーは、人権委理事長が任命したマルズキ・ダルスマン（議長、インドネシア）、ラディカ・クマラスワミ（スリランカ）、クリストファー・シドティ（オーストラリア）の三氏で、事務局はOHCHRが務めた。

調査の結果、報告書は2018年9月に公表され、軍による国際法に基づく犯罪と、それを容認したスー・チー氏の不作為を厳しく断罪した。軍の犯罪については、「国際法上の重大な犯罪」が行われた根拠があると指摘し、「ジェノサイド（大量虐殺）」「人道に対する罪」「戦争犯罪」（殺人、拷問、残酷な扱い、民間人への攻撃、レイプなど）が行われたと断定した。

スー・チー氏に対しては、「文民当局は憲法上、軍の行動を管理する余地がほとんどなく、（そのため）作戦の計画や実施に直接参加したり、指揮系統の一部であったりした事実はなかった」ものの、「スー・チー氏は、政府の長としての立場と権威を使って（軍の行動を）阻止しようとせず、民間人を保護する責任を果たすための手段も模索しなかった」と指摘した。

つまり、憲法などの規定で軍の行動を制限する権限を持っていなくても、軍の行動に何もしなかった不作為を通じて、「軍の残虐行為に貢献した」と厳しく批判した。報告書はそのうえで、「国際法の下で犯罪の加害者とされる者」として、ミン・アウン・フライン最高司令官、ソウ・ウィン副最高司令官ら軍首脳６人の実名を列挙し、この６人を捜査と起訴の優先的な対象にすべきだと名指しした。

ミャンマー政府は当初から独立国際事実調査団に非協力的な姿勢を貫き、委員やスタッフのミャンマーへの入国を拒否してきた。このため、調査団はバングラデシュで合計８７５人の被害者と目撃者から聞き取り調査を行い、衛星写真を詳細に分析して集落などの被害状況を確認した。

ミャンマー政府はテイン・セイン政権下の２０１２年に発生した仏教系住民とロヒンギャの騒乱以降、いくつかの調査委員会を設置して、原因究明に取り組んできた。しかし、報告書は「事実調査団が知る限り、重大な人権侵害の起訴や被害者の救済につながったケースは一つもない。なぜなら、ミャンマーでは不可能だからだ」と一蹴した。人権侵害の起訴や被害者救済が不可能な理由は、極めてシンプルだった。「ミャンマーでは事実上、軍が法の上にあり、司法制度は独立していない」「政府には、国際法に基づく捜査と訴追を行う能力も意思もない」からだ。このため、ミャンマーの政府、軍、そしてミン・アウン・フライン最高司令官ら個人のロヒンギャ問題に関する責任は、国際的な司法の場で問うべきだと主張した。

## 国際社会からスー・チー氏に大ブーイング

ロヒンギャを巡る深刻な人道問題に対して、軍政当時はアウン・サン・スー・チー氏をサポートしてきた世界的な著名人やノーベル賞受賞者、人権保護や民主化の活動を顕彰する国際団体などが、一斉にスー・チー氏の批判を始めた。ウェブ上ではスー・チー氏のノーベル平和賞はく奪を求めるキャンペーンも展開された。

武装組織ARSAによる最初の襲撃で軍が掃討作戦に乗り出し、数万人のロヒンギャがバングラデシュに避難して2カ月後の2016年12月、ノーベル平和賞受賞者ら23人が「スー・チー氏の対応は不十分だ」として、国連安全保障理事会でこの問題を取り上げるよう促す書簡を安保理に送付した（共同通信の報道）。書簡は南アフリカのツツ元大主教、パキスタン出身のマララ・ユスフザイさん、イランの人権活動家シリン・エバディさんらノーベル平和賞の受賞者11人と、人権活動家などが連名で記しており、「スー・チー氏はロヒンギャの市民権を保障するための指導力を少しも発揮していない。われわれは不満を抱いている」と非難した。

70万人以上の難民が生じた2017年8月以降のARSAの攻撃と軍の掃討作戦に対しては、マララさんは翌9月に改めて、ツイッターで「ロヒンギャの窮状に胸が痛む。私は過去数年間、この痛ましく恥ずべき処遇を繰り返し批判してきた。私は同じノーベル賞受賞者のアウン・サン・スー・チー氏が同様にしてくれることを待ち続けている」とのメッセージを発信した（AFP）。

翌10月には英国オックスフォードの市議会が、スー・チー氏の民主化運動への貢献をたたえて1997年に授与した「オックスフォードの自由」を撤回することを決めた。「もはや表彰は適切ではなくなった」とみなしたためだ（CNN）。スー・チー氏は1964年から67年までオックスフォード大学で学び、在学中に夫の故マイケル・アリス氏と出会って結婚した。2012年6月の欧州訪問の際には、英国でオックスフォード大学から名誉博士号を贈られている。

世界的ロックバンド「Ｕ２」のボノ氏は、軍政時代に自宅軟禁下に置かれていたスー・チー氏を長年支援してきた。２０１2年6月には、ノーベル賞の受賞スピーチを行ったスー・チー氏をオスロで出迎え、プライベートジェットでアイルランドのダブリンへ直行した。現地で行われた国際人権団体「アムネスティ・インターナショナル」主催のコンサート「エレクトリック・ビルマ（Electric Burma）」に出演し、スー・チー氏の自由を観客と祝福した。

ボノ氏はそれほどスー・チー氏と強く連帯していたが、２０１7年12月、米情報誌「ローリング・ストーン」に掲載されたインタビューでは、ロヒンギャの現状について「あらゆる証拠が示していることを信じられず、本当に気分が悪くなった。だが、民族浄化は実際に起きている」と述べ、「それを知っている彼女（スー・チー氏）は退陣しなければいけない」と、スー・チー氏への失望と批判の意を表明した（ＡＦＰ）。「彼女は国を軍政に戻したくないのかもしれない。しかし、状況が私たちの見解通りなのであれば、彼女はすでに国を軍に渡している」。

Ｕ2は２００1年11月、軍政から弾圧を受けていたスー・チー氏とミャンマーの未来への希望を込めたシングル「Walk On」をリリースした。YouTube の公式動画では今、曲が終わった後に「残酷に人権を否定されたロヒンギャにささげる」という英文のメッセージが現れている。

ロヒンギャの難民キャンプがあるバングラデシュのコックスバザールからは２０１8年2月、ノーベル平和賞を以前に受賞した3人の女性が難民キャンプを訪れ、「スー・チー氏に目を覚ましてほしい。さもなければ罪を犯した者の一人とみなされるだろう」と訴えた（ＡＦＰ）。3人はイエメンの女性活動家タワックル・カルマン氏、イランの弁護士シリン・エバディ、北アイルランド問題の平和活動家マイレッド・マグワイア氏だ。マグワイア氏は、「これは明らかに、ロヒンギャの人々に対してビルマ（ミャンマー）政府と軍が行っているジェノサイドに他ならない」と断じ、「国際刑事裁判所（ＩＣＣ）でその責任を負わされるだろう」と厳しく指摘した。

翌3月には、米国のホロコースト記念博物館がスー・チー氏に2012年に授与した「エリ・ヴィーゼル賞」をはく奪すると発表した（ＣＮＮ）。同賞は、ホロコーストの生存者でノーベル賞作家のエリ・ヴィーゼル氏にちなんで設けられた。同博物館のブルームフィールド館長はスー・チー氏に送った書簡で、「スー・チー氏が、軍の暴力的な行動を非難したり、阻止したりするために行動を起こし、ロヒンギャの人々に連帯を表明することを期待していた」と記した。ところが、「スー・チー政権は国連調査団のミャンマーへの入国と協力を拒む一方、ロヒンギャに対する憎しみに満ちた発言を広め、ロヒンギャが住む地域に記者が近づくことを拒絶した」。こうした行為は弾圧とみなされると断じた。

ロンドンに本部を置く国際人権団体「アムネスティ・インターナショナル」も2018年11月、スー・チー氏に授与した人権賞「良心の大使賞」を取り消したと発表した。ロヒンギャに対する人権侵害と、ロヒンギャ関連の取材をしていたロイター通信のミャンマー人記者2人に有罪判決が下されるなどのスー・チー政権による言論弾圧（4章で詳述）を挙げ、スー・チー氏は「もはや希望や勇気、永遠の人権保護のシンボルではない」とした。団体は2009年、自宅軟禁下のスー・チー氏に賞を授与していた。

シンガポールでは同月、ペンス米副大統領がスー・チー氏と会談した。米政府の発表などによると、ペンス副大統領は「軍などが暴力で70万人もの人々をバングラデシュに追い払ったことに弁解の余地はない。関与した者に責任をとらせるべきだ」と述べた。ロイター通信の記者2人への有罪判決について も、報道の自由と独立の重要性を強調して、記者の釈放を求めた。スー・チー氏は「物の見方は人それ ぞれだ。自国のことは他国の誰よりもよく理解している」などと述べ、副大統領からの指摘は聞き入れ なかったという。

欧州連合（ＥＵ）の欧州議会は、授賞から23年越しに２０１３年10月、スー・チー氏に「サハロフ 賞」を直接手渡せたが、その後のロヒンギャ問題への対応を踏まえ、スー・チー氏が受賞者として活動 できる資格を２０２０年９月に停止した。同賞は欧州議会が人権や自由を守るために献身的に活動して きた個人・団体をたたえるもので、スー・チー氏は１９９０年に受賞していた。同賞の受賞者が活動資 格の停止処分を受けたのは、スー・チー氏が初めてとなった。

国際社会は、スー・チー氏が軍と「共謀」してロヒンギャを迫害してきたと認定し、スー・チー氏へ の長年の尊敬と評価は、大いなる失望と怒りに置き換わっていった。一連の賞のはく奪や辛辣な批判の 声に、スー・チー氏は沈黙したままだった。おそらくは、ペンス副大統領に述べたという「物の見方は 人それぞれであり、自国のことは他国の誰よりもよく理解している」という無言の「反論」を繰り返し ていたのであろう。

### 国際司法裁判所でスー・チー氏が軍の「無実」を主張

ロヒンギャへの弾圧姿勢を緩めないミャンマーの軍と政府に対して、イスラム社会は国際法上の責任 を追及する措置に出た。イスラム協力機構（ＯＩＣ）を代表して、西アフリカのガンビアが２０１９年

11月11日、ミャンマー軍の行為は集団殺害を禁じたジェノサイド条約に違反しているとして、ミャンマーを国際司法裁判所（ＩＣＪ、オランダ・ハーグ）に提訴した。

２０１６年10月以降、軍は武装組織「アラカン・ロヒンギャ救世軍」（ＡＲＳＡ）の掃討を目的に、ロヒンギャ住民の虐殺や焼き打ちなどの残虐行為を繰り返し行ってきたとされ、約70万人のロヒンギャが隣接するバングラデシュに避難した。ガンビアの目的は、国際法廷でミャンマーの国家としての犯罪を立証して、罪を裁くことであり、「広範かつ組織的にロヒンギャを一掃するための作戦だった」と主張した。

一方、個人の戦争犯罪やジェノサイドなどの犯罪を裁く国際刑事裁判所（ＩＣＣ、同）はガンビアの提訴から3日後の11月14日、「人道に対する罪」の疑いで、ミン・アウン・フライン最高司令官ら軍幹部への捜査を正式に開始すると発表した。ミャンマー側はこれまで、「ＩＣＣの管轄権は（非加盟国の）ミャンマーには及ばない」「ミャンマー政府の独立調査委員会による対応で十分である」と国連などで反論し、ＩＣＣの捜査開始に強く反対してきた。ＩＣＣ側は、「ロヒンギャ住民が逃げ込んだバングラデシュがＩＣＣ加盟国のため、管轄権は存在する」として、ミャンマー側の主張を聞き入れなかった。

ＩＣＪの公聴会は12月11日、オランダ・ハーグの同裁判所で3日間の日程で開かれ、スー・チー氏自らがミャンマー政府の代理人として出廷した。かつて自身や民主化勢力を弾圧してきた軍を擁護する立場として、国際法廷に臨んだのである。

尋問でスー・チー氏は、軍の作戦は武装組織による国境警備隊施設などへの襲撃がきっかけだったと説明し、掃討作戦は地域の治安維持のために行われたもので、「大量虐殺の意思があったと仮定することはできない」とガンビアの主張に真っ向から反論した。さらに、一部の兵士による「過度な武力行使」があった可能性は認めたものの、「適切な調査をしており、（そのような行為は）国内法に従って裁かれる」「国が積極的に悪事を捜査しているのに、なぜそれを（軍と政府による）集団虐殺と呼べるのか」と強調した。ミャンマー政府が、ロヒンギャ難民のバングラデシュからの帰還支援に取り組んでいることにも触れた。

スー・チー氏はそのうえで、裁判官らに対して「地域の安定をさらに悪化させるような行動（＝国際司法による対応）はとらないでほしい」と、国際的な司法の介入を拒否する従来の主張を繰り返し、審理を打ち切るよう要求した。

スー・チー氏が法廷で軍による集団虐殺の事実を否定し、作戦の正当性を弁護するニュースの動画などの光景は、民主化指導者のスー・チー氏が冷酷な別人格に変貌してしまったようなショッキングな印象を世界に投げかけた[6]。

### 政府の独立調査委員会、「虐殺はなかった」と最終報告

２０１７年８月にＡＲＳＡがラカイン州で約30カ所に及ぶ警察と軍の施設を襲撃して以降、ＡＲＳＡと軍の犯罪行為を調査することを目的に、スー・チー政権は独立調査委員会（ＩＣＯＥ）を新たに設け、２０２０年１月20日にその最終的な調査結果が公表された。結論は「戦争犯罪はあったが、虐殺はなかった」というもので、スー・チー氏が前月にオランダ・ハーグのＩＣＪの公聴会で発言した内容と

同じだった。

ＩＣＯＥの最終報告書（エグゼクティブサマリー）は、現地調査の結果などをもとに、住民の殺害や家の焼き打ちが、「一部の兵士」によって行われた、と指摘している。「２０１７年8月25日から9月5日までの治安活動中に、国内法違反が発生した。ミャンマーの治安部隊のメンバーが関与したと信じるに足る根拠がある」「罪のない村人の殺害と家の破壊は、ミャンマーの治安部隊の何人かによって犯された」などと最終報告書に記載されている。

しかし、「これらの殺害や追放行為が、イスラム教徒やコミュニティーを破壊する意図や計画に基づくことを示す証拠は発見していない」「（治安部隊の）メンバーによる大量虐殺の意図は立証されていない」として、ジェノサイドはなかったと結論づけた。

また、国連の調査団は多くのレイプが行われたと指摘したが、ＩＣＯＥの最終報告書は、そのような事実を示す証拠はなかった、と完全に否定した。

最終報告書を要約すれば、「一部の下級兵士が、現地で虐殺や放火などの戦争犯罪の違法行為を行った事実は見つかった。しかし、軍が意図的、計画的にロヒンギャの民族浄化を図るために虐殺や国外追放などを行った証拠はない。つまりジェノサイドは全く存在しなかった」ということである。

ＩＣＪは1月23日、ミャンマー政府に対して、ロヒンギャに対する虐殺をあらゆる手段を通じて阻止するよう、その改善策と結果の報告を命じた。ミャンマー外務省は「状況がゆがめられている」「組織的な迫害はなかったとの結論が出ている」と反発し、ＩＣＯＥの最終報告書を盾に従来の主張を譲らなかった。

### タイに収容されたロヒンギャ家族のルポ

以下の記事は、私がバンコクに駐在していた２０１３年3月、ミャンマーから逃れてマレーシアに向かう途中、タイ南部の施設に一時的に収容されたロヒンギャの家族たちをバンコク支局の同僚が取材し、ミャンマー少数民族の連載企画の中で掲載したルポの要旨である。

ロヒンギャはラカイン州から徒歩でバングラデシュに避難する人たちがいる一方、ブローカーにお金を渡して、海路と陸路を組み合わせてマレーシアなどに渡る人たちも多かった。記事ではブローカーの実態も明らかにしている(7)。

マレーシア国境に近いタイ南部ソンクラー県の福祉施設に1月中旬、１０５人の女性と子供が収容された。ミャンマー西部のラカイン州を船で脱出し、直線距離で約１７００キロ・メートルも離れたアンダマン海沿いのタイ領にたどり着いた、ロヒンギャの母子たちだ。

その一人のウシダさん（25）は昨年12月、州都シットウェーの自宅近くのロヒンギャの家が地元住民に放火され、「身の危険を感じ、９歳の息子と６歳の娘を連れて出稼ぎの夫が住むマレーシアへ逃げることを決心した」と語った。

ラカイン州では昨年6月、イスラム系住民が仏教系女性に乱暴した事件を機に騒乱状態となり、放火や襲撃などの報復合戦で２００人近くが死亡した。州内のイスラム教徒は大半がロヒンギャと見られており、迫害されたロヒンギャは続々と海路で脱出を試みた。

脱出を手助けするブローカーも存在する。ウシダさんの場合、夫が円換算で25万円の大金を払った。ウシダさん母子は約100人ですし詰めのボートに乗せられ、途中、数カ所に寄って水と食糧を補給しながら、約2週間かけてタイに着いたという。そこから陸路でマレーシアに密入国する段取りだったが、タイの治安当局に拘束された。

「家族とマレーシアで新しい人生を送りたい。ミャンマーには絶対に戻りたくない」。ウシダさんは訴えるように語った。タイ政府は、漂着したロヒンギャを海へ押し返して国際的な非難を浴びた過去があり、今回は清潔な施設に収容するなど一定の配慮を見せる。だが滞在は6カ月に限っており、第三国へ出国させる方針だ。

マレーシアやインドネシアなどに漂着したロヒンギャは、現地で保護されてきた。国連難民高等弁務官事務所（UNHCR）は一層の協力を求める一方、ミャンマー政府には地元住民との「平和的な共存」を訴える。

ただ、そのミャンマーは市民法でロヒンギャを自国民と認めてなく、少数民族や民主化勢力を含むほとんどの国民は「バングラデシュから来た不法移民だ」と差別的に見ている。国民和解を呼びかける国民民主連盟（NLD）党首のアウン・サン・スー・チー氏も、この問題で積極的な発言は控えているのが実情だ。

一方でイスラム諸国は、ラカイン州の騒乱は「イスラム教徒への弾圧だ」とテイン・セイン政権を批判しており、政権は「地域の問題であり、宗教対立ではない」と打ち消しに躍起だ。

ラカイン州の仏教組織代表のウ・ティア氏は、「州内でのロヒンギャへの人道援助は歓迎する。だが、彼らに市民権を与えるかという根源的な判断は、全国民の合意で決めるべきだ」と主張する。ロヒンギャは完全に、国民和解の対象の外側に置かれている。

## 4．「新愛国心」とフェイスブックがロヒンギャへのヘイトを増幅

「フェイスブックはミャンマーで憎悪をあおる『けだもの』になった」――。国連のリー・ヤンヒー特別報告者は２０１８年３月12日、ロヒンギャの迫害問題を調査中の「独立国際事実調査団」が国連人権理事会で中間報告を行った際、ミャンマーの反ロヒンギャ世論はフェイスブックがあおっているという懸念を記者団に示した。調査団のマルズキ・ダルスマン団長も、「ミャンマーに関して言えば、ソーシャルメディアとはフェイスブックのことであり、フェイスブックが唯一のソーシャルメディアだ」「ソーシャルメディアにはヘイトスピーチや扇動表現がまん延している。特にフェイスブックに顕著だ」と指摘した（以上ＢＢＣ）。

ミャンマーでは２０１１年の民政移管後、テイン・セイン政権による経済改革で携帯電話市場の参入が自由化され、携帯電話とスマートフォンが爆発的な勢いで普及した。それと同時に、軍政時代に厳しく封鎖されていた言論の自由も広がり、国民は自分の意見をＳＮＳ上でも積極的に主張するようになった。

一方、民主化が進展していくミャンマーを何度も取材するにつれて、国民の間にミャンマーという国家に対する「新愛国心」「新ナショナリズム」が芽生え、それが急速に広がっていることを、ミャンマーの人たちへの取材を通じて強く実感できた。２０１６年３月にアウン・サン・スー・チー政権が発

足すると、軍政から民政に移管した「新生ミャンマー」への新愛国心は、さらに増幅を遂げ、強靱化していった。

軍政当時の国民には、軍の強権体制や弾圧に対しての憎悪が存在するだけで、軍政国家に対する愛国心など生まれるはずはなかった。国民の軍政への嫌悪感がそれほど強かった分だけ、その反動として「民主国家ミャンマー」への愛情と誇りは大きくなる。ロヒンギャへの迫害問題は、新生ミャンマーに対する国民の高揚感が膨張している過程で発生し、国民が「新愛国心」の下で団結する初めてのケースとなった。

ロヒンギャのことを、国民の誰もがミャンマー国民と認めていないだけに、スー・チー氏に対して欧米や国連が批判すればするほど、国民は逆に欧米、国連への反発と怒りを余計強めた。「反ロヒンギャ」「反欧米」の国民感情をぶつけて共有しあう場がフェイスブックであり、それが極端な形となって表れた。

民政移管当時、ミャンマーでは携帯電話に装着するＳＩＭカードの値段は約２００ドルと高価だったが、テイン・セイン政権が２０１３年に情報通信市場を自由化したことで、ＢＢＣによると１００分の1の2ドルまで一気に値下がりした。軍政時代は、有線の電話も国民にほとんど普及していない状況だったが、国際電気通信連合（ＩＴＵ）の統計では、携帯電話・スマホの契約数は、軍政下の２００８年が36万台、民政移管2年目の２０１２年は３７２万台だったのに対して、２０１６年は５０５８万台、２０１９年には６１１４万台と急激に増え、人口（約５２００万人）を上回った。

ミャンマーの携帯電話事業者は、顧客の獲得と囲い込みのため、データ通信料金を払わなくてもフェイスブックが使えるサービスを提供し、消費者は、スマホを買うとすぐにフェイスブックのアプリをダウンロードした。メッセージのやり取りのほかにも、ニュースの閲覧や動画の視聴も一つのアプリでこなせる利便性が浸透して、ロイター通信によると、ミャンマー国内のフェイスブックのユーザー数は、２０１４年１２０万人、15年７３０万人、16年１１００万人、17年１５００万人、18年１８００万人と急増した。ミャンマーの国民の間では、フェイスブックはインターネットと同義語であり、健全なコミュニケーションのプラットホームにとどまらず、やがてヘイトスピーチやフェイクニュースを無数に拡散させる「けだもの」と化した。

軍も、フェイスブックを対外的な情報発信の重要なツールと位置づけており、政府や軍は公式発表をフェイスブック上で行うことが多い。ロヒンギャ問題では、ミン・アウン・フライン最高司令官はフェイスブックを通じて国民とメディアに団結を呼びかけており、ＢＢＣによると、２０１７年9月には、「武装勢力は組織的な暴力を通じて、ラカイン州北部に拠点を作ろうとしている」「ベンガリ（＝ロヒンギャの蔑称）問題は国家的な課題であり、われわれは団結しなくてはならない」と強力なメッセージを発信した。

２０１８年8月、ロイター通信とＢＢＣは、それぞれフェイスブック上に氾濫しているロヒンギャへのヘイト投稿に関する特集記事を配信し、ヘイトやフェイクニュースを削除するなどの対策が不十分なフェイスブック社を批判した。

このうちロイターは、ロヒンギャや他のイスラム教徒を攻撃している投稿、コメント、ポルノ画像などの実例を、フェイスブック上で１０００以上確認したという。投稿内容では、「ベンガル人は、私たちの土地、私たちの水、そして私たちの民族を殺し、破壊している」「私たちは彼らの種族を破壊する必要がある」などの暴力的な発言が氾濫し、ロヒンギャを動物に例えて蔑視しているコメントも多数認められたという。ロヒンギャやイスラム教を嫌う超国粋主義のミャンマーの仏僧が、フェイスブックに自身のアカウントを開設し、ロヒンギャに対する暴力や憎悪を扇動して、国民の支持を集めていたことも問題視された。

こうした指摘を受け、フェイスブック社は同月、自社サイトに「フェイスブックは虐待と戦う責任がある。これは、多くの人々が初めてインターネットを使用し、ソーシャルメディアを使って憎悪を広め、地上で緊張を高めているミャンマーのような国は特に当てはまる」「ミャンマーでの人種的暴力は恐ろしいものがあり、フェイスブック上での誤った情報や憎悪（の発信）を防ぐには遅すぎた」などと記し、対応が後手だったことを認めて、監視体制の強化に取り組んでいると説明した。

さらに8月下旬、フェイスブック社は、ミャンマーの計18のフェイスブックアカウント、インスタグラムの1アカウント、52のフェイスブックページを削除した。これらのアカウントなどは、合計約1200万人がフォローしており、ミン・アウン・フライン最高司令官や軍系メディアのミャワディテレビネットワークなど、20の個人・組織も削除された。

ミャンマーでインターネットを国民が自由に使える環境になったのは、民政移管された2011年以降であり、つい最近のことだ。それまでの軍政当時は、ネットの回線速度を当局が極度に遅くして動画が見られない環境にしたり、欧米メディアやミャンマーの民主派メディアのサイトへの接続を遮断したりして、国民のネットへの接触を厳しく制限していた。

国民がネットを使いこなす経験が極めて浅いうちに、民主化改革によってスマホとフェイスブックが急速に普及した。このため、国民はフェイクニュースやヘイトスピーチが拡散する怖さを十分に理解しないまま、言い換えると、ネットリテラシーを身に着ける準備が不十分なまま、フェイスブック上で「新愛国心」に基づき、ロヒンギャを猛烈に攻撃した。

２０１８年９月に国連の事実調査団が公表した報告書は、「政府や軍を含むミャンマー当局は、ヘイトスピーチがまん延し、人権侵害が正当化され、差別や暴力への扇動が促される環境を促進してきた」と指摘しており、ロヒンギャへの敵対的な世論がフェイスブック上で増幅される状況を、ミャンマーの当局が助長してきた、と厳しく批判した。

## 「政治家スー・チー」に変貌

スー・チー氏は、自身の政権が発足した当初からロヒンギャ虐待問題の解決に消極的だったのだろうか。その後の冷淡な態度とは裏腹に、当初は問題の解決策を模索していたとみられる。

政権が発足して約５カ月後の２０１６年９月５日、スー・チー氏はコフィ・アナン元国連事務総長に強く協力を求めて、「ラカイン州諮問委員会」を発足させた。報告書によると、委員会は「ラカイン州の平和と発展を阻害する制度上や構造上の問題を取り除く」ための政策を立案し、それを政府に提言することが目的だった。つまり、スー・チー氏は、ミャンマーでは大きなタブーである仏教系住民とロヒンギャが共存共栄できる方策の検討を委員会に託したのである。

委員会は国家機関と位置づけられ、アナン氏が委員長を努め、委員９人のうち３人は外国人だった。

スー・チー氏の要請により、「ベンガリ」「ロヒンギャ」という言葉は使わず、代わりに「ムスリム」「ムスリム居住区」といった呼称を採用した。

委員会が設置された時期は、スー・チー政権では初めての大規模騒乱がラカイン州で発生する1カ月前のことだった。委員会を設けた頃は、2012年の暴動でミャンマー政府がロヒンギャをシットウェー近郊などの避難キャンプに閉じ込めたことに、国際社会の批判が続いていた。

ロヒンギャ系過激派組織のARSAが初めて国境地帯の警察などを襲撃したのは、スー・チー氏がアナン氏の委員会を設置した翌月だ。この委員会は、軍の虐殺問題などの究明は担わず、政策提言の取りまとめに集中した。調査に約1年を費やし、2017年8月に公表された最終報告書は、次のような勧告を政府に提示した。

最もインパクトが大きかった勧告は、1982年に制定された国籍法（市民権法）の改正だ。報告書によると、国籍法では、ミャンマーの国民は「生まれながらの市民」と「帰化した市民」に分けられており、「生まれながら」にしてミャンマーの国籍が与えられるのは、1823年以前から現在のミャンマー領内に定住しているカチン、カヤー、カレン、チン、ビルマ、モン、ラカイン、シャンの各民族などが対象で、ロヒンギャは含めていない。

また、1989年に軍政は全土で「市民権確認プロセス」を行い、国民が当時保有していた「国民登録カード」（NRC）に代わって、「市民権審査カード」（CSR）が発行されることになった。NRCを持っていたロヒンギャの大多数はこのカードを返却したが、代わりのCSRはロヒンギャには発行されず、無国籍状態になってしまった。

軍政は１９９５年以降、身分証明書を持たないロヒンギャや帰還難民には「暫定在留許可証」（ＴＲＣ）を発行するようになったが、テイン・セイン政権下の２０１５年初めに、ＴＲＣは突然無効とされた。これに伴い、選挙権と被選挙権も奪われたため、同年11月の総選挙では、ロヒンギャは立候補も投票もできなかった。２０１４年にはロヒンギャに国籍を付与するための手続きが導入されたが、申請書には蔑称の「ベンガル人」であると記入することが条件だったため、ロヒンギャは反発して申請をほとんど行わなかった。

最終報告書の勧告は、こうした国籍を巡る経緯を踏まえて、「人々を無国籍とするような国籍のはく奪・撤回は行わず、無国籍となってしまう者には国籍の再取得を可能とする」ことや、「無国籍のままミャンマーに永住している者には、帰化によって国籍が取得できる可能性を規定する」ことを検討して、国籍法の見直しに着手するよう政府に求めた。親子何代にもわたってミャンマーで暮らしているロヒンギャには、帰化によって国籍の付与を認めるべきだと勧告した。国民の猛反発が予想される一方、ロヒンギャにとっては画期的な提案だった。

最終報告書はさらに、ロヒンギャのラカイン州内の避難民は「ほぼ全面的に移動の自由を奪われている」うえ、その他のロヒンギャや一部の地元民も「政府から課された制限」「地元の役人がその場その場で定めた制限」「政府高官の汚職の結果、法外な値段に跳ね上がった旅費」などが原因で、移動の自由が奪われていると指摘した。このため、「（仏教系住民も含めて）ラカイン州に住む全ての人々は移動の自由という基本的権利に基づき、自由に移動できるようになるべきだ」と勧告した。

最終報告書を読む限り、スー・チー氏はロヒンギャと地元住民が穏やかに生活できる環境を整えようとしていたのではないだろうか。そもそもアナン氏に委員会への協力を依頼して、政府機関として設置したのはスー・チー氏本人だった。

ところが、最終報告書が公表された翌日の2017年8月25日、「アラカン・ロヒンギャ救世軍」（ARSA）がラカイン州北部の警察署などに最大規模の襲撃を行い、この最終報告書の存在は消し飛んでしまった。この襲撃のあと、軍の攻撃を逃れて約70万人のロヒンギャがバングラデシュに避難し、ミャンマー国内では2012年に起きた仏教系住民の少女殺害事件から続くロヒンギャの排斥運動が、フェイスブック上で一段と沸き上がった。そして国際社会からは、軍のロヒンギャ虐待問題に何も発言せず、何も動こうとしないスー・チー氏に対する猛烈な批判が吹き荒れた。

ロヒンギャ問題に関する発言は、何気ない表現や言い方でもミャンマー国民が激怒しかねない恐れがあることを、スー・チー氏は2012年6月と7月のNLD本部での記者会見で、嫌というほど思い知らされたはずだ。

ラカイン州北部で発生した2016年と2017年の大規模な動乱で、国民は「新愛国心」の下での「反ロヒンギャ」感情で強力に団結し、その嫌悪の矛先はスー・チー氏を批判する国際社会にも向けられた。そのような状況でスー・チー氏がロヒンギャ問題の解決に乗り出せば、NLD政権の存続が危うくなる可能性すら、当時のミャンマーには感じられた。激情的になっている国民を見て、スー・チー氏は、少なくともその時点では対応は避けるべきだと判断したのではないだろうか。むしろ、盤石な政権基盤を一段と強固にするためのテコとして、反ロヒンギャの世論を利用するという計算もあったのではないか。

スー・チー氏はまた、民主化指導者としての国際的な支持と評価を捨ててまで、自らが国際司法裁判所に出廷して軍の擁護を貫いた。それは、軍に恩を与えて国家運営の主導権を引き寄せ、少しでも軍に優位に立つ狙いからだろう。国民に対しては、国家の指導者として国際法廷に毅然と臨むことで、「軍より上」の存在であるとアピールした。

ミャンマーの憲法では、大統領ではなく軍の最高司令官が軍と警察の指揮権を持つ。国境警備も軍の所管だ。このため、スー・チー氏が軍の行動に口をはさむ権限はないが、ロヒンギャ難民などへの人道的な援助の協力は国内外に呼びかけられただろう。それすら行わなかったのは、スー・チー氏は国際社会から何を言われようと冷酷なまでに不作為に徹することで、国民を完全に味方につけ、軍には恩を作ろうとしたためとみてよい。その狙いは、軍の権限を幅広く認めている憲法を改正して、完全な文民統治に基づく民主主義国家を実現するためだ。国際社会からの地に落ちた自身への評価と引き換えに、スー・チー氏は政治家の歩みを始めた。

どれだけ欧米から批判されようと、スー・チー氏は鉄仮面のように無表情を貫いたが、内心はどうだったのだろうか。スー・チー氏と親密な関係者は、「スー・チー氏は（ロヒンギャ問題で名誉市民を取り消されたりして）表には出さないものの、実際はかなり参っている様子だった」と述べ、スー・チー氏は精神的に疲れていたようだったと語った。

軍政時代に「スー・チーの顔は見たくない」と話したという逸話もあるほど、スー・チー氏を嫌悪していた軍政最高権力者だったタン・シュエ氏は、ロヒンギャの騒乱の頃に親族を亡くした。スー・チー氏と極めて親しい関係者によると、弔意を伝えたスー・チー氏のもとに、タン・シュエ氏から思わぬ返礼が送られてきた。「政府はいろいろと問題を抱えているが、あなたなら乗り越えられる」――。そう記された手紙を読み、スー・チー氏は「勇気づけられた」と、とても喜んでいたという。

## 3章　加速感が乏しかったスー・チー政権下の経済成長

ミャンマーの経済規模は、軍事政権当時は経済政策の「無策」と欧米による経済制裁の影響で、東南アジア諸国連合（ＡＳＥＡＮ）加盟10カ国の中で最も貧しく、ＡＳＥＡＮの成長軌道から完全に取り残されていた。

ＡＳＥＡＮ内で経済発展の「先行組」であるタイ、インドネシア、フィリピンやマレーシアなどは、ベトナム戦争と東西冷戦構造の真っただ中だった１９６０年代から80年代にかけて、軍が政治への影響力を持つ強権的な体制下で経済成長を優先させる「開発独裁」の手法を軸に、工業化を進めた。米国は当時、東南アジア各国がベトナム、ラオスに続いてドミノ倒しのように共産圏に入ることを恐れており、各国の政治体制が強権的であっても、軍事面を含めて西側陣営に協力的であれば容認し、むしろ自陣営に囲い込むために経済援助のアメを与えた。具体的に貢献したのが同盟国である日本からの政府開発援助（ＯＤＡ）だった。大規模な港湾、幹線道路、電力、工業団地などの産業インフラ整備が日本のＯＤＡで着々と進められ、経済発展の基盤を築いた。１９８０年代半ば以降になると、プラザ合意後の急激な円高で日本企業のＡＳＥＡＮ進出が活発化し、先行国は工業製品などの輸出主導の成長パターンに乗った。

ミャンマーは、これとは正反対の道をたどった。１９６２年に軍事クーデターで発足したネ・ウィン政権は「鎖国」政策を取り、世界との経済のつながりを遮断した。以来、ビルマ型社会主義下で自給自足的な経済体制が敷かれ、タイやインドネシアのような「開発独裁」体制ではなく、外国との関係を断ったままの「開発なき独裁」体制が続いた。

1988年のクーデターで発足した軍事政権も、民主化勢力への人権弾圧に対する欧米の経済制裁でインフラ整備の援助資金が入らず、電力、港湾、道路などの整備はほとんど行われなかった。インフラ整備のための大型ODA案件や、外国企業の投資が流入してきたのは、2011年の民政移管以降の最近にすぎない。軍の独裁体制がもたらしたインフラ開発の「失われた50年」の空白は、あまりにも大きな代償となった。

ミャンマーは1997年にASEANに加盟したが、同じころ、ポル・ポト政権崩壊後の内戦が鎮静化したカンボジアと、東西冷戦構造の終結で国際経済体制への参加が不可欠となったベトナム、ラオスも加盟した。この4カ国は国名の頭文字を並べてASEANでは「CLMV」と称されており、経済発展の水準はタイやマレーシアなどのASEAN先行6カ国よりかなり遅れている。とりわけミャンマー経済の貧困は深刻で、2000年の国民一人あたりGDP（国内総生産）は170ドルと、CLMV4カ国平均の約半分しかなかった。タイへの天然ガスの輸出が始まった2003年頃から外貨準備は増加基調になったが、国民は貧困にあえいでいた。

潮目が変わった2011年以降は、一人あたりGDP（国内総生産）が上向き、同年（1089ドル）はカンボジア（890ドル）を超えてCLMVで3位に浮上した。それ以降、テイン・セイン政権下では、最終年の2015年まで3位を維持した。

日本経済の過去の経済成長に照らすと、ミャンマーの一人あたりGDPの水準は日本の1960年代半ば前後に相当する。東海道新幹線が開通し、東京五輪が開かれた頃である。もちろん、ミャンマーにそこまでの経済力はないが、ようやく経済成長を始めたのは確かだった。民政移管した2011年から5年間のテイン・セイン政権下のミャンマーの成長率は年平均7・1%と、ASEAN平均（5・2%）を上回って推移した。スー・チー政権の経済運営の最大の使命は、本格浮揚に向けて助走を始めた民政移管1期目の経済の勢いを加速させて、ミャンマー経済を離陸させることだった。

## 1. タイでかみしめた、埋めがたい経済格差

ここでいったん、2012年5月から6月にかけてのアウン・サン・スー・チー氏のタイ訪問に、もう一度時計の針を戻してみる。スー・チー氏は1988年に英国から帰国して以来、軍政から長期間にわたって自宅軟禁下に置かれ、ミャンマーの都市や地方、山岳部に住む人々がどのような生活をしているのか、五感で確かめる機会はほとんどなかったはずだ。タイにはミャンマーが抱えるさまざまな問題が凝縮されている。スー・チー氏は24年ぶりにミャンマーを出国して訪れたタイで、ミャンマーの経済の病巣を、初めて痛切に理解したと思われる。

「今回の旅は全て満足しています」。スー・チー氏は当時、バンコクからヤンゴンへ戻るタイ航空のビジネスクラスで、ヤンゴンから同行した本紙ストリンガーのミンさんに笑顔で語った。飛行中は乗客からのサインや記念撮影の求めに気軽に応じ、くつろいだ様子だったという。

スー・チー氏はその6日前、バンコクへの出発を待つヤンゴン空港の貴賓室で、ミンさんなどに淡々とこう話していた。「すでに国内各地を遊説で回っているので、外遊といっても特に感慨はありません」。しかしそれから数時間後、飛行機がバンコク上空に近づいた時、スー・チー氏は大きなショックを受けることになる。機長の計らいで操縦室に招かれ、眼下に広がるバンコクのきらびやかな光の海を見た瞬間、「私は灯に完全に魅了された。30年前はバンコクとラングーン（ヤンゴン）の夜景は変わらなかったのに」。両都市の経済発展の差に衝撃を受けたことを、バンコクでの講演で打ち明けた。

次のショックは、20万～30万人のミャンマー人労働者が水産加工工場などで働くバンコク郊外のマハチャイ地区と、ミャンマーの内戦から逃れてきた少数民族が生活するタイ北西部のメラ難民キャンプを視察した時だ。仕事と収入、平和と安全を求めて隣国のタイへ渡らざるを得ないミャンマーの人たちの現実を、目の前で直接感じた。スー・チー氏は滞在中、マハチャイを訪問する予定を急きょ追加して、2日続けて足を運んだ。そして大勢のミャンマー人の出稼ぎ労働者たちにマイクでこう呼びかけた。「みなさんが早く帰国できるようにします」――。

## タイの水産加工業はミャンマー人抜きでは成り立たない

仕事を求めてミャンマーからタイにやって来る「労働移民」は後を絶たない。その数は240万人とも300万人とも言われ、このうち3分の2はビザやパスポートを持たない不法就労とみられている。(8)タイ政府は自動車、電機などの外資系企業の工場を積極的に誘致しており、タイ人の労働力だけでは人手が恒常的に足りない。工場を新設・拡張して生産台数を増やしている自動車産業を中心に、産業界の推計では全体で50万〜60万人が不足しているという試算もあった。

これを補っているのがミャンマーからの出稼ぎ労働者だ。もはやタイ経済はミャンマー人労働者抜きでは成り立たなくなっている。ミャンマー人にとっては、ミャンマー国内には給料が高い働き口が限られている。このため、タイ国境近くに住むモン族、カレン族などの少数民族を中心に、ミャンマー人は仕事と給料を求めてタイに出稼ぎに来ており、タイの産業とミャンマーの労働力は相互に支えあう関係になっている。

バンコクから高速道路を車で30分ほど南西に走ると、タイ湾沿いに位置するサムットサコン県のマハチャイに着く。一帯はタイ有数の水産加工基地だ。大小約１０００の加工工場が集積し、日本や欧米市場に水産加工品を輸出している。この町では、漁船の乗組員から水産工場の工員まで、労働者のほぼ全てがミャンマー人だ。２０１０年代の前半当時、地元の水産業の関係者は、「タイの労働許可を持っているミャンマー人は約14万人で、不法就労も含めると推定で40万人がここで働いているよ」と話した。水産加工工場の幹部は「タイ人は、給料が高い外資系の自動車などの工場でしか働かない。ここには絶対に来たがらない。法定最低賃金でも働いてくれるミャンマー人は貴重な戦力だよ」と率直に言った。タイ人が敬遠するきつい仕事をミャンマー人がカバーしている。

ミャンマーから働きに来た労働者は、マハチャイにいくつもあるミャンマー人向けアパートの部屋を借りて、共同で生活している。それぞれのアパートは、住民が少数民族単位で分かれている。夜間にモン族のアパートを取材で訪ねた。10代から20代の子供４人と暮らす母のイエンさん（43）は、５年前にモン州からマハチャイに移って来た。「ミャンマーでは農業をしていたけど、家には電気も水道も通っていませんでした。ここは一部屋しかないけど暮らしは快適です」と笑った。

アパートの門扉は鉄格子で、頑丈なチェーンの錠が装着されていた。突然の強盗や警察の家宅捜索を警戒しているのだろう。アパートは2階建てで、共同の入り口の玄関を開けると、建物の内側は奥まで廊下が延び、廊下の両側に4戸ずつドアが並んでいた。アパートの中は、工場の仕事から帰って来たモン族の人たちのにぎやかな声があふれていた。

イエンさんの部屋は十畳ほどの広さのワンルームで、照明は薄暗い。そこで5人が暮らしている。子供たちは水産加工の工場で朝から夕方までエビの殻をむき、日給は、取材当時の法定最低基準の205バーツ（約550円）だった。長男のデンさん（23）は「仕事があるだけマシだよ」と苦笑した。ミャンマーの公式なパスポートを持っているのは一人だけだった。

別のアパートで暮らすモン族のキン・モン・ウィンさん（35）は2010年代当時で17年前に、ミャンマー東部の山間部からマハチャイに移ってきた。朝3時から12時間働き、稼ぎは月1万バーツ（約3万2000円）だった。「仕事はつらいけど、以前は自給自足の生活だったから。家族4人でここに住むには十分な収入ですよ」と笑顔で語った。

別の20代のモン族女性は、工場の同僚と2人でアパートのワンルームを借りている。「月収は4000バーツ（約1万3000円）。給料の半分以上はモン族の人づてに、モン州の田舎の両親へ仕送りしています」と話した。

マハチャイには、外国人労働者の人権状況を監視している「レーバー・ライツ・プロモーション・ネットワーク」という地元のNGOがある。代表のソムポンさん（39）によると、ミャンマー人は仕事のあっせんを請け負うブローカーを通じて、タイにやって来るケースが多い。イエンさん一家も一人1万2000バーツ（約3万2000円）から1万5000バーツ（約4万4700円）をブローカーに払い、マハチャイ行きを依頼したという。一家はブローカーの先導で山道を歩き、国境付近で別のブローカーに引き渡され、タイの道路を車でマハチャイまで連れてこられたという。ミャンマー人労働者たちは、モン州やカレン州の実家への仕送りも、ブローカーに手数料を払って送金してもらっている。

不法就労でタイに住んでいると、労働者は不当な待遇を受けても当局に訴えることを控えるため、より不安定な立場に置かれる。ソムポンさんは「給料の不払いはもとより、一緒に住む児童も働かされたりするケースがある。町で警官に金を不当に要求される問題も起きており、労働災害に遭っても補償は不十分です」と指摘した。

マハチャイに住むミャンマー人からは、こんな話を聞いた。たまに町の辻々に警官が立ち、通りがかったミャンマー人を呼び止めて、パスポートを見せるよう尋ねてくる。外国人はパスポートの携行を義務づけられているが、ふだんはタイ駐在の日本人ですら多くは持ち歩いていない。警官はパスポートの不所持を理由にその場でミャンマー人に金を出すよう要求する。手軽な小遣い稼ぎである。警官を装った「偽警官」もいるという。

1990年代半ばからマハチャイの工場で働く女性（30）は、ミャンマーで理系の大学を卒業したものの就職先がなかった妹（25）を呼び寄せた。「ミャンマーには仕事が全くありません。このままタイに残りたいです」と女性は語った。

国際労働機関（ＩＬＯ）の調査では、タイの外国人労働者はミャンマー人が約８割と大部分を占め、残りはカンボジア人とラオス人だ。外国人は農水産業や建設工事の現場で働き、２０１０年頃の彼らの生産額はタイのＧＤＰの５～６％にのぼるという試算もあった。ミャンマーの故郷への仕送り総額は年間３７０億バーツ（約１２００億円）とも推計されていた。

少数民族武装勢力の新モン州党（ＮＭＳＰ）の支配地域と、タイ側のサンクラブリを結ぶ山道の途中には、両替屋を兼ねた小さな食堂がある。ＮＭＳＰの支配地域の村に戻る出稼ぎ帰りのモン族が、バーツをミャンマー通貨のチャットに交換していた。

そこから１００キロほど北には、モエイ川という国境の川が流れている。川をはさんで向き合うタイのメソトという町と、ミャンマーのミヤワディという町の一帯は、アジア開発銀行（ＡＤＢ）の援助で整備が進む国際物流道路「東西経済回廊」の要衝だ。モエイ川にかかる「友好橋」は車と歩行者が通れるが、徒歩で渡ると10分ほどかかり、勾配があるためかなり疲れる。

図2-1　ミャンマー東部と
マハチャイの位置関係

タイ側の橋のたもとにある国境事務所には、入国手続きを待つミャンマー人の労働者たちが、いつも橋の途中まで長い列を作っている。少数民族武装勢力の支配地域を通るルートとは異なり、ここは正規の出入国ルートだ。国境事務所の道の両脇には、相乗りのワゴン車が数十台並び、車体の屋根に行き先の表示板が掲げられている。入国手続きを済ませたミャンマー人の労働者たちはワゴン車に乗り込み乗り、マハチャイであれば10時間ほど車に揺られ、ここから出稼ぎ先の町に向かっていく。

## 「三つの問題があることを知った」「タイに並ばなければ」

予定を変更してマハチャイを２日続けて視察したスー・チー氏は、この水産加工業の町で働くミャンマー人に三つの深刻な問題が存在していることを感じた。「最低賃金を守らない工場の経営者」「それに対処しようとしないタイ側の行政組織」「自分たちを保護する権利を知らないため、不当な扱いに泣き寝入りするミャンマー人労働者」である。スー・チー氏は滞在中、タイのアピシット前首相と会談した際、マハチャイへの訪問に触れ、ミャンマー人の労働環境を改善する必要があると訴えた。タイのチャレム副首相との会談を終えるとすぐに、スー・チー氏はマハチャイを再び訪れ、ミャンマー人労働者に滞在許可証を発給する現地の行政事務所に乗り込み、円滑な発給に向けて手続きの改善を直訴した。

スー・チー氏がこの事務所に来ることを知った１０００人ほどのミャンマー人労働者が事務所前の広い駐車場に集まり、整列してスー・チー氏の車を大歓声で迎えた。伝統楽器の弦楽器や打楽器を打ち鳴らし、トランス状態のようになって踊っている人たちもいた。ミャンマー人労働者が隣国タイで差別的な扱いを強いられる場合があることを知ったスー・チー氏は、事務所棟で担当官と協議した後、最上階の３階から眼下のミャンマー人たちに語りかけた。

「みなさんが抱えている問題を解決するため、タイ政府とこれからも協議を続けます！」。歓喜のシュプレヒコールが沸き起こり、スー・チー氏の車が去ったあとも歓声がやまなかった。

タイから帰国して数日後、スー・チー氏はヤンゴンのＮＬＤ本部で記者会見を開いた。ロヒンギャ問題の一言が、ＳＮＳで大炎上を招いた時の会見である。「政治、経済、社会の全てでタイに並ばなければ、（タイに出稼ぎに出ている２００万人以上とされるミャンマー人の）労働者と難民の帰国は実現しません」と、スー・チー氏はタイで痛感したことを率直に語った。

バンコクでの世界経済フォーラム東アジア会議では、スー・チー氏はミャンマーで若者の失業者が多い問題について、「彼らは、仕事がなければ将来に夢を持つことができません」と話し、若者が働く場を多数創出することが、政府の大事な役割であると強調した。

スー・チー氏がタイ訪問で実感した経済政策の重点課題は、構造改革を推進してミャンマーの経済成長力を高め、国内に雇用の場を数多く作り出すことだった。タイ航空の操縦室から見た、光の洪水が広がるバンコクの夜景にヤンゴンが追いつくには、かなりの年月と政策的な努力が必要だ。スー・チー氏は、長い軍政の間にミャンマー経済がタイに大きく引き離されてしまった現実を、タイの滞在でかみしめた。見方を変えると、ミャンマーの政府が実行すべき経済政策の課題を理解し、整理することができた。

## 2. 政権の経済政策は期待外れに

タイを訪問してから4年後の2016年3月、アウン・サン・スー・チー政権が発足した。国内外の企業やビジネス関係者は、テイン・セイン政権が推進した大胆な経済改革の流れを、スー・チー政権がどう強化していくかに大きな期待と関心を寄せていた。しかし、政権発足から時間が過ぎても経済政策はなかなか発表されず、ビジネス界からは、スー・チー氏と国民民主連盟（ＮＬＤ）の経済運営能力に、早くも疑問符が点滅を始めた。

それが失望感に悪化したのが、2016年7月26日に発表されたスー・チー政権の12項目の経済政策だった。政権発足から公表まで約4カ月もかかったうえ、政策の中身に具体性がなく、NLDの拙い政策手腕に企業関係者から落胆の色が広がった。

ネピドーの国際会議場でスー・チー氏がビジネス関係者、在ミャンマーの各国外交官などに発表した12項目の経済政策は、次のような内容だった。まず経済政策のビジョンとして、「人」を政策の中心に据え、天然資源の公正な配分に基づき、「国家の和解を支える経済的枠組みの確立」を目標に掲げた。その目標を達成するための四つの政策の目的として、①国民和解と連邦国家の創出を支援する、②政府と地域でバランスの取れた経済発展を達成する、③有能で熟練した新しい世代が現れる機会を創出する、④全ての市民の参加と技術革新、および努力を通じて積極的な発展を達成、維持できる経済システムを創設する――。

そして、それらの目標を実現するための施策として、次の12項目を列記した。①透明で効果的な財政管理、②中小企業の支援と国有企業の改革および民営化、③職業訓練の改善と拡大を通じた人材育成、④発電、道路、港湾など基本的な経済インフラの迅速な整備、⑤全ての市民に雇用機会を創出、⑥農業と産業のバランスが取れた経済モデルを確立し、食料安全保障と輸出の増加を可能にする、⑦民間部門の成長を可能にするため、外国投資を増やす具体的な政策と財産権、法の支配の強化、⑧金融システムと金融の安定、⑨環境的に持続可能な都市開発、公共サービスの向上、文化遺産の保護・保存、⑩政府の歳入を増やすため、公平で効果的な税制の導入、⑪技術革新につながる知的財産権をサポートする技術システムの確立、⑫ASEAN内外で発展しているビジネス機会の活用――。

スー・チー政権は、経済政策の「ビジョン」でうたったように、少数民族武装勢力との国民和解を実現して連邦国家を構築することが政権の最重要課題であり、経済政策の第一の目的は、それに貢献することである、と位置づけている。全体を通して、国民和解や地域間の平等など、「民主化勢力」としてのポリシーを前面に打ち出した印象が強い。国家のかじを取る責任政党として、外資の導入や雇用機会の創出、国民の貧困脱却、生活環境の改善などの課題に具体的にどのような政策で取り組むのか、という肝心の部分は示されなかった。

ロイター通信やミャンマーの民主派メディアのイラワディ、地元の英字新聞ミャンマータイムスなどの各メディアは、この政策に辛辣な論評を掲載した。ロイターは、「わずか3ページの文書は詳細が著しく軽視されており、企業の懸念を和らげるにはほとんど役立たないだろう」「目標を達成するための方法の詳細や、計画が欠けている」と厳しく批判した。イラワディは、発表会に出席したミャンマーの大手企業の会長のコメントとして、「これらの経済政策は一般的すぎる。大臣が国の経済発展を助けることができないなら、彼らは辞任すべきだ」というビジネス界のかなり強い不満を伝えた。

ミャンマータイムスは、政策の発表を歓迎する企業関係者の声とともに、「一般的な内容にすぎない。われわれができることは一つしかない。（政府が今後具体的にどう動くのか）成り行きを見守るだけだ」という参加者のネガティブなコメントで記事を締めくくっている。

情報省は国内外のメディアの記者など約50人の会場への入場を、パス（許可証）を持っていないという理由で断り、事実上、取材を拒否した。新政権が初めて打ち出す経済政策であり、取材をオープンにしてメディアを通じて国民に丁寧に内容を説明すべきだった。このメディア排除の対応も批判を呼んだ。

２０１５年11月の総選挙でＮＬＤが圧勝してから、この日の発表まで9カ月近く経過していた。この間、ＮＬＤの内部で、政権発足と同時にスタートダッシュで経済課題の解決に対処する準備は進められていたのだろうか。スー・チー氏は野党時代から、「法の支配」「法の下の平等」「憲法改正」「国民和解」「連邦国家の構築」などの定型のスローガンを国民に呼びかけ、それらの重要性を訴え続けてきた。しかし、今回の経済政策に限らず、ＮＬＤを取材してきて感じるのは、政治、経済、社会保障、外交など国家としてしっかり対処しなければならない分野で、スー・チー氏やＮＬＤ幹部から具体的な政策を耳にした記憶はない、ということである。

辛辣にいえば、ＮＬＤは「民主化勢力」から責任政党の域に脱皮できず、政策を企画立案する能力の面で国家を運営できるレベルに達していなかった。政権発足に向けた準備期間に、多岐にわたる分野の具体的な政策を練り上げていく作業が、明らかに不足していた。もちろん、国や行政の運営に関わった経験がない中で、出だしから国家を鮮やかに運営することは難しく、助走期間が必要なことは理解する。私が気になったのは、外部の有識者や民主化グループ、ＮＧＯ、少数民族などに声をかけて、政権運営への協力や助言を求める姿勢が欠けていたことだった。

### 不透明な行政手続きに外国企業から強い不満

政権発足後、日本や欧米などの外国企業からは、テイン・セイン政権と比べて「行政の許認可手続きに時間がかかり、いつ許認可が下りるのか全くめどが立たなくなった」という不満の声が多く聞かれるようになった。結局、行政手続きの遅延問題は、アウン・サン・スー・チー政権の期間中、最後まで解消されなかった。

在ヤンゴンの西側外交官は政権発足当初、「ある大臣が許認可申請にOKを出しても、次にそれを経済関係の政府の委員会に諮り、そこを通過したら次は閣議で決定し、さらに大統領府に挙げて大統領から承認を得る——というように、案件ごとにどのようなプロセスを経て最終決定が下されるのか、全く不透明になっている。許認可までにどれだけの時間がかかるのか、めどがつかない」といら立ちを隠さなかった。それから数年を経た後も、「政権が発足した当時に比べると。少しずつ改善されている。しかし、とてもまだまだの水準だ」と指摘した。

世界銀行が毎年発表している各国のビジネス環境の競争力を示すランキング（Doing Business rankings）で、ミャンマーは2014年に初めてランク付けされた際、189カ国の中で182位とほぼ最下位だった。ASEAN10カ国の中では、9位のラオス（159位）より23位も下だった。その後のランキングでも、ミャンマーはASEANでは最下位が定位置となり、世界189カ国の中では、2015年が177位、スー・チー政権になった16年は167位、17年170位、18年171位、19年171位、20年は165位と、常に170位近辺をさまよっていた。ASEAN10カ国の順位では、カンボジア8位、ラオス9位、ミャンマー10位の並びが固定化され、ヤンゴンの日本企業の関係者からは、「テイン・セイン政権の方が行政手続きも円滑に進み、ビジネスはやりやすかった」という声が多く聞かれた。

日本貿易振興機構（ジェトロ）の2017年度の海外進出日系企業実態調査によると、スー・チー政権が発足した17年度当時に、日系企業がミャンマーでビジネスを展開する際の悩みだったのは、①原材料・部品の現地調達の難しさ、②電力不足・停電、③品質管理の難しさ、④物流インフラの未整備——だった。「ミャンマーでは技術力がある中小企業が育っていないために原材料・部品の現地調達が難しく、期待通りのコスト削減効果が見込めない」「発電所は老朽化して電力供給力が不安定なため、工場やオフィスは慢性的な停電に悩まされている」「道路と港湾の整備が遅れており、原材料や商品の輸出入に支障をきたしている」——。調査結果から、そのような日本企業の懸念が浮かび上がった。

もちろん、ミャンマーは軍政当時に産業インフラの整備が行われなかったという大きなハンデを抱えており、日本の官民が政府開発援助（ＯＤＡ）や技術協力などを通じて、ミャンマーの経済と企業の発展を支援することは当時の重要課題だった。一方で、ＡＳＥＡＮ内で他の加盟国と競争して外資を継続的に呼び込んでいくには、政府も外国企業の要望に耳を傾け、投資やビジネスの環境を改善する取り組みが欠かせない。スー・チー政権は発足当初、そうした姿勢とノウハウが乏しかった。

## スー・チー政権下の経済成長は減速

スー・チー政権下のミャンマーの経済成長率は、政権が発足した２０１６年から、新型コロナウイルスの感染拡大による特殊要因を含まない２０１９年までの4年間では平均6・4％と、テイン・セイン政権下の平均成長率（7・1％）を下回った。カンボジア、ラオス、ミャンマー、ベトナムのＣＬＭＶの4カ国で比較すると、テイン・セイン政権当時の平均成長率はＣＬＭＶの平均を上回って推移したが、スー・チー政権下ではＣＬＭＶの平均（6・7％）に達しなかった。民政移管後に経済改革と制裁

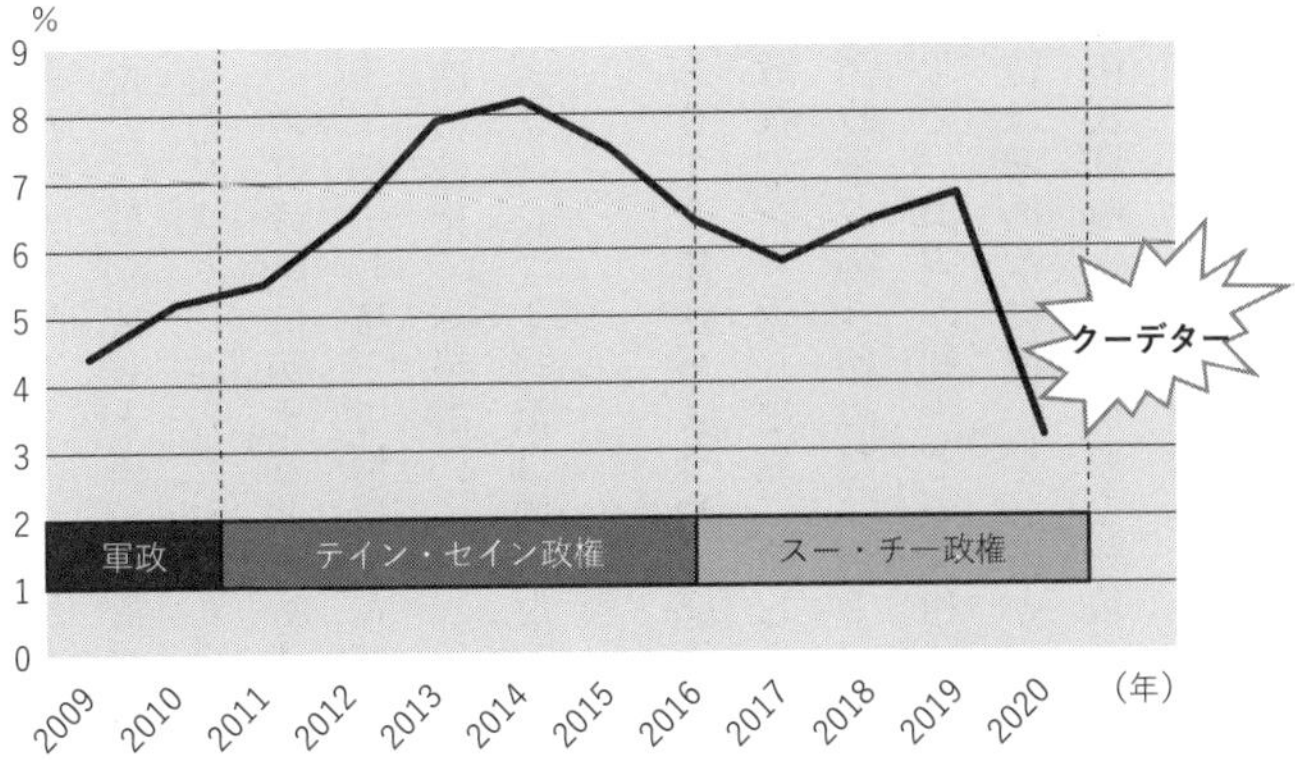


図2-2　軍政、テイン・セイン政権、スー・チー政権下の成長率の推移

解除の追い風を受けて伸長した経済成長の勢いは、スー・チー政権下でブレーキがかかってしまった。

最も大きな要因は、経済改革の深掘りが進まなかったことだ。スー・チー政権は12項目の経済政策を2016年7月に発表した後、追加の具体的な政策が示されず、経済運営に対する企業の期待はしぼんでいった。加えて、ラカイン州で発生したロヒンギャの弾圧問題も影響して、人権を重視する欧米企業を中心に外資の流入が鈍化したことも、成長に影を落とした。

ロヒンギャ問題を巡っては、スー・チー政権と軍への国際社会の批判が強まったことを踏まえて、欧米が再び経済制裁に踏み切るのではないか、という観測も浮上した。しかし、在ヤンゴンの西側外交官は当時、「米国は、中国のミャンマーへの一帯一路政策を苦々しく見ていた。米国がミャンマーに経済制裁を科せば、その隙に中国のミャンマーへの影響力がますます強くなる。このため、米国は制裁を極力回避したい考えだった」と米政府の本音を解説した。

結局、欧米はロヒンギャ問題では経済制裁を発動しなかったものの、外国企業は将来への不確実性を抱えるミャンマーへの投資や進出を敬遠する動きも出てきた。その結果、ミャンマーへの外国からの直接投資額は、民政移管後の最多だった２０１７年の40億ドルから、18年は16億ドルに激減した。

ただ、経済成長と外資の直接投資の勢いが減退したとはいえ、その影響で景気が底割れして急速に落ち込むリスクにさらされたわけでもなかった。ミャンマーの経済発展を「ホップ」「ステップ」「ジャンプ」の３段階に例えると、テイン・セイン政権下の経済改革と外資の投資ブームで「ホップ」した後、スー・チー政権下で構造改革と産業インフラの整備を一段と進めて力強く「ステップ」を踏み出し、その次の政権で本格的に「ジャンプ」して経済を離陸させる、という展開が理想だった。しかし、実際には、ミャンマー経済は緩慢なペースで下降基調をたどっていった。

## ２０１８年からようやく経済政策が動き出す

政権が折り返し地点に差し掛かった２０１８年頃になり、ようやくアウン・サン・スー・チー政権の経済政策が動き始めた。スー・チー政権は発足からそれまでの間、少数民族武装勢力との停戦合意を達成して、国内の和平と国民和解を実現させることを最優先課題として取り組んできた。経済対策の優先順位はその次に置いていたが、ヤンゴンの外交官は、「ＮＬＤにとっては憲法の改正と、停戦合意による国民和解が最も重要な政策課題だったが、国民の最大の関心事はそれではなく、経済成長だということに、スー・チー政権は２０１８年頃になってようやく気づいた」ためだと指摘した。

「政権発足以来の政策が、国民の求める政策とマッチしていたかどうかという点で、スー・チー氏はそれまでのＮＬＤの取り組みが失敗だったことに気がついた」という。スー・チー政権と国民の間に政策のミスマッチが生じていたことがわかり、経済重視路線に軌道修正が図られた。

スー・チー政権は２０１８年8月、同年から２０３０年までの12年間の長期にわたる開発政策を示した「ミャンマー持続可能な開発計画」（ＭＳＤＰ）を発表した。計画は、２０１６年7月に発表した12項目の経済政策を肉付けした内容と位置づけられており、12項目の具体策を決めるのに2年も費やしたことになる。その間、経済政策は空白期間だったことを示している。

計画は三つの柱、五つの目標、28の戦略、２５１の行動計画というツリー状に構成され、五つの目標として、①平和、国民和解、安全、良い統治、②経済の安定とマクロ経済運営の強化、③雇用創出と民間主導の成長、④21世紀社会に向けた人的資源と社会開発、⑤国家の地位向上のための天然資源と環境――を掲げた。

スー・チー氏はＭＳＤＰの序文で、「予算上の懸念は重要ですが、国にとって本当に必要なプロジェクトを選択して、優先順位を付けることは、はるかに重要です」「国家プロジェクトは、全体的な視点と国家の福祉を念頭に設計されるべきです」「開発の持続可能性と調和に焦点を当てる必要がありますす」と記し、真に優先順位が高いプロジェクトは、財源や財政赤字などの財政面からの視点にとらわれず、国家的な観点で取り組んでいく必要がある、という認識を示した。開発の持続可能性と環境との調和に配慮する必要性も強調した。

２５１の個々の行動計画は、完成時期など実現目標の具体的な年限が示されてなく、メニューを列記しただけの総花的なリストという面は否めないが、２０３０年までの長期的な国造りのビジョンの方向性を初めて定めたことは評価できた。

あるプロジェクトに財政的な制約から国家予算を充てることが難しいケースでは、民間資本を公共サービスに導入するＰＰＰ方式や、金融機関からのプロジェクトファイナンス、政府開発援助（ＯＤＡ）、さらにその他の「革新的な資金調達モデル」を通じて実行する方針も示した。

プロジェクトへの外資を含む民間資本の参加を促すため、外国の企業や投資家への情報公開にも努めている。具体的には、ＭＳＤＰに基づく優先プロジェクトなどの細目を詳細な一覧にして、個別案件ごとに民間からの提案募集時期や審査期間、完成までのスケジュールなどをチェックできる「プロジェクトバンク」を、ウェブ上に公開した。スー・チー氏は、外国企業へのミャンマーの投資促進フォーラムにも積極的に出席して外資に進出を直接呼びかけるなど、政権発足からそれまでの対応と比べて、明らかに経済政策に本腰を入れ始めた。

## スー・チー氏がモン州の経済特区（ＳＥＺ）構想を打ち出す

アウン・サン・スー・チー政権の二期目をかけた総選挙を11月に控えた２０２０年7月、スー・チー氏はミャンマー東部のモン州に経済特区（ＳＥＺ）を開発する構想を、突如表明した。ジェトロ、日本大使館、ミャンマー政府がコロナ禍の影響で、オンライン形式で開催した「日本ミャンマー投資ダイアログ」で、スー・チー氏はビデオメッセージの中でＳＥＺ構想を明らかにし、「域内で最も魅力ある投資先にしていきたい。モン州のＳＥＺ開発は、東西経済回廊に接続する画期的なプロジェクトになる」と強調した。突然浮上した大型開発構想に日本側はざわめき立った。

ミャンマー国内のＳＥＺは、テイン・セイン政権時に日本主導で開発したヤンゴン近郊のティラワ特区のほか、タイのデベロッパー「イタリアン・タイ・デベロップメント」社とタイ政府が開発に意欲的な南部のダウェイ特区構想、中国がインド洋側から雲南省に貫く石油・天然ガスパイプラインのインド洋側起点にあたるチャウピューで進めるチャウピュー特区開発と、計画段階を含めて計3カ所ある。

モン州のSEZ構想はこれに続くもので、軍政時代も含めてミャンマーの政権が具体的な地域振興策を打ち出したのは初めてだった。モン州の州都モーラミャインの人口は約50万人で、ヤンゴン、マンダレーに次いで多い。モーラミャインを軸にSEZと絡めてモン州内を開発すれば、外資系企業の生産拠点がほとんど進出していなかったミャンマー東部での産業集積が期待される。

2021年2月のクーデターで、モン州SEZ構想の先行きは不透明になった。だが、実現すれば外資の進出によってモン州に多くの雇用の場が創出され、地域経済の浮揚が図れる。国土の均衡的な発展を図る観点から、私は民主化復帰後にモン州SEZ構想を推進すべきだと考えている。

その場合、第二次大戦中に日本軍がタイとビルマ（現ミャンマー）間に建設した泰緬鉄道のビルマ側ルートを国際規格の物流道路として整備して、タイ国境のスリーパゴダパスでタイ側の道路と接続すべきだ。そうすれば、ベトナムのダナンやホーチミンからカンボジアを抜け、タイのバンコク近郊を通ってスリーパゴダパス経由でモーラミャインに達するインドシナ半島の陸路の大動脈が開通する。ミャンマーやタイ、カンボジア、ベトナムの経済成長への寄与に加え、日本企業などASEANに進出している外国企業にとっても、ミャンマー東部とインドシナ半島側でサプライチェーンの強靱化が図れる。この構想については、第4部で具体的に提案する。

# 4章　逆戻りした言論・報道の自由

2011年に民政移管で発足したテイン・セイン政権は、ネ・ウィン独裁政権当時から約半世紀も続いてきた民間メディアが発行する新聞への事前検閲制度を撤廃し、民主主義の根幹である言論・報道・集会の自由を解禁した。ミャンマーでは、それまで日刊の新聞発行は国営紙のみで、民間紙は週刊しか発行できなかったが、民間にも日刊の発行が認められたため、多くの日刊紙が誕生した。軍政時代は、街角で政治の話題を口にしただけで、市民に紛れ込んだ私服警官に連行されるか、市民に密告されて警察に連行された、といわれるほど暗黒の「監視国家」だったミャンマーは、国民が自己を自由に主張できる社会に大転換を遂げた。

アウン・サン・スー・チー氏が率いる民主派政党の国民民主連盟（NLD）が政権を握れば、ミャンマーの言論・報道の自由は一段と強固なものになる、と誰もが期待していた。しかし、スー・チー政権は言論・報道・表現の自由を恣意的に締め付けるようになり、軍政時代の方向に逆戻りしてしまった。

## 1．「アウン・サン・スー・チーの衝撃的な裏切り」

パリに本部を置く国際ジャーナリスト組織「国境なき記者団」は、国別に毎年公表している「世界の報道自由度ランキング」の2019年版で、ミャンマーに関する項は「Aung San Suu Kyi's shocking betrayal」（「アウン・サン・スー・チーの衝撃的な裏切り」）という、まさに衝撃的なタイトルを掲げて、スー・チー政権による報道・言論規制を痛烈に批判した。

分析によると、「メディアの自由は、2016年以来支配してきた『ヤンゴンのレディー』（筆者注・スー・チー氏を指す）が率いる政府の優先事項ではない」と断じ、スー・チー政権は報道の自由や国民の「知る権利」の保護に消極的である、と非難した。「報道自由度ランキング」でミャンマーは2013年から2017年にかけて20位上昇したが、「今はその逆が起きている」として、言論・報道を取り巻く環境が再び悪化している状況を嘆いた。

国境なき記者団は、スー・チー政権による報道の自由に対する「最大の打撃」として、ロヒンギャに対する治安部隊の弾圧問題を取材していたロイター通信のミャンマー人記者2人が2018年9月、国家機密法違反の罪で懲役7年の判決を下されたことを挙げた。

2人は警察当局の関係者からロヒンギャ事件の資料を受け取った直後に逮捕されており、逮捕は警察が仕掛けたわなだった、という見方がミャンマーでは支配的だ。ミャンマーでは例年、ミャンマー正月に合わせて全国の受刑者の恩赦が実施されており、2人は2019年5月、その一環として大統領の恩赦で釈放された。しかし、有罪判決自体は維持されたままになっている。

19年版のリポートはさらに、スー・チー政権が「ロヒンギャ」という言葉をメディアが記事で使うことを禁止したとして、これを避難した。加えて、「ジャーナリストへの恣意的な訴追が乱発される原因になっている」として、電気通信法66条（d）の早急な是正を要求した。

電気通信法66条（d）は、インターネット上での中傷や脅迫、侮辱などに対して、最高で懲役3年の刑を規定している。違反の定義自体があいまいなため、当局がいかようにも拡大解釈して適用できる点を問題視した。

この条項のもう一つの問題点は、国民がフェイスブックなどのＳＮＳやネット上で自分の意見を発言（書き込み）した際、その書き込みの中で指摘された人物に代わって、第三者が書き込みに対して名誉毀損の申し立てを行えることである。例えば、ある人がフェイスブックで大統領の政策を批判した際に、それを読んだ第三者が「この書き込みは大統領の名誉を損なっている」と判断すれば、その第三者が書き込んだ人を名誉毀損で訴えることができる。

国際人権団体のヒューマン・ライツ・ウオッチ（ＨＲＷ）は２０１９年2月1日、「言論と集会の自由を犯罪とみなす法律の廃止・改正」を求める声明を発表し、「ミャンマーでは、政府や軍およびその関係者、もしくはラカイン州やカチン州での人権侵害に批判的な発言をすれば、しばしば逮捕や訴追の対象になってしまう」として、言論や報道を封じ込めるための道具として、この条項が使われていると非難した。さらに、「ミャンマーの新政権下（スー・チー政権下）で、報道に対する権力濫用が特に著しくなっている」として、「悪法」を改めようとせず、むしろそれを使って言論・報道の自由を制限しようとするスー・チー政権の姿勢を批判した。

「電気通信法第66条（d）」の適用拡大の問題については、従来強い批判を浴びてきた。ＨＲＷ、国境なき記者団、アムネスティ・インターナショナルなどの国際団体からミャンマー国内の少数民族関係の組織に至るまで、合計61の人権団体は２０１7年1月、同条項の廃止を求める共同声明を発表した。

第三者も含めた誰もが当事者の代わりに名誉毀損を申し立てられる条文が存続する限り、「政府の役人や政策を批判する人たちは、常に投獄の危険にさらされる」ためである。フェイスブックでティン・チョー大統領を愚か者扱いしたり、軍を嘲笑するメッセージを投稿したりした個人が拘束された実例を元に、「NLD政府と軍は条項を恣意的に適用している」と非難した。

ＨＲＷは２０１９年1月、「へし折られた希望　ミャンマーにおける平和的表現の自由の刑罰化」と題した報告書を公表し、スー・チー政権が２０１６年に発足して以来の電気通信法、平和的集会・デモ行進法、刑法を含む国内法の適用状況を、詳しく検証した。編集に関わったＨＲＷのアジア担当法律顧問はＨＲＷのウェブサイトで総括的な見解として、スー・チー政権下で報道機関や記者に対する権力の濫用が特に顕著になったと指摘し、「スー・チー氏とＮＬＤは、新しいミャンマーを作ると約束したが、依然として平和的な発言や抗議を行う人たちを訴追し、古びた弾圧的な法律を改正せずにいる」と批判している。

この報告書によると、スー・チー政権は電気通信法第66条（d）の適用を急激に拡大しており、名誉毀損を罪とみなす同法や他の法律を繰り返し適用して、政府や軍を批判したり侮辱したりした表現者を訴追してきた。２０１８年12月には、３人の平和的な活動家が、北部のカチン州で起きた少数民族武装勢力と軍の戦闘で避難を余儀なくされた人々の保護を求めたところ、軍を中傷したとして有罪判決を受けた。４月には、８人の高校生が風刺的な反戦劇を演じて軍を中傷したとして有罪判決を下され、この劇を動画配信した男性も、同法66条（d）違反で有罪判決を受けた。先の法律顧問は、「スー・チー国家顧問が率いる政府は、軍事政権が使っていた弾圧の道具を廃止する真の機会を手にしたにも関わらず、その道具を平和的な批判者や抗議者に使う道具を選んだ」と指摘している。

ミャンマーでは２０１８年１月、報道と表現の自由を守る目的で、20代の若者たちが「Athan」（ミャンマー語で声の意味）というグループをヤンゴンで結成した。リーダーのマウン・サウンカ氏は、２０１５年にウェブ上で発表した詩が電気通信法違反とみなされ、当局から逮捕された経験がある。活動１周年を迎えた２０１９年１月に彼らがツイッターで発表した「報道・表現の自由の侵害状況」に関する独自調査結果によると、２０１８年の１年間に同法違反を中心に１０３件、２１７人が報道・表現を巡って起訴された。このうち９件、12人がジャーナリストだった。

同様にAthanの調査によると、２０１６年から２０２０年までのスー・チー政権下の４年間では、報道・表現に関わる罪で合計１０５１人が訴追された。このうちスー・チー政権側が告訴したケースは２５１件、軍が告訴したケースは52件で、スー・チー政権側が告訴した件数が軍を５倍近く上回っていた。ＮＬＤが、政権に批判的な言論や表現に過敏に反応していた様子がうかがえる。

訴追された全体の内訳は、市民が４９５人（約47％）、市民活動家は３２６人（約31％）で、一般市民が８割近くも占めている。続いてメディア関係者67人（約６％）、政党関係者60人（約６％）の順だった。このうちメディア関係者には、デモを取材して懲役２年の実刑判決を受け、服役中の記者もいた。

スー・チー氏とＮＬＤは、民主化社会の実現を党是として軍政時代から活動してきたが、電気通信法などを使って報道をコントロールしようとする姿勢は、軍政と基本的に変わらない。政府はカチン州での軍による少数民族武装勢力のカチン独立軍（ＫＩＡ）に対する空爆を含む攻撃や、軍の掃討作戦が行われたロヒンギャの集落へのメディアの取材を禁じた。記者が現地に入れば、これらの法律などに基づき、直ちに逮捕される恐れがある。軍が現地情勢を発表しても、「官製発表」の内容が事実かどうかをメディアが独自に確認するのは困難だ。

民政移管で自由が広がったミャンマーの言論空間は、言論が徹底的に検閲、管理されていた軍政当時ほどではないとしても、スー・チー政権になって再び窮屈になった。２０２１年2月のクーデター直後、軍はインターネットの遮断や民間メディアのライセンス取り消しを行ったが、その際のツイッターには、「この国には、前政権（スー・チー政権）から言論の自由はなかったのだから、大して変わらない」という、皮肉を込めたツイートが流れていた。

# ５章　外交は「親中国」路線にＵターン

## １．「バランス外交」に翻弄された中国のトラウマ

軍政時代には「中国一辺倒」だったミャンマーの外交政策は、民政移管で発足したテイン・セイン政権が欧米との緊密化を重視する方向にかじを切り、中国と欧米をてんびんにかけて国益を導き出す「バランス外交」路線に転換した。中国にとって、中国国営企業がカチン州で進めていたミッソン水力発電ダムの建設工事が、欧米寄りに傾倒するテイン・セイン政権から突然中止に追い込まれたことが、その後の対ミャンマー外交のトラウマとなった。

中国は、インド洋側のラカイン州チャウピューと雲南省瑞麗を結ぶ石油と天然ガスのパイプラインに並行して、鉄道と物流道路も建設する計画を抱いている。ただ、中国にとって厄介だったのは、ミャンマー外交のしたたかさだ。テイン・セイン政権当時は、クリントン米国務長官、オバマ米大統領などが歴史的な訪問を遂げ、日本主導で開発したヤンゴン近郊のティラワ経済特区には、日本をはじめ外国企業が続々と進出した。「アジア最後のフロンティア」とうたわれたテイン・セイン政権当時のミャンマーでは、軍政当時の中国の影響力と存在感は見る見る薄らいでいった。

中国・雲南省とチャウピューを結ぶ鉄道と物流道路を建設する計画にしても、テイン・セイン政権下

の2011年、雲南省瑞麗と向かい合うシャン州ムセとチャウピュー間を整備する覚書が両国間で交わされたが、ミャンマー国内を中国主導の鉄道と道路が貫通することを警戒したテイン・セイン政権は2014年7月、「沿線住民の反対」を理由に覚書を白紙化した。建設に前のめりだった中国を、のらりくらりとかわした形だった。

その4カ月後、中国の李克強首相はネピドーに飛んでテイン・セイン大統領と会談し、中国がミャン

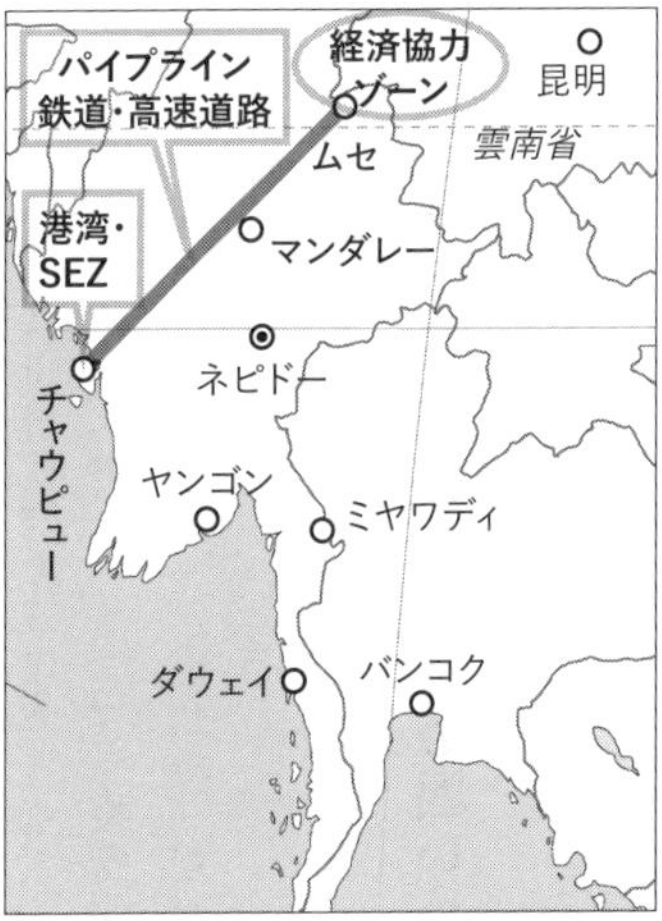


図2-3　中国のミャンマーでの展開状況

表2-1　中国のミャンマー戦略の狙い（筆者作成）

| | |
|---|---|
| 一帯一路の拡大<br>エネルギー安全保障 | 雲南省とインド洋側のチャウピューに石油、天然ガスのパイプラインを敷設、2010年代に開通ずみ。雲南省経由で中国に供給 |
| 雲南省とインド洋を結ぶ陸路の大動脈化 | パイプラインと並行して、物流道路、鉄道を建設する計画。雲南省とインド洋を結ぶエネルギーと物流の大動脈の整備を図る |
| 経済特区（SEZ）などで中国経済圏に | チャウピューにSEZを、国境のカチン州、シャン州には産業ゾーン（3カ所）を整備してミャンマーを「中国経済圏」に組み込む |
| エネルギー・資源の確保 | 建設が中断されたカチン州のミッソン水力発電ダムを完成させて、雲南省に電力を送電する |
| | カチン州で採掘されるレアアースの確保 |
| 少数民族武装勢力 | パイプラインの安全を確保するため、ワ州連合軍を通じてシャン、カチン州の各武装勢力を影響下に置いた |
| 周辺国の親中国化 | ラオス、カンボジアとともに、自国周辺を親中国の国々で固める |

マーとの関係を重視している姿勢を強く訴えた。大統領は、中国の新たな国家戦略である「一帯一路」構想と中国主導の「アジアインフラ投資銀行」（ＡＩＩＢ）を支持する考えを表明し、「両国関係を新たな発展に進めていきたい」と応じた。だが、中国は大統領がどれほど本気なのか、真意を測りかねていたはずだ。

## 2. スー・チー政権の囲い込みに動いた中国

テイン・セイン政権ではらちが明かなかった中国は、対ミャンマー関係の仕切り直しを図るため、アウン・サン・スー・チー氏と国民民主連盟（ＮＬＤ）の囲い込みに素早く動いた。

中国政府は、まだテイン・セイン政権下の２０１５年6月、野党だったＮＬＤ党首のスー・チー氏を北京に招き、習近平国家主席、李克強首相らがスー・チー氏を国家首脳級のもてなしで厚遇した。中国は、その年の11月に行われるミャンマー総選挙でＮＬＤが勝利を収めると踏んで、習主席が両国関係の重要性をスー・チー氏と確認した。

翌年の２０１６年3月30日にスー・チー政権が発足すると、王毅外相がすかさず4月6日にミャンマーを訪問し、国家顧問と外相に就任したばかりのスー・チー氏と会談した。スー・チー氏が他国の外相と就任後に会談するのは初めてだった。中国は王毅外相がネピドーに一番乗りして、祝意を直接伝えることで、スー・チー政権への「誠意」をアピールした。

それからわずか4カ月後の8月には、李克強首相がスー・チー氏を中国に招待し、前年に続いて習近平主席らと会談した。習主席は「両国関係の新たな進展と底上げを図りたい」と、ミャンマーを積極的に支援する考えをスー・チー氏に表明し、「一帯一路」構想の連携強化を呼びかけた。「ハイレベルの交流の緊密化に努めたい」とスー・チー氏は応じた。

日本政府が国家顧問に就任したスー・チー氏を日本に招いたのは、中国の招待から約2カ月半後のことだった。

## 3.「中国ミャンマー経済回廊」が中国の悲願

中国が、スー・チー政権の発足直後から「スタートダッシュ」で関係構築に乗り出したのは、言うまでもなくテイン・セイン前政権下で極端に低下した中国の影響力と存在感を取り戻し、ミャンマーでの中国主導の巨大事業を実現させるためだった。中国は、テイン・セイン政権時に雲南省とチャウピューの区間に鉄道と道路を建設する計画を持ちかけたが、その計画を拡充させた「中国ミャンマー経済回廊」（CMEC）構想をミャンマーで展開するもくろみだった。

CMEC構想は、パイプラインと並行して鉄道、道路を建設する一方、インド洋側のチャウピューに大型経済特区（SEZ）を整備する。さらに、内陸側でも、雲南省寄りのミャンマーの国境地帯に、産業、貿易、物流機能を備えた3カ所の「経済協力ゾーン」を開発する計画だ。中国とインド洋を直結する鉄道と道路の「陸の大動脈」を、資源、人、モノが往来するようになり、中国はマラッカ海峡や南シナ海を通るシーレーンの代替ルートを確保できる。安全保障と経済効果の両面で、中国に大きなメリットをもたらすプロジェクトだ。

　このうち鉄道ルートは、中国各地から雲南省昆明を経由してミャンマー側のレールに接続する。ムセから先のミャンマー側は、中部マンダレーで二つのルートに分かれ、ＳＥＺを開発するチャウピューと最大都市ヤンゴンにそれぞれ延伸する。

　国境エリアの「経済協力ゾーン」は、雲南省と国境を接するカチン州北部、中国雲南省瑞麗と向き合うシャン州のムセ、同州チンシュウェホーの３カ所に整備する計画だ。ムセは現在も瑞麗との間で国境貿易が活発に行われており、開発による一層の貿易拡大効果が見込めそうだ。ほかは山岳地

表 2-2　中国ミャンマー経済回廊（CMEC）。一帯一路（BRI）構想の一環（筆者作成）

| | |
|---|---|
| 鉄道・道路 | 雲南省の昆明・瑞麗とミャンマー側ムセ～マンダレー～ラカイン州チャウピュー間を結ぶ鉄道と並行高速道路を建設する<br>同ルートは、すでに石油・天然ガスパイプラインが 2010 年代に開通済み<br>中国はインド洋に面するチャウピューに港湾、経済特区（SEZ）を開発する<br>雲南省とベンガル湾を結ぶ BRI の「バングラデシュ－中国－インド－ミャンマー（BCIM-EC）経済回廊」の初期事業の位置づけ |
| | ムセ～マンダレー間の鉄道は全長 430km、建設費 90 億ドル<br>ムセ～チャウピュー間は 810km、全体で 200 億ドル<br>テイン・セイン政権当時の 2011 年、チャウピューまで鉄道・道路を建設する覚書を両国は締結。しかし、ミャンマー側の「住民の反対」で 2014 年に白紙化<br>NLD 政権になってスー・チー氏と習近平国家主席の会談などで再び進展<br>ムセ～マンダレー間は環境影響調査済み。陸路で現状８時間以上が３時間に短縮される<br>両国の鉄道事業者は 2021 年１月、マンダレー～チャウピュー間の事業可能性調査を１年半で完了させることに合意し、覚書を締結 |
| 国境の経済協力ゾーン | BRI の一環で雲南省とカチン州、シャン州の国境エリア３カ所に「経済協力ゾーン」（産業、貿易、物流）を開発する。NLD 政権下で両政府が合意した |
| | カチン州北部の 28 ヘクタールに 2240 万米ドルを投じて「ビジネスパーク」を開発する。民兵組織「新民主軍カチン」（NDAK）が管理するエリア<br>他の２カ所は、シャン州ムセ、シャン州チンシュウェホー |

帯にあり、中国によっては経済的効果よりも、国境地帯のミャンマー側に足場を築き、国境エリアで影響力を強める狙いが大きいとみられる。

中国は、CMEC構想を、一帯一路政策の「バングラデシュ―中国―インド―ミャンマー経済回廊（BCIM―EC）」の初期的事業と位置づけている。スー・チー氏は2017年5月、北京での第1回の「一帯一路国際協力フォーラム」にロシアのプーチン大統領らと出席した。その半年後、王外相がネピドーを訪問してCMEC構想をスー・チー氏に伝え、両政府は翌年の2018年9月、実現に向けた覚書を結んだ。中国はスー・チー政権の発足から2年半をかけて、ミャンマーをCMEC構想にたぐり寄せることに成功した。

当時、スー・チー氏はロヒンギャ迫害問題で欧米から批判を浴びており、国際社会の中で孤立していた。中国は、国連でミャンマーへの非難決議に反対する一方、ミャンマーに対する経済支援を継続し、スー・チー政権を擁護してきた。一方で米国は、オバマ大統領から代わったトランプ大統領が東南アジア諸国連合（ASEAN）自体に関心がなく、ミャンマーでの米国の存在感は一気に低下した。こうした国際情勢の大きな環境変化も、中国が対ミャンマー関係を再構築するうえで、有利に働いたといえるだろう。

## 4. 少数民族武装勢力も影響下に治める

中国は、雲南省に接するミャンマー側国境地帯の少数民族武装勢力を、中国の影響下に置く対策にも取り組んだ。チャウピューから雲南省を結ぶパイプラインが通過するミャンマー側の国境地帯は、少数民族武装勢力の支配地域が広がっている。中国は、軍と武装勢力との内戦や破壊工作からパイプラインを守り、資源輸送の安全を確保する必要があった。

少数民族武装勢力の関係者によると、シャン州に拠点があるミャンマー最大武装勢力の「ワ州連合軍」（ＵＷＳＡ）は、中国軍と関係が深い。ＵＷＳＡと、近辺のシャン州とカチン州に支配地域を持つ合計四つの武装勢力は、「北部同盟」と呼ばれる連携関係にあり、ＵＷＳＡの支配地域で他の３勢力が軍事訓練と武器調達を行っている。これらの武装勢力は中国側とも交易しており、中国は三つの勢力に「国境の物流を止める」と圧力をかけ、中国に従わせたという。

中国は、２０１０年代前半から武装勢力の懐柔を進めてきており、ミャンマーの政府・軍と各地の武装勢力との停戦交渉にも、北部同盟を通じて関与している（詳細は第４部）。

## 5．習近平氏と「中国ミャンマー運命共同体」に合意

中国とミャンマーの国交樹立70周年にあたる２０２０年の年明け早々、習近平主席はネピドーを祝賀訪問してスー・チー氏と会談し、共同声明で「両国は『中国ミャンマー運命共同体』を構築する」と宣言した。ヤンゴンの西側外交関係者は、「中国が運命共同体という言葉を共同声明で使ったのは、これまでＡＳＥＡＮではカンボジアとラオスだけだった。国交樹立70周年と習主席の訪問を機に、中国とミャンマーの関係がレベルアップしたことを意味している」と解説した。

訪問の際、両政府は習主席とスー・チー氏の立ち会いの下、合計33の覚書を締結した。ミャンマーでは習主席が訪問する一週間ほど前から、中国主催の国交樹立70周年を記念した写真展などが開催され、中国側が制作した83本のテレビ映画もミャンマーに寄贈された。ミャンマー人の間の根強い反中感情を考慮し、「中国のイメージ回復に重点を置いた訪問だった」（西側外交関係者）様子がうかがえる。習主席とスー・チー氏は会談でCMEC構想の加速を確認し、中国はミャンマーを「運命共同体」に引き寄せた。

それから1年後。2021年1月に王毅外相がコロナウイルス対策の「ワクチン外交」でネピドーを訪れ、スー・チー氏と会談した。NLDが前年11月の総選挙後に大勝した後、外国の外相がスー・チー氏に会うのは初めてだった。2月1日のクーデターがなければ、スー・チー政権は3月に政権2期目を迎えていた。王外相は、スー・チー政権が発足した直後の2016年4月に続く「ネピドー一番乗り」でスー・チー氏に祝意を直接伝えた。

王外相の訪問に合わせて、両国の鉄道事業者は、「マンダレーとチャウピュー間の鉄道建設の可能性調査を1年半以内に完了させる」と定めた覚書を交わした。その後のクーデターで可能性調査のこの先の展開は読めなくなったが、覚書を締結してCMECの実現を一歩前進させたという点では、中国にとっては大きな外交成果だった。

テイン・セイン政権当時の「バランス外交」に翻弄された中国は、スー・チー政権が発足する前年のNLDの野党時代から習主席、李首相、王外相らが波状的に外交攻勢を仕掛け、CMEC構想への協力を懸命に働きかけた。民主派メディアのイラワディ（2018年9月27日）によると、NLDが政権を握った２０１６年から約2年半の間、中国はＮＬＤの議員や青年部などの少なくとも１１０人のメンバーを、視察や研修の名目で中国に招待した。首脳外交に加えて、地道な人的交流も織り交ぜながら、中国はＮＬＤ政権下のミャンマーを自陣営に引き戻した。

カチン州の中国国境側はレアアースの産地で、ここ数年、ミャンマーは中国最大のレアアース供給国だ。中国にとってミャンマーの重要性は一段と強まっている。

# 6章　NLD「スー・チー氏至上主義」のひずみ

アウン・サン・スー・チー氏と国民民主連盟（NLD）は、1期目を全うする直前の2021年2月1日、軍事クーデターで政権の座を追われた。1988年の前回のクーデターの際、弾圧に苦しむ国民の希望を背負って設立されたNLDは、軍政の迫害を受けながらも、民主化実現の旗を決して降ろさなかった。国民はスー・チー氏とNLDの不屈の精神力に勇気づけられ、暗黒時代を耐えてきた。

国民にとって、スー・チー氏は民政移管後も絶対的なカリスマであり、唯一無二の支えである。しかし、責任政党としての手腕に限れば、スー・チー氏とNLDの「弱さ」も浮き彫りになった。取材を通じた理解として、NLDは「スー・チー党」と言い換えても違和感がないほど、NLD内でスー・チー氏は絶対的な存在だった。しかも、スー・チー氏とNLDのメンバーは「NLD至上主義」の意識が強く、他の民主化勢力や少数民族と連帯する姿勢は希薄に映った。このため少数民族側もNLDとは距離を置き、双方の間に冷ややかな空間が広がっていた。スー・チー氏とNLDは、信念を貫くという点でも、他と協調する姿勢が乏しいという点でも、孤高だった。

ガバナンスの課題も露呈した。NLD出身の閣僚や地方政府の首相などの不正が相次ぎ、政治家の資質を備えた人材の育成が、党勢拡大に追いついていなかった。党内の組織も、最高意思決定機関である中央執行委員会などの硬直性が2010年ごろから指摘され続けたが、改善は遅れていた。

最大の問題は、スー・チー氏が後継者を育てていなかったことだ。スー・チー氏は、クーデターがなければ２０２１年3月に始まっていた政権2期目の5年間も、国家顧問とＮＬＤ党首を続投する考えだったのは間違いないだろう。２期目の開始時点では、後継者の育成や指名は早計と判断していたとみられる。スー・チー氏は、５年後の任期満了時には80歳になる。その先も党首などの要職を続けるのは、年齢的に難しくなる。このため、次の２０２５年の総選挙に向けて、２期目の途中に後継者を固める腹積もりだったのかもしれない……。

ここではスー・チー氏とＮＬＤが抱えていた課題を検証する。

## 1. 旧態依然とした党内体制

### 反論する者は身内でも排除

国民民主連盟（ＮＬＤ）の組織の内側は、アウン・サン・スー・チー氏の考えには反対できない暗黙の空気が支配している――。ＮＬＤの取材を重ねるうちに、民主派政党でありながら、党内で自由な発言は認められていない、という印象を強く感じた。

民政移管に備えて２０１０年11月に実施された総選挙を前に、軍事政権が政党登録法を盾に「スー・チー氏を除籍して総選挙に臨む」のか、「解党して総選挙をボイコットする」のか二者択一をＮＬＤに迫った時、ＮＬＤは最高意思決定機関の中央執行委員会（ＣＥＣ）を開催し、自宅軟禁中だったスー・チー氏の意向を踏まえて解党の道を機関決定した。ＮＬＤ関係者によると、ＣＥＣの議論では最後まで、総選挙ボイコットを主張する長老グループと、「選挙に参加して議会で民主化を主張すべきだ」とする若手層が対立した。

最終的にCECの委員20人のうち、総選挙の参加を主張した6人はNLDを離党して、新たに「国民民主勢力」（NDF）を結成した。NDFの党首に就いたタン・ニェイン氏は取材に対し、「総選挙では全国に候補者を立てる」と述べ、民主化を求める国民票の受け皿を目指す意向を示した。離党の経緯については、スー・チー氏らと仲たがいした訳ではなく、方法論の違いによるものだと説明した。

その後、NLDはNDFに冷淡な対応を取り続けた。11月の総選挙を前にして、スー・チー氏は9月下旬に弁護士を通じ、国民に「選挙には行かない方が良い」と投票ボイコットを呼びかけた。NLDが22年前の1988年に政党登録した9月27日、ヤンゴンでNLDの記念集会が開かれ、古参幹部のウィン・テイン氏は「NLDは今後も民主化のために戦う」とアピールした。しかし、11月の総選挙に参加する他の民主派政党を応援するメッセージは聞かれなかった。

10月26日には、NLDは「軍政が定めた憲法や法律の下では民主的な選挙が保証されない」として、国民に投票ボイコットを呼びかける声明を発表した。その際に、「スー・チー氏はNDFのリーダーではない」と強調し、NLDはNDFを支持していない姿勢を国民に示した。

NDFナンバー2のテイン・ニュン氏は取材に対して、「民主化は選挙を通じて求めていくものだ。民主化を訴え続けたスー・チー氏が総選挙のボイコットを主張するのはおかしい」と、スー・チー氏やNLDの長老に反論した。スー・チー氏からは最後まで、総選挙でNDFやミャンマー民主党などの民主派政党を支持したり応援したりする発言はなかった。国民に投票ボイコットを呼びかけたことで、民主化を求める国民の票が棄権に回り、民主化票が分断された面は否定できないだろう。

一方、2012年4月にスー・チー氏も立候補して行われた上下両院と地方議会の補欠選挙では、NLDは他の民主派政党や少数民族政党からの選挙協力の提案を拒否して、単独勝利を目指した。資金力と組織力が弱いNDFやミャンマー民主党、各地の少数民族政党などの合計10の政党は選挙協力に合意し、共倒れを避けるために候補者が同じ選挙区になるべく重ならないよう調整した。結果的にNLDは45選挙区のうち44選挙区に候補者を立て、全ての議席を獲得した。他の政党は、シャン族の少数民族政党が一議席を獲得したのみで、軍政の流れを継ぐ連邦団結発展党（USDP）とともにNLDに大敗した。

NLDが全選挙区で勝利を目指す姿勢自体は、政党の方針として批判されるものではない。ただ、補選では、他の民主派政党や少数民族政党と連携せずに、「NLD至上主義」を貫く姿勢が強く印象づけられた。ヤンゴンの地元紙の記者は、「NLDはほかの政党から評判が悪い」と苦笑した。

## 2. 少数民族はNLDに冷めた見方

### カチン族への軍の空爆に無言を貫く

少数民族との関係もぎくしゃくしていた。国軍は北部のカチン州で少数民族武装勢力・カチン独立軍（KIA）との停戦合意を一方的に破り、2012年から13年にかけて、KIAの拠点に空爆を交えて激しい攻撃を加えた。だが、NLDはこの問題の解決に動こうとせず、少数民族や国際人権団体からはスー・チー氏とNLDへの失望感が広がった。

「カチン州の和平を促す発言をスー・チー氏に求めたが、彼女は何も言わずに沈黙したままだった」――。議会下院でスー・チー氏が委員長を務める「法の支配委員会」に所属していたカチン統一民主党の女性議員は、同委員会の定例会でスー・チー氏に要請したやり取りを、取材でそう語った。

「あなたは世界に影響力を持つのだから、ぜひ停戦のメッセージを世界に向けて発信してほしい、とお願いしたのに、スー・チー氏は会議室で私と目を合わそうとしなかった」という。「世界21カ国に移住しているカチン族からも同様の手紙をスー・チー氏に送ったが、スー・チー氏から反応はなかった。カチン州の停戦を国際社会に訴えてほしかった」と静かな口調で語った。

スー・チー氏は当時、2015年に行われる総選挙で勝利して、自らが大統領に就く構想を描いていた。ある少数民族武装勢力の幹部は、スー・チー氏と2012年に会った時に、「彼女から、軍を囲い込むまでコメントは慎重に行いたい、と言われた」と教えてくれた。ただ、仮にスー・チー氏が政治的な思惑で軍を刺激する発言を控えていたとしても、少数民族側にはカチン州での軍の攻撃に無言を貫く姿勢が納得できなかった。

軍政時代はスー・チー氏を擁護してきた国際人権団体のヒューマン・ライツ・ウォッチは2013年1月、年次報告書で「NLDは（何も発言しないことで）カチン州で軍に戦争犯罪を推し進めさせている」「スー・チー氏は少数民族のために立ち上がらず、失望させた」とスー・チー氏の沈黙を厳しく批判した。

## アウン・サン将軍像に各地の少数民族が反発

少数民族側がＮＬＤに不満を抱いていたことを象徴する出来事は、２０１９年前後に各地の少数民族地域で相次いだアウン・サン将軍像の建立反対運動である。

スー・チー氏の父のアウン・サン将軍は、英国の植民地支配からビルマ（現ミャンマー）の独立を導いた国家的英雄であり、現在も「建国の父」として国民の敬愛を集めている。アウン・サン将軍は独立当時、各地の少数民族の代表に呼びかけて、後に「パンロン会議」といわれる会議をシャン州のパンロンで開催し、少数民族と結束して新しい国家建設に乗り出した。しかし、その矢先に暗殺され、32歳の若さで生涯を閉じた。

アウン・サン将軍の軍服姿の像は、ヤンゴンやマンダレーなどビルマ族が多い平野部の町の広場や公園では、よく見かける。スー・チー政権が発足後、少数民族地域の自治体が新たに将軍の像を地元に建立しようとしたところ、住民から強い反対運動が起きた。

民主派メディアのイラワディによると、インドと国境を接するミャンマー西部のチン州では、タントランという町で２０１９年６月、将軍の像を建てる計画に地元のチン族住民が抗議運動を起こし、自治体は計画撤回を余儀なくされた。ミャンマーには１３５の民族が存在するとされ、このうち人口の７割はビルマ族が占めている。アウン・サン将軍やスー・チー氏、ＮＬＤのメンバー、軍の幹部などの多くはビルマ族だ。同年９月19日の民主派メディアのイラワディは、チン族の具体的な不満の声を伝えた。「チン州政府が本当に町にアウン・サン将軍の像を建てる必要があるなら、アウン・サン将軍とパンロン協定に署名したチン族の英雄の像を建ててほしい。アウン・サン将軍の像だけなら私たちは受け入れない」とチン族のユースネットワークの幹部は語った。同ネットワークは9月15日に発表した声明で、「ビルマ族が大半を占めているNLDが像の建設推進を続ければ、少数民族の私たちを支配しようとしているとみなす」と警告し、NLDをビルマ族の組織ととらえて、民族的な敵対色を打ち出した。

タイと国境を接するミャンマー東部のカヤー州でも2019年2月、公園に建立されたアウン・サン将軍像の撤去をカレンニー族住民が自治体に要求し、警察がゴム弾や催涙弾を使って強制排除に踏み切ったため、数十人が負傷した。人権擁護団体の「フォーティファイ・ライツ」によると、少数民族の自治を約束したパンロン協定が署名された記念日には、州都ロイコーでカレンニー族住民約6000人がNLD政府に少数民族の権利保護を求めてデモを行い、権利が保障されるまで将軍像の撤去を求めた。その際、警察が抗議者に放水し、ゴム弾と催涙ガスを発射した。地元の社会ネットワーク組織によると20人が負傷したという。

像が建てられた2018年8月以降、地元では抗議運動に参加した約80人が逮捕、起訴されており、州政府は今回の騒動で逮捕された54人全員の起訴を取り下げると住民に約束し、なんとか鎮静化させた。

ミャンマー東部のモン州では、橋の名を巡ってモン族住民の怒りに火が着いた。アンダマン海に浮かぶ島に架かる大橋が完成した際、NLD政府が「アウン・サン将軍橋」と命名したため、大規模な反対運動に発展した。

橋は全長約1・6キロメートルの大型の吊り橋で、テイン・セイン政権時に着工し、スー・チー政権下の2017年4月に完成した。大河のサルウィン川がアンダマン海に流れ込む広大な河口にあり、モン州の州都モーラミャイン中心部の海岸沿いからも遠くに見える。シンガポールとほぼ同じ面積のビル島（モン語で鬼の島）という大きな島とモーラミャイン側を結んでいる。

２０１９年7月、モン族、シャン族の友人と車でこの橋を走り、ビル島に渡った。橋は片側一車線ずつで、大型トラックも通行できる頑丈な構造だ。橋の両側に広がる水面は、サルウィン川が運んできた土で黄土色に濁っている。水深は浅く、潮の流れは速い。橋がなかった頃、島と陸を往復する渡船は速い潮流にてこずっただろう。

島は田んぼと畑が広がり、収穫した農産物は橋を通ってモーラミャインに運ばれる。ミャンマーの道路では珍しく、路面が平たんに整備された新しい舗装道路に沿って、1時間ほどかけて島を一周した。モン族の友人は「この島の住民は代々手先が器用で、ミャンマー国内では手工芸品の島として知られている」と話した。

島内には64の村があり、それぞれの村の入り口に建てられた村名の看板には、その村で制作している工芸品の模型が据えられている。ユアロットという村では、大きなパイプの模型が看板の上に置かれていた。ここは木製パイプの有名な産地で、外国にも多く輸出しているという。

学校の教室で使う小型の木製黒板を製作している村もあった。ミャンマー各地の小中高校の教室にある黒板は、この村で作られたものだという。人影がまばらな島に、のどかな時間がやさしい風のように流れていた。

島とモーラミャインを結ぶ大橋が完成したとき、モン州の人たちは、橋の名前をモン語でモン州を意味する名称か、「タンルウィン（サルウィン）橋」と名付けたいと考えていた。しかし、ＮＬＤ政府の建設省は、「アウン・サン将軍橋」にすると地元議会の議長に通知してきた。住民は、「中央政府はモン族の意向を無視して、多数派のビルマ族の考えを押し付けてきた」と受け止めたという。

モン州出身のNLDの国会議員は、アウン・サン将軍橋と命名することを、わざわざ下院議会に提案した。これが怒りの引き金を引き、数万人規模の抗議デモと反対の署名運動が起きた。

結局、モン族の民意は無視されて「アウン・サン将軍橋」に正式決定されたのだが、これには後日談がある。2021年2月のクーデターのあと、ミン・アウン・フライン最高司令官が現地の命名式に臨み、橋の名を「タンルウィン橋」に改めた。国営紙は大きなカラー写真付きで式典の模様を報じていた。

各地の少数民族によるアウン・サン将軍像や橋の名称を巡る憤りは、「NLDが少数民族の支配を進め、ビルマ族の価値観を押し付けて全土を『ビルマ化』するのではないか」「少数民族の自治と文化が『ビルマ化政策』で駆逐されるのではないか」ということへの、少数民族側の警戒感と懸念が背景にあったといえるだろう。「ミャンマーの民主化運動は、結局はビルマ族と軍の闘争だ」という声を少数民族から耳にしたことがある。彼らには、スー・チー氏とNLDは少数民族の尊厳に対する理解と配慮が薄いと映っていた。

## 総選挙もNLD単独主義で少数民族政党と連携せず

NLDは2015年と2020年に行われた総選挙で、いずれも各地の少数民族政党とは連携せず、NLD単独の選挙戦を貫いた。一方の少数民族側は、2020年の総選挙では、チン、カレン、カヤー、モンの五つの州で、それぞれ複数の少数民族政党が合併して選挙に臨んだ。

具体的には、チン、カチン、カレンの各州では、それぞれ三つあった少数民族政党が合併して、チン州はチン国民民主連盟（ＣＮＬＤ）、カチン州はカチン州人民党（ＫＳＰＰ）、カレン州はカレン民族民主党（ＫＮＤＰ）に統合した。カヤー州とモン州でも、それぞれ二つの地元政党が合併して、カヤー州民主党（ＫＹＳＤＰ）とモン統一党（ＭＵＰ）となり、各地で大同小異の再編が進んだ。

少数民族地域では、ＮＬＤが参加した２０１２年の補欠選挙と２０１５年の総選挙で、地元の複数の少数民族政党が同じ選挙区に候補者を立てたため、少数民族票が分散した。その教訓から、２０２０年の総選挙は政党の合併を進めて票の受け皿を一元化し、全国のほぼ全選挙区に候補者を擁立する全国政党のＮＬＤ、ＵＳＤＰに対抗しようとした。ＮＬＤの少数民族への対応は「不誠実」だという不満も背景にある。イラワディによると、これらの五つの州の少数民族政党は、距離的には離れているが総選挙で「連帯」し、新政府に連邦国家の建設を求めることに合意した。

イラワディが２０２０年６月に掲載した有力少数民族政党の主張は、ＮＬＤに対する少数民族の見方を知るうえで興味深い。モン統一党（ＭＵＰ）の幹部は、「多くのモン族の人々は２０１５年の総選挙でＮＬＤに投票した。しかし今は、連邦制を実現できなかったＮＬＤの失敗に失望している。われわれはＮＬＤに我慢できなくなっている。彼らは政権在任中、少数民族の権利について話すことはめったになかった」と語った。チン国民民主連盟（ＣＮＬＤ）の幹部は、「私たちはチン族のアイデンティティーを復活させる。チン族の女性の権利を守るための法律も制定する。何よりも、腐敗がない州にする」と述べ、チン州議会で過半数獲得を目指すと表明した。モン族、チン族の幹部とも、ビルマ族中心のＮＬ

Dに対する不快感を明確に示し、それゆえ、少数民族地域の政治は自分たちで動かすのだという決意を強調していた。

しかし、2020年の総選挙の結果は、NLDが2015年に続いて国政選と地方選の双方で圧勝を収めた。NLDの獲得議席は、下院は15年総選挙より3議席多い258、上院も3議席多い138議席にのぼった。地方は七つの州と七つの管区の計14議会の議席が争われ、合計644の選挙区のうち、NLDは501議席を獲得した。これに対して、少数民族政党は、シャン州のシャン国民民主連盟（SNLD）の27議席が最多で、合併政党はMUPが6議席、KSPPとKSDPは各3議席、CNLDPは1議席しか取れず、大敗だった。軍政系のUSDPも全国で38議席しか獲得できず、NLDに惨敗を喫した。

総選挙の事前の観測では、ミャンマーのメディアや外交関係者、少数民族などの関係者は、異口同音にNLDが苦戦するとみていた。友人のヤンゴンのジャーナリストは2019年7月に現地で会った時に、「NLDが地滑り的な勝利を収めた2015年の総選挙とは状況が異なる。当時は、国民はUSDP政権に引き継がれた軍政の流れを止めたかった。2020年は各地の少数民族政党がこれまでの失敗から学んで、政党を一本化する動きになっている。少数民族政党は自分たちだけが勝てばよいというNLDの選挙のやり方を嫌っている。NLDは少数民族側と連立政権を組まなければ国会で過半数を取れないかもしれない」と苦戦を予想していた。

駐ヤンゴンの西側外交関係者も同じ時期、「軍政当時は、NLDも少数民族も『反軍政』でまとまっていたのでよく分からなかったが、ビルマ族（＝NLD）と少数民族がここまで仲が悪いとは思わなかった」と苦笑した。「2020年の総選挙では、各地の少数民族政党が合併したのでNLDは過半数を取れないと思う。NLDは連立を組む場合を想定して、各地で地方政府の首相ポストを少数民族政党に与えるというカードを温存しているのではないか」と話していた。

ジャーナリストと外交官という情報の収集・分析のプロが、いずれも連立政権はやむなしと確信するほど、NLDの苦戦は必至とみられていた。それだけに、NLDが前回の総選挙を上回る議席で圧勝を収めたことには、各方面から驚きが広がった。軍は選挙に不正が行われたと主張して、クーデターという暴挙に出た――。

NLDは2020年の総選挙の直後に、「各地の少数民族政党と連携して連邦政府の構築を目指す」と表明した。NLDの幹部が、各地の少数民族政党を訪れて趣旨を説明する「対話行脚」も始めたが、構想の具体的な説明はなく、「NLDの話は唐突だ。意図が分からない」という戸惑いが少数民族側から聞かれた。

NLDは、各地の少数民族政党と連携して、2021年3月に始まる政権二期目の5年の間に憲法改正を実現させる狙いだったとみられる。だが、2020年の総選挙前にNLDは少数民族政党との選挙協力を拒否した経緯もあり、呼びかけは尻すぼみになっていった。

## 3.「スー・チー党」の組織疲労

### 進まない若返りと硬直化する組織運営

ＮＬＤは２０２０年の総選挙で大勝した裏側で、「組織疲労」が進行していた。１９８８年の結成から30年余が経過していたが、幹部陣の若返りがなかなか進まず、組織運営の硬直化も目につくようになった。２０１０年頃から指摘されてきた問題だったが、積極的に修正しようとする動きは見られなかった。

組織の硬直性を示す象徴的な出来事は、２０１２年４月の補選で当選したスー・チー氏とＮＬＤ議員40人が、議会での宣誓を拒否したことだ。憲法では、議員は憲法を順守することなどを議会で宣誓しなければならず、選挙に当選した候補者は、宣誓を経て議員に正式就任する。スー・チー氏らはこの宣誓を拒絶し、２０１２年４月23日の初登院に応じなかった。スー・チー氏らの対応に国民や与野党議員などから批判が出たのは、前に書いた通りである。

ＮＬＤは同月30日、党本部で中央執行委員会（ＣＥＣ）を開いて対策を協議した。そのあと急きょ記者会見を開いたスー・チー氏は、「国政の参加を切望する国民の声や、少数民族政党と他の民主派政党からの要望を踏まえ、宣誓を受け入れることを決定した」と述べ、かたくなな拒否の姿勢から一転して妥協した。ミャンマー専門家のジャーナリストでバンコク在住のラリー・ジェーガン氏は、「宣誓拒否はＮＬＤ内の強硬派が主張したためで、それを受け入れたスー・チー氏の判断ミスだった」と指摘した。下院補選に当選したＮＬＤ幹部のウィン・テイン氏は、「有権者たちから『自分たちが投じた票はどこに行ったのか』と批判された。7月に開会する次の国会まで宣誓を先送りすると、ＮＬＤは有権者に失望される。われわれは独断主義ではない」と取材に語った。

ウィン・テイン氏の発言は、憲法改正を主張してきたＮＬＤが宣誓拒否の「原則論」にこだわるあまり、国民がＮＬＤに真に求めているものを、横に置いてしまっていたことを示している。ＣＥＣは最終的に現実的な判断を下したが、一連の騒動は、ＮＬＤに組織の柔軟性が欠けていることを物語っていた。

若返りが進まない問題については、結党当初からのベテランメンバーと中堅・若手メンバーとの意識の隔たりを、顕著に浮かび上がらせる出来事があった。２０１３年3月、ＮＬＤは１９８８年の結党後初めての党大会を開き、中央執行委員会（ＣＥＣ）の委員を改選した。その際に委員の数を、スー・チー氏をはじめ従来の7人から、新たに8人を加えて15人体制に増強したが、焦点だった若返りは進まず、党の具体的な活動方針も示されないまま閉幕した。

党大会は、ＮＬＤが２０１５年の総選挙で過半数を獲得するための体制固めがテーマだった。ヤンゴンのＮＬＤ関係者は、「ＮＬＤの結党当初からのベテランのメンバーたちは、軍政当時にほぼ全員が政治犯として逮捕され、民主化勢力への弾圧と獄中生活を経験してきた。それ故に、『ＮＬＤの候補者は、政治犯の経験者でなければ認めない』と本気で話す幹部が大勢いる」と苦笑した。

党大会では中堅メンバーから、「結党時からの幹部陣は、民主化運動の活動歴がなければ新規の入党は認めないとしているが、理由がわからない」と疑問の声も挙がった。ＣＥＣの委員の年齢は、スー・

チー氏を含む従来の委員が60代だったのに対して、増員した8人は50〜70代だ。40代以下の年代は、「補欠要員」として2人選ばれただけだった。

スー・チー氏は閉会式後の記者会見で、「CECの委員には経験と知識が必要で、若い世代はまだそれが十分ではない」と述べ、党の要職への起用は経験値を重視しているとの考えを示した。中堅・若手メンバーが抱く「長老支配」への不満は解消されず、地方組織の代議員（32）は、「若手のCEC委員をもっと増やすべきだ」と不満を隠さなかった。

今後の党の運営方針に関しても、党大会では「貧困撲滅」「経済の安定」などの指針を示したのみで、具体的な政策の中身についての言及はなかった。2012年の補選の選挙運動でも、スー・チー氏とNLDの候補者は、「法の支配の確立」「憲法改正」などのスローガンを訴えることに終始し、具体的な政策は示さなかった。

経済政策や外交、社会保障などの分野で、「党内に政策を企画立案できる人材がいない」（ヤンゴンの地元記者）という問題は、この頃からすでに表面化していた。しかし、2016年に発足したスー・チー政権の一期目の間、NLDが外部の人材を登用して政策の企画力を高める工夫は、結果をみれば乏しかったと言わざるを得ない。政権発足から4カ月後の2016年7月にようやく経済政策を発表したが、企業関係者などから「具体性がない」という不満が多く出たことが、それを表している。

## 汚職閣僚と人材育成の遅れ

NLDは党員のガバナンスの面でも課題を残した。2016年3月のスー・チー政権発足時に計画財務相に就任したチョー・ウィン氏は、架空のオンライン大学から偽の学士号を購入していたことが就任直前に判明し、本人もそれを認めていた。しかし、スー・チー氏はメディアからの学歴詐称の批判を無視して、そのまま同氏の起用を続けた。その結果、今度は２０１８年5月に本人の汚職スキャンダルが発覚した。政府は、ウィン・ミン大統領が本人からの辞任の申し出を受け入れた、と発表したが、事実上の罷免だった。

２０１９年7月には、キン・マウン・チョー工業相が辞任した。実態は計画財務相のケースと同じく汚職スキャンダルによる罷免だった。所管分野である国営医薬品メーカーの原料調達などに絡み、不当に高い価格で物品を購入した疑いがあるとされた。同氏は政権発足当初から工業相を務め、来日して経済産業省や日本の中小企業を訪問したこともあった。

汚職疑惑で閣僚2人が相次いで辞任しただけでも、スー・チー政権には大きな痛手だが、２０１９年3月には、ミャンマー南部のタニンダーリ管区のレイ・レイ・マー首相が収賄容疑で逮捕された。同首相はＮＬＤ出身で、裁判では、政府調達で特定の業者に便宜を図ったと認定され、4件の訴訟で30年の懲役刑が下された。

これらの閣僚と地方政府首相の任命には、当然ながらスー・チー氏も関与していたはずだが、党内や国民からスー・チー氏の任命責任を問う動きは出なかった。だが、スー・チー政権は汚職撲滅を公約に掲げて、その対策に取り組んでいただけに、ＮＬＤの清潔なイメージは傷ついた。閣僚の能力不足に対する不満も国民の間に広がった。

汚職疑惑を起こすようなモラルの低い人物を、２０１５年総選挙の候補者選びの際に見抜けなかったのは、全国各地のほぼ全ての選挙区に候補者を擁立していく過程で、候補者の議員としての適格性の審査が不十分だったことが一因だろう。NLD副議長でマンダレー管区首相を務めるゾー・ミン・マウン氏は2020年6月、民主派メディアのイラワディでの対談で、「2015年は全国で約1000人の候補者を立てる必要があり、3000人を超える応募者の中から選考する必要があった」「候補者の選択には不満があった。私は中央レベルの候補者選考委員会に出席したが、候補者を審査する約2週間はとても忙しかった」と述べ、膨大な候補者の審査を短期間で行わなければならなかった状況を指摘した。

別のNLD幹部は同月のイラワディに、「2015年の選挙は、『人ではなく党を見る』というスローガンで選挙戦を展開した。私たちは（候補者の審査を）急ぐ必要があったため、計画的な選挙キャンペーンは行えなかった。そこでそのスローガンを採用して、勝利を収めた」と述べている。有権者に対して、候補者一人ひとりの適格性や公約を吟味して投票するのではなく、「スー・チー氏が率いるNLD」に投票するよう呼びかけたわけである。党勢が急速に拡大する中、「候補者の候補」の厳格なチェックと、議員を育成するシステムが追いついていなかったことを表している。

## 「NLDからスー・チー氏を引くとゼロ」

2016年3月にスー・チー政権が発足する際、スー・チー氏はNLDのメンバーに内部の情報を外に漏らさないよう、かん口令を敷いた。ミャンマーのメディアに新閣僚の布陣などがスクープで報じられるたびに、スー・チー氏が党内の情報管理の甘さにいら立ちを強めたためだった。地元メディアの記者によると、NLDは所属議員がメディアの取材で党の政策を語ることを禁じ、市民団体による政治イベントなどへの参加も事前申請を義務づけた。

新閣僚は「スー・チー氏の顔色をうかがい、率先して行動を起こせない」（ミャンマーの政治評論家）、「下の者がスー・チー氏を怖がって報告しない」（外交関係者）など、党内の厳しい統制によってNLDメンバーが萎縮している弊害が指摘された[9]。

AFP通信は総選挙直前の2020年11月、次のような概要のルポを配信した。

「NLDの中央執行委員会の平均年齢はスー・チー氏を含めて70歳以上となり、全員が軍政当時は政治犯として刑務所に収容されるか、自宅軟禁を経験した。若手党員の役割は、主に年長者の補助に限定され、党外の人と話す際には許可が必要とされ、演説をするには内容の『検閲』が求められた。30代のメンバーは『抑圧的な仕組みになってしまっている。軍政と変わらない』『政治犯だったからといって、国を統治する方法を知っているわけではない』と話した。元NLDの下院議員だった50代女性は、『ザ・レディー』と呼ばれるスー・チー氏に誰もが腫れ物に触るように接し、『NLDの運営方法は非常に独裁的だ』と指摘した」――。

この記事は、前述した2013年当時の本紙と全く同じ状況が書かれており、NLDの構造的な問題は、初の党大会から7年が過ぎても改善されていなかったことがわかる。国民から見えない舞台裏で、NLDはさまざまな問題を内包していた。

「NLDからスー・チー氏を引けばゼロだ」。ある少数民族武装勢力の幹部は私にこう語った。スー・チー氏がNLDに存在しなければ、NLDという政党は無意味化し、影響力と存在感はゼロになる、という意味である。ＮＬＤが組織疲労や構造問題を修正せず、「スー・チー党」の性質が一段と強まったことは、ＮＬＤの最大の弱点でもあった。軍政当時から、国民やＮＬＤのメンバーがスー・チー氏の存在に大きく頼ってきたことが原因の一端である。

一方で、「ＮＬＤとスー・チー氏を引いてもゼロにはならない」という答えもあるのではないだろうか。国民全員がスー・チー氏の「後継者」になれば、スー・チー氏とＮＬＤは国民の中で永久に存在していく。ミャンマーの人々は、次の部で詳述するクーデター後の連帯と団結で、それを証明しようとしている。

# 第3部　軍政体制の「復活」と「解体」をかけた軍と国民の激突

2021年2月1日、ミャンマーから世界にクーデター発生のニュースが発信された瞬間、この10年間の民主化改革は、全てが水泡に帰した。

軍がクーデターの引き金を引いたのは、2020年11月の総選挙でNLDが「勝ちすぎた」ためだ。軍はスー・チー政権が二期目に入る前に、スー・チー氏と国民民主連盟（NLD）を追放し、全権を掌握する必要があった。スー・チー氏らは政権一期目に、軍事政権下からの軍の利権と政治支配をはく奪することで、旧軍政体制の「完全解体」に乗り出したからだ。軍のクーデターの狙いは、10年前までの軍政体制を「完全復活」させることである。

クーデター後の拘束を逃れたNLDのメンバーは、少数民族武装勢力の支配地域などの「安全地帯」に避難し、ウェブ上の仮想空間に「国民統一政府」（NUG）を開設した。これまでミャンマーの反軍運動は非暴力を貫いてきたが、今回、国民の一部は自衛のために各地で武装組織を結成し、軍に戦闘開始を宣言した。民主化運動の形態は、非暴力から武力闘争に大きく転換した。

第3部では、クーデターの本質と、クーデターを巡る軍、市民、国際社会などの対応を多角的に分析し、ミャンマーの進路を考えたい。

# 1章　2020年の総選挙で「不正」は行われたのか

## 1. コロナ禍の下で行われた総選挙

軍は2021年2月1日、非常事態宣言を発令して、全権を掌握した。軍はその理由を、2020年11月の総選挙で、連邦選挙管理委員会（UEC）が投票の不正を行ったためだと主張する。非常事態を宣言したのは、違法選挙で当選した候補者の議員就任を阻止するためであり、クーデターには当たらない、と主張した。

このため、メディアに対しては、「軍事政権」「クーデター」「（独裁的なニュアンスもある）レジーム」の表現を使わないよう命じた。だが、その実態はクーデターである。軍が問題視した総選挙はどのように行われたのかを、まず振り返る。

UECの権限と業務、委員の任命方法などは、軍政が2008年に制定した憲法に定められている。業務内容については、①議会選挙の実施と監督、②選挙区の指定と修正、③投票者名簿の作成、④治安状況などによって選挙の実施が困難な選挙区での選挙の変更――などを担う。委員は、判事や弁護士の経験者などの資格対象者から、大統領が委員長を含めて5人以上任命できる。過去のUECの委員は、2010年の総選挙では軍事政権が、2015年の総選挙では軍政を継承した連邦団結発展党（USD

Ｐ）政権が選任しており、実質的に軍側が選んだメンバーだった。これに対して２０２０年11月の総選挙時は、国民民主連盟（ＮＬＤ）政権が指名した委員が選挙管理業務にあたり、軍やＵＳＤＰは人選に関わっていなかった。

２０２０年の総選挙は、選挙前の準備段階からＵＥＣの事務手続きの不手際が指摘されたほか、国営テレビの政見放送を巡るＵＥＣの強権的な「事前検閲」が各党から批判された。

地元メディアによると、ＵＥＣは各政党に政見放送用の原稿を事前に提出するよう求め、原稿の中でＮＬＤ政権、政府の政策、軍などを批判していた四つの政党には、原稿の修正を命じた。２０１０年、２０１５年の過去2回の総選挙では、ＵＥＣが政見放送の原稿を事前にチェックしたことはなかったという。今回、アウン・サン・スー・チー氏が政見放送に登壇するＮＬＤに対しては、原稿の提出は求めていなかった。

88年世代学生グループの共同リーダーだったココ・ジー氏が率いる人民党は、原稿で中央銀行の金利政策を批判している部分にＵＥＣからクレームをつけられた。人民党ともう一つの政党は、ＵＥＣに抗議して政見放送のボイコットに踏み切り、各政党からは、「ＵＥＣはやりすぎだ」という反発の声が挙がった。

一方、新型コロナウイルスの感染がミャンマーでも拡大する中、ＵＥＣは各政党の選挙運動期間を9月8日から投票日前日の11月6日までと定め、「密」を避けるため街頭演説や集会は最大50人に制限して、ソーシャルディスタンスなど感染予防策の徹底を求めた。感染防止のためにはやむを得ない制限だが、有権者に党名が浸透していない小規模な政党や、設立間もない政党は、国民にアピールする機会が制約される。このため、ＵＳＤＰはコロナ禍を勘案して総選挙を延期すべきだと主張したが、ＵＥＣは応じなかった。

ＵＥＣはまた、少数民族武装勢力のアラカン軍（ＡＡ）と軍の緊張が続くミャンマー西部のラカイン州と、シャン族武装勢力と軍の戦闘が続く東部のシャン州などの少数民族地域で、投票の中止を急きょ決定した。この措置で１４０万人が投票できなくなった。

ＵＥＣは同じくカレン州、バゴー管区、モン州の一部でも、不安定な治安状況を理由に投票中止を決めた。対象となった地域は、地元の少数民族政党の地盤だったといわれており、各地の少数民族政党は「治安は選挙が行えないほどには悪化していない」と、投票中止の決定を非難した。

各国で選挙監視活動を行っている米国の民間団体「カーターセンター」は、２０２０年の総選挙に選挙監視団体として参加した。カーターセンターは「総選挙での不正は認められなかった」と結論づけながらも、「(１４０万人以上の投票が突然行えなくなるなど) ＵＥＣは意思決定の透明性が欠けていたのではないか」と指摘した。ＵＥＣの選挙運営に不備があった点は否めないだろう。

こうしたＵＥＣの選挙管理能力に対して、軍は投票日の前からスー・チー政権に激しくクレームをつけた。イラワディなど地元メディアの報道によると、投票直前の11月2日には、軍の最高権力者であるミン・アウン・フライン最高司令官のオフィスが、「政府はＵＥＣの全ての過ちに対して、完全な責任を負う」「ウィン・ミン大統領は弾劾される可能性がある」とかなり強い警告を発した。

最高司令官自身も、軍系のテレビ局のインタビューで、「ＵＥＣは容認できない過ちを犯している」「軍は国の守護者であり、事態を注意深く見守っている」と発言した。国民からは、「最高司令官はクーデターの実行を示唆したのではないか」と動揺が広がった。

## 2．軍はUECの有権者リストがデタラメだったと非難

ＵＥＣは国営テレビを通じて、11月８日の有権者数は３８５０万人と発表したが、その直後に「３８５０万人は間違いであり、正しくは３９７０万人である」と修正した。７月には３７５０万人と発表しており、７月から11月にかけて、有権者数は①３７５０万人（７月発表時点）、②３８５０万人（11月８日発表時点。７月比１００万人増）、③３９７０万人（最終発表、７月比２２０万人増、11月８日比１２０万人増）と、３種類の数字が公表された。

手元に軍が作成したペーパーがある。ＵＥＣは11月８日の有権者数が７月から１００万人増加した理由を、「18歳以上の人口が増えたため」と説明したが、軍のペーパーは「ミャンマーの人口増加率（年０・８％）から計算すると絶対にありえない」と強く反論している。

このため、軍は、軍人とその家族に一部の選挙区の有権者名簿を入手させて、軍内部で名簿を詳しくチェックした。その結果、ペーパーによると、「同じ国民登録番号や住所に、複数の有権者が重複登録されているケースがあった。国民登録番号に記録がない氏名、投票権を持たない18歳未満の住民の氏名など、不審な記載が発見された」という。期日前投票を行った人が、選挙当日も投票したとも指摘している。

軍はさらに詳細に調査するため、総選挙が行われた国内３１５のタウンシップの有権者名簿を独自に

集めて分析したところ、「1040万人を超える名簿の誤りや脱落が見つかった」と記している。最終有権者数に占める割合は25％になる。

## 3. 軍とNLD政権の交渉が決裂、クーデターに突入

ペーパーによると、軍は議会の議長やUECに30回以上も抗議と真相究明を求めたが、UECは応じなかった。総選挙で当選した議員は2月1日に召集される議会で宣誓式に臨み、議員に正式就任する。軍は、その前の1月中に特別議会を開催して「不正問題」を討議することも要求したが、NLD政権は拒否した。業を煮やしたミン・アウン・フライン最高司令官は1月28日、アウン・サン・スー・チー国家顧問とウィン・ミン大統領に書簡を送り、①1040万人を超える有権者の不正が見つかったため再調査を行う、②UECは疑わしい有権者リストを明確にする、③軍を含む第三者も参加して新しいUECを組織し、有権者名簿を検証する——という3点の実施を求めた。加えて、この要求に基づいて新しく組織されるUECが名簿の不一致の問題を調査している間、2月1日に予定される議会の招集を延期するよう要請した。

軍の中将2人が書簡をチョウ・ティン・スエ国家顧問省大臣に手渡した後、チョウ・ティン・スエ氏が最高司令官に会いに来て、「大統領にはUECの解散と議会延期の権限はない」との大統領の見解を伝えた。最高司令官は、ウィン・ミン大統領に国防治安評議会を招集して、UECの解散と議会招集の延期を協議するよう提案した。しかし、28日、29日と大統領からの返事はなかった。

国防治安評議会とは、大統領が率いる最高レベルの会議体で、国家の非常事態の際などに召集される。メンバーは大統領、2人の副大統領、上下両院議長、最高司令官、副司令官、国防相、外務相、内務相、国境相の11人。このうち副大統領一人と最高司令官、副司令官、国防相、内務相、国境相は軍側で、過半数の6人を軍関係者が占めている。スー・チー政権下では、一度も開かれたことがなかった。

憲法では、「大統領は国防治安評議会と協議を行った後、非常事態を宣言することができる」と規定され、国の主権に危害が及ぶケースでは、非常事態を宣言した後、軍最高司令官に国の全権を行使する権限が移る。スー・チー政権側は、このタイミングで国防治安評議会を招集すれば、その場で非常事態の宣言発令が議決されて軍が全権を押さえる、という危険を十分認識していたであろう。

ミン・アウン・フライン最高司令官は1月29日に再度、「40のタウンシップの投票者名簿の不正を国防治安評議会で明確にする」ため、評議会の開催を大統領に要求した。翌30日になって、大統領官邸から「2月1日に議会を招集して臨時議長を任命し、臨時議長が議会の延期を宣言する」「40のタウンシップの件は再調査して公表する」という打開案の連絡が入った。軍のペーパーには、「議会を延期している間、双方の首脳が政治危機（の解決策）を話し合うという情報も聞いた」と記されている。

これによって、政治的解決の模索に動き出すかに見えたが、状況はすぐ元に戻った。31日午後、大統領は「40のタウンシップの件は直接国民に話したい」として、評議会の開催拒否を改めて伝えた。同じ頃、軍人議員の手元に翌2月1日に行われる議会の議案書が届き、そこには「合法的な議員として認める宣誓式」の実施が明記されていた。

軍側は「不正選挙で選ばれた議員が就任して、議会議長、大統領、省庁の大臣が任命されることは、絶対に受け入れられない」（軍ペーパー）として、1日早朝、ウィン・ミン大統領の身柄を拘束し、軍出身のミン・スエ副大統領が大統領を代行して非常事態宣言を行い、ミン・アウン・フライン最高司令官に立法、行政、司法権が移管された。

ウィン・ミン大統領を拘束する際には、1日早朝に大統領官邸の部屋に軍トップレベルの高官2人が来て、健康を理由に退任するよう大統領に要求した。さもなければさまざまな危害が及ぶと迫ったが、大統領は「私は健康だ」「辞任するなら死ぬ方がましだ」と述べ、自ら辞任することを拒否した。(10)

1月28日から31日にかけての土壇場の局面で、スー・チー政権側は「選挙に不正はなかった」と主張して、軍に一歩も譲らなかった。フェイスブックやツイッターには、2021年に65歳の定年を迎えるミン・アウン・フライン最高司令官が、自らの定年延長や大統領就任をスー・チー政権側に求めた、という国民の書き込みが氾濫した。

# 2章　11年前に警告していたクーデター

## 1．軍のクーデターを合憲化する憲法

軍は2月2日、国家を統治する機関として、上級士官8人と、少数民族と政党の指導者ら民間から8人の計16人で構成する「国家行政評議会」（SAC）を設置し、各省の閣僚も任命した。8日夜、クーデター後に初めて国営テレビで国民に演説したミン・アウン・フライン最高司令官は、「閣僚は能力に基づいて任命した。1962年と1988年の（筆者注・それぞれ当時クーデターで発足した）軍事政府とは異なる」と述べ、今回の軍の行動はクーデターではないと強調した。

クーデターに該当しない根拠として、軍は非常事態宣言の要件認定と発令の手順を、憲法に従って行ったためだと主張している。ウィン・ミン大統領らが総選挙で不正に権力を得ようとしたため、憲法の規定の「大統領は国防治安評議会と協議のうえ、国家の非常事態を宣言できる」（417条）、「大統領が非常事態を宣言する際は、立法・行政・司法の各権を最高司令官に移譲することを宣言し、議会は立法機能を停止して自動的に解散する」（418条）、「大統領職に空席ができた場合は2名の副大統領のうち、大統領選挙で2番目に票の多かった者が大統領代行として任務を遂行する」（73条）という規定に基づいて宣言しており、合憲という見解だ。

非常事態が宣言されると、最高司令官には「立法・行政・司法の各権を行使する権限を持つ」（419条）、「必要に応じて国民の基本的権利に関する法律を制限又は停止できる」（420条）など、絶対的な権限が付与される。一方、国民は、基本的な権利が抑制されるのに加えて、法律に基づく苦情の申し立ての権利も拒否される（381条）。

今回のクーデターでは、軍の首脳級がウィン・ミン大統領に対して、「健康上の理由」を口実に自ら辞職を表明するよう迫った、と大統領は主張している。憲法では、大統領は「任期終了前に自らの意思による辞職を希望する場合は、辞職する権利を有する」（72条）ため、軍はこの条項に基づき、大統領が辞意を申し出た形を作り上げようとしたとみられる。

副大統領が大統領を代行できるケースは、73条では、「大統領が任期終了前に辞職した場合であれ、死亡した場合であれ、また職務を継続的に遂行できなくなった場合であれ、何らかの理由により大統領職に空席が出来た場合」と定義している。軍が大統領の身柄を拘束した場合も「何らかの理由による空席」に該当して副大統領による非常事態宣言の発令が「合憲」になるのであれば、今後も、軍は憲法の手順に沿った措置だと強弁して、民間政権を恣意的に追放できることになる。[11]

## 2. 軍政最後の「国軍の日」に「規律ある民主化」を要求

2021年2月のクーデターは、11年前に警告されていた。2010年3月27日、軍事政権最後の「国軍の日」に、軍政最高権力者のタン・シュエ国家平和発展評議会（SPDC）議長が残したメッセージである。首都ネピドーの郊外に建設された軍事式典専用の広大なフィールドで、タン・シュエ議長は民主化勢力を威嚇するような演説を行った。ポイントは、「ミャンマーの民主化」に対する軍の「定義」が示されたことだ。演説の要点を再掲する。

「われわれ（軍）は国や人々の命を守るだけではなく、必要とあればいつでも国政に関わる」
「民主化の誤ったやり方は無秩序を招く」
「一つのシステムからもう一つに次第に移行する際の失敗は、国と国民を危険にさらす」
「選挙に参加する政党は、民主主義が成熟するまで自制、節度を示すべきだ」
「外国からの影響力に頼ることは、絶対に避けなければいけない」

これらの発言から浮かび上がるのは、ミャンマーの統治体制が軍政から民政に移管しても、「民主化のペースと深掘り具合はあくまでも軍が決定する」ということであり、「民主化の速度と内容が軍の許容範囲を超えれば、軍主導の政治体制に引き戻す」という強烈な警告である。軍は、2003年に公表した7段階の「民主化行程表」（ロードマップ）でうたった「規律ある民主化」という表現を、今もよく使う。この場合の「規律」とは、「軍が決めた民主化のペースと深度を順守すること」を意味している。

## 3. スー・チー政権の発足直前に改めて警告

アウン・サン・スー・チー政権が発足する3日前の2016年3月27日、ミン・アウン・フライン最高司令官は「国軍の日」の演説で、スー・チー政権への敵対意識をにじませた。ミャンマーで、民政下の選挙で選ばれた政党が政権を握るのは56年ぶりであり、軍系の連邦団結発展党（USDP）は「下野」する。しかし、最高司令官は、軍が今後も主導的に政治に関わる姿勢を演説で強調した。

最高司令官は、「2015年11月の総選挙を行うために軍は政府、国民と協力」したが、「まだ政治の場から離れるべきではなかった」と述べ、軍政を継続すべきだったとも受け取れる発言を行った。さらに、「軍は国政の主導的役割として存在しなければならない」として、軍が国の中心的な役割を担い続ける考えを強調し、スー・チー氏とNLDを強くけん制した。

ミン・アウン・フライン最高司令官の演説は、軍政最後の国軍の日にタン・シュエ議長が演説で残した「必要とあれば軍はいつでも国政に戻る」という警告を、スー・チー政権の発足を前に改めて繰り返したものだ。軍が定義する「規律ある民主化」をスー・チー政権が無視すれば、軍はクーデターをためらわないという警告であり、5年後、それは現実になった。(12)

# 3章　旧軍政体制の完全解体に着手したスー・チー氏

アウン・サン・スー・チー政権の一期目は、国際報道ではロヒンギャの虐殺問題が大きな注目を集めた。逆にロヒンギャ報道のインパクトが強かったために、内政面でスー・チー政権がどのような問題に取り組んでいたのか、国外からは見えづらい状況だった。実はこの間、スー・チー政権は軍のさまざまな権限と既得権益のはく奪に乗り出し、軍政体制の完全解体を進めようとしていた。

その一つは、軍政が国民を監視するために、全国の隅々まできめ細かく事務所を配置したGAD(General Administration Department：直訳すると総務局)を、軍が支配する内務省の所管から引き剝がして大統領府に移したことだ。もう一つは、軍の宝石利権の透明化に手を入れたことである。三つ目は、軍の政治支配力を、憲法を改正して段階的に無力化し、完全な文民統治国家を築こうとした。

軍がクーデターでスー・チー政権を追放したのは、このような軍政体制の解体、軍の政治的影響力の弱体化を阻止するためだった。スー・チー政権が実際にどう取り組んだのかを以下で分析する。

## 1. 軍政が全国の隅々に張り巡らせた「行政事務所」をはく奪

1988年にクーデターで発足した軍事政権は同年、新たな行政組織のGADを内務省に設け、全ての市町村に事務所を開設した。GADは、軍政が国内を統治するために不可欠な行政インフラであり、毛細血管のように張り巡らされたネットワークを駆使して国民を監視した。国内の隅々から内務省に住民の情報が報告されるため、民主派グループや人権団体などはGADの存在に悩まされてきた。

民政移管後も約3万6000人の職員が従事し、市町村の土地の管理や徴税、住民登録手続き、住民の苦情対応などの行政業務を担っていた。スー・チー政権はこの組織を軍が所管する内務省から引き離し、2018年末に大統領直轄の連邦政府省に荒業で移した。

憲法では、内務省、国防省、国境省の三省の閣僚は軍から出すことになっており、実質的にこの三省は軍が直接支配している。内務省の傘下には警察組織もあり、ミャンマーの警察は事実上、軍の指揮下にある。GADの所管を内務省から移すことについて、民主派メディアのイラワディによると、軍系政党のUSDPは「多くの日常業務を抱えるGADを内務省から動かせば、むしろ行政効率が低下する」（2018年12月）と反対した。だが、スー・チー政権は行政組織の効率化を理由にGADを大統領直属に移管して、「文民統治」下に置いた。スー・チー政権は、軍の全国統治ネットワークを軍からはく奪したわけである。

## 2. 軍の宝石利権ビジネスの透明化に動く

ミャンマー北部のカチン州は、世界的な翡翠の産地であり、国境を接する雲南省から中国へ主に輸出されている。ミャンマーはルビーの産地としても有名だ。宝石は軍のビジネスの重要な利権と収入源になっている。ＮＬＤは宝石法という法律を改正して、軍の宝石取引の透明化を図ろうとした。

世界の天然資源の不正取引を監視している国際団体「グローバル・ウィットネス」の推計では、２０１４年のミャンマーの翡翠の生産額は３１０億ドルと、ＧＤＰの約半分に匹敵する。

途上国の石油、ガス、鉱物資源などの採取後の資金の流れの透明化を目的とする「採取産業透明性イニシアティブ」（ＥＩＴＩ）の２０１６年の調査では、ミャンマーで生産された宝石の60～80％は国に申告されてなく、正規の販売ルートを迂回していた。グローバル・ウィットネスは、ミャンマーで産出された宝石類は中国や世界の市場で売られて巨額の価値を産み出しているにも関わらず、国民に利益が還元されていないと指摘している。

こうした不透明な状況を是正するため、スー・チー政権は２０１９年に宝石の生産、取引、輸出などを規定した宝石法という法律を改正して、取引の透明化を図ろうとした。その改正自体は、大規模な採掘業者には抜け道もあるなど課題も指摘されているが、議会で圧倒的な過半数を握るＮＬＤ政権が、法改正で宝石ビジネスの是正に乗り出したことは、軍に脅威を与えたであろう。

２０２１年1月からは、大統領の指示によって、石油、ガス、木材、鉱物資源などを採掘する国営企業や民間業者は、契約内容を開示することになった。密輸などの非合法な取引をあぶりだし、ガバナンスとコンプライアンスの強化を図ることを通じて、ＮＬＤは軍の利権ビジネスのはく奪に動き始めた。

## 3．ミャンマー経済を牛耳る軍と縁故企業

ミャンマーの経済は、軍と、「クローニー」（縁故的なつながりを持つ企業）といわれる軍と親しい企業群がほぼ独占している。その実態をここで整理する。

軍は「ミャンマー・エコノミック・ホールディングス」（ＭＥＨＬ）、「ミャンマー・エコノミック・コーポレーション」（ＭＥＣ）という二つの巨大コングロマリットの持ち株会社を所有しており、これらの企業を直接経営している。今回のクーデター後、米英と欧州連合（ＥＵ）はこの二社と傘下企業に経済制裁を発動した。

国連人権理事会の「ミャンマー独立国際事実調査ミッション」が軍のビジネス利権を分析した２０１９年８月の報告書は、利権の状況を詳細に記している。報告書によると、ＭＥＨＬは１９８８年の軍事クーデター後、①軍人とその扶養家族の福祉、②退役軍人とその扶養家族の福祉、③一般市民の福祉、④ミャンマー経済発展への貢献――を目的に設立された。現在の体制は、軍の最高権力者のミン・アウン・フライン最高司令官以下、軍の序列７位までの首脳陣が「パトロン」として持ち株会社を経営している。取締役は11人体制で、このうち７人は、軍の序列８位から14位までの将校が名を連ねる。他の４人は軍人ＯＢだ。理事会には、陸海空軍の参謀長と退役軍人組織の代表が参加している。

一方のＭＥＣは、国防省が保有している。ＭＥＨＬよりランクが一段下の陸海空軍の幹部、軍のロジスティクス部門や輸送部門の幹部らが取締役に就き、持ち株会社を統治している。国防省は憲法で軍人

が閣僚になることが定められており、実態として軍がＭＥＣを直接経営していることになる。設立の目的は、①ミャンマー経済への貢献、②軍事費の削減、③軍人の福祉確保としており、ＭＥＨＬより約10年遅れて１９９７年に設立された。

ＭＥＨＬとＭＥＣの傘下企業の業種は、製造業、貿易、農林水産、金融・保険、銀行、情報通信、エネルギー、運輸・物流、建設、観光、不動産、病院、スポーツ・娯楽と、あらゆる業種を網羅しており、子会社と系列会社を合わせて１３１社が連なっている。ＭＥＨＬ、ＭＥＣはそれぞれ傘下に銀行も保有しており、国内のありとあらゆる産業を二つのコングロマリットが支配している構造だ。

業種別では、製造業が一番多く、その次に「鉱物・宝石採掘」が両グループで合計28社ある。グループ企業全体の２割を占めており、翡翠、ルビーなどの宝石類の採掘と販売が、軍の貴重な資金源である状況が、企業数からもわかる。アンダマン海で産出される天然ガスの利権も、軍系の企業が握っている。ＭＥＨＬ、ＭＥＣの全体の収支構造は明らかになっていない。

同報告書によると、外国企業と共同出資しているケースは、日本企業を含めて14例、業務提携は44例確認されている。ＭＥＨＬ、ＭＥＣ、軍がそれぞれ所有しているオフィスビルや土地を外国企業が賃借しているケースもあった。

これらのＭＥＨＬ、ＭＥＣの軍直系コングロマリットに加えて、軍と極めて関係が緊密な「クロニー」とミャンマー人から称される民間コングロマリットが、10以上存在している。それぞれの設立時期は、軍政発足直後の１９９０年代が多く、ＭＥＨＬ、ＭＥＣと同様に、ゼネコン、資源開発、不動産、宝石取引、銀行、情報通信、航空会社、ホテルなど、ほぼ全ての業種に傘下企業を配置している。

これらのクローニーは、軍政の幹部と姻戚関係を結んだり、親族と親しくしたりするなどの縁故関係を築き、軍から許認可や受発注の便宜を受けながら成長してきた。

ミャンマーの経済は、このように軍が経営するＭＥＨＬ、ＭＥＣの傘下企業と、民間の各クローニーのグループ企業、さらに軍の首脳陣らのファミリーが利権で経営する企業などが、あらゆる業種でビジネスを手がけている。ミャンマーで外国企業が地元資本とパートナーを組んでビジネスを展開しようとすれば、この中の企業が協業相手になる可能性が高い。例えば日本企業が現地で政府開発援助（ＯＤＡ）の事業を行う場合も、ミャンマー側の建設会社や資材メーカー、納入業者、物流業者などが、軍かクローニーの関係企業というケースは多いだろう。

軍やクローニーにとって、外国企業のミャンマーへの投資や進出が活発化するほど、自らのビジネス機会が拡大し、利益も膨らむ構造になっている。宝石関係も含めてこうした独占的な利権構造にスー・チー政権がメスを入れることは、軍には絶対に許されないことだった。

## 4．憲法改正で軍の政治関与のはく奪に動いた

スー・チー政権は軍との敵対姿勢をさらに強め、２０２０年、軍政が制定した憲法の改正案を議会に提出した。憲法を改正するには議員の75％超の賛成が必要で、ＮＬＤが提出した改正案は、議席の25％を占める軍人議員の「拒否権」の壁に跳ね返された。改正案は将来的に軍の政治関与を撤廃し、完全な文民統治国家を構築することを明示しており、軍にとっては、断固として叩き潰す内容だった。

改正案の中で軍の政治関与を削ぐ方策の一つは、上下両院に割り当てられている軍人議員枠の段階的削減である。軍人議員枠を２０２０年11月の総選挙を経て現状の25％から15％に削減し、次の２０２５年の総選挙で10％に、30年の総選挙では５％に下げ、議会での軍の存在感をなくす。

加えて、憲法改正に必要な賛成の割合は、現在の「75％超」から、「選挙で選出された議員の３分の２以上」の賛成に改める。これにより、軍人議員は憲法改正案が議会に提出されても、賛否の決議に参加できないようになる。

また、国家の非常事態宣言下で、軍のトップ（現状はミン・アウン・フライン最高司令官）に行政、立法、司法の強大な権限が移行される規定を撤廃し、最高司令官が大統領に代わって国を掌握できないよう

表 3-1　軍政が制定した憲法と NLD の改正案の比較（筆者作成）

| 軍政が制定した 2008 年憲法の主な規定 | NLD が 2020 年に議会に諮った改憲案 |
|---|---|
| 上下両院と地方議会の議員総数のうち、25％は選挙を経ずに軍人議員に与えられる | 軍人議員枠の割合を５年毎の総選挙で段階的に削減。2025 年は 10％、30 年は５％に減らす |
| 憲法改正は、議員総数の 75％を上回る賛成が必要 | 憲法改正は、「選挙で選ばれた議員」の３分の２を上回る賛成が必要 |
| 大統領、副大統領の要件は、本人、両親、配偶者、子供とその配偶者のいずれかが外国政府からの恩恵や影響下、もしくは外国国民であってはならない（59 条要約） | （アウン・サン・スー・チー氏の大統領就任を阻止するために設けられた条項であり）条文を削除する |
| 「（国家が国民政治の実現を目指していく際に）国軍の国民政治への参画を可能とする」（６条） | 「国軍は国民の願望に従って政治に参画することができる」という文言に修正 |
| 「軍総司令官は全ての武装組織の長である」（20 条） | 削除する（軍を文民統治下に置くため） |
| 国防・治安評議会のメンバー 11 人は、大統領、副大統領２人、上下両院議長、国軍司令官、副司令官、国防、外務、内務、国境の各大臣で構成（過半数の６人が軍関係） | 国境大臣をメンバーから外し、上下両院の副議長を新たに加える（12 人に増員する一方、軍関係は５人に減らす） |

にする。非常事態宣言を発令する手続きも、「大統領が（軍関係のメンバーが過半数を占める）国防治安評議会と協議して決定する」との規定を撤廃し、宣言発令は大統領が判断する。

その国防治安評議会のメンバー構成についても、現在の11人から12人に増員する一方、軍関係ポストからの参加は現在の6人から5人に削減し、文民メンバーを過半数にする。スー・チー氏の大統領就任を妨げていた「外国人の配偶者や子供を持つ者は大統領になれない」という条項は削除する。「軍の司令官は全ての武装組織の長である」という条項も削除して、軍を文民管理下に置く。

NLDは憲法をこのように改正して、軍の政治関与を撤廃し、完全な文民統治体制の実現を試みた[13]。

## 5. 20年総選挙のNLD圧勝でクーデターは不可避に

軍政は、スー・チー氏が将来にわたって大統領に就くことができないよう、2008年に制定した憲法でさまざまな縛りをかけた。これに対して、スー・チー氏とNLDは2016年3月の政権発足の際に

GADの内務省から大統領府への移管で
**軍の全国統治機能のはく奪**

宝石類の生産・取引の透明化で
**軍の利権ビジネスにメス**

憲法改正を通じて
**軍の政治力を削いで文民統治に**

図3-1　アウン・サン・スー・チー政権が進めた「軍政体制の完全解体」に向けた政策（筆者作成）

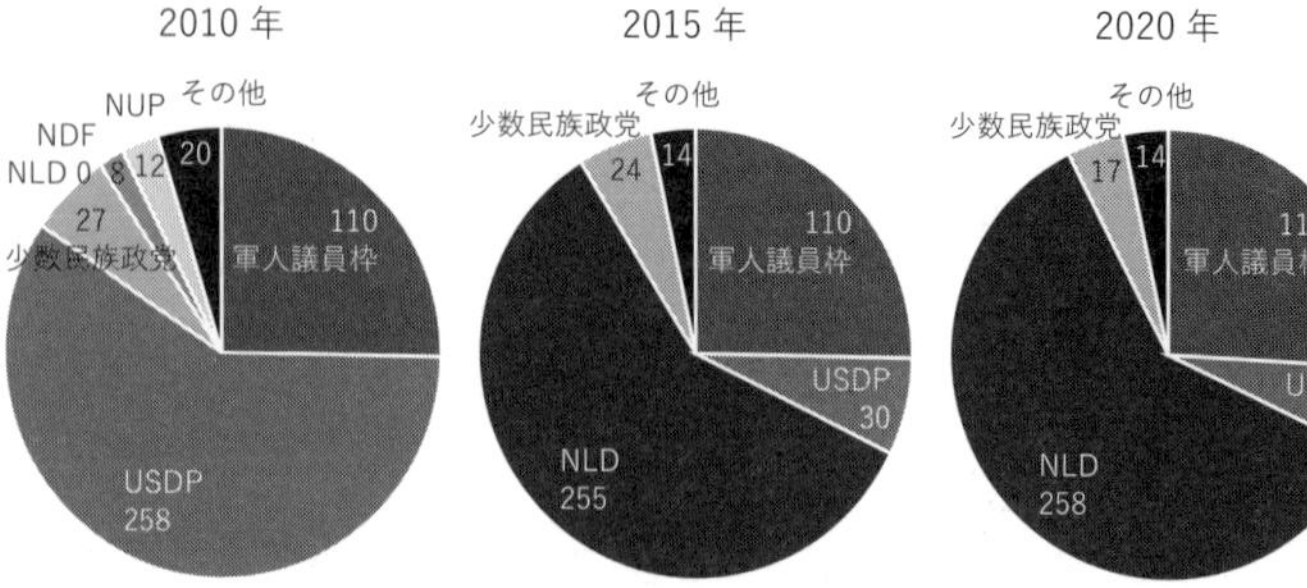


自由アジア放送（Radio Free Asia）まとめ。
合計数が一致しないのは、選挙が実施されなかった選挙区があるため。

**図 3-2　3 回目の総選挙（下院選）後の議会構成**

「国家顧問」という公的ポストを新設し、そこにスー・チー氏が就任して、憲法をすり抜ける形で「事実上の大統領」になった。

スー・チー政権と軍は、この件で険悪になり、その後、ＮＬＤが軍の政治支配と利権のはく奪に乗り出したことから、関係改善は困難になった。スー・チー政権は、ＧＡＤの所管を軍が支配する内務省から大統領府に移し、軍の統治機能をはく奪した。次に宝石関係の取引の透明化を図ることで、軍の利権構造にメスを入れ始めた。さらに、憲法を改正して軍の政治力を完全にそぎ落とし、文民統治の国にしようとした。①軍の全国統治機能のはく奪、②軍の経済利権構造の解消、③軍の政治影響力の排除――が成し遂げられれば、旧軍政体制の完全な解体を意味する。

そうした流れの中で、ＮＬＤは２０２０年11月の総選挙で前回２０１５年を上回る大勝利を収めた。一方、軍系の連邦団結発展党（ＵＳＤＰ）は、軍の元首脳クラスだった党幹部やテイン・セイン政権下の閣僚など、主要幹部のほぼ全員が落選し、屈辱的な惨敗を喫した。軍は、「スー・チー政権は二期目の今後５年間で、軍にさらに切り込んでくる」と警戒を強めたはずだ。

軍は、民主化のペースと深度は軍が決めると定義した「規律ある民主化」から逸脱すれば、いつでも国政に戻ると民主化勢力に警告してきた。軍からすれば、今回のクーデターは、総選挙でのＮＬＤの「勝ちすぎ」に一段と脅威を抱いた末の、必然の選択だった。

## 4章 「2011年体制」で軍政体制の完全復活をもくろむ

2021年2月1日にクーデターを断行した軍は、翌日に16人からなる最高意思決定機関の国家統治評議会（SAC）を設置し、ミン・アウン・フライン最高司令官が議長に、ソー・ウィン副司令官兼陸軍司令官が副議長に就いた。SACのメンバーには、軍と良好な関係にある少数民族政党、NLDと反目する民主派政党などの幹部も加え、軍と民間の割合を半々にして、少数民族と民主派政党に配慮する姿勢をアピールした。NLDに代わる新たな閣僚メンバーと中央銀行の総裁も、同日指名した。その後、SACは暫定政府を置き、最高司令官が議長と首相を兼務している。

2月8日夜のテレビ演説で、ミン・アウン・フライン最高司令官は、「私たちは、本物の規律ある民主主義システムを構築する。複数政党制によるクリーンな政府が現れることを強調したい」「国の外交政策、政府の政策、経済政策に変更はない。今後も世界各国と友好関係を築き、外国からの投資を呼びかける」と強調し、従来の政策を継続するとして、国民と国際社会に安心するよう求めた。

最高司令官が指摘した「本物の規律ある民主主義システム」とは、どのような姿を意味するのだろうか。軍が規定する「複数政党制」とは、どのような政治体制を指しているのか。軍はクーデターの究極的目的として、どのようなミャンマーの統治体制を作っていくのか、をここで分析する。

## 1．スー・チー氏とNLDを追放

### タイのクーデター後の展開が「モデルケース」か

ミン・アウン・フライン最高司令官はクーデター直後の2月10日、軍事クーデターという同じ強権的手段で政権を握ったタイのプラユット首相に親書を送り、クーデターの理由を説明して、理解と支援を求めた⑭。両国の軍は友好関係にあり、２０１８年にはミン・アウン・フライン最高司令官に対して、タイで外国人に贈られる勲章の中での最高位が王室から授けられた。

プラユット氏はタイ軍の最高司令官だった２０１４年にクーデターを主導し、タクシン元首相の妹のインラック首相が率いていたタクシン派政権を追放した。クーデターを経て軍が国を暫定統治し、総選挙を実施して政権を握るまでのプラユット氏のプロセスを、ミャンマー側が「モデル」として意識しているのは間違いないだろう。タイではクーデター後、軍政組織の「国家平和秩序評議会」（ＮＣＰＯ）が5年間統治し、その間に憲法を改正して、上院と選挙の仕組みを軍に都合よく改めた。

タイの軍と支配階層にとって、最大の脅威はタクシン元首相とその支持者である。タクシン氏は、タイの北部や東北部の農民と、都市部の貧困層や労働者層から強力な支持と敬愛を集めている。軍は２００６年にタクシン氏をクーデターで国外追放したが、その後もタクシン派の政党は総選挙のたびに勝利してきた。このため、ＮＣＰＯは、民政に戻すための次の総選挙の実施を先延ばしして、タクシン派政党が独り勝ちしない制度の検討を進めた。

具体的には、2017年に憲法を改正して上院を選挙制から任命制に改め、実質的に軍政が上院議員を指名できるようにした。さらに首相の就任資格を拡大し、下院議員でなくても、選挙で選ばれていない非民選議員も就任できるよう改めた。選挙制度も大きく変更して、小選挙区比例代表併用制を新たに導入した。この制度は、有権者は小選挙区の候補者一人のみに投票し、比例代表選挙の議席は各党が小選挙区で獲得した得票率を元に割り当てられる。これにより、タクシン派政党をはじめ特定の政党だけが大勝するのを難しくした。

こうした準備を経て、NCPOはクーデターから5年も経過した2019年3月、ようやく総選挙に踏み切り、軍も軍系政党の「国民国家の力党」を結成して選挙に臨んだ。同党の獲得議席数はタクシン系のタイ貢献党に次いで二位だったが、十以上もの中小規模の政党と連立政権を組んで何とか下院（500議席）の過半数を確保し、プラユット氏がクーデター後の暫定首相から首相に就任した。

表面上、タイは複数の政党が参加した総選挙を経て、民政体制に復帰した形だ。しかし、首相の指名選挙は、総選挙で選ばれた下院議員と、軍政が指名した上院議員（250議席）の合計の票数で決められる。このため、プラユット氏は圧倒的有利な立場にあり、首相選びの公平性が問題視された。

一見すると、軍政のNCPOはプラユット政権を計算通り発足させたかのように映るが、タクシン系政党の「失策」がなければ、タクシン派政権が発足していた可能性が大きかった。タクシン系政党は、NCPOによる解党命令などの選挙妨害を想定して、二つの政党で選挙に臨んだ。このうちの「国家維持党」は、ワチラロンコン国王の姉のウボンラット王女を、党の次期党首候補に擁立しようとして、国王から「この国の伝統、慣習および文化に反する行為であり、極めて不適切である」と厳しく批判された。最高裁は総選挙の約二週間前、立憲君主制への敵対行為にあたるとして同党に解党を命じ、タクシン派に大きな打撃となった[15]。

### 選挙制度の見直しを検討

一方、ミン・アウン・フライン最高司令官は当初、「選挙は（クーデターから）2年以内に行う」と表明した。憲法の規定で、非常事態宣言の効力は1年間だが、6カ月ずつ2回延長できるためだった。ただ、総選挙については、「非常事態宣言の効力終了から6カ月以内に行わなければならない」（429条）とあり、この期間を合わせると、選挙は2021年2月から最大で2年6カ月以内となる。このため、最高司令官は8月、「総選挙は2023年8月までに実施する」と表明している。

タイの軍政はクーデターから総選挙まで5年かけており、ミャンマーも何らかの理由をつけて遅らせる可能性はある。いずれにしても、軍は選挙までに民主化運動を完全に鎮圧する構えだ。

軍は総選挙に向けて、選挙制度の見直しを検討している。具体的には、小選挙区制だけの現行の制度を改め、比例代表制を導入する方針だ。クーデター後、軍はスー・チー政権が任命した連邦選挙管理委員会（UEC）を解散して、軍政当時の2010年の総選挙を管理した顔ぶれによる軍指定のUECを発足させた。このUECは2月に各政党に呼びかけてネピドーで会議を行い、比例代表制の導入に関する見解を各党に尋ねた。ミン・アウン・フライン最高司令官も8月、「比例代表制の導入を検討する必要がある。在任中、暫定政府は全ての関係者と調整して選挙制度を修正する」と述べ、最高司令官として初めて比例代表制を導入する方針に言及した[16]。

軍が比例代表制に積極的なのは、小選挙区制のみの仕組みでは、投票で死票が出やすいためだ。例えば、少数民族地域の選挙区でＮＬＤの候補者が当選したとしても、地元の少数民族政党や、軍政を継承する連邦団結発展党（ＵＳＤＰ）の候補者なども、それなりの票は獲得している。現行では、それらの得票は死票になるが、比例代表区で活かせれば、ＮＬＤが圧勝してきた当選者の構図が変化する可能性はある。

もちろん、選挙制度の見直しは、特定政党の単独勝利を防ぐ「安全装置」にはなり得るかもしれないが、タイの軍系政党が他党との連立で辛うじて過半数を押さえたように、軍側が確実に勝利を収めるという保証はない。ただ、ミャンマーの全国政党はＮＬＤと軍系のＵＳＤＰしかなく、ＮＬＤが選挙に参加しなければ、比例代表制はＵＳＤＰに有利に働く。最高司令官などが比例代表制を導入する方針なのは、次の総選挙にＮＬＤが存在していないことを前提として、ＵＳＤＰが大勝する選挙制度を構築するためである。

## スー・チー氏は長期拘束、ＮＬＤは解党措置

スー・チー氏とＮＬＤを永久に追放して、軍政体制を復活させることがクーデターの狙いであり、軍はクーデター直後からＮＬＤの幹部やメンバーを各地で次々に拘束、逮捕した。地元メディアによると、ＮＬＤのヤンゴンなどのスタッフが自宅から警察や軍に連行され、拷問を受けて殺害される事件も複数起きている。各地のＮＬＤの事務所は、軍の家宅捜索で内部が破壊され、無残に荒らされた。

拘束を逃れたメンバーは、少数民族武装勢力地域などの安全な場所に移り、２０２０年の総選挙で当

選した議員を中心に、ウェブ上にバーチャル議会「連邦議会代表委員会（CRPH）」を開設した。4月には、やはりウェブ上にバーチャル政府「国民統一政府」（NUG）の樹立を宣言し、軍に逮捕されたスー・チー国家顧問とウィン・ミン大統領を再任した。詳細は後述するが、財務、外交、法務などの「省庁」も設置してそれぞれの閣僚を任命し、オンライン上での記者会見や、国民や国際社会へのメッセージの発信などを行っている。

軍は、CRPHとNUGは「テロ行為」を扇動しているとして、NUGが各地の国民に設立を求めた武装抵抗組織「国民防衛隊」（PDF）とともに、5月に3者をテロリスト組織に指定した。CRPHとNUGのメンバーは、最高刑が死刑の国家反逆罪などの重罪で起訴している。

クーデター後、NLDは他の民主派グループなどと組んで、オンライン上でCRPHとNUGに名称と形態を変えて民主化運動を展開する一方、ミャンマー国内の現実社会で政党活動を行える空間は完全に喪失した。

軍が選出した連邦選挙管理委員会（UEC）のテイン・ソー委員長は2021年5月下旬、各政党と2回目の会議をネピドーで行い、「NLDは昨年の総選挙で詐欺行為を行った。党を解散すべきかどうか、加害者を処罰すべきかどうかを調査し、検討する」と発言し、NLDの解党処分に踏み切る方針を示した[17]。一方、クーデター後に逮捕されたアウン・サン・スー・チー氏は、国家機密法違反や贈収賄など複数の罪で訴追され、地元メディアによると全てが有罪なら懲役100年以上になる[18]。2021年12月に最初の有罪判決が下されたが、クーデターの時点で75歳だったスー・チー氏は、長期の懲役刑を科せられると、政治活動は年齢的に極めて困難な状況に追い込まれる。

「ＮＬＤは不正選挙とＣＲＰＨ、ＮＵＧとの関係を理由に次の総選挙までに解党処分とし、スー・チー氏には長期刑を科して、選挙後も国民との隔離をつづける」――。軍にとって、総選挙を経て軍政体制の完全復活を成し遂げるには、これが最も確実なシナリオだ。

一番マイルドな形によるスー・チー氏とＮＬＤの排除は、軍政当時の２０１０年11月の総選挙と同じやり方だ。当時、軍政は有罪判決を受けた者は党員になれないとする政党登録法を制定し、自宅軟禁中のスー・チー氏がＮＬＤを離党するか、ＮＬＤがそれを拒否して解党するかの選択を迫った。ＮＬＤは総選挙をボイコットして解党の道を選んだが、今回も同様のルールを制定して、選挙の不参加に追い込む手法が考えられる。しかし、そもそもＮＬＤは、２０２０年11月の総選挙の正当性を主張して、軍が行う次の総選挙には自ら不参加を表明するだろう。だが、この展開は、ＮＬＤが解党されずに次の総選挙まで政党として存続していることが前提であり、その可能性は厳しい。

## ２.「軍政完全復活」の姿とは

### 議会は「オール軍政与党」に

軍は、表面上は複数の政党が参加する公平で開かれた選挙を行い、その結果として新政権は有権者に選ばれた正当な政権であることをアピールして、国内外に民政復帰を認めさせたい考えだ。ＮＬＤの解党や軍主導の選挙日程が発表されれば、ミャンマーでは国民が激しく反発して、「反選挙デモ」で社会が大きく混乱する恐れがある。軍に抵抗する民主派政党や少数民族政党は、選挙をボイコットする可能性が高い。国民も投票のボイコット運動を展開するだろう。

それでも軍はこう主張するはずだ。「われわれは国民と各政党に開かれた民主的な選挙の機会を提供した。選挙への不参加は、各党がそれぞれの責任に於いて判断したものであり、選挙の公平性には影響しない」――。

軍は国内がいくら混乱しようと、時間をかけてでも選挙を必ず完遂する。軍系の「連邦団結発展党」(USDP)に加えて、NLDと反目している一部の民主派政党や少数民族政党も選挙に参加する可能性がある。NLDがボイコットした2010年総選挙の再現である。

その結果、NLDを欠く中で唯一の全国政党であるUSDPが圧勝し、連邦議会の上下両院と各地の管区・州の地方議会は、USDPと軍人議員が圧倒的な議席を握る。国と地方の議会の全ては、親軍色に染まった「オール与党体制」となり、大統領、副大統領、各省庁の閣僚、管区・州の首相をはじめとする要職は、USDPと軍が独占することになる――。

2011年3月にテイン・セイン政権が発足した当初の議会構成は、USDPと軍人議員を合わせると、下院(定数440)は全体の83%、上院(同224)は82%を占めた。次回の選挙も、NLDが圧勝した2015年と2020年の総選挙とは正反対の形でUSDPが圧倒的な議席数を獲得し、民政移管当初のほぼ軍系一色だった「2011年体制」の議会構成に引き戻す――。軍政体制の完全復活であり、これが軍の最終的な狙いだ。2011年と唯一異なるのは、テイン・セイン大統領の下で進められた民主化改革の再現は期待できないということだ。

こうした形で軍政が復活した場合、どのような統治が行われるのか。

ミン・アウン・フライン最高司令官はクーデター直後の2月のテレビ演説で、外交政策、国内政策、経済政策に変更はないと述べ、クーデター後の統治はテイン・セイン政権、スー・チー政権の政策を踏襲する考えを示した。

このうち経済政策については、テイン・セイン政権からの外資誘致政策を継続していくはずだ。前述のように、外国企業の進出や外国政府からの政府開発援助（ＯＤＡ）が増大すれば、軍系コングロマリットの「ミャンマー・エコノミック・ホールディングス」（ＭＥＨＬ）、「ミャンマー・エコノミック・コーポレーション」（ＭＥＣ）と、軍と緊密な関係のクローニーと呼ばれる民間コングロマリットのビジネス機会が拡大し、自らの利益が膨らむためだ。

ミャンマーが参加する東南アジア諸国連合（ＡＳＥＡＮ）経済共同体（ＡＥＣ）、東アジアの地域包括的経済連携（ＲＣＥＰ）、ＡＳＥＡＮと日本、中国、韓国、インド、豪州、ニュージーランドなど域外国との自由貿易協定（ＦＴＡ）については、これまでの合意内容に沿った貿易・投資の自由化を、粛々と進めるとみられる。

## 外交は中国、ロシア、インドを重視しつつ欧米と関係改善を目指す

軍はクーデター後、外交政策については、中国との関係に加えてロシアとの良好な関係を国際社会にアピールしている。２０２１年３月27日の「国軍の日」には、ロシアから国防次官をネピドーでの式典に招待した。多くの国々は駐在武官の出席を控えただけに、ロシアとミャンマーの軍事的な緊密さを際立たせた。

ミャンマーは以前から、中国だけではなくロシアからも武器を購入している。同年6月にはミン・アウン・フライン最高司令官が軍幹部らを引き連れてモスクワを訪問し、ロシア側の歓迎を受けた。軍は国際社会の中で孤立が深まる中、自国の「守護者」が中国しかいなければ、今後、ミャンマーに対しての中国の立場が強くなる可能性がある。このため、軍はロシアも天秤に乗せて、中国、ロシアとの間のバランス外交を志向している。

ミン・アウン・フライン最高司令官はロシア訪問の際、ロシア国営メディア「ロシア24」のインタビューで、ミャンマーと各国との関係をこう解説した。

「米国はミャンマーの友人でもあるが、遠く離れている。いろいろな理由で両国は少し距離がある」「隣国の中国とインドとは親友だ」「ロシアは古くて良き友人だ。両国の魂はとても近い」「われわれはASEAN加盟国であるため、ASEANの実践に従って対応している」――。

これらの発言から浮かんでくるのは、国際社会の中で中国、ロシアをミャンマーの「守護者」としつつ、インドを交えた3カ国の関係を重視していることだ。日本からは地理的に分かりづらい感覚だが、ヤンゴンに行くと、インドはミャンマーの隣国であることを意識させられる。ミャンマー西部のチン州の険しい山岳地帯の向こうには、第二次世界大戦中、日本軍が陥落を狙って悲惨な作戦を展開したインパールがある。ヤンゴン、シットウェーなどの港湾からアンダマン海、ベンガル湾を西に航行すれば、インド東岸にたどり着く。

ミャンマーの軍部にとって、隣国の超軍事大国の中国は、外交的に親しい関係にあるとはいえ、国防上の観点からは脅威である。このため、ミャンマーは中国にのみ込まれないよう、中印の緊張関係も利用しつつ、中国とインド、中国とロシアの間でバランス外交を展開しているといえるだろう。

一方、米国はクーデター後、ミン・アウン・フライン最高司令官を含む軍の上層部や、軍などのコネを利用してビジネスを営むその家族、軍系の宝石関係の企業などを対象にして、ターゲットを絞った制裁を発動した。ヤンゴンの外交筋によると、米政府は２０１０年代後半にロヒンギャ問題でスー・チー氏が欧米から厳しく非難されていた時、ミャンマーが中国寄りに決定的に傾くことを懸念して、本音は本格的な経済制裁は科したくない考えだったという。当時、米国務省はミャンマーへの制裁法案を米議会で通さないよう、議会有力者を懸命に説得したという。米国は、スー・チー政権の存続がミャンマーの民主化と安定に不可欠だと認識し、ロヒンギャ問題では、軍幹部を対象に米国内の銀行口座凍結などのターゲット制裁は科しても、スー・チー政権に打撃を与えるような経済制裁の発動は避けた。

最高司令官はロシアメディアのインタビューで、「米国はミャンマーの友人」と述べ、クーデターで関係が疎遠になるのは避けたい意向をにじませた。米国は中国のミャンマー囲い込みを警戒しているが、一方でバイデン政権は民主主義と人権問題でミャンマーに譲歩はしないだろう。最高司令官が指摘する「両国は少し距離がある」状況が改善に向かうには、米国が納得する民主化の道筋をミャンマー側が示せるかにかかっている。それは軍にとって極めて高いハードルである。

**言論、報道、国民の自由を許さない「暗黒社会」が再来**

仮にミャンマーに事実上の軍政体制が復活した場合は、国民や民主化グループにどこまで自由な空間を軍政が許容するかが最大のポイントになる。

テイン・セイン政権は、約半世紀続いた新聞記事の事前検閲制度を撤廃して言論・報道の自由を解禁し、国民は自分の意見を自由に主張できるようになった。しかし、それがUSDPへの国民の評価と支持には全く結びつかず、2015年の総選挙でNLDが大勝してスー・チー政権が発足した。そのことを鑑みれば、クーデターを企図した軍首脳部は、テイン・セイン政権による言論・表現の自由は結果的に「行き過ぎた改革」だったと受け止めているだろう。

クーデターの翌3月、軍は国内メディアのミジマ、ミャンマーナウ、民主ビルマの声（DVB）など五つの民主派メディアのライセンスをはく奪し、各社の事務所を家宅捜索で破壊した。反軍デモを取材したり、軍の批判記事を書いたりした記者を次々に拘束し、メディアの徹底的な弾圧に乗り出した。民主化グループのコミュニケーションや国内外への情報発信を遮断するため、軍はインターネットと携帯電話のデータ通信に規制をかけ、携帯電話事業者には利用者情報を提供するよう圧力をかけた。

軍が予定する次の総選挙で軍系の新政権が発足すれば、言論・報道と集会の自由は認めず、フェイスブックやツイッターの利用規制を続けるのは目に見えている。インターネット上の閲覧可能なサイトを制限し、ネット利用者がウェブにアクセスした経路などから、国民の監視を一段と強化する可能性もある。一方で、経済活動は開放して、外資系企業や外国からのODAに門戸を開き、資本の流入を促す。それが、軍が定義する「規律」ある民主化の姿であり、国民にとっては、軍政下だった2010年以前の「暗黒社会」の再来を意味する。軍政の最高権力者だったタン・シュエ国家平和発展評議会（SPDC）議長が残した「民主化のペースと深度は軍が決定する」という主旨の警告の効力は、この先も維持される。

軍はミャンマー（当時はビルマ）が英国から独立して以来、国家運営に関与しており、国の統治者としての意識とプライドが非常に高い。軍が制定した憲法では、国家元首は大統領だが、「すべての武装組織の長」は最高司令官であり、「軍隊に関する事項の全てを独立して監督、処置する権限がある」と、軍の完全な独立を保障している。多くの国は大統領や首相などの文民が軍を統制しており、タイでは国王の指揮下にある。だが、ミャンマーの国家元首には軍を統制する権限がない。

クーデター翌月の2021年3月27日に行われた「国軍の日」の式典では、兵士らが軍の過去の各年代の砲兵隊などの軍服を着て行進し、1950年代前後に使われた銃や火器類、装甲車両などもパレードで披露された。軍が独立後のミャンマーを守り、統治してきたという自負を国内外に強烈に示す演出だった。ミン・アウン・フライン最高司令官はその際の演説で、「NLD政権の選挙不正によって、軍はやむを得ず合法的な手段で国家の権限を引き受けた」とクーデターの正当性を改めて主張し、公正な選挙を行った後、権限を新政権に譲ると述べた[19]。演説が行われていた頃、軍は各地でデモ参加者に実弾を発砲し、地元メディアのミャンマーナウによると、同日だけで、市民ら114人を殺害した。「国軍の日の式典を妨害すれば、頭を撃たれるだろう」。軍は国営テレビを通じて前夜、国民にこう喝していた。欧米各国の軍や自衛隊など12カ国の参謀長らは27日、同じ軍人として「非武装の市民に対する殺傷力の高い武器の使用を非難する」と、異例の共同声明を発表した。外交関係者も「恐怖と不名誉の日として永遠に刻まれる」（欧州連合駐ミャンマー代表部）、「国軍は記念日を大虐殺で恥ずべき日にした」（ミャンマーの人権問題を調べる国連特別報告者）と相次いで軍を強く批判した。

軍は1988年、2007年の民主化要求デモでも国民に銃口を突きつけ、多数の学生らが犠牲になった。形だけの総選挙で軍政体制が復活して、独裁下の弾圧が再び繰り返されないよう、国民はクーデター後、民主化空間を軍から奪回するため大規模に蜂起した。

## 5章　過去とは大きく異なる民主化デモの構造

１９８８年に学生が決起した「88年世代」による民主化要求運動は、きっかけとなった当初の衝突から、大規模デモを軍が武力鎮圧するまでの全体は約6カ月だったが、強制排除から鎮静化までは約1カ月だった。僧侶と国民が軍政に立ち向かった２００７年の「サフラン革命」も、約1カ月かけて軍に鎮圧された。これに対して、２０２１年2月のクーデター後の国民の反軍活動は、期間、規模とも１９８８年、２００７年の時を大きく超え、ＳＮＳ、スマホ、ウェブを駆使したデジタル時代の多様な戦術を繰り広げている。

今回の反軍活動の特徴は、大きく分類して七つあると考える。一つは「新生ミャンマー」に対する「新ナショナリズム」が国民の間に急速に浸透し、それが反軍活動の強力な原動力になっていることである。二つ目は、抗議活動に参加している年代や職業が特定の層に偏らず、全ての階層に広がっているうえ、活動エリアも従来のようなヤンゴン、マンダレーなどの都市部に限らず、都市部から山岳地帯まで全国規模で展開されていることだ。

三つめは、コミュニケーション手段の劇的な変化だ。デジタルに慣れ親しんだ「Z世代」と呼ばれる若者を中心に、２０１１年以降の民主化改革で急激に普及したスマホやＳＮＳなどのデジタルツールを巧みに駆使して、国民一人ひとりがメディア（媒体）となり、情報やメッセージを国内外に発信している。四つ目は、抗議活動の戦術面の多様化である。スマホで撮影した軍との衝突現場の動画などを国際社会に配信して、ミャンマーの惨状を世界に伝える手法はもとより、ヤンゴンで軍のデモ隊への弾圧が激しくなかった2月には、趣向を凝らしたデモが繰り広げられた。

五つ目は、公務員や教員、医療関係者などが職場を放棄して抗議の意を示す「市民不服従運動」（CDM）が自然発生的に始まり、全国に拡大したこと。そして六つ目は、非暴力を貫いてきた民主化運動が、武力闘争を組み入れた形態に大きく転換したことである。

これまでミャンマーの国民は、スー・チー氏の指導力とカリスマ性に民主化運動の取り組みを依存してきた面があった。だが、今回の局面では、スー・チー氏が軍に拘束されて国民との直接的なコミュニケーションが遮断されている中、個々の国民が自分たちで考えながら自主的に反軍活動を展開し、スー・チー氏の次を担うリーダーの候補も萌芽してきた。つまり七つ目の特徴は、「スー・チー氏依存からの変化」である。

こうした一つ一つの特徴は、どのような背景から出現したのかを、ここで分析する。

## 1. 民主化で浸透した「新ナショナリズム」が原動力に

過去2回の大規模な民主化運動は、国民を弾圧し、経済の無策で貧困状態を強いてきた軍事独裁政権に対する積年の怒りが爆発し、軍政を「打倒」するために学生、僧侶、国民が立ち上がった。

今回は、クーデターを起こした軍から民主化を奪還する戦いであり、国民は10年間で民主化が浸透したミャンマーを「護る」ために行動している。怒りの矛先が軍という点では、過去の民主化運動と同じだが、そのベクトルは、以前は軍政体制の「打倒」だったのに対し、今回は民主化体制の「防衛」という全く逆の方向を向いている。

民政移管後の10年間のミャンマーは、英国の植民地支配から独立して以来、初めて安定した民主的な空間に包まれた。独裁体制から開放された国民の間に「新生ミャンマー」に対する誇りと愛情が芽生え、「新愛国心」「新ナショナリズム」が一人ひとりに宿っていった。

国民は、秘密警察が目を光らせ、当局に密告する軍政シンパの市民にも神経をすり減らした暗黒社会には、目と口を閉じているしかなかった。テイン・セイン政権の民主化改革で言論・報道の自由が解禁され、暗闇から開放された途端、本書の前半部分で記した縫製工場で働く女性工員たちの賃上げ交渉の場面のように、国民はせきを切ったように自己主張を始めた。その「新愛国心」が最初に極端な形で表れたのが、ロヒンギャの虐待問題で欧米がスー・チー氏への批判を強めていた時である。

フェイスブックには、「ロヒンギャはベンガルからの移民集団だ」などと、ロヒンギャの「定義」も含めて反論が吹き荒れ、スー・チー氏を批判する欧米政府、人権問題に関わる欧米のセレブ、国連調査団、国際NGOなどに国民はすさまじい勢いでかみついた。外交関係者によると、ヤンゴンの米国大使館には、「米国はわれわれの国をつぶすつもりか」「NLD政権をつぶすつもりか」と、米国に激しく抗議する書簡が多数寄せられた。

今回の反軍活動を突き動かしているのも、この「新愛国心」だ。「新生ミャンマー」を徹底的に破壊しようとする軍への怒りがデモのパワーとなり、国民に強力な連帯と団結を生みだした。全ての年齢層と階層が反軍活動に参加し、抗議デモはカレン、カヤー、カチン、シャン、モン、チンなど、各地の少数民族の州にも拡大した。これが今回の運動の二つ目の特徴である。

年齢層も多岐に及んでいる。デジタル技術を使いこなす「Z世代」と呼ばれる10～20代の若者たち、後に詳しく触れる市民不服従運動（CDM）に参加する医療関係者や教員、公務員、会社を休んでデモに参加する社会人、1988年の学生運動を主導して今回も運動の支柱になっている元政治犯のミン・コー・ナイン氏やジミー氏に代表される60歳前後の「88年世代」など、反軍活動は広範な年代と職業に広がっている。

2020年11月の総選挙では、前回2015年の時には選挙権の年齢に達していなかった1998年以降に生まれた約500万人が、初めて一票の権利を行使した。彼らは全て「Z世代」に当てはまり、2011年3月以前の軍事政権の時代は、最年長者でも小学校の高学年あたりだった。その頃に軍の弾圧や迫害を直接経験したことはないと思われるが、彼らより上の年代の国民と同じく、クーデターへの怒りと軍への嫌悪感は強い。

彼らの両親の世代は1988年のクーデター、祖父母の世代は1962年のクーデターを経験した層と重なる。Z世代の若者たちは軍事独裁体制がどれほどひどい時代だったのかを、子供のころに両親や祖父母から聞かされてきただろう。今回、ミャンマー人は親子三代でクーデターを経験することになった。

ヤンゴンなどに在住する「ミャンマービジネスに関わる日本人有志」が2021年4月にミャンマー国内の日系企業で働くミャンマー人に行った緊急アンケートには、コメント欄にミャンマーの若者たちの軍への憎しみと、対峙する決意があふれている。

「私たちの友人や家族は何十年にもわたって彼らに殺されてきた。今やっていることは、私たちをどん底に落とした過去の独裁政権と同じです」

「一刻も早くミャンマーには民主主義が必要です。私たち若者には未来があり、それを失いたくありません」

「次の世代のために戦いたい。この恐ろしい軍に直面する最後の人間にならなければならない。そして私は恐怖から解放されたい」

「私たちの国と、未来の世代のために戦わなければならない。独裁者は地図から消えなければならない」

「この国がいまだにクソ溜めの中にあるのは、軍が唯一の理由だ」――。

## 2．スマホの普及とデジタル化社会で運動の戦術が多様化

今回の反軍活動の三つめの特徴は、スマホとインターネットの急速な普及でコミュニケーション手段がデジタル化し、情報の共有と発信が以前の民主化運動と比べて劇的にスムーズになったことだ。軍がデモを弾圧している現場の動画やテキスト情報を、国民自らがメディア（媒体）となり、スマホからツイッターやフェイスブックのＳＮＳで国際社会に直接伝えている。それは四つ目の特徴に挙げた戦術の多様化と深く連動している。

１９８８年の学生デモの頃は、日本や欧米などの先進国でも携帯電話はほとんど普及していなかった。最貧国のミャンマーでは、家庭などに固定電話も普及していなかった。２００７年の「サフラン革命」の時でも、経済が順調に発展していた隣国のタイでは携帯電話の普及は国民１００人あたり80台だったが、ミャンマーは0・5台とほぼゼロだった。このため88年、07年の反軍政運動当時は、デモや集会を解散する際、リーダーから次回の集会の日時と場所が、参加者の間に伝言ゲームのように口頭で伝えられていたという。

当時の民主化運動のメディア（媒体）は、粗末な紙に軍政批判の論文などを印刷した手作りのジャーナル（小冊子）だった。学生たちは秘密警察の目に触れないよう細心の注意を払いながら、ジャーナルを配布した。当時、国際社会は、ミャンマーで何が起きているのかを、ほぼリアルタイムで把握するのは困難だった。軍の規制でミャンマーの国外に伝わる情報も限られていた。

今は、誰もがスマホを手にしている。軍がデモ隊に発砲したり、市民を殴打したりする場面を撮影した動画をＳＮＳにアップすれば、瞬く間に「シェア」「リツイート」で世界に伝わる。スマホとＳＮＳは、国民が軍と戦うために絶対に必要な「武器」になっている。

ミャンマーでこれほどスマホが急速に普及したのも、民主化改革の産物だ。前述のロヒンギャに関する項で記したように、民政移管当時の２０１１年前後は、通話や通信に使うＳＩＭカードの値段は約２００ドルと高額で、普及率は低かった。しかし、テイン・セイン政権が２０１３年に通信市場を自由化して新規参入が促されると、一気に2ドルまで値下がりした。携帯端末は爆発的に売れ始め、国際電気通信連合（ＩＴＵ）の統計では、携帯電話・スマホの契約数は、２０１９年には６１１４万台に達し、人口（約５２００万人）を上回った。図らずも通信市場の自由化が、８年後、国民に反軍活動の重要なインフラを提供することになった。

ヤンゴンでデモ隊への軍の鎮圧が激しくなる前の2月には、10代から20代前半の「Z世代」を中心に、ユニークなデモが展開された。ＳＮＳに「明日は何もしないでください」というメッセージが流れると、「明日はデモを決行する」という意味だ。「明日は車をとても速く運転しましょう」というメッセージは、牛の歩みのようなノロノロ運転をしようという呼びかけだった。ＳＮＳに送られてくるテキストの「反対語」が本当のメッセージであり、「車を速く運転する」狙いは、通勤時間帯にノロノロ運転で大渋滞を引き起こし、不服従運動（ＣＤＭ）にまだ参加していない公務員の通勤を妨げて合流を促すことだった。

ヤンゴンでは2月中旬、朝のラッシュ時にどの車も歩行者より遅い速度で走り、あちこちで渋滞が発生した。交通警官が速度を上げるよう車のドライバーに指示すると、今度は歩道から大勢の歩行者が路上の車の間を縫うように道を渡り始め、車が発進できないように「サポート」した。2月16日、ＳＮＳで「明日、車は故障しない」というメッセージが市民に共有された。翌朝、ヤンゴンの主な通りでは故障を装って路上に止まった多くの車が道をふさぎ、市内の交通をマヒさせた。

一方、ミャンマーではクーデター直後から、夜8時になると住民が家の軒先やベランダで鍋やフライパンを15分ほどたたき続けて、軍という「悪霊」を追い出す儀式が行われるようになった。ツイッターやフェイスブックにその動画がアップされて拡散し、日本や欧米のメディアでも報じられた。

この「イベント」はクーデター翌日の2月2日、ミャンマー中部のチンドウィン川東岸にあるモンユワという町の若者たちが、軍への抗議を表す手段として思いついたことが始まりだった。その夜、フェイスブックのライブストリーミングで鍋やフライパンをたたく光景を中継したところ、ヤンゴンをはじめ各地で視聴され、彼らは狙ったわけではなかったものの、「儀式」は瞬時に全国に広がった。

クーデターから3日後の2月4日には、ミャンマー第二の都市マンダレーで約20人の若者たちが医系大学の前に現れ、拡声器を使って「クーデターは受け入れられない」と抗議した。これが今回、クーデター後にミャンマー国内で初めて行われた反軍デモだった。この出来事がSNSで全国に拡散して、翌日はヤンゴンで大規模な抗議デモが行われ、デモの大きなうねりが各地に伝播した。

軍は、通信事業者にワイヤレスブロードバンド、モバイルインターネットの遮断を命じた。フェイスブックとツイッターにアクセスできない措置も施して、デジタルのコミュニケーション空間を封じ込める対策を強化した。SNSとネットという国民の「生命線」が断たれないよう、ネット技術に詳しいZ世代などが仮想プライベートネットワーク（VPN）などを使った抜け道を手当てしている。[20]

## 3. 軍高官の家族をネットに公開する「社会的罰則」運動

ミャンマーのZ世代の若者たちは、3月にはネット上で、「社会的罰則」運動を開始した。ネットやSNS上から軍高官の家族の情報を見つけ出し、フェイスブックに開設した専用ページで、住所、学校などの個人情報を含む家族や縁故ビジネスの詳細を、写真もさらして非難する運動である。欧米や日本の大学に留学したり、ミャンマーで会社を経営したりしている軍高官の成人した子が主なターゲットになった。

高級軍人の子の多くは、ミャンマーで小売業、ヘルスケア、物流、旅行、宝石、製造、建設、エンターテインメントなどの会社を経営しており、フェイスブックの自分のアカウントにプライベートジェットで移動する写真や、購入した高級車、高級ブランドの衣類やアクセサリーなどの写真をアップしている。いわゆるミャンマーのセレブであり、米政府はこれらのファミリー経営企業の一部に対して、「軍との特別な縁故で独占的な事業と利益を得ている」点を問題視して、クーデター後に制裁を科した。

社会的罰則運動では、軍首脳の子が留学している大学に奨学金の停止と本人の追放を求め、留学先の政府には留学ビザを取り消すよう要請している。デモ隊への発砲を命じたとして国民から非難されている軍首脳の娘の場合、留学先の大学の正門付近でミャンマー人留学生たちが本人と軍服姿の父親の顔写真付きのポスターを掲げ、「彼女の父親は、マンダレーで平和的な抗議活動に銃撃を命じた責任がある」と一般の学生に訴えた。

映像制作などを手掛けるメディア会社を所有しているミン・アウン・フライン最高司令官の娘は、軍系企業が出資する携帯電話事業会社「マイテル（Mytel）」の広告塔にミャンマーの有名俳優を起用し、父親の地位を利用して膨大な利益を得ていると批判された。

元将校の娘の女優兼美容ブロガーは、クーデター前はぜいたくな生活ぶりを披露してSNSで人気を集めていたが、クーデター後は沈黙を続け、批判を浴びた。その後、ボディーガードを連れて反軍デモに参加したため、デモ参加者やフォロワーからあきれられた。Z世代の若者たちは、軍首脳陣の成人した子が経営する会社には、オンラインで不買運動を呼びかけている。

「社会的罰則」運動は、プライバシーの侵害や「ネットいじめ」にも映る。ミャンマーの独立系メディア「フロンティア・ミャンマー」は、若者たちがネット上で軍首脳の成人した家族を徹底的に攻撃する理由について、「倫理的には議論の余地がある」としたうえで、「ミャンマーの暗く長い軍事政権の歴史の文脈から、彼らの行動を理解する必要がある」と指摘した。その「軍政の歴史の文脈」は、次のような内容だ。

「軍政当時、政治犯や民主化運動家は投獄や拘束から解放された後も、本人と家族は軍政の職場や学校への指示により、疎外され続けた。昇進の道は閉ざされ、仕事を追われる場合もあった。一方、軍の高官や側近は、汚職と腐敗で富を蓄え、子供を先進国の大学に留学させている。帰国後、親の軍関係の縁故と資金力を元に会社を設立している。多くのミャンマーの子供は十分な教育が受けられず、家庭も貧しいため、軍の幹部や家族が所有する会社で働くケースも多い。彼らは自分たちのことを『支配階級の軍の家族の奴隷』と感じている」――。

社会的罰則運動は、軍政当時から何十年も続くこうした「不正と恨み」の産物なのだ、とフロンティア・ミャンマーの記事は指摘する。民政復活をかけた国民の反軍活動の根底には、新生ミャンマーが破壊されることへの「怒り」の上に、軍高官とファミリーの「不正な富裕層」に支配され続けてきた根深い「恨み」が重なり合っている。

「ミャンマービジネスに関わる日本人有志」のミャンマー人へのアンケートには、次のようなコメントもあった。

「彼ら（＝軍高官）は、国からあらゆる富を奪い、家族を養っている。彼らは自分たちの子供を海外に留学させるが、国民は彼らが作ったゴミのような教育システムの中で沈んでいく」

「軍のグループは超富裕層であり、国民はいまだに貧しいまま。国民は、良い教育制度や医療制度、言論の自由に出会うことができない」――。[21]

## 4. 軍には想定外だった大規模な「不服従運動」（CDM）

軍がクーデターを起こした2月1日、地元メディアのミャンマーナウによると、国民民主連盟（NLD）はアウン・サン・スー・チー氏がクーデターに備えてあらかじめ用意していたという声明を発表し、この中でスー・チー氏は「国民は軍事クーデターに全面的に反対し、強く抵抗するよう求めます」と国民に呼びかけた。声明の信憑性を担保するため声明文に署名したNLD幹部のウィン・テイン氏は、「スー・チー氏の抵抗の呼びかけは、市民不服従運動（CDM）、非暴力、非協力（を通じて軍に抵抗すること）を意味している」と同メディアに語った。ウィン・テイン氏はこの時、「ミン・アウン・フラインの個人的な野心がクーデターを引き起こした」と述べ、2日後に軍に逮捕された。

今回の反軍活動で、戦術面での最大の特徴は、公然と仕事を放棄する公務員の市民不服従運動（CD

M）が、職種や年齢を問わず、かつてなかった規模で全国展開されていることだ。1988年の民主化デモの際も、多くの公務員は自主的に出勤をやめて、ネ・ウィン政権の退陣を要求する民主化運動に参加した。しかし、同年9月に軍がクーデターを起こして運動を武力鎮圧した後、公務員は職場復帰を余儀なくされた。組織的に行われたCDMではなかったため、クーデターで発足した軍事政権は、公務員の復帰によって行政機能を維持することができた。

今回のCDMは、様相が全く異なっている。最初のCDMはクーデターから2日後の2月3日、ヤンゴン、マンダレー、シャン州など各地の約10の公立病院と保健部門の医師、看護師、医療スタッフなど100人以上が参加して始まった。スー・チー氏の1日の声明に呼応したのかどうかは不明だが、各病院の正面玄関前でCDMの横断幕などを手にした医師や看護師らが横に並んだ集合写真が、ツイッターやフェイスブックで一気に国内外に拡散した。

この時、看護師らは人さし指、中指、薬指の3本指を立てたそろいのポーズで写っており、この日以降、軍への抵抗の意志を示すハンドサインとして、デモ以外のあらゆる場面でも、国民は3本指を掲げるようになった。このポーズは、近未来の独裁国家で市民が立ち上がる姿を描いた映画「ハンガーゲーム」で主人公らが抵抗の合図に使ったもので、タイと香港の若者たちもそれぞれの民主化運動でシンボルにしている。

CDMは2月3日以降、急速に拡大し、5日には全国約100の公立病院、約20の大学、12の政府機関でストライキが始まり、公務員、医師、看護師、事務員、教授、教員など数千人が、軍の体制下で業務に従事することを断固拒否するとして、職場を放棄した。

ＣＤＭに参加する職場と業種は日に日に増え続け、国鉄の鉄道員、ネピドーの各省庁に勤務する公務員、地方の行政機関に勤める公務員、中央銀行の職員、外国の大使館員、各地の小中高校の教師、大学の教授や職員、国立博物館の館員、鉱山の労働者、港湾施設の従事者、エンジニア、国営航空会社の社員など、あらゆる職場にストライキが広がった。[22]

さらに、民間の企業に勤務する人たちもデモに参加するため職場を離れた。各銀行では大半の行員がデモに参加した影響で大手3行を含むほぼ全ての店舗が閉まり、現金自動預払機（ＡＴＭ）が停止して市民は現金不足に陥った。

ヤンゴンの知人は、「ＣＤＭに参加していなければ、『お前は軍を支持するのか』と吊るし上げられる雰囲気が社会全体に広がっている。市民は電気代の支払いも拒否しており、勤務先には軍を潤わせることになるため法人税を納付しないよう求めている」と話した。公務員だけでなく、「民間版ＣＤＭ」も広がる中、反軍の旗を周囲にはっきりと示し、軍の利益になる行為は一切拒絶することが、市民としての当然の行動規範になった。さもなければ、周囲から「軍寄り」という嫌疑をかけられかねず、ピリピリとした空気が支配していたという。

ＣＤＭやデモの影響で経済活動が停滞し、自分たちの給料が減ることになっても、もしくは雇用の維持が危うくなっても、国民はそれを受け入れる覚悟を示していた。「ミャンマービジネスに関わる日本人有志」のアンケートでは、「（ＣＤＭの継続が）破綻国家につながることは分かっているが、私たちは全てのリスクをかけている」「経済を止める唯一の方法は、政府職員全員がＣＤＭを行い、全てのビジネスを停止させることだ」「ＣＤＭで軍事政権は統治不能となり、その機能や運営を遂行できなくなる」「ＣＤＭは軍事政権の収入を止める唯一の方法だ」と、ＣＤＭやデモで経済悪化と行政機能のマヒを引き起こし、軍を統治不全に追い込むべきだという主張が目立った。

軍は公務員が続々と職場を放棄する状況にいらだちを強めた。最初のＣＤＭから約一週間後、ミン・アウン・ライン最高司令官は「悪意のある人々の扇動のために一部の公務員は職務を遂行できていない」と述べ、ＮＬＤが公務員のＣＤＭを操っていると暗に指摘した。公務員に対しては、「感情にとらわれることなく、国と国民の利益のために直ちに職務に復帰すること」を求めた。

その直後に軍は刑法５０５条（ａ）を修正して、ＣＤＭに参加した公務員は最大で禁錮3年に罰せられると規定した。軍は業務を放棄したままの教員、医師、看護師などを連日のように同条違反容疑で起訴して指名手配をかけ、国営紙に顔写真と実名、勤務先、住所を掲載した。身柄の拘束や逮捕も活発に行い、ストを続ける公務員を公務員住宅から追い出す措置も取られた。

ミン・アウン・フライン最高司令官は5月下旬、香港を拠点とするフェニックス・テレビジョンのインタビューを受けた。このような規模のＣＤＭを予想していたか、と問われて、「それほど多大なものではないと考えていた、と言わざるをえない」と返答し、ＣＤＭによる国民の抵抗が、軍の想定を大きく超える規模だったことを認めた。反軍活動の規模や期間、戦術に対して、軍の当初の見立てが甘かったことを認めた発言といえる。それだけ、国民は強大な団結力と多彩な戦術を駆使して、軍に立ち向かっていった。

## 5. 仮想空間の「議会」「政府」で対抗、スー・チー氏依存脱却と次世代リーダーの萌芽

クーデター直後の2月5日、前年11月の総選挙で当選したＮＬＤの候補者18人と少数民族政党の２人が「議会代表」となり、ウェブ上に「連邦議会代表委員会」（ＣＲＰＨ）を設立した。仮想空間の「デジタル議会」である。軍はクーデター後、追放したＮＬＤ政権に代わる統治組織として、ミン・アウン・フライン最高司令官を議長とする「国家行政評議会（ＳＡＣ）」を設置した。ＣＲＰＨはこれに正面から対抗し、選挙で選ばれた議員で構成するデジタル議会の正当性を国民と国際社会に主張している。

ＣＲＰＨのウェブサイトには、「軍事独裁政権に反対するＣＤＭに参加することは、公務員法の規定に反しない」「ＣＤＭに参加しない公務員が、公務員法に違反している」とするＣＲＰＨの定義が掲載され、公務員がＣＤＭに参加するのは合法であり、むしろ参加しなければ公務員法違反に問われると指摘した。

また、ＣＲＰＨはＳＡＣをテロ組織に指定したことをウェブ上で告知した。さらに、「国民はテロ行為に対して自分の身の安全を守る権利を有する。全ての人は法律に従って自衛のために報復する権利がある」との見解を掲載し、軍の武力弾圧に「正当防衛」で抵抗できると国民に呼びかけた。３月31日には、２００８年に当時の軍政が制定した憲法を「廃止した」と発表した。

オンライン上の議会であるCRPHに加えて、4月16日には、同様にウェブ上に「統一国民政府」（NUG）が開設された。軍に拘束されたままのアウン・サン・スー・チー氏とウィン・ミン氏が、クーデター前と同じ国家顧問と大統領に「任命」され、大統領代行としてカチン州で市民組織を設けて教育活動などに取り組んできたカチン族のデゥワ・ラシ・ワ氏、首相にはNLD政権の下院議長を務めたカレン族のマン・ウィン・カイン・タン氏が就任した。

さらに、オンライン上に外務、内務、防衛、計画・財務・投資、国際協力、文部科学、保健、女性・青年・児童など16の省庁が配置され、それぞれに大臣と副大臣が新たに「就任」した。

NUGは「ミャンマー連邦共和国の唯一の合法的政府」であると主張し、軍がクーデター後に設置したSACの存在を完全に否定している。また、「暫定挙国一致内閣」として「パートナー政党、少数民族武装革命組織、市民社会組織」と協力して政治的合意を話し合い、「独裁政権の根絶、2008年憲法の廃止、連邦民主主義連合国家の構築のための戦略を採用し、実施する」ことを目標に掲げた。NUGは、ミャンマーを代表する政府としての正当性を国際社会に主張し、日本や欧米の議員ともオンラインで協議を重ね、オンライン記者会見も行っている。

1988年のクーデター後に設立されたNLDは、その後、「スー・チー党」といえるほどスー・チー氏の存在が絶対的なものとなり、国民もスー・チー氏の言動に頼ってきた。しかし、クーデターでスー・チー氏は軍に拘束され、国民とスー・チー氏の接点は断ち切られた。弁護士の面会も、スー・チー氏の法廷が開かれる前の短時間に限定された。そうした状況下で、国民は各地でCDMや反軍デモを自発的に展開するようになり、NLDなどの民主派議会勢力も、仮想空間のCRPH、NUGを通じて、国内外に向けて独自の政策やメッセージの発信を始めた。

1988年当時の民主化運動を主導し、現在の反軍活動でも国民の精神的支柱であるミン・コー・ナイン氏は4月、「ラジオ・フリー・アジア（自由アジア放送）」のインタビューで、「CRPHは新世代のメンバーたちが参加して若返った。活動は集団指導体制の下で行われ、皆が集団責任を負っている。一人のリーダーの名声に基づいて作られた組織とは異なる」とCRPHの取り組みを評価し、スー・チー氏の影響力が強かったNLDの組織体質には否定的な見解を暗に示した。CRPHとNUGは、次世代を担うメンバーが集団で組織を動かしているという点が、スー・チー氏という一人の強力なリーダーが全体をけん引してきたNLDの運営手法とは異なっている。

ミン・コー・ナイン氏は「この集団的リーダーシップと責任は、私たちに頑健さと広く考える力を与えてくれた。とても喜ばしいことだ」とインタビューで述べ、グループのメンバーたちが話し合いながら民主化活動を展開する新たなスタイルの出現を歓迎した。これまでの民主化運動のようにスー・チー氏に依存できなくなった環境が、民主化グループと国民に自ら考えて行動する機会を与え、ミャンマーの民主化運動に新しい展開が生まれた。

スー・チー氏の次を担う具体的な民主化リーダー候補も現れている。ミン・コー・ナイン氏や同じく88年の民主化運動を主導したジミー氏はもちろんそうだが、加えてミャンマーで最も貧しい州のチン州の山岳部で生まれ育った医師のササ氏が、国際社会での知名度と存在感を高めている。

ササ氏は2020年の総選挙でNLDの選挙運動の責任者を務め、自らも初当選した。クーデター当日の早朝は、総選挙の当選者を招集する新議会に登庁するためネピドーにいた。武装した兵士が当選議員の身柄拘束に乗り出したことを察知し、タクシー運転手に変装して辛うじてネピドーを脱出して、三日三晩走り続けた。夜になると氷点下前後まで冷え込む山岳地帯に着いた。さらにそこから数回の移動を重ねて安全な場所に身を隠し、拘束を逃れた他のＮＬＤ議員らと再会できたという。

デジタル政府のＮＵＧでは国際協力省の大臣とスポークスパーソンを務め、デジタル議会のＣＲＰＨでは国連特使に任命された。ＮＵＧ、ＣＲＰＨの顔役として、オンライン会議システムのＺＯＯＭを使ったメディアとのインタビューにも流ちょうな英語で対応している。

ＮＵＧのサイトなどによると、ササ氏はインド国境に近い、電気が通っていない自給自足の少数民族の村に生まれた。記録がないため生年月日は定かではないが、自分では40歳くらいだと考えているという。村人は軍の迫害に苦しみ、強制労働に連れ出されて拷問を受けたり、女性はレイプされたりした。山岳地帯に医療施設はなく、出産した母親と新生児が亡くなる場面も見てきた。そうした環境で暮らしながら、おのずと医師を志したという。

ヤンゴンの高校に通うため、街に出るため何週間もジャングルを歩いた。村の人たちが家畜を売ったお金でササ氏をアルメニアに送り出し、そこで7年間医療を学んだ。さらに英国で学んだ後、チン州に戻って、山間部でクリニックやヘルスワーカー向けの訓練センターを設けた。英国のチャールズ皇太子も活動を支援しているという[23]。

国連大使のチョー・モー・トゥン氏も、新たな民主化勢力のリーダーの一人であり、勇気ある言動が国際社会から称賛された。2月26日、チョー・モー・トゥン氏は国連総会で演説し、「軍事クーデターを直ちに終わらせ、罪のない人たちへの弾圧を止め、国家権力を国民に取り戻し、民主主義を回復するため、国際社会からのさらに強力な行動がわれわれには必要だ。私は（ＳＡＣではなく）アウン・サン・スー・チー氏が率いる政府（ＮＬＤ政権）を代表している」と述べ、３本指を立てるフィンガーポーズで軍に抗議の意思を示した。会場は、敬意と賛同を表す拍手が鳴りやまなかった。

ミャンマー国営テレビは翌27日、「国を裏切り、国を代表していない非公式組織の代弁をして、大使の権限と責任を乱用した」として、チョー・モー・トゥン氏を解任したと伝えたが、国連総会本会議は12月、同氏が国連大使にとどまることを承認した。

軍はササ氏とチョー・モー・トゥン氏を、最高刑が死刑の国家反逆罪で告発したが、両氏は意に介していない。千葉市で5月に行われたサッカーワールドカップの日本代表との予選試合で国歌斉唱中、静かに3本指を掲げて軍への抗議を世界に示したミャンマー代表のピエ・リアン・アウン選手の行動も、自ら考えたものだった。

今回のクーデターと反軍活動がもたらした事象の一面として、「ポスト・スーチー」を担う次の世代が萌芽し、新生ミャンマーを自分たちでけん引する動きが出てきたことが挙げられる。１９８８年以降の民主化運動の「型」であった「スー・チー氏依存」から脱却し、国民一人ひとりが民主化のあるべき姿を考えて、主体的に行動する傾向が、クーデター後の民主化活動に現れてきている。

## 6章　変わり果てた「民主化」の景色

### 暗黒の雲が再び

ミャンマーが民主化体制だったといえる期間は、民政移管でテイン・セイン政権が発足した2011年3月末から、クーデター前日の2021年1月31日までの9年10カ月だった。もちろん、その中身は「不完全な民主化」であり、軍は憲法を盾に、政治への影響力を保持した。外部から統制されない強大で独立した権力として、民政移管後もビジネスと資源の利権を囲い込み続けた。

ミャンマーの統治システムには、民間が軍を統制するシビリアンコントロールが存在しない。選挙で選ばれた政権より、軍が優位な地位に立つ「かりそめの民主主義」だ。しかし、軍政時代の弾圧から解放された国民は、暗黒時代に封じ込められた「自由」をこの10年の間に初めて経験し、謳歌した。わずか10年間だったが、人々は初めて自分の未来に夢を抱くことができたと感じる。

ミャンマーの「未完の民主主義」は、いずれ「完全な民主主義」に改められなければならない。ただ、軍が憲法改正の「拒否権」を握っている以上、さらには「規律ある民主主義」という定義で軍が民主化のペースと内容を決定すると宣言している以上、「完全な民主主義」の実現には、一歩ずつ軍と政治的な折り合いをつけていく地道な工夫も必要なのではないか。もちろん、軍に迎合するという意味ではない。アウン・サン・スー・チー政権は、2016年3月の政権発足以来、不十分だった軍との対話を重ねる作業を、もっと進めるべきではなかっただろうか。

ともあれ、「ミャンマーの短い春」は、クーデターという最悪の蛮行で突然打ち切られた。本書の第1部、第2部では、英国から独立以来、この国に初めて民主的な空間が広がった様子をつぶさに記した。2011年12月にクリントン米国務長官がヤンゴンを訪れ、その翌月に全ての政治犯が国内各地の刑務所から解放された頃、ミャンマーを半世紀も覆い続けた暗黒の雲は完全に消え去った、と誰もが感じた。しかし今、ミャンマーは再び暗黒の闇に包まれ始めている。

ここでは、この10年間の民主化の光景が、軍政当時の弾圧の景色に逆戻りしようとしている実態を共有したい。

## 1. 破壊された報道の自由、「新聞が存在しない国」に

軍はクーデター後、民間メディアを弾圧し、記者を相次いで逮捕した。2021年3月8日、情報省は独立系メディアの「ミャンマーナウ」「ミジマ」「7DAY News」「民主ビルマの声（DVB）」「Khit Thit」の5社に対して、メディアのライセンスを取り消し、紙の新聞媒体だけでなく、ウェブ、放送、SNSでのニュース配信も禁止した。

その後、ミャンマーの民間メディアで最後まで紙の新聞を発行していたミャンマー語紙「スタンダードタイムズ」（San Taw Chain）も3月17日、収入の落ち込みと記者の安全が確保できないという理由で発行を停止した。ミャンマーナウは「ミャンマーは新聞がない国になる」という見出しの記事を電子

版に掲げ、「3月17日は、報道の自由の短い時代が本当に死んだ日として記憶されることになる」と、深い悲しみと憤りを表現した。

記事によると、「1948年に独立した当時のミャンマーでは、民間の日刊紙が次々に発刊され、ミャンマー語、英語、中国語、ヒンディー語などで印刷された新聞と出版物は、国民が情報や意見を自由に交換できるメディアとして文化の一部になった。しかし、1962年にクーデターでネ・ウィン独裁政権が発足すると、大半の日刊紙は政府の管理下に置かれ、1973年の憲法制定後、日刊紙の発行は禁止された。それ以来、日刊の新聞は国営紙だけの独占が続いたが、2013年4月、テイン・セイン政権は民間メディアに再び日刊紙の発行を解禁し、数十の新聞、雑誌が新たに市場に参入した。しかし、それはクーデターによって8年も持たず幕を下ろした」――。

軍政下にタイ航空をハイジャックしてインドに亡命し、1998年にニューデリーで「ミジマニュースグループ」を創設したソー・ミント氏は、本書の前半部分で紹介したように、テイン・セイン政権下の2012年1月にミャンマーに帰国し、ヤンゴンにオフィスを構えて新聞、ウェブ、テレビのメディア事業を立ち上げた。当時、情報省の対応は協力的で、許可はすぐに下りた。

その頃にヤンゴンで会ったソー・ミント氏は、「メディア事業をビジネスとしてしっかり手掛けたい」と語っていたのが印象的だった。民主化運動を支えてきた亡命メディアの創業者は、メディア企業の経営者としてグループの将来像を描いていた。民主化が進むミャンマーのメディア界の前向きな変化を肌で感じられた。

「純粋なリーダーシップの下で改革が行われるのは、この国の歴史上初めてだろう」とソー・ミント氏はテイン・セイン政権を笑顔で評価していた。だが、クーデターで報道の自由は砕かれ、彼のメディア事業の夢も破壊された。民主化改革が進展していた頃の活気に満ちたミャンマーで、伸び伸びと取材していた友人の記者たちのことを思うと、大きな脱力感がこみあげてくる。

軍はヤンゴンにある民間メディアの編集室を一斉に家宅捜索して、パソコンやプリンター、サーバー、印刷物などを押収し、室内をたたき壊した。各メディアは、家宅捜索をあらかじめ予想して、オフィスをすでに離れていた。記者たちは国境地帯の少数民族勢力地域や第三国などの安全地帯に身を隠し、スマホで連絡を取り合いながら、自社のウェブサイト、フェイスブック、ツイッターなどに動画やテキストのニュース配信を始めた。紙の新聞発行は不可能になったが、ミャンマーの記者たちは不屈のジャーナリスト精神を発揮して、ウェブメディアの形で国内外に発信を続けている。それは、逮捕や拷問と隣り合わせだ。「PRESSの文字を付けたヘルメットをかぶって取材すれば、軍から殴打の標的になるだけだ」とマンダレーの記者はラジオフリーアジア（自由アジア放送）に語った。

以前の軍政当時、民主派メディアの「イラワディ」はタイのチェンマイに、「ミジマ」はインドのニューデリーにそれぞれ拠点を置き、ミャンマーで当局の監視を避けながら命がけで取材を続ける記者からの情報を、ミャンマー国内と国際社会に伝えた。タイのメソトという町には、軍政当時、弾圧を逃れて小さな川の国境線を越えてきた民主化グループや学生、ジャーナリストらが避難し、住民に扮したミャンマー軍の諜報員がうごめいていた。今はその時代に逆戻りした形だ。

ミジマは、軍がライセンスを取り消した後の活動を記録したドキュメンタリー動画「The Spring Revolution of Mizzima」（ミジマの春の革命）をYouTubeに公開している。クーデターの発生を伝えるミジマTVのニュースと、記者たちが拘束を逃れて拠点にしている山岳地帯のテントで自家発電機に燃料を入れる場面から始まり、パソコンや機材が置かれた吹き抜けの小さなテントと小屋に記者とエンジニアたちが雑魚寝しながら、魚などを自炊している。その中でパソコンに記事を打ったり、午前6時から午前0時まで衛星放送のミジマTVでニュースを流したりしている様子が描かれている。

山岳地帯からの衛星放送は、機材をそろえて4月下旬に開始され、フェイスブックやツイッター、YouTube、専用アプリ、ウェブサイトでも、動画を含めたニュースを配信している。衛星放送のニュース番組では、アナウンサーがテレビ局のスタジオで原稿を読んでいるように映っているが、実際は原野に建てたテント内の板で仕切った個室から、黒い板を背にして上はスーツ、下は短パンのアナウンサーが伝えている。記者たちは軍の家宅捜索の前にヤンゴンを脱出し、国内4カ所、国外数か所に、このような拠点を設置した。動画や記事は、ヤンゴンなどのフリーランスの記者からも送られてくる。

タイ北部のチェンマイでは、軍の拘束を逃れた「民主ビルマの声」（DVB）の記者3人が、民家からウェブやSNS上にニュース動画と記事の配信を行っていたが、タイ警察に不法滞在で逮捕された。警察当局が公開した部屋の写真には、ニュース番組でアナウンサーの背景に映るDVBと表記されたボードが立てかけられており、この部屋は「スタジオ」に使われていた。3人はその後、第三国に出国できた。ミャンマーに強制送還されていたら、命は危なかった。

軍は、ジャーナリストの子供や配偶者も拘束しており、身の危険は家族や親類にも及んでいる。生活も困窮の度を増し、ある記者は、「カメラや機器を売ってアパートの家賃をねん出している人もいれば、仕事を辞めたジャーナリストもいる。繊維工場に就職した人もいる」と自由アジア放送に語った。

一方で、新たなジャーナリズムの形態として、自分のスマホで警察や兵士の虐待やデモの現場などを撮影し、その動画や写真をSNS上に発信する「市民ジャーナリスト」が、貴重な役割を果たすようになった。軍から表向きの報道の自由を奪われても、ウェブ、SNS、衛星などのあらゆる媒体を使って、記者たちは「地下」から必死の情報発信を続ける。

ミジマのドキュメンタリー動画「The Spring Revolution of Mizzima」には、夜間にテントの中で記者たちが復唱している場面がある。「私たちは常にミャンマーの人々と共にいる」「私たちは軍政に拘束されたミジマの仲間たちの犠牲を決して忘れない」「私たちは常に独立したメディアとして存在する」。そして、「私たち全員は、ヤンゴンで再会する」——。

## 2.「消えた最後のフロンティア」、ミャンマー経済は長期衰退へ

「アジア最後のフロンティア市場」とうたわれ、日本や欧米、東南アジア諸国連合（ASEAN）などの企業が活発に投資したミャンマーは、クーデターで経済発展のフロンティアが消失し、長期にわたる停滞は避けられない。失業と貧困が深刻化する恐れが出ている。

外国企業にとって、クーデター後のミャンマーでのビジネス展開は、ミャンマーの国民と国際社会から、軍を利していないかどうかを厳しく問われることになる。昨今、欧米や日本の企業は、環境、社会、ガバナンスの「ESG」に十分に配慮した経営を、投資家から厳しく求められており、人権問題に対する感度が鈍い企業は、投資対象から外される可能性がある。消費者も、商品やサービスを購入する

際の基準の一つとして、その企業の人権や環境に配慮する姿勢を一段と重視するようになった。

これをミャンマーに当てはめると、軍が経営するコングロマリット集団の持ち株会社「ミャンマー・エコノミック・ホールディングス」（ＭＥＨＬ）、「ミャンマー・エコノミック・コーポレーション」（ＭＥＣ）や、傘下に連なる幅広い業種のグループ企業と取引関係があったり、業務提携、資本提携を締結していたりすれば、その企業は大きなレピュテーションリスク（評判リスク）を背負う。ミャンマーの国内市場に限らず、その企業の自国市場、事業展開している先進国の市場などで、機関投資家の投資適格先からの除外や、消費者の不買運動などを通じて、業績とブランド価値の双方が損なわれる可能性がある。軍系企業とのビジネス関係が明白なら、ミャンマーの消費者はＳＮＳ上で猛烈に批判し、不買運動を起こすだろう。

このため、クーデター前にこれらのミャンマーの軍系企業とビジネス関係があった外国企業は、急いで関係解消に動いた。各企業のリリースや報道によると、キリンホールディングスはＭＥＨＬ系の「ミャンマー・ブルワリー」（ＭＢＬ）との合弁関係を解消する方針を発表し、韓国の鉄鋼大手ポスコ傘下のポスコＣ＆Ｃ、シンガポールの著名ビジネスパーソンなども、ＭＥＨＬ傘下企業との合弁関係を解消すると発表した。巨額を投じて工業団地の開発を計画していたタイ最大の工業団地デベロッパーのアマタコーポレーションは、欧米の経済制裁で外国企業の進出に影響が及ぶ可能性を考慮して、計画の中断を決めた。

衣料品関係では、スウェーデンのファストファッション大手「Ｈ＆Ｍ」、イタリアのベネトングループがミャンマーの繊維工場への発注を停止した。自動車関係では、トヨタ自動車はクーデターが発生した2021年2月にティラワ工経済特区に新工場を稼働させ、小型商用車「ハイラックス」の生産を開始する予定だったが、延期した。

クーデターから1カ月程の間に、こうした動きが相次いだのは、①治安情勢への懸念と人道的観点からの対応、②軍系企業との合弁事業によるレピュテーションリスクの懸念、③ミャンマー経済の先行き不確実性への懸念――などによるものだ。

ミャンマーの国民は、ビール、タバコ、通信、小売業などの軍関係企業が生産・販売する商品とサービスに対して、クーデター直後からボイコット運動を始めた。外国企業と軍との関係は、ツイッターやフェイスブックで風評がすぐに拡散する。

「justice for Myanmar」（ジャスティス・フォー・ミャンマー、JFM）というウェブ上の事実調査グループは、この組織の実態は明らかにしていないが、軍の不正なビジネスや、軍とビジネス関係にある外国企業などの情報を独自のネットワークで詳細に調べ、サイトで内容を公表している。

日本企業も、キリンビールHDのほか、不動産開発を巡る不透明な契約実態などがJFMのウェブで指摘されており、調査対象になった外国企業は、外部に情報を開示して事実関係を説明するとともに、取引関係を解消するよう「圧力」がかかる。

JFMは、香港市場に上場する「シャングリラ・アジア」社の現地企業がヤンゴン中心部に開発した高級複合ビル「スーレ・スクエア」に関して、土地は軍が所有しており、地代が軍に払われているとして、18の外資系企業の入居テナントに、軍に対する「間接的な支援」を止めるようサイト上で求めた。BBCとロイター通信の報道では、コンサル大手のマッキンゼー、米飲料大手コカ・コーラ、世界銀行などの複数のテナントは、ビルからすでに転居したか、入居を見直していることを明らかにした。このうち、退去の理由が軍の所有地であることを明確に挙げたのは、ノルウェーの肥料大手ヤラとノルウェーの通信会社テレノールだけだった。

そのテレノールは7月、ミャンマーの通信事業をレバノンの投資会社M1グループに1億5000万ドルで売却し、ミャンマー市場から撤退することを決めた。テレノールは売却を表明した際の声明で、「ミャンマーの状況は、人々の安全、規制、コンプライアンスの理由から、テレノールにとって過去数カ月で（事業継続が）ますます困難になった」と述べた。軍がスマホの通信規制などを通信事業者に命じていることが、通信事業者として人権保護の面から応じられないレベルに達していることを示唆したものだ。今後も、ESGの観点から、ミャンマーでのビジネスの縮小、撤退や新規投資を控えるケースは続くだろう。

ミャンマーでビジネスを展開する外国企業は、ミャンマーの取引先企業が軍関係かどうかを、事前にデューデリジェンスを行って、徹底的に確認することが極めて重要になる。調査時点では軍系企業と無関係でも、その後に関係が生じることも考えられるため、そうしたケースが発生した場合は取引契約を破棄して違約金を請求できる条件などを、当初の契約に含めておく必要がある。

ミャンマーの国民と各国の消費者に対して、ミャンマーで事業を展開する理由を十分に説明することも重要だ。軍を利することは全くなく、ミャンマー国民の雇用機会の確保と所得向上にも貢献する「ウィン・ウィン」のビジネス展開であることを十分に説明して、信頼を得る取り組みが求められる。

ミャンマーへの外国からの対内直接投資額は、1998年の軍事クーデターから2010年までの23

年間に及んだ軍政の期間は、３６０億４９００万ドルだった。民政移管された２０１１年から２０２０年までの10年間は５１９億２０００万ドルと、軍政下の23年間よりも１・４４倍多かった。ただ、フロンティア市場の魅力と潜在的な成長力を鑑みると、この10年間の累計額は少ないのではないかと感じる。スー・チー政権下の不十分な経済政策と、ロヒンギャ問題による欧米企業の投資の抑制がなければ、外国からの投資額はさらに膨らんでいただろう。

ミャンマーの混乱が続く限り、外国企業はミャンマーへの投資を躊躇する。各国政府や世界銀行、アジア開発銀行（ＡＤＢ）などの国際金融機関からの政府開発援助（ＯＤＡ）は、人道支援と民生向けを除いて停止した。

公務員や教師、医師などが職場を放棄する市民不服従運動（ＣＤＭ）とコロナ禍の影響で経済活動が大きく滞り、中小零細企業の経営は追い込まれている。国際労働機関（ＩＬＯ）の推計では、クーデター直後の２０２１年第２四半期（４〜６月）だけで、２０２０年第４四半期（10〜12月）と比べて１２０万人以上が失業した。とりわけ労働集約型の建設、衣類、観光などの産業が大きな打撃を受けており、ＩＬＯは「（クーデター後の経済の低迷は）ミャンマーの多くの人々を深刻な貧困に追いやる可能性がある」と警告を発した。

国連開発計画（ＵＮＤＰ）は、クーデターとコロナ禍による二重苦で貧困層が増加し、最悪シナリオの場合は人口のほぼ半数が貧困層になると予測している。(24) ２０１７年のミャンマーの貧困率は、民政移管後の経済成長の効果で24・８％と、米国の禁輸措置の影響が繊維産業に広がった２００５年（48・２％）から半減した。しかし、国民の半数が貧困層だった05年当時の水準に再び逆戻りする恐れがある。「経済崩壊」の足音が聞こえ始めている。

## 3. 非暴力から市民武装闘争へ、軍に「宣戦布告」

クーデターに対する市民の抗議デモは、2021年2月6日に国内各地で初めて発生して以降、2月はほぼ連日展開された。軍は当初、デモ隊の鎮圧行動を最小限にとどめ、7日にはヤンゴン、マンダレーをはじめ、全国各地で2007年の「サフラン革命」以来となる大規模デモが行われた。

初期のデモは、Z世代などの若者が自由な雰囲気で抗議行動を盛り上げ、ヤンゴンでは路上の集会や座り込みも軍はおおむね容認していた。デモ参加者の服装やプラカードのメッセージはユーモアにあふれ、「私の元カレはひどいけど、軍はもっとひどい」「独裁は欲しくない。私は彼氏が欲しいだけ」（以上BBC）などとペン書きしたメッセージボードを手に、街の中を行進した。アニメや映画の登場人物に扮したコスプレ姿の若者や、ミャンマーではあまり表に出なかったLGBTの参加者もいて、現場の映像や写真の光景は、イベントなどが行われる平和的な反戦運動のようだった。

空気が変わり始めたのは、2月22日に全国で数百万人が参加したゼネストからだ。軍はその頃からデモの締めつけを強化した。2月27日以降は、明らかにデモの対処方針を全面的に見直し、武力を行使した激しい弾圧を開始した。国内では、2月6日に初のデモが行われてから、各地で数万人規模の抗議活動が連日続いた。公務員や医療関係者、教員などが職場を離れる不服従運動（CDM）の参加者も拡大し、行政機関、医療現場、学校などの機能はマヒ状態に陥った。軍が武力弾圧を開始したのは、クーデターから一カ月過ぎても国内を掌握できない想定外の状況に、焦り、いらだち、脅威、危機感を強めたためだ。反軍活動を力で抑えにかかった。

２月28日付の国営紙 *Global New Light of Myanmar*（「ミャンマーの新しい灯」、ＧＮＬＭ）は、軍が「無政府状態の暴徒に対して、必然的に厳しい行動をとる」と警告を発し、同日、ヤンゴンで初めてデモ参加者が軍の武力行使で死亡した。３月に入ると、マンダレー、バゴーなどの地方都市で軍とデモ隊が激しく衝突し、３月27日の「国軍の日」には、全国で子供を含む１１４人もの国民が犠牲になった。若者たちが陽気に演出していた明るいデモの光景は消え、デモは軍の武力標的になった。

夜間にアパートや民家を治安部隊が急襲して、デモに参加した若者などを連行するケースも横行するようになり、武力弾圧の死者数と当局に拘束された人の数は増加の一途をたどった。国民民主連盟（ＮＬＤ）のヤンゴンのスタッフが自宅から兵士に連行され、翌日、遺体で見つかった事件も２件起きた。

その頃から、各地の若者たちがカレン州、カヤー州、チン州などの山岳地帯にある少数民族武装勢力の支配地域に逃げ込み、武装勢力から銃や爆弾の使い方などの武力訓練を受けるようになった。若者たちは爆弾の作り方も教わり、数週間の訓練の後、ヤンゴン、マンダレーや地元の町に戻って、兵士と軍の協力者に向けて攻撃を始めた。

民主化勢力の仮想政府「国民統一政府」（ＮＵＧ）は５月５日、軍の暴力を阻止するために、民主化勢力の独自の「軍隊」として「国民防衛軍」（ＰＤＦ）を設立したと発表した。ＮＵＧは、連邦国家を構築した際に「連邦連合軍」を創設する計画をすでに公表しており、ＰＤＦは連邦軍の前段階の位置づけだった。５月中旬以降、少数民族地域で訓練を受けた若者を中心に、ヤンゴン、マンダレー、マグウェー、バゴーなどの都市部や、少数民族が多く住む各州の町村レベルで、ＰＤＦが続々と結成された。

同じ頃、民主化運動やＣＤＭに参加した住民を軍に密告しているとみられる地区の協力者や、軍が任命した総務局（ＧＡＤ）の地元行政官が、銃で殺害されるケースが各地で起き始めた。軍に地域住民の情報を提供しているとみなされた連邦団結発展党（ＵＳＤＰ）の元議員らが、殺害されるケースも散発するようになった。襲撃者が声明を発表していない場合も含めて、これらは武装市民のＰＤＦが実行したとみられている。チン州の山間部にあるミンダットという集落では、ふだんは山の中で使う猟銃で武装した地元住民が軍と交戦して、双方に多くの犠牲者が出た。

５月中旬には、ＰＤＦに対抗して、軍の手先とされる親軍の武装自警組織「ピューー・ソー・ティー」が各地に結成された[25]。ＧＡＤの各地の行政事務所が関与しているとされ、退役軍人、公務員、ＵＳＤＰの党員、超国家主義者、１日５０００チャット（約３ドル）で雇われた住民などで構成しているという。軍政当時にも、民主化勢力を攻撃する同様の組織が存在していた。

ＰＤＦの標的は、ＵＳＤＰの元議員や関係者、軍に指名された地区行政官など、軍の情報提供者とみられる人物だ。一方、「ピューー・ソー・ティー」は、ＮＬＤメンバーを中心とする民主化勢力や市民が攻撃の対象だ。仮想政府のＮＵＧと仮想議会のＣＲＰＨの信頼を損なわせるため、フェイク（偽）情報をちまたに流して、市民との分断を図る工作活動も行っているとされる。

軍と民主化勢力の対立の構図は、２月は平和的な大規模デモ、３月から４月にかけては軍によるデモの激しい武力弾圧、５月以降はヤンゴンでは弾圧の影響でデモがほとんど行われなくなり、代わりに各地でＰＤＦが特定人物を攻撃するゲリラ的な戦術にシフトした。

８月頃からは、マンダレー、カレン、サガイン、チン、カチン、マグウェーなどの各地のＰＤＦは、軍の車両や施設を爆弾や地雷で攻撃し、軍系の携帯電話事業者の電波塔も爆破するようになった。ヤンゴンでは、軍や警察の施設などで爆弾を爆発させる事案が頻発し、ヤンゴンの環状鉄道の列車内で警官６人を銃で殺傷する事件も起きた。

一方、軍は、若者を自宅から連行する「ＰＤＦ刈り」をヤンゴンなどで強化し、地方のチン州、カレン州、サガインなどでは、大勢の兵士を投入した軍事作戦を展開して、住民への攻撃と集落の焼き打ちを活発化させた。

ＮＬＤは１９８８年の結成以来、非暴力の民主化運動を貫いてきたが、今回、ＮＬＤの議員らで構成する国民統一政府（ＮＵＧ）は市民に自衛行動を呼びかけ、呼応して数多くのＰＤＦが各地に結成された。そして９月７日、ＮＵＧは第二次世界大戦のノルマンディー上陸作戦の「Ｄデー」を引用して、軍に「宣戦布告」を宣言したのだった。

ＮＵＧのドゥワ・ラシ・ワ大統領代行は同日、ＮＵＧのウェブサイト上で動画の演説を行い、「自衛のための戦闘を今日、９月７日に開始した」「これは人民革命であり、全ての国民は残忍な軍に対抗しなければならない」「この国が文民に再び統治されるまで戦いは続く」と各地の市民とＰＤＦを鼓舞した[26]。ミャンマーの民主化運動が、非暴力から武力闘争に大きく転換した瞬間だった。

クーデター後に拘束されたアウン・サン・スー・チー氏が、ＰＤＦの行動を了承したのかは不明だ。ウィン・ミン大統領は、クーデター後にＮＵＧが結成されたことについて、「私の拘束後のことであり、把握していない」と語っている。[27] NUGの内部でPDFの武力闘争がどのような経緯で決められ、Dデーが発出されたのか、十分な事後検証が必要だろう。

PDFのような「民兵組織」が、武力装備で上回る軍と衝突すれば、犠牲にならずにすんだ生命が失われる危険をはらんでいる。仮想空間上のNUGが、各地で組織されたPDFの全てを指揮下に収めて、統制しているとは考えづらい。各地のPDFが独自に判断して、軍の兵士や施設、軍の情報提供者などに武力行動を起こしているのが実態だろう。

世界の紛争を調査する国際非政府組織の「国際危機グループ」は2021年6月、ミャンマーの「新たな武力抵抗」と題する報告書を発表した。NUGが掲げた連邦軍の創設構想は、民主化運動の方向転換を表すとして、それを成功させるには「軍が敗北するか、降伏すること」が必要だと指摘して、「連邦軍」の成功の条件はかなり厳しいとの見解を示した。さらに、「長期的にみて、これらの民兵の出現は、ミャンマーの武力紛争の新たな側面になる可能性がある」として、各地でPDFと軍との衝突が永続化する恐れを挙げている。

各地で軍とのゲリラ戦が泥沼化する事態は、絶対に避けなければならない。ただ、NUGやミャンマーの市民がなぜ武力闘争の道を選択せざるを得なかったのか、国際社会はその理由を十分に理解する必要がある。国連で軍のクーデターに抗議する演説を行ったチョー・モー・トゥン国連大使は、民主派メディアのイラワディのインタビューにこう語った。[28]

「(英国など)いくつかの国が(武装蜂起に)懸念を表明しており、私たちもその懸念を理解しています。軍は、平和で武装していない抗議者たちを残酷に取り締まっています。私たちは国際社会に介入を要請しました。しかし、彼らは中立的な声明で応えました。私たちは何か月にもわたって暴力と非人道的な抑圧を経験し、大きな苦しみを味わっています。多くの人は心的外傷（トラウマ）に苦しんでいます。（ヤンゴンで）若者たちは軍に拘束されるのを避けるため、ビルから飛び降りました。彼らは軍に捕まるより、むしろ死ぬことを望んで飛び降りました」

「私たちは安全のために抵抗しなければなりません。国際社会は私たちが何を経験しているのか、理解しなければなりません。武装している者と武装していない者が対立すれば、武装していない者は苦しみます。我慢ができなくなったら、戦わなければなりません。国内の力を大きな団結力で強化して、その勢いを加速させなければなりません。それには国際的な支援が必要です。軍が国内からと国際的なプレッシャーに直面すれば、私たちは苦しみを終わらせることができます」（抜粋）。

国際社会の軍への対応が不十分だったために軍は弾圧の手を緩めず、無防備な市民は苦しみから逃れるために武力で自衛するしかなかった――。国際社会への不満と絶望感が、彼らを武力闘争に駆り立てたといえるだろう。

## 4．取材で出会った人たちの安否

ミャンマーの政治犯の人権状況を調査して、ウェブを通じて国際社会にその実態を伝えるとともに、政治犯の釈放後の生活支援を行っている「政治犯支援協会（ビルマ）」（ＡＡＰＰ）という非営利人権団体がある。２０１１年の民政移管に伴って、本部をタイからヤンゴンに移したが、今回のクーデターで軍からの拘束を避けるため、安全なタイに戻った。

軍政当時、ＡＡＰＰが独自のルートで集めた政治犯の情報は、弾圧の状況を知るうえで貴重な取材源だった。だが、テイン・セイン政権が政治犯を釈放して民主的な空間が広がるに従い、私がＡＡＰＰのサイトをチェックする機会は激減した。再び頻繁に確認する状況に戻るとは、思っていなかった。

ＡＡＰＰのサイトには、ミャンマー各地の市民がメールなどで知らせてきた軍による弾圧の犠牲者、拘束者などの情報が、毎日アップデートされている。クーデター発生以降、死亡者の数は途切れることなく連日増え続けており、クーデターから７カ月後の２０２１年９月１日に１０００人を超えた。一人ひとりの死亡者の氏名、性別、職業、軍に撃たれたりした日付、場所、死亡した日付、亡くなった時の状況などを記載したサイト上の名簿は、更新されない日がない。軍から拘束された人たち、裁判にかけられた人たち、拘束から解放された人たちの詳細な名簿も掲載されている。

以前にミャンマーの取材で出会った人たちも、軍に拘束された。本書で紹介した人の中では、繊維工場で働く人たちのため米国に経済制裁の解除を求めていた元政治犯で国民的コメディアンのザガナー氏と、古びたＮＬＤ本部の狭くて急な階段を上ったところに置かれた自身の事務机から、「コンニチワ」と気さくに語りかけてくれたＮＬＤ創設メンバーのウィン・テイン氏は、クーデター直後に拘束された。

ＮＬＤの幹部でスポークスパーソンのニャン・ウィン氏も拘束された。眼鏡をかけた優しい笑顔が印象的で、時間が空いていればＮＬＤ本部で気軽に取材に応じてくれた。アウン・サン・スー・チー氏の信頼も厚く、誰からも好かれる人格者だった。ウィン・テイン氏とニャン・ウィン氏はかなり高齢のため、拘束後の健康状態が心配だった。ニャン・ウィン氏は拘束中にコロナウイルスに感染し、搬送先の病院で亡くなった。ミャンマーの民主化の実現にささげてきた人生の最期を、なぜこのような形で迎えなければならなかったのか。訃報に接してぼうぜんとした。無念でならない。

ウィン・テイン氏は、クーデター後にスー・チー氏が国民向けに書いたとされるメッセージのメモに、スー・チー氏が書いたことを証明するためサインをしたことなどが扇動罪にあたるとして、10月に禁固20年の判決を受けた。

１９８８年の学生デモで中心的な役割を担った民主化運動家のミン・コー・ナイン氏は、軍の拘束を逃れて安全なエリアに避難できた。ＮＵＧのサイトで民主化のメッセージを動画で頻繁に発信して、国民を励ましている。しかし、ミン・コー・ナイン氏とともに学生の民主化運動当時からリーダーだったコー・ジミー氏は２０２１年10月、ヤンゴンで軍に逮捕された。ジミー氏は２０１２年１月、全ての政治犯が釈放された際に自由の身となり、ヤンゴン市内での彼の誕生日を祝う会を取材に行ったときには、気さくに笑顔で応じてくれた。

民政移管後に亡命先のインドからヤンゴンに拠点を移した民主派メディア「ミジマ」のソー・ミントさん、一緒に民主化の現場を取材した地元メディアの多くのミャンマー人記者たち、少数民族勢力と軍の内戦の終結を祈って市民に花を配る平和キャンペーンに取り組んでいた民主派グループ「ジェネレーション・ウエーブ」の若者たち、縫製工場の賃上げ交渉を取材した際に「私たちの話を長い時間聞いてくれてありがとう」とほほ笑んだ若い女性労働者たち、ヤンゴンのインセイン刑務所から解放された大勢の政治犯と、歓喜の大歓声で出迎えた1000人以上の家族や支援者たち――。全員の無事を信じたい。

# 7章　中国とASEANがカギを握る国際社会の対応

国際社会はミャンマー問題を解決に導けるのだろうか――。そのカギを握るのは、ミャンマー国内の安定が自国の安全保障と経済利益に直結している中国と、ミャンマーが加盟する隣人組織の東南アジア諸国連合（ＡＳＥＡＮ）だ。国連は中国とロシアがミャンマーの軍を擁護しており、一枚岩で対応しづらい。米国と欧州は、軍が経営するコングロマリットと、軍幹部の資産凍結や家族が経営する縁故ビジネスに的を絞ったターゲット制裁を科しているが即効性は乏しい。

一方、日本政府は当初、「日本は軍と独自のパイプを持っている」として、そのパイプを通じて解決を促す方針を示していた。しかし、私のミャンマー取材の蓄積からは、属人的に軍首脳とパイプを持つ人は存在するが、外交上、有効に機能する特別なパイプは見当たらない。案の定、日本は中国、ＡＳＥＡＮ、欧米が解決に向けて何らかの手を打つ中で「無策」状態が際立ち、国際社会の中で埋没している。日本政府は今回のクーデターを機に、対ミャンマー外交を根本から練り直すべきだ。

## 1．中国は「気遣い外交」でミャンマーを懐柔

クーデターから4カ月後が過ぎた２０２１年6月7日、中国とＡＳＥＡＮの対話開始から30周年を

記念した特別外相会議が、中国の重慶で開催された。中国外務省によると、王毅外相は席上、「中国は（ASEAN各国とミャンマーとの）5項目の合意の実施を支持する」と述べ、ASEANと協調してミャンマー問題の解決に取り組む姿勢を示した。さらに、「私たちはミャンマーの全ての政党が政治的対話に参加して、民主的変革のプロセスを再開することを奨励する」と強調し、ミャンマーの軍部に対して、拘束中のアウン・サン・スー・チー国家顧問をはじめ全ての民主化勢力との対話を促し、民主化の軌道に戻すよう促した。

王外相が指摘したASEANとミャンマーの「5項目の合意」とは、4月下旬にインドネシアのジャカルタでASEANの各国首脳とミン・アウン・フライン最高司令官が緊急協議した際、双方が合意した取り決めである。ミャンマー国内の混乱の収束を図るため、①暴力の即時停止、②平和的解決に向けた全ての当事者による対話の開始、③ASEAN特使の指名と調停の促進、④人道支援の提供、⑤ASEANの特使と代表団が全ての当事者と面会する――という措置の履行に合意した。

王外相はASEANとの外相会議の翌8日、ミャンマー軍部が外相に任命したワナ・マウン・ルイン氏とも会談した。中国外務省によると、王外相は「5項目の合意を実施して暴力の再発を防ぎ、国の安定をできるだけ早く回復し、民主的変革を再開する、という点に関して、中国はミャンマーの全ての政党を支援する」と強調した。中国政府内でランクが高い外相の立場から、スー・チー氏が率いる国民民主連盟（NLD）などの民主派政党を交えた民主化プロセスの再開を、軍に直接求めたわけである。

民主化勢力を重視する王外相の発言は、クーデター後、国連などで中国が軍寄りの姿勢を取っていることに対して、ミャンマー国民から激しい嫌中感情が噴き出したことが一因だ。ヤンゴンの中国大使館前では多数の市民が集まって対中抗議デモが繰り広げられ、ツイッターやフェイスブック上では中国批判が吹き荒れた。３月にはヤンゴン郊外の中国資本の縫製工場が放火され、犠牲者も出た。中国国営紙の環球時報によると計32の工場が破壊され、損失額は３６９０万ドルに達した。

ミャンマーの国内が不安定化すれば、中国にもさまざまな影響が及ぶ。このため、中国はミャンマー軍だけでなく、民主化勢力や国民に配慮する姿勢もアピールする必要がある。民主派メディアのイラワディによると、中国大使館はＮＬＤの当選議員らがオンライン上に設置した仮想議会「連邦議会代表委員会」（ＣＲＰＨ）の幹部に電話で接触したという。

こうした中国の対応は、中国にとって、軍政と民主派政権のどちらが好都合かという統治体制以前の問題として、中国はミャンマー国内の安定と、反中感情の抑制を、最も重視していることを表している。王毅外相は２０２１年６月のＡＳＥＡＮとの特別外相会議で、「ミャンマー国内の状況は、中国の利益に直接関係する」と率直に述べ、ミャンマーの安定と中国の国益は切り離せない関係にあることを直接的に言明した。

中国が特に危惧しているのは、インド洋側のラカイン州チャウピューから、シャン州と隣接する雲南省瑞麗までを結ぶ石油・天然ガスのパイプラインが破壊されるなどして、資源の輸送にダメージが及ぶことである。さらに、中国はこのパイプラインと並行して鉄道と道路を整備する一方、チャウピューに経済特区（ＳＥＺ）を建設する「中国ミャンマー経済回廊」（ＣＭＥＣ）構想の実現を国策として目指しており、構想の先行きが不透明になる事態を懸念している。

中国にとって、対ミャンマー外交の手痛い二つの「トラウマ」も、ミャンマーへのアプローチを慎重にさせている要因だ。一つは、２０１１年９月、中国の国営電力会社がミャンマー北部のカチン州の山奥に建設中だった巨大水力発電ダム「ミッソンダム」を巡り、テイン・セイン大統領が一方的に建設中止を宣言した件である。宣言は中国政府にとって「寝耳に水」であり、ミャンマーの軍政当時に交わした大規模プロジェクトの契約が、民政移管で覆されたことに衝撃を受けた。ただ、中国はパイプライン敷設計画を実現するため、ミャンマーとの関係悪化は避ける必要があった。このため、建設中止に伴う賠償請求や、経済報復などの強硬策には出なかった。

もう一つは、シャン州のムセとラカイン州のチャウピューの間に鉄道と道路を整備する覚書を、ミャンマー側に「破棄」された案件だ。中国は２０１１年にテイン・セイン政権と覚書を交わしたが、その３年後にテイン・セイン政権は「沿線住民の反対」を理由に白紙化した。中国は、国家戦略の「中国ミャンマー経済回廊」（ＣＭＥＣ）構想を実現させるため、ミャンマーの時々の政権と友好関係を維持する必要がある。中国がアウン・サン・スー・チー政権になって両国関係の再構築を急いだのは、前述の通りである。

駐ヤンゴンの中国大使は、クーデター後にミャンマー国内で噴出した「嫌中感情」を鎮静化させるため、地元メディアを通じて、「ＮＬＤとミャンマー軍はどちらも中国と友好関係にある。ミャンマーが必要としているのは和解と団結だと信じている」と述べ、中国はスー・チー氏とＮＬＤの民主化勢力とも緊密な関係を築いていると国民に訴えた。一方で中国は、国連ではミャンマーに不利な決議案が通らないよう、安全保障理事会で拒否権を行使して軍をサポートしている。

中国はミッソンダムと同じ轍をＣＭＥＣ構想で踏まないよう、軍と民主化勢力のいずれにも細心の注意を払う「気遣いのバランス外交」を余儀なくされている。

## 2．ASEANは全体の信用低下を危惧、中国と打開を探る

加盟国間で「内政不干渉」の原則を掲げる東南アジア諸国連合（ASEAN）は、ミャンマー問題に対する姿勢や思惑も加盟国によって異なっており、問題解決に向けた動きは鈍かった。ASEAN各国の首脳とミン・アウン・フライン最高司令官がジャカルタで話し合いの場を持ったのは、クーデター発生から約3カ月も経過した4月下旬であり、その際に合意したASEANの「ミャンマー担当特使」が任命されたのは、ジャカルタの会議から3カ月後、クーデターから半年も過ぎていた。積極的に対応しようとしないASEANに対して、ミャンマーの国民と国際社会から批判と失望感が広がった。

ようやく2021年10月15日、ASEAN各国の外相は同月26日から行われるASEAN首脳会議に最高司令官を呼ばないことを決定し、クーデター後、初めてミャンマーに毅然とした態度を示した。2010年までの以前の軍事政権に対しての対応も含めて、ASEANが人権弾圧問題でミャンマー側に下したペナルティーでは、最も厳しい措置となった。インドネシア、マレーシア、シンガポールの3カ国が「何もしないASEAN」への国際的な批判に懸念を強め、ASEAN全体の信用低下を危惧して各国をけん引したためである。

ミャンマー問題へのASEAN各国のスタンスは、インドネシア、マレーシア、シンガポールは、軍のクーデターと国民への弾圧を当初から強く批判しており、平和的な解決策で民政に復帰するよう軍に

求めてきた。フィリピンもこの方針に同調している。

その他の加盟国は、2021年の議長国であるブルネイは、全体の調整役としての力が弱い。2014年にクーデターでタクシン派政権を追放したタイは、クーデターを企てた現在のプラユット首相がミン・アウン・フライン最高司令官と親しい関係にある。クーデター直後、最高司令官はプラユット首相に理解を求める書簡を送った。フン・セン首相の長期政権で権威主義色を強めているカンボジアは、ミャンマーと同じく他国による内政干渉を強く拒否する立場にある。

4月にジャカルタで行われたASEAN各国首脳とミン・アウン・フライン最高司令官との会議は、インドネシアとマレーシアが2月のクーデター直後からブルネイに招集を求めたが、開催は4月24日だった。タイのプラユット首相、フィリピンのドゥテルテ大統領、ラオスのパンカム首相の3人は、国内のコロナウイルス感染症対策を理由に出席を見送っており、ジャカルタでの議論に参加していない。

この会議で、ASEAN各国とミャンマーは、次の5項目に合意した。①暴力の即時停止、②平和的解決に向けた全ての当事者による対話の開始、③ASEAN特使の指名と調停の促進、④人道支援の提供、⑤ASEANの特使と代表団が全ての当事者と会う――。

しかし、ミン・アウン・フライン最高司令官はジャカルタから帰国後、「法規の順守と治安の改善を優先させるため、提案は状況が安定した時に、慎重に考慮する」と述べ、事実上、履行の無視を宣言した。[29] 一方、ASEAN側は「特使」の人選を巡り、タイ、インドネシア、マレーシアが自国の候補者を推薦して、調整に手間取った。ミン・アウン・フライン最高司令官は8月1日、非常事態宣言の発令(注・クーデター発生)から6カ月目の国営テレビの演説で、「ミャンマーは駐ミャンマー大使の経験もあるタイの候補者を特使として推したが、途中で新たな提案が入ったため断念させられた」と述べ、異例な形で人選の内幕を披露した。

8月4日になって、ようやくブルネイのエルワン第二外相が特使に任命されたが、エルワン特使がミャンマーを訪問して関係者と対話するための調整を進めたのは、さらに2カ月後の10月のことだ。10月のASEAN首脳会議の日程が近づき、5項目合意に基づく何らかの行動を起こす必要に迫られたためである。

特使は軍にアウン・サン・スー・チー氏との面会を求めたが、「刑事被告人とは面談できない」と拒否された。このため、ASEANの各国外相は10月15日にオンライン会議を開催し、同月下旬の首脳会議にミャンマーから「首脳」の出席は認めず、「非政治」の代表として外務次官の参加を容認することを決めたのだった。

このようにASEANの対応は「牛歩」であり、ミャンマー国民は軍に迅速に対応しようとしないASEANや国連に失望して、武力闘争の道を選ばざるを得なかった。ASEANが今後、ミャンマー問題の解決を図るには、身内同士の対応だけでは限界があり、6月に中国・重慶で行われた中国ASEAN特別外相会議を先例として、ミャンマーと親密な中国が、ミャンマーとASEANの仲裁役を担う展開が強まっていくとみられる。

以前の軍事政権当時のミャンマー問題への対応では、ASEAN各国は必ずしも足並みが乱れていたわけではなかった。1年ごとの持ち回りで開催される外相会議、首脳会議、ASEAN地域フォーラム（ARF）などで採択された議長声明、共同声明を分析すると、「内政干渉」といえるような軍政への踏み込んだ要求は、実は珍しくなかった。

ＡＳＥＡＮが初めてスー・チー氏の名前を明記して軍政に解放を要求したのは、２００３年６月にプノンペンで行われたＡＳＥＡＮ外相会議と、同時期に開催したＡＳＥＡＮ地域フォーラム（ＡＲＦ）の議長声明だった。当時はブッシュ米政権の「パワー外交」の時代であり、ＡＲＦに出席したパウエル国務長官が各国に圧力をかけた。当時、中国は胡錦濤政権が発足して間もない頃で、外交はソフト路線だった。

一方、同年11月にインドネシア・バリ島で開かれたＡＳＥＡＮ首脳会議の議長声明は、スー・チー氏に触れず、６月のＡＲＦより大きくトーンダウンした。ミャンマーのキン・ニュン首相が７段階の「民主化行程表」を示し、ＡＳＥＡＮ各国は「理解と支持が得られる現実的なアプローチ」であると行程表を評価した。米国は同年、ミャンマーへの経済制裁を強化したが、11月のＡＳＥＡＮ首脳会議では、制裁は「平和と安定に有益ではない」として、米政府の強硬措置を否定している。

翌２００４年７月にジャカルタで開催されたＡＳＥＡＮ外相会議の声明でも、ミャンマー問題は最小限の言及にとどめ、軍政による民主化の取り組みを擁護する立場を示した。ラオスが議長国を務めた同年12月の首脳会議と翌年７月の外相会議は、ミャンマーの民主化問題は会議の議題にすら挙がらなかった。

ところが２００７年以降は一転して、再び声明でスー・チー氏と政治犯の早期解放を軍政に強く迫った。「民政移管に向けてより大胆な行動を取ること」（07年７月のマニラでの外相会議）、「近い将来の民主主義への平和的移行に向けてより大胆な措置を講じ、２０１０年の自由で公正な総選挙の実施を要請する」「アウン・サン・スー・チー氏を含む全ての政治的被拘禁者の釈放を求める」（08年7月のシンガポールでの外相会議）、「スー・チー氏を含む全ての拘禁中の人々を直ちに釈放し、真の和解と有意義な対話への道を開くよう繰り返し要求する。関係者が２０１０年の総選挙に参加できるようにする」（09年7月、タイでの外相会議）と、内政干渉ともいえるような突っ込んだ要求を相次いで突きつけている。

スー・チー氏の早期解放を初めて明示した２００３年6月の議長声明から、２０１０年11月のミャンマー総選挙までの間、ＡＳＥＡＮ首脳会議、外相会議、ＡＲＦなどで17種類の声明が出された。そのうち7回は、スー・チー氏の解放を名指しで求めるような内政干渉的な踏み込んだ内容だった。一方、ミャンマー問題に何も触れないケースも含めて、軍政に向けたメッセージとしては消極的な内容は7回、従来の声明の繰り返しや、軍政にも理解を示す中間的な内容が3回だった。[30]

当時、ＡＳＥＡＮが強い要求を打ち出せたのは、大きく分けて、二つの要因があるといえる。一つは欧米からの「外圧」であり、もう一つはＡＳＥＡＮ内でのミャンマーの民主化に対する「姿勢の違い」である。

外圧に関しては、「米国一強時代」だったブッシュ政権がミャンマーへの経済制裁を強化するとともに、米国と欧州連合（ＥＵ）は、ミャンマーの人権弾圧問題に対処できないＡＳＥＡＮも厳しく批判してきた。ＡＳＥＡＮの議長国は1年交代の輪番制で、ミャンマーは当初、２００６年の番だった。しかし、欧米が強く反対したため、ミャンマー軍政は同年の議長国就任を辞退した。ＥＵはアジア欧州会議（ＡＳＥＭ）首脳会議にミャンマーの出席を認めないと主張し、２００９年にはクリントン米国務長官がタイメディアのインタビューで、「軍政がスー・チー氏の自宅軟禁を解かなければ、ASEANはミャンマーの除名を検討すべきだ」とASEAN各国に迫った。

米国はブッシュ大統領からオバマ大統領に政権が代わっても、ミャンマーとASEANの双方への関与を継続した。シンガポール、フィリピン、インドネシア、タイ、マレーシアのASEAN原加盟各国は、ミャンマーをASEANで抱え続ける方針自体は揺るがなかったが、軍政に対して毅然とした態度で民主化を促さなければ、自国も欧米の信頼を失うリスクが膨らんだ。

欧米企業は外国への投資を判断するうえで、現地政府の人権問題への対応を重視する。ASEAN各国は、ミャンマーの人権問題を看過すれば軍政の「共犯者」とみなされ、自国の外資誘致に影響が及ぶ恐れが出ていた。実際、ASEANとEUは自由貿易協定（FTA）交渉の開始を当時予定していたが、EUはミャンマーもASEANの一員として交渉相手に含まれることに拒否反応を示し、交渉開始は白紙になった。このためASEAN側は、シンガポール、ベトナムなどがEUと自国単独でのFTA交渉を選択した。ミャンマー問題を解決できなければ、ミャンマーだけでなく他のASEAN各国も「連座」で不利益を被る状況になり、ASEANは内政干渉的な圧力で軍政に民主化を迫るようになった。

ASEAN内のミャンマーへの「姿勢の違い」に関しては、一つはASEAN加盟国が拡大した経緯が背景にある。1967年8月にインドネシア、マレーシア、フィリピン、シンガポール、タイの5カ国で発足したASEANは、その後ブルネイが加わり、さらに11年後の1995年にベトナム、1997年にミャンマーとラオス、99年にカンボジアの4カ国が加盟して、現在の10カ国体制になった。ＡＳＥＡＮは当初、東南アジアの「反共の砦」として結成されたが、東西冷戦構造の崩壊に伴って東南アジアでも地域冷戦構造が解消された。ＡＳＥＡＮは東南アジア内でのイデオロギー対立が消失したことで「経済連合」の性格を強め、冷戦下に敵対していたベトナム、ラオスなどの加盟が実現した。

カンボジア、ラオス、ミャンマー、ベトナムの後発加盟４カ国は加盟当時、原加盟５カ国やブルネイと比べて、経済の発展段階が今よりも大幅に遅れていた。域内の貿易・投資の自由化措置では、関税撤廃時期を遅らせるなどの配慮が原加盟国から施されており、当時、ＡＳＥＡＮ内の発言力は原加盟国が優位な状況だった。

二つ目は、欧米との経済的なつながりだ。シンガポールは、軍政当時も今回のクーデターでも、ＡＳＥＡＮ各国の中で最も強くミャンマーを非難してきた。ＡＳＥＡＮの自由貿易体制の下で、ＡＳＥＡＮ内の物流と金融のハブ（中軸）機能を強化しながら発展を遂げたシンガポールは、ミャンマー問題がＡＳＥＡＮ全体の投資先としての信認に影響を及ぼすことになれば、自国のハブ政策が痛手を受けるためである。マレーシアも同様の理由で、ミャンマーに毅然と対処している。２０００年代のＡＳＥＡＮ内で民主的な統治が他国より先行していたフィリピンも、ＡＳＥＡＮ議長国の際には軍政に民主化勢力の解放を強く求めた。

しかし、２０１０年代以降、ＡＳＥＡＮ内では、共通の問題に足並みをそろえることが難しくなってきた。一つは域内に権威主義が広がっているためだ。もう一つは、中国のＡＳＥＡＮ各国への影響力が一段と拡大したことだ。その表裏一体の原因として、米国がトランプ政権になってＡＳＥＡＮから遠ざかったことが挙げられる。２０１０年代のＡＳＥＡＮは、２０００年代に比べて権威主義という内部構造の変化と、中国の影響力という外部からの要因が絡み合い、各国間の利害関係と力関係が複雑化した。それがミャンマー問題の対応にも表れている。

権威主義を巡っては、タイが2014年のクーデターで軍政体制に転換し、カンボジアではフン・セン政権が民主化活動家や野党を弾圧して独裁色を強めた。フィリピンではドゥテルテ大統領が麻薬犯罪の取り締まりでの強引な捜査手法が国際社会から人道的な批判を浴びた。

一方、中国はカンボジアを影響下に置き、2012年のASEAN外相会議では、南シナ海の領有権問題で議長国カンボジアが中国の利益代弁者としてフィリピン、ベトナムと対立し、外相会議が紛糾した。ASEAN史上、初めて外相会議の議長声明を採択できない異常な事態に陥り、ASEANの結束に深い亀裂が生じたまま現在に至っている。タイもクーデター後は外交の軸足を中国寄りに置き、軍政の流れを継いで総選挙で発足したプラユット政権は中国寄りのスタンスだ。ラオスは従来中国の影響が強い。2021年12月には、中国ラオス間に高速鉄道も開通した。

中国は2000年前後から、FTA締結と南シナ海問題の平和的解決を旗印に掲げて、ASEANの囲い込みに動き出した。ASEANにとって最大の貿易相手国となり、2010年代以降はアジアインフラ投資銀行（AIIB）と一帯一路政策で、経済援助国としての存在感も高めた。一方、米国は「米国第一主義」を掲げるトランプ大統領の就任により、ASEANへの関与と関心が急速に薄らいだ。権威主義と中国が台頭し、米国の存在感が低下したことで、ASEAN各国が結束するための引力が弱まり、むしろ、ばらけていく遠心力が働きやすい状況になっている。

さらにいえば、ASEANと日中韓、豪州、ニュージーランドによる広域市場統合である東アジア地域包括的経済連携（RCEP）交渉が決着したことで、ASEANを軸とする市場統合構想でも、ASEAN各国が一つにまとまる機会は当面表れないだろう。このため、各国はASEANの結束を重視するよりも、自国の内政面や外交政策を含めた独自性を優先する傾向が今後はさらに強まるとみられる。

2021年4月のジャカルタでのASEAN首脳とミン・アウン・フライン最高司令官との会議では、軍が拘束したスー・チー氏や市民を速やかに解放することには合意できず、声明に書き込めなかった。最高司令官は帰国後、「5項目の合意内容は国内が安定したら受け入れる」として合意事項の無視を決め込み、ASEAN議長国のブルネイは特使をネピドーに派遣したが、スー・チー氏をはじめ民主化勢力との面談は許可されず、何の成果も得られなかった。

その後、6月18日の国連総会では、ミャンマーへの武器の流入を防ぐ決議案が採択された。ASEAN各国は、インドネシア、マレーシア、シンガポール、フィリピン、ベトナムは賛成したが、タイ、カンボジア、ラオス、ブルネイは中国、ロシアなどとともに棄権に回り、ASEANの対応は賛成と棄権に割れた。

ミャンマーの軍がASEANとの「5項目の合意」を無視したのは、ASEAN各国が2000年代のように内政干渉的な要求を突き付けてくる可能性は低いと判断したためとみられる。これに対し、ASEAN側は、2021年10月のオンライン形式によるASEAN首脳会議にミャンマーの「首脳」を「出入り禁止」とすることで、ASEANとの合意を軽く見過ぎないよう軍に警鐘を鳴らした形だ。シンガポール、インドネシア、マレーシア、フィリピンがASEAN内を懸命に束ねた。

ミャンマー側は「非政府」系の代表の出席を拒否したため、首脳会議はミャンマーが完全に不参加という異例の状態で開催された。ASEAN首脳会議に加盟国が参加しなかったのは初めてである。

その際の議長声明では、「非干渉の原則を尊重しながら、私たちは、法の支配、良い統治（グッドガバナンス）、民主主義と憲法上の政府の原則の遵守、ならびにミャンマーの状況に対するASEAN原則の適用に適切なバランスをとる必要性を再確認した」と明記して、内政不干渉の原則を尊重しつつ、法の支配やガバナンスなどの問題が著しく損なわれている場合は、是正を求める姿勢を打ち出した。ASEANにとって、議長声明という公的文書の中で、内政不干渉の原則に必ずしも縛られないケースがあるとの認識を明記したことは、今後のASEANの「内政不干渉」を巡る解釈と対処に大きな変化をもたらす可能性がある。

加盟国の間で人権保護などの対応が緩かった従来のASEANの姿勢が改められる可能性がある一方、権威主義的な傾向が強い加盟国ほど他国の干渉を拒み、ASEAN各国間の「遠心力」が拡大していく懸念もある。

ともあれASEANがミャンマーに5項目の合意を確実に実施させるには、国際社会の中でミャンマー軍政の「守護者」である中国と協調して対処することが、現実的なアプローチだろう。

中国は、エネルギーも含む自国の安全保障のために、ミャンマー国内の安定が不可欠だ。2021年8月18日、王毅外相はASEAN特使となったブルネイのエルワン第二外相と電話会談し、次のような中国の提案を示した。①ミャンマーの全ての政党に合理的かつ実用的な方法で対処し、徐々に信頼を構築する、②コロナウイルスとの戦いでミャンマーの支援を最優先し、ミャンマーへのアクセスと支援の有効性を確保する、③忍耐強く和平交渉を促す方向に導き、政府を秩序正しく国民に返還し、ミャンマーの利益と国際社会の期待に応える民主的プロセスを再開する、④内政干渉に反対し、ミャンマーの主権と国民の選択を真摯に尊重する[31]――。

この文面だけを読めば、米国やEUの提案といわれても全く違和感がない内容だ。中国は、このプランを元にASEANと協力して、文中にあるように「忍耐強く」、ミャンマーの安定回復に取り組む構えを示している。

ASEANにとって、域内国で生じた問題をASEAN全体で解決する際、とりわけ「親中」の加盟国が関わる案件ほど、中国が仲裁に加われば、ASEAN単独で対処するより円滑に進む可能性がある。今回のミャンマーの問題ではそうした構図が現れ始めており、今後、中国がASEAN内の問題を仲裁するケースが広がるきっかけとなる可能性がある。

## 3. 欧米はターゲット制裁、国連は空転

米国のバイデン政権や英国、欧州連合（EU）は今回、軍幹部と軍系企業に絞った「ターゲット制裁」を段階的に発動している。

軍政当時の米国の対ミャンマー制裁は、2003年、当時のブッシュ政権が従来の制裁よりも厳しい禁輸措置を実施し、財政面からの軍政の締め付けを狙った。しかし、ミャンマーの主力産業である繊維産業が主要輸出先の欧米市場にアクセスできなくなり、失業や賃金の減少で労働者であるミャンマー国民に制裁の直接的な影響が及んでしまった。同じ頃、ミャンマー沖のアンダマン海で産出される天然ガ

スのタイへの輸出が開始され、マクロ経済的にはミャンマーの外貨準備が積み上がり、禁輸の効果を相殺した。

このため、次のオバマ政権は、制裁一辺倒の戦略から「対話と圧力」政策に転換し、それまで科してきた制裁は維持しながら、軍政との対話に乗り出した。結果的に、民政移管後のテイン・セイン政権は、米国が軍政に要求してきた政治犯の釈放に応じ、スー・チー氏と国民民主連盟（ＮＬＤ）に政治参加の門戸を開いた。制裁と対話で民主化を促す米国の手法は、一定の成果を挙げたといえる。

今回、米国のバイデン大統領はクーデターから11日後の2月11日、ミン・アウン・フライン最高司令官、ナンバー2のソー・ウィン副最高司令官ら軍幹部10人と、軍関係企業の「ミャンマー・ルビー・エンタープライズ」「ミャンマー・インペリアルジェイド」など宝石関係3社に対して、米国内での資産凍結と米国人や米国内での全ての取引を禁止する制裁を承認した。

約一カ月後の3月10日には、最高司令官の2人の成人した子と、彼らが経営するレストラン、映像制作、建設などの6社に対し、縁故的な立場で不当な利益を得ているとして、同様の制裁を科した。米政府は、その後も軍のコングロマリット企業や軍の幹部、その成人した子供らが経営する企業に対象を絞った制裁を段階的に拡大し、英国、欧州も追随してきた。

ただ、これらの制裁は、ターゲットとする軍幹部やその家族の企業などが、米国に資産を保有しているか、米企業や米国人と取引関係がなければ機能しない。

欧米政府は、軍のコングロマリットの主な収入源である翡翠やルビーなど宝石類の生産・販売会社に制裁対象を拡大しており、軍の収入に影響を与えたい考えだ。国際人権ＮＧＯは、欧米、日本などの資本と共同で石油と天然ガスをアンダマン海で採掘し、タイ、中国にパイプラインで輸送している「ミャンマー石油ガス公社」（ＭＯＧＥ）に制裁を科すよう求めている。ただ、取引停止を科せばＭＯＧＥから天然ガスを調達しているタイの電力事業に影響が及ぶというジレンマも抱える。

一方、世界銀行とアジア開発銀行（ＡＤＢ）はクーデター後、ミャンマーでの開発プロジェクトの資金拠出と新規案件の契約を一時停止した。ＡＤＢは１９８８年のクーデターでミャンマー支援事業を停止し、民政移管後の２０１２年８月、約24年ぶりにミャンマーに事務所を置いて支援を再開した。ベトナム、ラオス、タイ、ミャンマーを結ぶ物流道路「東西経済回廊」の整備を手掛けており、クーデターの約３カ月前、ミャンマー国内ルートのうち、バゴー地区とモン州チャイトーを結ぶ64キロメートル区間の高速道路建設などに４億８３８０万ドルの融資を承認したばかりだった。

国際金融機関の融資や、日本も含む各国の政府開発援助（ＯＤＡ）の停滞で、軍関係の建設会社、資材製造・販売会社、軍とのコネで業績を拡大してきた「クローニー」の縁故企業などは、公共事業縮小の影響を受ける可能性がある。

## 4．日本はミャンマー政策の再構築が不可欠

日本政府は、「日本はミャンマーの軍とパイプがある」としているが、私が取材で把握している範囲では、その「パイプ」とは、日本ミャンマー協会の渡邉秀央会長と、日本財団の笹川陽平会長の２人であろう。このうち笹川氏は、民主党政権当時の２０１２年６月、日本財団が少数民族地域で学校建設や

置き薬事業を行ってきたことが評価され、外務省から「ミャンマー少数民族福祉向上大使」に委嘱された。その後、自民党の安倍政権に代わった２０１３年２月、閣議決定を伴う格上の「ミャンマー国民和解担当日本政府代表」に任命された。

笹川氏が「福祉向上大使」に委嘱された頃、バンコクの私の携帯電話に日本財団の幹部から電話が入った。日本財団は少数民族武装勢力との接点を持たないため、武装勢力とのパイプを紹介してもらないか、という相談だった。笹川氏は福祉向上大使ではなく、和平担当の肩書を希望している、ということも話していた。私は、ある人の了解が得られればご紹介する、と答えて電話を切った。

ミャンマーの少数民族地域は、政府（軍事政権）が管轄している地域と、中国やタイ、インドとの国境沿いの山岳地帯でカレン、カチン、シャン、モン族などの少数民族の武装勢力が支配している地域に分かれる。第二次大戦後に英国から独立して以来、軍と各地の少数民族武装勢力は内戦状態が続いている。日本財団が置き薬などの支援事業に取り組んできたのは、武装勢力の支配地域ではなく、軍政が管轄している地域だ。通常、軍政管轄のエリアから武装勢力エリアには入れない。

ミャンマーの武装勢力の中で、カレン民族同盟（ＫＮＵ）、カチン独立軍（ＫＩＡ）、新モン州党（ＮＭＳＰ）など11の勢力は、「統一民族連邦評議会」（ＵＮＦＣ）という連帯グループを組織していた。各武装勢力はタイ政府が容認する形でタイ側のミャンマー国境に近いチェンマイ、メーホンソン、サンクラブリなどの町に代表事務所を置き、ミャンマー国外との接点を確保している。その各武装勢力から絶大な信頼を得ている一人の日本人がいた。井本勝幸さん（48）である。

井本さんは20歳頃からＮＧＯの一員としてソマリアとカンボジアで難民支援活動に取り組み、福岡県朝倉市の実家の寺の僧侶だった頃は、民主化運動や人道支援に関わるアジア各地の僧侶と連帯してきた。ある時、ミャンマーの実情を見に来いとミャンマー人僧侶に言われ、タイとの国境に近い山を一緒に歩いていると、谷の下の集落を軍が襲撃し、逃げまどう人々を銃で殺害している現場に遭遇した。

「見てしまった以上、この状況を無視することはできない」と翌2010年、家族4人を日本に残して単身でチェンマイに拠点を移し、武装勢力から次の武装勢力へと人を紹介してもらいながら、山岳地帯の支配地域を数えきれないほど訪ね歩いた。急峻な山々を徒歩で1日数十キロメートルも移動すると、かなり疲労する。肩で息をしながら木の下で小休止していると、少数民族の子供が鼻歌を歌いながら、軽やかに斜面を駆け下りて行った。「あれにはショックでしたねえ」と笑って振り返った。

行く先々の勢力地域で武装勢力の幹部と酒を酌み交わし、少数民族勢力が結集する必要性を説いて回った。カレン、シャン族などの武装勢力地域の農地に彼らと協力して農業研修所を設け、東京農大で学んだ農業技術を少数民族の若者たちに指導した。地道に築いた信頼関係が、UNFCの結成につながった。

あちこちの少数民族の勢力地域で、彼らは親しみを込めて私に言った。「こないだイモトが来て一緒に酒を飲んだよ」「あの山がイモトの農園だ。俺たちがプレゼントした」――。UNFCの各勢力の幹部らは、チェンマイによく集まって会議を開く。井本さんは貧しい彼らのために小さなホテルの会議室の利用料や食費を負担していた。日本から保険や定期預金を解約して持ってきた限られたお金が、そうした活動の原資だった。

2012年9月、井本さんは、チェンマイに来た笹川会長とUNFCに所属する各武装勢力の10人以上の幹部を引き合わせた。私も隅に同席した。笹川氏と武装勢力の関係は、井本さんが仲介役を快く引き受けたことから始まった。

一方、日本ミャンマー協会の渡邉会長は、第3次中曽根内閣で官房副長官を、宮沢内閣で郵政相を歴任し、自民党を離党して新進党、自由党、民主党などに所属した。建設業界紙のウェブのインタビュー(32)によると、1996年ごろに軍政がシャン州に病院を建設する際、自身が郵政相当時に導入したボランティア貯金制度で支援するため現地を訪れた。そこでシャン州の軍司令官だったテイン・セイン氏と知り会い、親交が始まった。約15年後の2011年10月、日本ミャンマー友好議員連盟の最高顧問としてネピドーを訪問した際、大統領に就任したテイン・セイン氏から食事に誘われ、ティラワ経済特区の事業計画書を渡された。帰国してすぐに玄葉外相に日本の早期支援を要請し、日本とミャンマーの官民共同開発事業として、渡邉氏の主導でティラワ経済特区の開発が始まった。

渡邉氏と笹川氏は軍政の最高権力者だったタン・シュエ国家平和発展評議会（SPDC）議長ら軍首脳らと親交があり、タン・シュエ議長が後継に選んだミン・アウン・フライン最高司令官とも親しい。渡邉氏と笹川氏は、軍に「パイプ」があるというよりも、「近い関係」「親しい関係」にあると表現する方が、座りがよいだろう。

クーデター後、欧米の各国政府は直ちに軍を強く非難し、経済制裁を発動した。ヤンゴンで民主化デモに参加した若者たちが未明に軍に包囲され、命の危険にさらされた時には、欧米各国の駐ヤンゴン大使館はツイッターで世界に緊迫した状況を伝え、若者の脱出を認めるよう軍に求めた。このケースのように、欧米の各国政府や現地の大使館は、軍の武力弾圧に対して頻繁に停止を求め、各国の連名で非難声明を出している。それに日本政府が加わったケースはほぼ皆無であり、ミャンマーの重大な人道問題と民政復帰に対して、日本は軍に毅然と対応しているようには見えない。

「軍とパイプがある」は「軍に影響力がある」と同義語ではない。「日本は軍首脳と近いから何も言わないのだ」「日本は軍に配慮して何もしないのだ」と、親日的なミャンマーの世論が、何かのきっかけで日本への失望と反感に急転回しかねない。実際、ミャンマーの人たちのツイッターやフェイスブックには、米国やＥＵの外交力に希望を託すメッセージは多いが、日本への期待はほぼ見当たらない。

「２０１０年までの軍政時代」「２０１１年から２０２１年までの民政移管した10年間」「２０２１年２月のクーデター後」と、ミャンマーの状況はこれまで書いてきたようにフェーズによって全く異なる。今、日本に必要なのは、クーデター後のミャンマー情勢に対処するための真のミャンマー外交戦略を再構築することである。

「真の」とは、少数民族武装勢力との停戦と和平実現に向けた日本の関与の仕組みや、無償援助とインフラ整備の両面からの政府開発援助（ＯＤＡ）の枠組みの妥当性など、民政移管後に本格化させた日本の対ミャンマー政策の成否を総合的に検証し、クーデター後のミャンマー政策を体系的に再構築するという意味だ。

例えば、ミャンマー政府・軍と少数民族武装勢力との停戦交渉には、これまで笹川氏が「ミャンマー国民和解担当日本政府代表」の肩書で出席してきた。日本の外交戦略上、それは今後も十分な体制といえるのだろうか。

日本はまず、米国、インド、豪州との「クアッド」と、東アジアでのプレゼンス強化に動く英国を交えて、「自由で開かれたインド太平洋」構想の中でのミャンマーの位置づけと重要性を、各国間で確認すべきだ。そのうえで、ミャンマーの軍に完全な民主化復帰と国内の安定を促すために、クアッドと英国の「民主主義国連合」でどう対応すべきか、どう役割分担すべきかをすり合わせ、各国と協調しながら日本として新たなミャンマー政策を構築する。どの基準まで「民主化復帰」がなされればＯＤＡを再開するのか（そもそも日本政府は欧米のように明確にＯＤＡ停止は宣言していないが）、少数民族武装勢力との和平実現に日本は国際社会とどのような形態で関与していくのか、などの政策を、立体的に組み立てるべきである。

クーデター後、タイ国境に接するミャンマー側の少数民族地域には、数十万人といわれる人たちが着の身着のまま軍の攻撃を逃れ、安全を求めて避難してきた。ヤンゴンやマンダレーから軍の拘束を逃れてきた人たち、武装勢力から闘争訓練を受けるためジャングルにやって来た都市部の若者たち、軍の空爆で山間部の集落を追われたカレン族などの少数民族の人々。その中にはお年寄りや幼児も多く含まれている。

農地や森林の暫定的な「避難民キャンプ」は、コロナ禍と雨季の影響で衛生状態が悪く、薬や食糧、テント、衣料品などの日用品が圧倒的に足りない。避難生活が終わる見通しは立たず、子供の学校や医療施設、仮設住宅などを、資金を含めてどう援助していくかも深刻な問題になっている。

日本の複数のＮＧＯは、タイ側から船で国境の川を渡って救援物資を届けるクロスボーダーの輸送ルートを開拓し、避難民に物資を届けている。物資の調達費と輸送費は、日本からの民間の善意の募金が大きな頼みの綱だ。一方、クーデターから半年が過ぎても、日本のＯＤＡから少数民族に緊急支援の手を差し伸べる気配はみられなかった。それは、これまで少数民族勢力の停戦交渉や民生支援に関与してきた行動と矛盾する。日本政府は人道支援のため、現地で活動するＮＧＯにまとまった援助資金を託すべきだろう。

米国や欧州の外交官は、以前からタイ側のチェンマイなどで少数民族武装勢力の幹部らと会い、彼らの声を直接聞くよう努めている。日本のミャンマーとタイの大使館や外務省の本省もそれを見習い、自ら足を運んで少数民族勢力側と接触して、情報収集と信頼構築を図るべきだ。

国際社会は、軍のミャンマー国民への弾圧を止めさせて、民主化に復帰させるための妙案に悩んでいる。「米国・欧州連合」は、米国が２００３年に禁輸などの経済制裁を強化して、それがミャンマーの労働者を苦しめたことがトラウマになっている。軍の幹部や軍系企業、軍首脳のファミリービジネスなどに絞った現状のターゲット制裁は、十分な効果が見られない。「中国・ＡＳＥＡＮ連合」は、中国にとってミッソンダムの建設中止がミャンマー外交の「トラウマ」だ。中国はミャンマーの民主化勢力にも配慮をみせながら、ＡＳＥＡＮと解決を探ろうとしている。

クーデター後に「無策」だった日本は、軍とのパイプがあるというのであれば、欧米、中国、ＡＳＥＡＮとミャンマーの軍との結節役を担うべきだ。国際社会とミャンマー軍の調整役として、日本は外交上の役割を果たせるのではないだろうか。

ミャンマーの人たちは、民主化を取り戻すために命をかけて戦っている。国際社会は、あらゆる知恵と手段を総動員して、ミャンマーの民主化復帰を支えなければならない。持久戦になっても、国際社会が先に諦めるわけにはいかない。

# 第4部　連邦国家への遠い道のり
## 少数民族武装勢力との和平

ミャンマーには135の少数民族が存在するといわれるが、軍や政府の中枢をはじめ、国の政治・経済は人口の7割を占めるビルマ族を中心に回っている。1948年に英国の植民地支配から独立して現在に至るまで、ミャンマーのタイ、中国、インドとの国境付近の山岳地帯では、軍と各地の少数民族武装勢力の内戦状態が約70年も続いている。彼らが求めているのは、ミャンマーからの分離・独立ではなく、連邦制の下で政府との対等な関係に基づく自治の保障である。軍の攻撃から少数民族の権利と尊厳を守るため、自衛しているにすぎない。

欧米も含めて、メディアは彼らのことを「少数民族武装勢力」と表現するが、「武装勢力」という語感にはテロ組織のイメージが伴う。ミャンマーの少数民族勢力を正確なニュアンスで指すには、「少数民族自治政府の自衛部門」「少数民族の自衛組織」などの表現がふさわしい。メディアに身を置く者として、自戒を込めてそう思う（本書は少数民族勢力、武装勢力などの表記が混在するが、いずれもいわゆる少数民族武装勢力を指している）。

ミャンマー国内には、北部のカチンから東部のカレン、カヤー、シャン、モン、西部のアラカン、チンの各民族地域に約15の主な武装勢力が存在している。それぞれの勢力は、険しい山岳地帯や山の裾野を支配地域に治め、「自治政府」を設けてエリアを統治している。例えばカチン族勢力はカチン独立機構（ＫＩＯ）、カレン族勢力はカレン民族同盟（ＫＮＵ）などの自治政府を組織し、内務、文部、厚生などの行政部門を持つ。その自衛部門として、ＫＩＯの場合はカチン独立軍（ＫＩＯ）、ＫＮＵはカレン民族解放軍（ＫＮＬＡ）などの自衛組織（少数民族武装勢力）を置いている。

各勢力の支配地域には、電気、水道、病院はない。集落に掘っ立て小屋の「診療所」があればましだが、大半の集落は、そこまでたどり着くのに山道を何時間も歩かなければならない。雨季に大雨が続けば道はドロドロのぬかるみになり、馬力のある四輪駆動車でもタイヤが空転して上り坂は厳しい。集落に急病人が出ても、対応は困難だ。

軍政当時の１９９０年代から２０００年代にかけて、各地の支配地域では軍と少数民族勢力の間で激しい戦闘が展開され、山岳部のカレン族やモン族の住民はタイ側に大量に避難した。タイのミャンマー国境付近の山沿いには今も複数の難民キャンプが点在しており、10万人以上がミャンマーに帰還できずに暮らしている。

主な少数民族勢力で組織する「統一民族連邦評議会」（ＵＮＦＣ）によると、各勢力の支配地域の人口は合計約２４０万人とみられる。このうち40万～50万人は各勢力の支配地域内の避難民キャンプに、約13万人はタイ側の難民キャンプに避難している。

ミャンマーが真の連邦制の民主主義国家になるには、政府・軍と全ての少数民族勢力との停戦・和平合意が絶対的に不可欠だ。テイン・セイン政権は、英国から独立後初めてとなるミャンマー全土での停戦合意を目指し、各勢力と停戦交渉に着手した。停戦協定の締結が進み始めたが、アウン・サン・スー・チー政権になって交渉は停滞し、さらにクーデターで和平の展望は不透明になった。

第4部では、「少数民族勢力の支配地域とはどのようなところなのか」「少数民族勢力は政府に何を求めているのか」を、そこで生活する人々の声と、各武装勢力の幹部などへのインタビュー、政府・軍と少数民族側との停戦交渉の模様など、支配地域での取材を元にお伝えする。

少数民族勢力の支配地域を歩くと、第二次世界大戦の爪痕が今も数多く残されていることに驚かされる。モン族勢力の支配地域では、彼らの協力で2019年7月、日本軍が建設した泰緬鉄道の残骸を訪ねることができた。川の中にポツンと建つコンクリート製の頑丈な橋脚、なぜか森の中に残る大きな橋脚、日本軍が掘った温泉の跡など、戦後80年近い時の流れに取り残された戦争の遺構が眠っていた。

日本と欧米、インド、豪州などが協力して、この泰緬鉄道ルートを「21世紀の平和と繁栄のルート」として、国際幹線道路に再整備できないだろうか。太平洋側からインド洋側まで、ベトナム、ラオス、タイ、ミャンマーを東西に貫く幹線道路が完成すれば、ミャンマーの少数民族地域の発展につながり、和平と国民和解が促進される。道はメコン川流域経済圏に一層の成長の機会を運び込み、経済波及効果は日本企業も含めてかなり広範に及ぶだろう。その提言で、本書を締めくくる。

# 1章　少数民族勢力の支配地域の実像

## 1．電気も水道も病院もない支配地域　タイへの出稼ぎ者が通る山道

乾季の終わりが近い3月の早朝、タイ西部のサンクラブリという山あいの町は、周囲の山々とともに白い霧に覆われる。朝晩は半袖だと肌寒いが、酷暑の平野部から訪れると、そのひんやりと澄んだ空気が別世界のように心地良い。バンコクから車で5時間程度とそれほど遠くはなく、週末には、町にある巨大なワチラロンコンダムのほとりで1泊の避暑を楽しむタイ人でにぎわう。ダム湖には歩行者用に全長が1キロメートル近くある木造の橋が架かり、対岸にタイのモン族の集落がある。観光客はこの橋を渡り、モン族の手工芸品などの土産物店が並ぶ広場をブラっと一周するのが定番のコースだ。

ダム湖のほとりにある数軒のホテルを除けば、サンクラブリの町は、中心部といってもコンビニ1軒と食堂が2～3軒しかなく、夜は暗闇に包まれる。町に隣接するミャンマー側の山林は、ミャンマーのモン族の少数民族武装勢力「新モン州党」（NMSP）の支配地域が広がっている。

NMSPは、サンクラブリに木造2階建て民家の連絡事務所を置き、10人以上の若者や幹部が住み込みで常駐している。軒先にタイ国旗が掲げられた事務所で彼らと合流して、ピックアップトラックに乗り込んで、ミャンマー側の支配地域に向かった。

町はずれの山の麓に、タイ軍兵士が3人ほど詰めている検問所の小屋があり、ＮＭＳＰのメンバーは顔パスで通れる。そこで書面の簡単なチェックを受けて、山林の道を進んだ。雨季にここを通った車がつけた何本もの深い轍（わだち）で土の道はデコボコが激しく、ピックアップトラックは大きく揺られて、人が歩くほどのスピードしか出せない。森を白く包んでいた朝霧がいつの間にか晴れ、木々の間からまぶしい日が差している。ノロノロと1時間ほど進むと、ＮＭＳＰの検問所が現れた。この道が舗装されていたら、先ほどのタイ軍の検問所から20分ほどで着けるだろう。赤と白のペンキを交互に塗った竹の遮断棒をくぐると、その先はＮＭＳＰの支配地域だった。

崖沿いの細い道をピックアップトラックでさらに30分ほど進んだ。ハンドル操作を誤れば数十メートル下の小川に転落する。やがて木々に囲まれた集落に到着した。そこにはＮＭＳＰの兵士１２０人が駐屯しており、木造2階建ての駐屯所では、幹部が出先の兵士と無線で交信していた。この部隊は周辺の山に点在する3カ所のエリアを管轄しているという。駐屯所の幹部は「今は状況が落ち着いているが、１９９４年頃までは、この一帯でも軍と激しい戦闘が起き、集落が焼き打ちにあった。当時は検問所の辺りに避難民キャンプが設けられていた」と語った。

集落には、かまぼこ兵舎のような形をした木造平屋の学校と、棚にわずかな薬が置かれた「診療所」の小屋もある。乾季で水かさが足のすね辺りまで下がった幅15メートルほどの川を、年配の女性２人が小学生ぐらいの子供5人を引率して、歩いて渡っていた。

ＮＭＳＰの幹部によると、支配地域には全体で約50万人のモン族が暮らしている。ＮＭＳＰは住民に学校や診療所を無料で提供しているが、学校の先生や診療所のスタッフに払える月給は円換算で

図 4-1
サンクラブリとモン州の位置関係

１８００～２５００円にすぎない。診療所を管理している20代の女性は、「生活はぎりぎりだけど、みんなのためなので」とはにかんだ。

ＮＭＳＰの支配地域には、他の少数民族勢力地域と同様に医師が一人もいない。タイ側から国際援助団体の医師が不定期に訪問してくれるが、急患には対応できない。雨季になれば道路が寸断され、完全に孤立する山奥の集落もある。「学校と医療施設が圧倒的に足りない」と幹部は語った。

住民は革製品の原材料を生産して中国に輸出している。さらに、多くのモン族住民は、お金を稼ぐためタイに出稼ぎに出ている。行き先は、前述したタイの水産加工基地のマハチャイが最も多い。タイの水産加工業は、労働力をミャンマーの山間部の少数民族に支えられている構図である。マハチャイで稼いだお金は、人やブローカーを介して支配地域の家族に届けられる。

タイ側から山道を伝って最初に着いたＮＭＳＰの検問所近くには、バレドゥンパイという村があった。モン語で「竹林の平らな村」を表しており、集落にはトタン屋根の木造平屋の学校、原っぱの運動場、両替ができる小さな食堂がある。タイ軍兵士の検問所があったサンクラブリ側と、ＮＭＳＰの検問所を結ぶ山道は、出稼ぎのモン族がタイと集落を往復するルートの一つでもあった。木を組んで上にトタンの屋根を据えただけの食堂の若い女性店主は「タイからモンの家に帰る途中、ここで食事をする人も多いですね」と話した。民政移管後は、パスポートや国民登録カード（ＩＤ）を持っていなかったモン族にも、それらが発給されるケースが増えたという。「なのでタイに働きに行く時は、（ミャンマー側の）ミヤワディから（国境の橋を徒歩で渡ってタイ側の）メソトに渡る正規ルートを使う人が増えました」と語った。

バレドゥンパイを訪れた日、食堂の目の前の運動場では、支配地域内の五つの村から山を越えて集まった子供たちのサッカー大会が開かれていた。運動場の脇の小高い丘のてっぺんに、小さなパゴダ（仏塔）がまぶしい日差しに白く輝いている。歓声が響き渡る運動場の子供たちを、見守っているかのようだった。

## 2.「三八式歩兵銃」が少数民族勢力の武器に

タイ北部のチェンマイの空港から、小さな10人乗りほどの単発プロペラ機で西へ30分ほど飛ぶと、メーホンソンという小さな田舎町に着く。気流が不安定な雨季は機体が木の葉のように揺られ、欠航も多いという。車で行けば、険しい山道を10時間はかかるだろう。メーホンソンは、トレッキングや自転車で周辺の山々の自然を楽しむエコツーリズムの拠点の町で、欧米からも観光客がやって来る。メーホンソンからさらに1時間ほど国境方面に車を走らせると、バンラックタイというミャンマーに接した集落が現れる。

この村は昔、中国共産党に敗れた国民党軍の残党が逃げ込んだ。やがて台湾からの援助が困難になり、品質の良さで知られる台湾茶の苗木が送られてきた。この茶を売って自立してほしいという意味だった。集落の狭い通りには、赤いちょうちんを軒先にぶら下げた中国風の古い茶屋が数軒並んでいる。ここで生産された茶を売っており、試飲もさせてくれる。村全体の雰囲気が、中国雲南省の山村に迷い込んだような不思議な錯覚を起こさせた。

一応は観光地なのだろうが、学校帰りとみられる肩掛けの布袋をさげた子供たちが歩いているほかに、人影はない。立ち寄った茶屋のおばさんによると、この村では、国民党との関係で台湾から運ばれた茶を栽培しており、品質はかなり良いという。試飲させてもらうと、甘さと苦みがほどよく混じり合い、確かに絶品だった。２杯、３杯と次々にいろいろな茶を注いでくれた。

一緒に店をのぞいたミャンマーの少数民族武装勢力「パオ民族解放機構」（ＰＮＬＯ）の幹部は、茶を移し替えたあとの温まった円筒形の湯呑を、自分の目の周辺や頬に当てて、「こうやって転がしてマッサージすると、リラックスするよ」と実演してくれた。「ホントかよ」と少し疑ったが、まねてみると確かにその通りだった。「この村の住民はみんな（少数民族の）ワ族で、国民党の子孫はもう住んでいないんだよ」と、彼はいたずらっぽい笑みを浮かべて話した。

茶屋のすぐ裏の山は、ミャンマーのシャン州だ。バンラックタイの集落の脇から、狭い上り坂の舗装道路を車でゆっくり進むと、タイ軍の小さな検問所の小屋があった。その先に、ＰＮＬＯとシャン州軍南（ＳＳＡ）などの複数の少数民族勢力が共同管理する駐屯基地と支配地域が広っている。

ＰＮＬＯは２０１２年８月にミャンマーの政府・軍と停戦合意したが、ミャンマー軍は約５キロメートル先の丘に駐屯したままだ。「すごく近いだろう。その奥の山からは、大砲がこちらを狙っている」

とＰＮＬＯの幹部は指で示して教えてくれた。少数民族勢力の駐屯基地がある山と、ミャンマー軍が陣取る山の間の谷は、タイの国境線が舌状にせり出している。谷間にはタイ軍が駐屯していた。

「これが日本軍の銃だよ」――。ＰＮＬＯのアウン・チョー大佐は、駐屯基地の小屋から日本軍が第二次大戦中に使った三八式小銃を取り出してきた。この銃はシャン州の60代の村人が父の形見として持っていたが、軍に所持が見つかって罰せられるのを恐れ、２０１１年にＰＮＬＯに譲った。銃がどのような経緯で村人の父の手元にたどり着いたのかは、誰も知らない。

木製の銃床は猟向けに改造されていたが、大佐は「命中しやすく、性能は非常に良い。政府軍と戦うための大切な武器なので、私ともう一人の狙撃手しか使用は許されていない」と話した。手に持った三八式小銃はずっしりと重かった。砲身はずいぶん長い。「この銃があった村には、ほかにも大戦中の英国軍や日本軍の銃が残っている。住民たちは狩りに使っている」という。

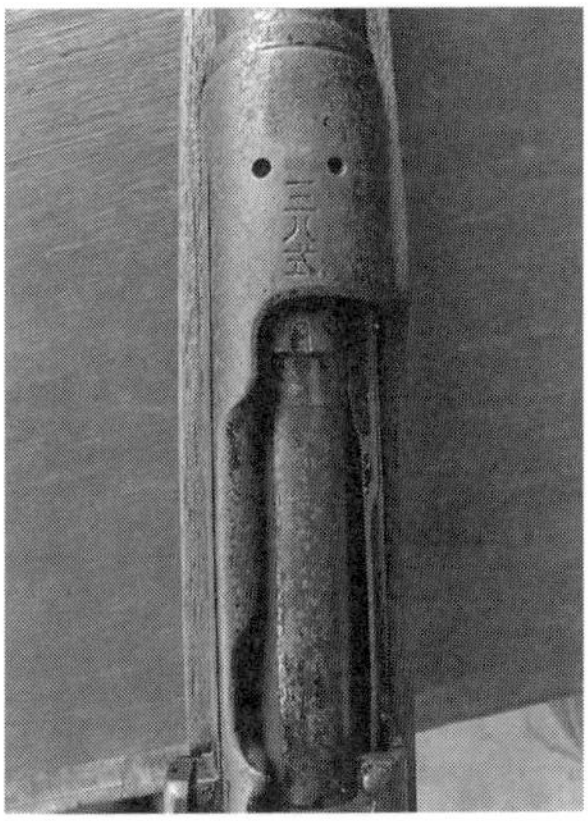

少数民族武装勢力地域で使われている日本軍の三八式歩兵銃（筆者撮影）

三八式小銃の金属部分は錆びが出ていたが、「三八式」と刻まれた文字と、製造番号とみられる「０２６０４」の刻印がはっきり残っていた。口径は７・62ミリで、ＰＮＬＯはカラシニコフＡＫ47の弾を使っているという。バンコクに戻って日本への電話で取材した銃の歴史に詳しい日本の専門家は、「東京の工場で製造された番号で、日本軍がビルマ（ミャンマー）戦線で使ったものだろう。三八式銃は口径６・５ミリだった

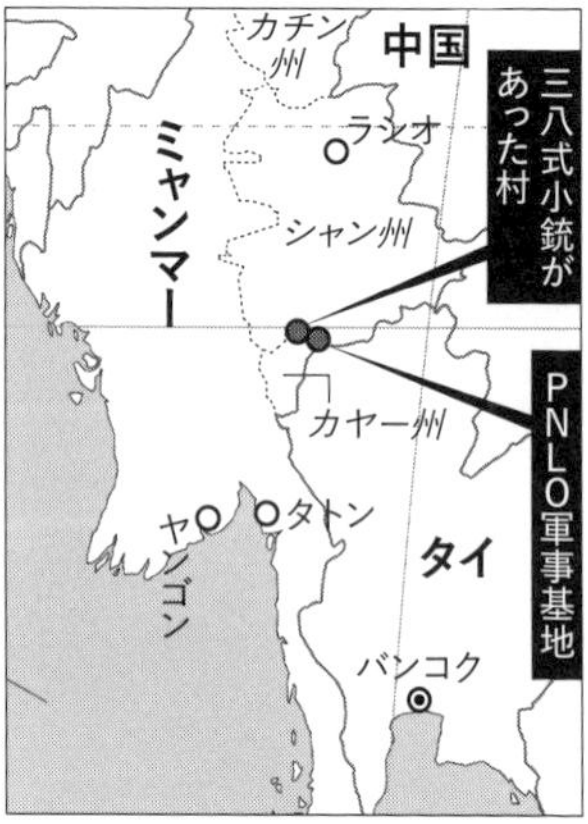


図 4-2　PNLO などの拠点の位置関係

が、弾が入手できないため銃身を誰かが加工した可能性が高い。菊の紋章がなくなっているのは日本兵が武装解除の際に削ったとみられる」と指摘した。

駐屯基地の山の森には、少数民族の兵士たちが野営している小屋が、木々に隠れて斜面に点々と建つ。小屋といっても、竹や木を組み合わせた骨組みの上に、竹などを組んだ屋根を置いただけの簡素な作りだ。足元は土がむき出しだ。小屋の内側には、ＡＫ47などの数丁の銃が天井からひもで吊るされ、銃を持ってすぐに飛び出せるようにしていた。

タイ軍の検問所に通じる道沿いには、内戦で家を追われた避難民が身を寄せて住む小屋が、数軒並んでいる。その一角にある大きめの小屋は、避難民の子供たちが勉強に通う「校舎」だった。夕暮れ時で、内側は照明がなくて薄暗い。女性４人と男性１人の20代前半に見える先生たちが、打ち合わせをしていた。壁には、ＰＮＬＯの兵士として軍との戦闘で戦死した若い教師の遺影が掲げられていた。

## 3. 今も残るビルマ戦線の跡、少数民族勢力が日本兵の遺骨調査に協力

ミャンマー国内には、第二次世界大戦のビルマ（現ミャンマー）戦線の足跡が、戦後80年近くが過ぎた21世紀の今日になっても、各地に点在している。

ミャンマー北部のカチン州を拠点とする少数民族武装勢力・カチン独立軍（KIA）の若い兵士は、幼い頃の記憶を語った。「家の近くに洞窟があり、日が暮れると日本兵の霊が出てくるから絶対に近づくな、と祖母によく言われた」。別のKIAの幹部は、戦時中、投降を拒んだ日本兵たちが飛び降りた崖がKIAの支配地域内にあるといい、「今も遺骨や遺留品が見つかるかもしれない」と話した。「日本軍が埋めた財宝を戦後に発掘して、それを元手にマンダレーでホテルを建てた人物がいる」という風説も、別の少数民族勢力の幹部から聞いた。

「ミスターフカサワはリインカネーション（輪廻転生）を信じるか？」ストリンガーのココさんにこう聞かれ、どう答えてよいか迷っていると、「数十年前、ミャンマー中部の田舎で小さい子が突然日本語を話しだした。そんな現象がいくつか起きて、どれも戦死した日本兵の生まれ変わりだと言われていた」という。新聞記事にもなったと言っていたような、言わなかったような……。取材に行くかと尋ねられたが、ヤンゴンから遠かったことと日程が合わなかったために断念し、そのままになっている。

日本軍が残した財宝や輪廻の話は、真偽のほどは不明だ。ミャンマーの人たちも、今では誰も分からないのではないか。戦後、ビルマ戦線での日本軍や日本兵にまつわる逸話が人から人に語られていくうち、「物語」へと変化していったのかもしれない。

ヤンゴンから国道沿いにミャンマー東部のモン州に向かう途中、シッタン川という大きな川が流れている。長い橋のすぐ下流側に、老朽化した頑丈なコンクリート製の橋脚が点々と川面に並んでいるのが見える。日本軍がビルマに進軍してモーラミャイン方面からヤンゴン方面に進攻した際、退却する英国軍が日本軍の進行を妨げるためシッタン川にかかる橋を爆破した。橋脚はその時の残骸だ。今は電線が

カヤー州の洞窟で遺骨を調査するカレンニー族の調査隊（井本勝幸さん提供）

橋脚を伝い、両岸をつないでいる。

インパール作戦に着手した日本軍がチンドウィン川を渡河した地点のカレワという町から内陸側へ行くと、道沿いに日本軍の詰所が置かれていた斜面があり、付近の住民が錆びた手りゅう弾を見せてくれた。手のひらに収まる大きさだが、ずしりと重量感があった。三八式歩兵銃が「現役」だったタイ国境沿いのパオ民族解放機構（ＰＮＬＯ）の拠点では、湯を沸かすのに使われていた古びた飯ごうも見かけた。手りゅう弾も飯ごうも、当時の日本兵が残していったものだろう。

第二次大戦時、インパール作戦や北部カチン州などのビルマ戦線で戦死した日本兵は、13万７０００人にのぼる。そのうち、戦後の日本政府による遺骨収容活動で９万１３９０柱は日本に帰還した。しかし、なお４万５０００柱以上は、インドや中国との国境に近い山岳地帯の森林などに眠ったままだ。これらの地域は、少数民族武装勢力の支配エリアが広く含まれており、戦後、少数民族勢力と軍の内戦に阻まれて、十分な調査ができなかった。

こうした状況が長く続いた後、各地の少数民族武装勢力から厚く信頼されている前述の井本勝幸さんは、テイン・セイン政権と各勢力との停戦合意が拡大した２０１２年以降、少数民族勢力の協力で支配地域などでの日本兵の遺骨調査に取り組んでいる。

２０１８年に調査体制を再編して、現在はミャンマー西部のアラカン、チン、北部のカチン、東部のシャン、カレン、モン、カレンニー、パオなど合計13の武装勢力が現地調査を進める。テイン・セイン大統領の右腕として少数民族勢力との停戦交渉を担当したアウン・ミン大臣の部下だった軍ＯＢらも、調査隊を編成して遺骨調査に関わっている。

井本さんが少数民族勢力とともに遺骨調査を開始した２０１３年頃、パオ民族解放機構（ＰＮＬＯ）のクン・オカー議長（当時）は、「遺骨を帰国させたいという日本人の気持ちは痛いほどわかる。我々は調査に全面的に協力する。少数民族勢力の地域は大戦中に戦場だったところも多く、遺骨が眠る場所の具体的な情報が多く集まると期待している」と取材に語った。

調査体制を改めた２０１８年６月以降、２０２１年５月までの間に、山岳地帯の深い森林や洞窟などから推定約１万３４００柱もの遺骨が発見された。井本さんはこれまでの活動を振り返り、「苦労は語り切れないほどありますね」という。診療所もない山岳地帯やジャングルに一回の調査で10日間以上は滞在し、「山頂の凍えるような寒さと、山を降りれば熱帯という気温差の中、調査隊メンバーの安全と健康管理に気を遣います」という。何より大変なのは、活動資金の捻出である。

「クーデター後の今でも体を張って調査してくれている少数民族武装勢力のみなさんには、感謝しかありません」と話し、将来は遺骨収集のほかに、「貧困地域のミャンマーの学童や学生への奨学金制度を確立して、日本との絆を強化した人材育成に活動をシフトしていきたい」と語った。

## 4. 軍が停戦破棄、中国と接するKIOの支配地域

2000メートル級の急峻な山々に囲まれ、中国雲南省と接するミャンマー北部カチン州の町、ライザ。カチン独立機構（KIO）が拠点を置く人口約1万人のこの町は、雲南省側と陸路の貿易が行われ、中国製品の雑貨や食品を売る商店街がある。ミャンマー軍は2011年6月、カチン独立軍（KIA）と軍政が1994年に結んだ停戦合意を突然破棄して、ライザ近郊をヘリや戦闘機で攻撃を始めた。2013年1月にはライザに初めて砲弾を撃ち込み、市民3人が死亡している。

カチン州は翡翠の世界的な産地として知られ、その多くは中国に輸出している。軍のKIAへの攻撃は、翡翠の利権争いとみられている。当時（2013年3月）、バンコク支局で一緒だった石崎伸生はライザに入り、現地の様子を次のようにルポで伝えた。

概略すると、KIA支配地域では軍の攻撃で11万人とも言われる避難民が生じ、ライザから南に約6キロメートル離れたジェヤンという地区の避難民キャンプには、7400人以上が逃げ込んだ。キャンプのすぐ横を幅約10メートルの川が流れ、その向こうは中国だ。対岸には中国国旗を掲げた建物が点々と並んでいる。時々、前戦へ向かうKIA兵士のバイクがキャンプ内を駆けて行った。

このキャンプには、竹やトタン板で作った高床式の仮設住宅が690戸並ぶ。毛布や布を敷き詰めた50～60平方メートルの屋内に、10人から15人が窮屈そうに寝起きしている。ラシ・ボク・トンさん（50）は軍が突然の攻撃を始めた翌月、夫と子供5人と一緒に山岳地帯の村を離れ、山道を2日間歩い

て約70キロメートル離れたジェヤンにたどり着いた。支配地域の村や集落には計約30万人が暮らす。避難民キャンプは30カ所以上もあり、いずれもＫＩＯが管理運営している。

避難民キャンプの責任者のドイ・ピ・サ氏は、「ミャンマー政府が国内の輸送を認めないため、国際社会の援助物資が届かない。食料は中国の商品を調達していたが、中国側の国境警備が厳しくなり、食料も極端に足りない状況だ」と話した。ジェヤンでもコメと塩しか支給できなくなり、少しでも食糧を確保するため空き地でコマツナ、インゲン豆などの栽培を始めた。軍はライザから約10キロメートル地点まで進軍し、町を大型砲の射程圏に収めた。攻撃に備えて、ジェヤンキャンプには防空壕が掘られた——。

石崎がジェヤンキャンプやライザの町を取材していると、向こうの空を戦闘機が飛ぶのが見えた、という。山岳地帯のため、「朝晩は冬用の衣類が必要なほど冷え込みが厳しかった」。そうした厳しい環境でも、仮設の学校をのぞいてみると、ＫＩＯの先生が子供たちに算数を教えていたという。診療所では、ＫＩＯの保険部門の職員が風邪をひいた避難民を診ていた。生命の危険、恐怖、不安、飢え、寒さに囲まれても、彼らは日常を守ろうとしていた。

## 5. 帰還の夢が遠のいたカレン族の難民キャンプの人々

ミャンマーと接するタイ側の山沿いには、内戦が激しかった１９９０年代以降、カレン州などの故郷の集落を逃れてきた住民が暮らす難民キャンプが９カ所あり、11万人以上が住んでいる。

この中で、タイとミャンマーの陸路貿易の拠点の町メソトから、車で約1時間の山間部にあるメラ難民キャンプは、規模が最も大きい。山の斜面やわずかな平地に、木々や竹、大きな枯れた葉っぱなどを重ね合わせて、頑丈に作ったカレン族の伝統的な家々が並ぶ。メラキャンプは取材で3〜4回訪れたが、いつも黒澤明監督の映画「七人の侍」に出てくる戦国時代の貧しい山村の光景と重なって見えた。キャンプ内では、迷路のような未舗装の路地を、伝統衣装のロンジーを着た人々が行き交っている。ここに約4万人が居住しており、8割がカレン族だ。居住者の半数は18歳以下と若く、大半はメラキャンプで生まれた。

屋根付きの狭い通路の両脇に雑貨屋が並ぶ「アーケード」のようなエリアもある。そこに行けば携帯電話、発電機のバッテリー、洗剤・せっけん、文房具、腕時計、衣類、扇風機、炊飯器、食器、懐中電灯、英語の辞書、小型音響機器、DVDプレーヤーなど、日用品が一通りそろっている。

ただ、キャンプの難民は基本的に外へ出ることはできず、働くことは許されていない。キャンプの中だけで一年中生活して、食糧の配給を待つ。国際NGOの関係者は、「仕事をすることができず、ただ配給を受けるだけの生活が長く続くと、大人は自尊心や生きがい、働く喜びを失ってしまう」と懸念した。

メラキャンプ生まれの子供たちは、外の世界を知らない。キャンプには68の学校があり、720人の先生が教えている。木造平屋の校舎の教室をのぞくと、制服を着た50人ほどの子供たちが木の机に向かい、若い先生から授業を受けていた。サッカーができる広い運動場もある。

こうしたキャンプの生活環境は、外国の民間団体や公的な援助が支えており、国際社会からの善意が難民たちの命綱だ。しかし、2011年頃から、欧州などの援助国の政府が難民キャンプへの支援を減額する動きが出てきた。ミャンマーの政治状況が抜本的に改善されない限り、援助が延々と続くことへの「援助疲れ」である。メラキャンプで自治組織の会長（キャンプリーダー）を務めるカレン族のトゥン・トゥンさん（40）は、「医療と教育の援助が昨年からカットされ、先生の月給は半分以下になった。これでは食料が買えず、何人かは辞めていった。教員のリクルートは非常に難しいので困っている」と話した。

難民たちがキャンプ生活に終止符を打てる機会は、三つある。避難先のタイ政府からタイでの定住が認められるか、タイ以外の第三国での定住が可能になるか、もしくはミャンマーが平和になり、故郷への帰還が可能になるか、である。

タイ政府は、キャンプの難民を早くミャンマーに戻したい意向だ。第三国への定住は、米国政府が2005年から2012年までに約6万4000人のミャンマー難民をタイから受け入れてきた。欧州各国や豪州、ニュージーランドも相当数を受け入れた実績がある。一方、日本は海外からの第三国定住をそもそも受け入れていなかったが、2010年から3年間の試験措置として、メラキャンプの難民を対象に、毎年約30人の受け入れを決めた。

これは、日本が積極的にミャンマー難民の定住促進に舵を切ったわけではない。米政府などは難民全般の受け入れに消極的な日本に不満を持っており、日本はメラキャンプの難民で第三国定住受け入れの実績を作り、それを国際社会にアピールしたいという外務省の思惑がにじみ出ていた。

このため、日本への定住の応募条件は「メラキャンプ」の「カレン族」の「夫婦」で「子どもがいる家族」に限られた。独身の若者や、子供がいない夫婦には応募資格を認めなかった。米政府はタイ国境沿いに点在するメラ以外の難民キャンプも応募の対象とし、独身の若者一人でも受け入れるなど、条件を制限していなかった。自治組織長のトゥン・トゥンさんは、「米国は各地にミャンマー人の地域社会（コミュニティー）があり、難民キャンプの住民の友人なども多い。このため、米国に定住した人は、新しい環境に不安なく溶け込める。日本は、私たちが定住を判断するための情報提供が足りない」と指摘した。

日本政府の募集に対して、２０１０年秋に第一陣の5家族27人が千葉県と三重県に移り住んだ。タイを離れる夜、バンコクのスワンナプーム空港で成田行き夜行便の手続きを待つカレン族の家族たちは、不安そうな表情だった。メラキャンプで会った時は元気だった子供たちは、親から厚手の冬物の上着を着せられ、無口になっていた。「日本に行って、子供たちに質の高い教育を受けさせたい」。両親たちは口々に、子供の教育と将来を考えて日本への移住を選択したと語った。

だが、彼らは日本での生活になかなか馴染めず、不満とストレスを抱える家族が多かった。日本語の研修期間が半年しかなくて言葉に不自由したうえ、就労先の農業の労働条件が予想していたより厳しく、さらには各地のミャンマー人コミュニティーから遠く離れており、各家族は移住先で孤立感を深めた。つまり、日本側の支援体制は、定住者に親身に寄り添ったシステムではなかった。外務省の外郭団体「アジア福祉教育財団難民事業本部」だけが定住者の支援を担い、最も肝心な定住先の自治体や地域社会、ＮＧＯと同財団との連携は取れていなかった。

こうした話は、メラキャンプにすぐに伝わった。２０１１年の第二陣は、辞退者が出て6家族の予定が4家族18人に減った。２０１２年は、面接の参加者が2家族9人しかなく、実際の移住者はゼロだった。毎年数百人から数千人が定住を希望する欧米と比べて、日本は「年間30人程度」の枠すら埋まらず、不人気ぶりは深刻だった。日本政府の受け入れの主眼が、難民支援よりも第三国定住受け入れの実績作りだったことを、難民たちに見透かされた結果である。国内で官民連携の支援体制を組まず、「アジア福祉教育財団難民事業本部」だけで対応しようとしたのは、外務省が安易に構えていたためだろう。

難民たちがキャンプの暮らしに終止符を打てる機会の三番目に掲げた「故郷への帰還がかなう」という可能性は、一時期は実現する方向に動き出していた。民政移管後、テイン・セイン政権は少数民族勢力との停戦交渉を積極的に進め、２０１２年1月には、軍との戦闘が60年以上も続いたカレン民族同盟（ＫＮＵ）との停戦に合意した。その際、内戦で破壊されたカレン族の村々の復興にミャンマー政府とＫＮＵが共同で取り組むことにも合意しており、難民たちに帰還の希望が膨らんだ。

停戦合意後に援助団体が行った調査では、難民の75％が「帰還を望む」と回答した。その年の6月、メラキャンプの広場で小雨のなか行われた「世界難民の日」の式典で、トゥン・トゥンさんは「私たちに（帰還の）チャンスが巡ってきている。安全が確保されるまで待たないといけないが、皆さんの将来を考え始める時期がきている」と広場に集まった難民たちに呼びかけた。

実際、この頃にはいくつかの家族が、メラなどの難民キャンプからＫＮＵの支配地域に戻り、国際援助団体はカレン州内で住宅や生活インフラの整備を始めた。しかし、アウン・サン・スー・チー政権になって全体の停戦交渉が停滞し、その後、クーデターが発生した。軍はクーデター後、山岳地帯にある

KNUの一部旅団の拠点地域を空から攻撃し、集落の大勢の住民は安全を求めてタイとの国境側に避難した。内戦が激しかった1990年代の再現のような状況が起き、難民たちの帰還の夢は、見通せなくなった。

## 6. ゴミ山に住む「難民になれなかった難民」たち

モエイ川という小さな川をはさんでミャンマーのミヤワディと向かい合うタイ内陸部のメソトには、前述のようにミャンマーからさまざまな人たちが入り込んでいる。町の人口約20万人の半分が出稼ぎのミャンマー人といわれ、その大半はカレン族だ。

メソトには、ミャンマーの伝統衣装のロンジー（腰巻き）姿で歩いている人や、植物由来の伝統顔料のタナカを左右の頬に塗っている女性をよく見かける。ミャンマーから運ばれてきた魚や野菜、果物、調味料、乾物などの食材を売る市場があり、売り手も客もミャンマー人ばかりでヤンゴンの下町のようだ。メソトに居住しているミャンマー人は、繊維・縫製工場、建物や道路の建設現場、地元の農園などで働き、タイ政府の規定でメソトの外には出られない。ミヤワディからモエイ川を渡って毎日メソトに通勤する人もいるという。

メソトとその周辺には、カレン族の移民労働者の子供たちが通う「小学校」が70校ほどもある。タイ政府は学校に認定していないため、正確には地元のNGOが運営する「ラーニング・センター」と呼ばれる無料の教育施設だ。バンコクのスラム支援などを手掛けている日本のNGO「シャンティ国際ボランティア会」(SVA)も、本の移動図書館や読み聞かせ活動で子供たちの教育を支援している。

メソトのプーターという地区にある学校では、2011年に取材した時には約240人のカレン族の子供たちが学び、このうち140人は蚕棚ベッドが並ぶ敷地内の「寮」で共同生活を送っていた。親がカレン州に引き揚げる時に、子供の教育環境への配慮や生活に余裕がないなどの理由で、半数は子供を学校に預けていくという。

放課後になると、児童たちは夕飯の炊事係、近所の畑から野菜を集めてくる係、洗濯する係に分かれ、先生と一緒に作業する。就寝は夜9時。電気も窓もない粗末な木造の長屋で、仲良く雑魚寝だ。先生のフォンビーさん(30)は「最初は親と離れて泣いていた子も、すぐに慣れて友だちと楽しそうにしています」と笑う。先生たちの携帯電話を借りて週に1回、親の声を聞く。カレン州のタイに近いところはタイからの携帯電波が届き、国内通話で話せる。「友だちと遊ぶ方が楽しくて、そのうち電話をかけなくなる子もいます」とフォンビーさんは苦笑した。

子供たちにとっては、学校の敷地の内側が世界のすべてだ。そこでの友だちとの共同生活は、楽しくて仕方ないのかもしれない。教室には、無邪気で純粋な笑顔があふれていた。だが、子供たちにはやがてここを離れる日がやって来る。彼らが大人になった時、どの国で、どんな生活をしているのだろうか。児童たちの将来が、どうしてもイメージできなかった。

メソトの郊外にゴミ処分場のゴミ山があり、その近くに、2004年に設立されたミャンマー人の子供向けの「スカイブルー学校」の校舎がある。ミャンマー人のアウン・ゾー・ウー校長(37)は「空と平和の象徴の色」から校名をつけたという。

一帯はゴミの悪臭が強く漂い、教室の中も一日中その臭いに包まれている。カレン族やモン族の幼稚園児から小学5年生までの145人が通い、そのうち40人はここに寝泊まりしている。食事の野菜は周辺で調達し、コメは校長が買ってくる。9人の先生が教えているが、メラ難民キャンプの学校と同じく、欧州からの援助が削減され、アウン・ゾー・ウーさんは「先生の給料と子供の昼食の工面に苦労しています」と語った。

軽トラックに子供向けの本や絵本を積んだSVAの移動図書館が校舎の脇に到着すると、何十人もの児童が歓声を上げて教室から走ってきた。本をゆっくり選んでいる余裕はない。子供たちは段ボール箱に群がり、一冊ずつ手に取ると、あっという間に教室へ戻っていった。児童たちが無心で読書に集中している間、教室は見事な静寂に包まれていた。

スカイブルー学校から数百メートル離れた高さ十数メートルのゴミ山[33]には、「難民になれなかった難民」たちが住み着いていた。ゴミ山のそばは強烈な腐った生ごみとドブの臭いが充満し、息をするのがつらい。地面はゴミの汁でぬかるみ、靴底にはヘドロのような泥がこびりついて、なかなか落ちない。とても人が住む環境にないゴミ山の麓に、粗末な掘っ立て小屋やビニールシートのテントがいくつか並んでいる。材木を組み合わせただけの、屋根しかない小屋に住むカレン族のジン・メンさん（37）は、カレン州の州都パアンからタイに逃れ、ここには2年前に来た。「軍からポーター（案内人）にされるので17年前にタイへ逃げてきた。ゴミと住むのが一番安全だ。ミャンマーで住んでいた所よりも環境は良い」という。ポーターとは、KNUなどとの戦闘地域や地雷がありそうなところで、軍の兵士より先を歩かされる。

この小屋に妻と幼い6歳と7歳の娘2人と住んでいる。娘たちはスカイブルー学校に通う。ジン・メンさんはゴミ山でペットボトル容器を集めて回収業者に渡し、収入は円換算で1日130～260円。電気はなく、水はNGOがタンクで支給してくれる。

メラ難民キャンプに入ることは考えなかった。「入りたくても中に知り合いが誰もいなかったので、あきらめた」という。軍のスパイが難民を装ってキャンプに入って来ることを警戒して、難民キャンプに住むには、中にいる知人から自治組織に紹介がなければ難しいという。ジン・メンさんの小屋の「近所」に住む中年の男性は、「知り合いが8年前にメラキャンプ近くの検問所で警察に不法入国で捕まった。ミャンマーに送還されて殺された」と話した。

小屋の周辺には7家族30人以上、ゴミ山全体ではカレン族、モン族、ビルマ族などの60家族が住んでいるという。安全を求めて隣国に逃げてきたのに、難民キャンプには入ることができず、ゴミ山しか行き場がなかった人たちだ。「ミャンマーには仕事がない。ここで暮らしたい」。2人は口をそろえてそう語った。

## 7．モン族勢力の支配地域は「バーツ経済圏」

少数民族勢力の支配地域で流通している通貨は何だろうか。モン族の少数民族武装勢力「新モン州党」（NMSP）の支配地域では、ミャンマー通貨のチャットではなく、タイのバーツが流通していた。タイとの国境に接したパヤトンズというミャンマー側の町から、20キロメートルほど内陸に入ったN

ＭＳＰの影響圏のエリアに、アパロンという集落がある。そこの小さな食堂では、チャットは全く通用せず、支払いはタイのバーツだった。タイとの国境の近くにあるＮＭＳＰの別の集落でも、チャットは通用せず、バーツだけが使えた。

ＮＭＳＰ支配地域では、大勢のモン族住民がタイに出稼ぎに出ており、家族への仕送りや帰省時の持ち帰りなどで、バーツが支配地域内にたまりやすい。ＮＭＳＰの支配地域とタイ側との間で、雑貨などの「輸出入」の取引が多いことも、決済を通じてバーツの流通を促しているとみられる。

見方を変えれば、ＮＭＳＰの支配地域でチャットが通じないのは、チャット建ての売買がわずかであることを表している。ミャンマー国内の政府の管轄地域とＮＭＳＰの支配地域の間で、モノやお金のやり取りを伴う経済活動は、ほとんど行われていないという証左といえる。

シャン州のパオ民族解放機構（ＰＮＬＯ）とシャン州軍南（ＳＳＡ）などの共同管理地域も、決済はチャットではなくバーツだった。少数民族武装勢力の支配地域は、ミャンマーの国家経済から独立した独自の「経済圏」が形成され、主な交易相手もミャンマー側ではなく、タイなどの国外であることが、支配地域の流通通貨から証明できる。

## 2章　停滞する軍と少数民族勢力の停戦合意

ミャンマーでは、英国の植民地支配から独立後、軍と各地の少数民族との内戦が続いている。これが終わらない限り、ミャンマーの統一は実現しない。軍政当時、個別に各勢力と停戦合意を結んだケースはあったが、全ての少数民族勢力を対象にした停戦交渉は行われなかった。民政移管後の２０１１年8月、テイン・セイン大統領が、軍政下に国外へ逃れた民主化活動家に帰国を呼びかけ、各地の少数民族勢力に「内戦の平和的解決を目指す」と提案したことが、その取り組みの第一歩だった。

大統領の側近である少数民族和平担当のアウン・ミン大臣は、11の主な少数民族勢力による連帯組織「統一民族連邦評議会」（ＵＮＦＣ）に加盟している武装勢力と精力的に対話を積み上げ、２０１５年10月、八つの勢力と「全国停戦協定」の合意に達した。

こうした対話を通じて、テイン・セイン政権と少数民族勢力の間に一定の信頼が醸成されたが、アウン・サン・スー・チー政権は停戦交渉の枠組みを改め、交渉のスピードは大きく鈍化した。

クーデター後、各地の少数民族勢力は、クーデターと市民への軍の弾圧を強く批判し、民主化勢力を支持する方針を相次いで声明で表明した。このうちカレン民族同盟（ＫＮＵ）、カチン独立軍（ＫＩＡ）、チン民族戦線（ＣＮＦ）は、軍の逮捕を逃れてヤンゴンやマンダレーなどから支配地域に逃避してきた市民を保護したり、軍事訓練を希望する若者に指導を行ったりしている。

各少数民族勢力は、スー・チー氏が率いる国民民主連盟（NLD）のメンバーなどがインターネット上に開設した「連邦議会代表委員会（CRPH）」と「国民統一政府」（NUG）に対しては、NUGが主張する憲法の見直しに賛成している。ただ、NUGの行動に直接合流する意思はなく、NUGが打ち出した「連邦軍」の創設構想にも目立った反応は示していない。各地の少数民族とスー・チー氏・NLDとの関係に距離感があったことは、前に書いた通りである。このため、各地の少数民族勢力はNUG、CRPHとの関係の在り方を、慎重に見定めているとみられる。

クーデター後の軍は、KNUの一部の旅団やKIAと局地的に衝突しているが、反軍デモや市民不服従運動（CDM）の鎮静化、各地に多数設立された市民武装組織「PDF」の撲滅作戦を優先し、少数民族勢力とは停戦状態を維持したい構えだ。

軍は2020年11月の総選挙直後に、政府・軍との停戦協定（NCA）締結の有無に関わらず、全ての少数民族武装勢力（EAO）と和平交渉を行う「和平交渉委員会」を、軍の内部組織として設立した。任命された5人の委員は、これまでの停戦交渉に軍代表で参加してきた経歴を持つ。スー・チー政権下の停戦交渉はNLD政府が主導する形だったが、今後は「和平交渉委員会」が少数民族勢力との交渉をけん引するとみられる。

EAO側は、軍政当時に軍が停戦合意を何度も一方的に破り、攻撃を仕掛けられた経緯から、今も軍を全く信用していない。今後、ミャンマーは早期に民主化体制を取り戻せるかどうかに加えて、各地のEAOと全国規模の停戦を実現できるかどうかが、国家の将来像を大きく決定づけることになる。

## 1．KNUとの60年以上に及んだ内戦の停戦に合意

少数民族勢力に和平実現を提案したテイン・セイン政権が最初に取り組んだのは、60年以上にわたって軍と内戦を続けてきたカレン民族同盟（KNU）との停戦合意だった。2012年1月12日、政府とKNUの代表団はカレン州の州都パアンで交渉し、同日付で戦闘を停止することに合意した。内戦で破壊された村々の復興にも共同で取り組む。KNUの幹部はパアンで本紙ストリンガーなどと会見し、「大統領は多くの改革を進めており、停戦の呼びかけは信頼できると確信した」と述べた。さらに、「KNUは今後、民主主義で最も大切な選挙に政党として参加し、議会で議論をしていく」として、政治活動を展開する方針を示した。

KNUはビルマ（現ミャンマー）からの独立を求めて1948年ごろに武装闘争を開始し、軍政時代も国内の少数民族武装勢力で唯一、停戦に応じなかった。ミャンマーが英国から独立以降、政府・軍と敵対してきた国内で最も古い少数民族勢力と停戦に合意したことは、歴史的な出来事だった。政権は本気で少数民族勢力との停戦に取り組む姿勢を、国内外にアピールした。

同年3月には、大統領は国家反逆罪で終身刑を言い渡されたKNUのリーダー、ニェイン・マウン氏を恩赦で釈放した。同氏は、前年に中国で拘束されてミャンマーに戻され、特別法廷で終身刑の判決を受けた。その判決からわずか6日後の恩赦だった。大統領に近い筋によると、大統領は以前から恩赦を決めていたという。

大統領の特命を受けて、交渉の舞台裏で動いたのが、軍高官出身で大統領の信頼が厚いアウン・ミン鉄道相だった。タン・ミン・ウー氏の著書(34)によると、2011年8月に大統領が少数民族勢力に停戦実現を呼びかけた数週間後、アウン・ミン氏は空路でミャンマーからタイのバンコクに渡り、そこから車でタイ西部の国境の町メソトへ向かった。

現在は、ヤンゴンからメソトまではカレン州の州都パアンを通り、その先の山間部を越えるルートを使って車で行けるが、当時は山間部の道路が整備されてなく、KNUとの停戦合意前で沿線の治安も芳しくなかった。タイのバンコクとメソトの間は、普段なら車で6時間程度だが、この年のタイはアユタヤの工業団地などが次々に水没した大洪水で道路が寸断され、倍以上の時間を要した。

メソットでアウン・ミン氏と対面したKNUの幹部は、軍政当時の閣僚の官僚主義的な対応とは全く異なる同氏のスタイルに面食らったという。アウン・ミン氏は軍高官出身の閣僚にも関わらず身辺警護のSPをつけず、NGOのイグレスのメンバーと2人でメソトに来た。無防備なホテルのスイートルームにKNU幹部を招き、自分を信頼してくれるよう語りかけ、大統領からのネピドーへの招待状を渡した。別れ際、アウン・ミン氏が「招待を受け入れる可能性が少なくとも50%はあった、と大統領に報告できるだろうか」と尋ねると、KNUの幹部は「あなたなら75%にできる」と話したという。

大統領は、シャン族の勢力とも和平を求め、アウン・ミン氏はシャン州北部を拠点とする「シャン州進歩党／シャン州軍北（SSPP／SSA（N））」、南部を拠点とする「シャン州復興評議会／シャン州軍南（RCSS／SSA（S））」とネピドーの間を奔走した。テイン・セイン大統領は2012年8月、内閣改造を行い、大統領直属である大統領府の閣僚（大統領府相）に、側近のアウン・ミン鉄道相、ソー・テイン工業相の２人を他の閣僚とともに起用し、少数民族勢力との停戦交渉体制を構築した。アウン・ミン氏の進言で、準政府組織「ミャンマーピースセンター」（ＭＰＣ）がヤンゴンに設立され、イグレスや亡命先からの帰国者などの若者を中心に１００人体制で停戦・和平プロセスに臨んだ。

ＭＰＣは少数民族勢力との交渉のほか、停戦合意した地域の復興・開発計画の策定、国際資金や援助を受け入れるための外国政府や国際金融機関、援助団体などとの窓口を担い、「少数民族和平推進庁」ともいえる公的な機能を担った。

## 2. 少数民族勢力は連邦制の下での自治権を主張

ミャンマーの11の少数民族勢力で組織する「統一民族連邦評議会」（ＵＮＦＣ）は、全ての勢力と一体で停戦交渉を行うよう政府に求めていた。それぞれの勢力が個別に交渉すれば、「弱小な勢力は政府に押し切られる懸念がある」（ＵＮＦＣ幹部のクン・オカー氏）ためだ。

ＵＮＦＣの本部は、タイ北部チェンマイの普通の住宅地にある民家だった。ここが本部だと言われなければ、誰も気がつかないだろう。加盟する少数民族勢力は、チェンマイ、メーホンソン、サンクラブリなどのタイ側の町に連絡事務所を置いており、各勢力の代表がチェンマイに集まり、会議や意見調整を行っていた。その都度、私もバンコクからチェンマイに足を運んだ。

当時、軍はカチン独立軍（ＫＩＡ）の拠点があるカチン州ライザの一帯で、ＫＩＡに空爆をはじめとする激しい攻撃を続けていた。UNFCは2012年4月、チェンマイで開いた会議で、ミャンマー政府との停戦交渉の際、日本などの第三国にオブザーバー参加を要請することを決めた。国際社会に証人となってもらい、交渉の透明性の確保と、政府による合意内容の確実な実施を担保するためだ。この会議では、KIA、KNU、パオ民族解放機構（PNLO）の3勢力の幹部を日本に派遣し、長年の内戦で疲弊しているカチン州、カレン州などの支配地域向けに、食料、医薬品、復興資材などの援助を日本政府に求めることも決めた。

現地で取材した少数民族勢力の幹部たちは、彼らがミャンマー政府に求めるものを、こう語った。KNUのジフラ・セイン書記長は「われわれは、自治権などで政府と対等な権利を得るために戦ってきた」、カレンニー民族進歩党（KNPP）のエーベル・トウィード副議長も「分離独立は全く意図していない。私たちは連邦制の中での自治権を求めている」と強調した。いずれも「和解には長いプロセスと時間がかかる」と指摘し、政府・軍との信頼構築から取り組む必要があるという認識を示した。

各地の少数民族勢力地域を訪ねて目にしたのは、貧困と軍の攻撃に耐えながら、少数民族の権利と尊厳を懸命に守ろうとする人々の姿だった。どの少数民族勢力の関係者に聞いても、「軍が攻めてくるので武装をせざるをえないだけだ」「私たちは連邦国家の一員として、自治権と平等を求めているにすぎない」（PNLOの幹部）という言葉が返ってきた。少数民族側が求めているのは、ミャンマーからの独立ではなく、中央政府と対等な関係の連邦制の下で、基本的な権利と自治権が保障されることだった。

## 3．チェンマイで初の停戦交渉、憲法改正を要求

ＵＮＦＣとアウン・ミン大統領府相は２０１３年2月20日、チェンマイのホテル「ホリデイイン・チェンマイ」で、初めて和平交渉のテーブルについた。本格交渉に備えた予備協議の位置づけで、各勢力は連絡事務所を置くタイ側での開催を求め、政府側が応じた。ＫＩＡを除く勢力は政府と停戦合意に達し、一部は個別に和平交渉を始めていた。しかし、ＵＮＦＣは「今後、各勢力で和平内容が異なるなど、少数民族側の連帯が分断される」ことを警戒し、政府に交渉の一本化を要求した。ＵＮＦＣによると、アウン・ミン大統領府相はこれを快諾し、ＵＮＦＣという組織を交渉の相手として正式に認めた。

この時の交渉は、政府側は和平担当のアウン・ミン氏ら11人、ＵＮＦＣ側は11勢力の代表が臨んだ。ミャンマーの首都ネピドーから空路でチェンマイに駆けつけたアウン・ミン氏は、会場のホテルのボールルームでミャンマー産の翡翠の飾り物を少数民族側の一人ずつににこやかに渡し、友好ムードを演出した。

交渉自体も穏やかな雰囲気で進んだが、ＵＮＦＣ側は「カチンやシャン州の少数民族勢力は、軍政と何度も停戦合意してきた。しかし、軍はことごとく約束を反故にした」と、過去からの軍への不信感を隠そうとしなかった。

軍はテイン・セイン政権が発足して間もない２０１１年6月、ＫＩＡと軍政が１９９４年に結んだ停

戦合意を一方的に破棄して、中国雲南省との国境に近いKIAの拠点があるライザ周辺への攻撃を開始した。KIAへの攻撃について、アウン・ミン氏は席上、「最近、軍が大統領の命令に従わなくなっている」と、軍の統制が完全ではないことを示唆した。「軍は長年、国を支配してきたので、（規範が）変わるのはなかなか難しい。辛抱強く見守る必要がある」と弁明に終始した。

この交渉で最も多く時間が費やされたのは、2008年に軍政が制定した憲法の改正問題だった。UNFC側は、軍の政治的な影響力などを保証している現憲法を非難し、国民の各層が参加する「民族会議」を新たに設け、そこで民意を反映させた憲法案を定めるべきだと主張した。

「私自身は、今の憲法は完全ではないと考えている」と、アウン・ミン氏は憲法改正の余地があることを個人的に認め、UNFCの主張に一定の理解を示した。しかし、憲法改正は「民族会議」ではなく、国会の枠組みの中で審議されるべき問題であると繰り返し、この場では平行線に終わった。

軍政当時、多くの少数民族勢力と停戦合意が結ばれたが、軍政は民政移管の数年前から、各地の少数民族勢力に「国境警備隊」（BGF）として軍の組織に編入するよう要求した。各勢力はこれを完全に突っぱねたため、軍政当時に結んだそれまでの停戦合意は無効状態となった。

少数民族勢力側は、軍と約70年に及ぶ内戦を通じて主張してきた「政府との対等な関係」「自治権の確立と拡大」を、憲法で保障させたい考えだ。停戦に合意しても、その先の和平を実現するには、憲法が改正されない限り困難である。KIAを統括するカチン独立機構（KIO）のラ・ジャ書記長にチェンマイで何度かインタビューした際、「政府は欧米の制裁解除を狙って（国際社会へのポーズで）少数民族側と停戦合意を結ぼうとしている」と政権を批判した。この言葉から、KIOは軍を全く信用していないことがわかる。

政府側はチェンマイでの交渉の最後に、2カ月以内に次回を行うことを提案し、UNFCも同意した。少数民族支配地域への緊急人道支援に政府が協力することや、UNFC未加盟の勢力にも停戦交渉への参加を呼びかけることでも、双方は一致した。

UNFCは政府と停戦交渉を行う場合は、日本などの第三国にオブザーバー参加を求めることを前年に決めていたが、アウン・ミン氏は「発言などの権限を与えなければ認める」と述べ、UNFCの要請を受け入れた。チェンマイの交渉で、包括的な和平実現に向けたプロセスが動き出した。

## 4．テイン・セイン政権下では8勢力と停戦合意

その後、政府と少数民族勢力は、国内全ての少数民族武装勢力と政府・軍が停戦に合意する「全国停戦協定」の締結を目指して、UNFCの加盟勢力以外も含めた15の勢力との交渉が進められた。

テイン・セイン政権は2015年11月に行われる総選挙に向けて、「全国停戦協定」締結を国民にアピールしたい狙いだった。2013年2月のチェンマイでの協議から2年以上にわたる交渉の末、2015年10月15日、政府・軍はカレン民族同盟（KNU）、シャン州復興評議会／シャン州軍南（RCSS／SSA（S））など八つの勢力と「全国停戦協定」を締結した。ただ、2011年から軍と戦闘状態にある最大級勢力のカチン独立軍（KIA）と、この間に軍と激しい戦闘が起きたシャン州のタアン民族解放軍（TNLA）など七つの勢力は締結に応じず、合意できたのは、15勢力のうち約半数に

とどまった。

この交渉の途中から、少数民族勢力側は停戦だけでなく、政治的成果の獲得にも力点を置くようになり、協定文の起草作業は、一言一句の表現や配置に数時間から数日費やすようになったという[35]。

その結果として、締結された協定文には、政府と少数民族勢力組織の代表らが「包括的な政治対話」を開始すると明記された。さらに、「連邦平和会議」を新たに設け、そこで採択される全ての決定は、「憲法および法律の規定を修正、廃止、追加するための基礎になる」と規定された。

政治対話には、政府、議会、軍、少数民族武装勢力、政党、各地の少数民族の代表など、国民各層から参加することが決まり、2013年2月のチェンマイでの初めての交渉で「民族会議を新設して憲法改正を議論すべきだ」と主張したUNFCの意図が、協定に反映された。

軍政当時、停戦協定の締結は、軍政から少数民族勢力への「命令」であり、しかも軍は協定を守らずに攻撃を仕掛けるケースがあった。このため、今回は「合同停戦監視委員会」を新設して、停戦協定の履行状況をチェックすることも明記された。

少数民族勢力側にとっては、停戦が将来にわたって担保され、「包括的な政治対話」の中で憲法改正の流れが形成されるのであれば、全国停戦協定を締結した意義は大きい。和平プロセスに進めるには、軍が停戦状態を確実に継続して、少数民族側が抱く軍への不信感の払拭に努めることが絶対条件だった。

## 5．停戦交渉に介入してきた中国

中国はミャンマーのカチン州、シャン州の山岳地帯と長い国境を接しており、ミャンマー側の国境エリアで軍と少数民族武装勢力が武力衝突すれば、中国は難民の流入などで国境の安定が脅かされる。中国が最も恐れるシナリオは、ミャンマー西部のラカイン州チャウピューからシャン州を経由して雲南省に石油・天然ガスを供給しているパイプラインが、破損や破壊の被害を受けることだ。それは中国のエネルギー安全保障政策の根幹にも影響を及ぼす。

こうした文脈で中国はミャンマー軍とカチン独立軍（ＫＩＡ）の内戦の動向を注視していたが、２０１２年12月、ミャンマー軍が国境に近いライザ一帯でヘリや戦闘機を使って総攻撃を始めたことから、中国は難民の流入を防ぐため国境警備を強化する一方、停戦の仲裁に急いで乗り出した。

軍とＫＩＡの停戦交渉は２０１３年2月4日、ミャンマー国内ではなく、シャン州ムセと向き合う中国雲南省側の瑞麗市で行われた。瑞麗はカチン州、シャン州などのミャンマー側からトラックで運ばれてくる翡翠、木材などの陸路貿易で発展し、高層ホテルやショッピングセンターが建ち並ぶ。ＫＩＡ関係者によると、中国政府は雲南省側にカチン族の難民が大量に流入したり、中国側に砲弾が着弾したりして地域が不安定化することを強く警戒していた。このため中国政府は、中国軍と緊密な関係にあるシャン州の少数民族武装勢力「ワ州連合軍」（ＵＷＳＡ）を通じて、「軍との停戦交渉をすぐに行うようＫＩＡに要求してきた」という。

瑞麗市での交渉には、ミャンマー政府側からはアウン・ミン大統領府相、ＫＩＡ側からも首脳陣が臨み、中国政府の高官が同席した。軍がＫＩＡとの停戦協定を破棄して攻撃を始めた２０１１年以降の局面で、双方による停戦交渉が行われるのは初めてだった。中国外務省の副報道局長は同日の北京での定例記者会見で、「双方（ミャンマー政府とＫＩＡ）は中国の協力に謝意を表明した。中国は引き続き建設的な役割を果たす」と述べ、中国はミャンマーの政府・軍と少数民族勢力との停戦交渉に積極的に関与する考えを、ミャンマーと国際社会に向けて宣言した。

その後、中国は、シャン州の中国寄りの山岳地帯を支配地域にしているＵＷＳＡを通じて、国境地帯に支配地域を持つ四つの武装勢力（カチン独立軍＝ＫＩＡ、中国系コーカン族の民族民主同盟軍＝コーカン軍・ＭＮＤＡＡ、タアン民族解放軍＝ＴＮＬＡ、アラカン軍＝ＡＡ）に、各勢力間のアライアンス組織の「北部同盟」を結成させて、中国の影響下に置いた。

ＵＷＳＡは数万人の兵と強力な軍事力を持つミャンマー最大の武装勢力で、ミャンマー軍も手が出せないといわれる。中国とＵＷＳＡは「完全に一体の関係」（少数民族勢力の関係者）にある。ＵＷＳＡは事実上、シャン州の山岳地帯で「ワ州」として独立しており、中国にとってはミャンマー国内に「飛び地」を確保しているに等しい。北部同盟の４勢力は、「ＵＷＳＡの支配地域で軍事訓練を受けており、そこで武器も調達している」（同）。４勢力は中国とは国境貿易も行っており、元々、ＵＷＳＡと中国への依存度は高かった。中国は各勢力に「国境の物流を止める」と圧力をかけて従わせるように仕向けたという。

当時、「中国はＫＩＡに、ミャンマー政府・軍との停戦交渉や国際援助で日本、インド、欧米と接触しないように命じた。勝手な動きをすれば国境を遮断する、とＫＩＡに脅しをかけた」（同）という話が少数民族勢力の間に広がった。

政府・軍と全ての少数民族武装勢力との停戦協定は、非協力的な態度をとる北部同盟の各勢力が応じなければ成立しない。全国規模の停戦の行方は、北部同盟の背後にいる中国がキャスティングボートを握った。

## 6. 成果が乏しかったスー・チー政権の「21世紀のパンロン会議」

２０１６年3月に発足したアウン・サン・スー・チー政権も、テイン・セイン政権と同じく、少数民族武装勢力との全国規模の停戦と和平の実現を、最優先課題に掲げた。

スー・チー氏の父のアウン・サン将軍は、英国から独立直前の１９４７年2月、シャン州パンロンで少数民族の代表者を集め、少数民族の自治権を保障する「連邦国家ビルマ」（現ミャンマー）として独立することに合意した。少数民族と多数派のビルマ族が平和的に共存する国家像を描いた父に倣い、スー・チー氏は政権発足後、政府、軍、少数民族勢力が和平の実現策を議論する「21世紀のパンロン会議」の開催を提唱した。

スー・チー氏は一方で、テイン・セイン大統領が残した制度やシステムを否定し、それらの撤廃と廃止に動いた。停戦交渉を担う準政府組織の「ミャンマーピースセンター」（ＭＰＣ）も廃止し、外国政府との調整や復興支援などのノウハウを身に着けてきた１００人以上の若いスタッフは解雇された[36]。

少数民族勢力の関係者によると、テイン・セイン政権下で少数民族勢力との停戦交渉を担当したアウン・ミン氏は、スー・チー氏から政権交代後も和平交渉への協力を求められた。だが、スー・チー氏がＭＰＣを廃止して新組織を設立する方針だったため、これまでの自分なりの停戦交渉の進め方はできないと判断し、スー・チー氏の依頼を断ったという。

スー・チー氏が代わりに少数民族勢力との交渉担当に指名したのは、スー・チー氏の主治医のティン・ミョー・ウィン氏だった。同氏は少数民族勢力との交渉や政治の経験はもちろんなく、少数民族勢力側と十分に事前調整を行わないまま、スー・チー氏の指示で「第1回21世紀のパンロン会議」の開催を急いだ。会議は政権発足から5カ月後の２０１６年８月、政府、議会、軍、17の少数民族武装勢力、外交官、国連などの約１０００人が参加して、ネピドーで行われた。

会議のアジェンダや目指すべき成果を十分に詰めずに参加者を招集したうえ、かなりの大規模な会議になり、スー・チー政権から一方的に出席を要請された少数民族勢力からは、スー・チー政権の拙速な対応に不満の声が出た。政権の経験と準備が不足していたのは明白であり、初回は実質的に顔合わせだけで終わった。

2回目の会議は、それから半年後の２０１７年2月に予定されたが、軍とＫＩＡとの戦闘が激化したため5月に延期して行われた。そこでも目立った成果はなかった。

その9カ月後の２０１８年2月、スー・チー政権下では初めてとなる「全国停戦協定」が、モン族の新モン州党（ＮＭＳＰ）、シャン州東部を拠点とするラフ族のラフ民主同盟（ＬＤＵ）と締結された。スー・チー政権による少数民族勢力との停戦の取り組みでは初の成果だった。全国停戦協定に署名した少数民族勢力は、テイン・セイン政権当時の８勢力と合わせて、ようやく10勢力になった。

当時、停戦交渉自体は停滞していた。「統一民族連邦評議会」（ＵＮＦＣ）の幹部は、「軍が交渉に反対している。テイン・セイン政権からの停戦交渉は完全に暗礁に乗り上げた、というのが率直なところだ」と指摘した。一方、停戦協定を締結した少数民族勢力からは、「自治権の保障や軍が収奪した土地を返還する話が政府との間で全く進まず、政府は約束を果たそうとしない。これでは停戦協定を結んだメリットが全くない」という不満が噴出した。

少数民族勢力は、次のグループに色分けされた。①全国停戦協定に署名した10勢力、②ＵＮＦＣ（11勢力から５勢力に体制変更）、③北部同盟――。ＵＮＦＣのメンバーで協定には未署名のアラカン民族評議会（ＡＮＣ）、カレンニー民族進歩党（ＫＮＰＰ）と北部同盟の各勢力は、スー・チー政権の停戦の取り組みを冷ややかに見ていた。

３回目の「21世紀のパンロン会議」は２回目から１年３カ月後の２０１８年８月に開催され、やはり大きな成果はみられなかった。少数民族勢力の幹部は、「軍の思惑は最終的に少数民族の武装を解除させることだ」と指摘した。少数民族側は、各勢力が独立した組織として軍と「連邦軍」を創設する構想を描いており、双方の思惑はかみ合っていなかった。「パンロン会議はただの見世物になっている」――。少数民族側からは失望の声が聞かれた。

会議は２０２０年８月に開催された第４回が最後になった。11月に総選挙が行われるため、会議では、総選挙を経て翌年３月に発足する新政権と政府、軍、少数民族勢力が取り組むテーマとして、20の原則とロードマップを盛り込んだ「連邦憲章パートⅢ」を採択した。しかし、半年後の２０２１年２月にクーデターが発生し、4年間で計4回開催された会議の議論は白紙になった。

一連の「21世紀のパンロン会議」が乏しい成果に終わったのは、まず第一に会議の運営自体が稚拙だった点は否めない。テイン・セイン政権当時は、アウン・ミン大統領府相という側近が交渉責任者に就き、準政府組織の「ミャンマーピースセンター」（MPC）を設けて、100人規模のスタッフが交渉の準備などにあたった。外国政府や援助団体との調整窓口も担当しており、政府側の交渉体制が整っていた。このシステムは、大統領がアウン・ミン氏やシンクタンクのイグレスなど外部の声を柔軟に聞き入れたことで実現した。

一方、スー・チー氏は、前述のようにNLD内で影響力が際立っており、幹部ですら異を唱えづらい雰囲気だった。加えて、さまざまな政策の企画立案をNLDのメンバーだけで対処しようとする傾向が強く、停戦交渉の進め方にもそのような特性が現れた。経験のない主治医を交渉担当に任命してMPCを解体した時点で、テイン・セイン政権のそれまでの交渉の蓄積やノウハウは消去された。少数民族側との信頼関係も、初回会議の開催を巡ってUNFCがスー・チー政権の交渉担当者に不信感を抱いた後、最後まで十分に醸成できなかった。

軍は、スー・チー政権が「21世紀のパンロン会議」の和平プロセスの議論を通じて、軍に憲法改正を受け入れさせようとしていると疑念を抱き、非協力的な姿勢に終始した。いや、最初から協力する気はなかったと言ってよいだろう。スー・チー政権、軍、少数民族勢力の歯車は空回りしたまま、会議はクーデターで閉幕した。

## 3章　泰緬鉄道ルートを「21世紀の平和と繁栄のルート」に

第二次世界大戦中、ミッドウェー海戦の大敗で制海権を失った日本軍は1943年10月、ビルマ（現ミャンマー）への補給路を確保するため、タイ・ノンプラドックとビルマ・タンビュザヤを結ぶ全長415キロメートル区間の鉄道を、1年3カ月の突貫工事で開通した。両国名の漢字表記から「泰緬（たいめん）鉄道」といわれるが、今もミャンマーやタイ、欧米では、「Death Railway」（死の鉄道）の方が通りがよい。工事に駆り出された多数の連合軍捕虜やアジア人労働者が、熱帯病と栄養不足で犠牲になったためだ。

泰緬鉄道は、建設現場の連合軍捕虜と日本兵の姿を描いた映画「戦場にかける橋」と、そのテーマ曲の「クワイ河マーチ」が世界的に知られ、線路の一部が残るタイ側は、カンチャナブリのクワイ川にかかる鉄橋が観光地と化している。一方のビルマ側は終戦直後、英国軍が抑留日本兵を使い、タイとの国境からアンダマン海側に続く約100キロメートル区間のレールを全て撤去した。その後、ミャンマーでは軍と少数民族武装勢力の内戦が続き、廃線区間の大半が内戦の戦闘地域に入ってしまった――。

このため、ビルマ側ルートの戦後の状況は現地から伝わってこなかったが、戦後74年が過ぎた2019年7月、少数民族勢力の協力を受けて、ビルマ側の全区間をたどることができた。

当時のルートは現在、武装勢力の新モン州党（NMSP）の支配地域や影響圏などにあり、全区間の大部分はミャンマー政府から外国人の立ち入りが禁止されている。レールは戦後に撤去され、日本軍が終戦時に書類を焼却したため正確なルートは不明だが、森や川の中のところどころに橋脚、築堤など鉄道施設の残骸が残っていた。

当時のルートとほぼ並行するデコボコの道を、タイとの国境からアンダマン海側まで車で走ってみて、泰緬鉄道はタイとミャンマーを結ぶ最も効率的なルートを選んで建設されたことを実感した。21世紀になった現在、泰緬鉄道のビルマ側ルートは、ミャンマーの国民和解と少数民族地域の発展のカギになる、と私は考えている。

## 1. ベールに包まれていた泰緬鉄道ビルマ側を走破

### 「ニホン・イド村」に眠る鉄道の跡

タイとミャンマーを分ける山間部の国境地帯に、「スリーパゴダパス」というエリアがある。タイ側の広場に小型の仏塔（パゴダ）が３基並び、国境ゲートを隔てたミャンマー側には、ミャンマー語で「三つの仏塔」を意味するパヤトンズという町がある。

ミャンマー側の国境事務所前の草地には、長さ20メートルほどのボロボロにさびた２本のレールが土の上に鎮座している。よく見ると、50～60センチメートル間隔で朽ちた枕木が敷かれている。大戦当時、泰緬鉄道はスリーパゴダパスとパヤトンズを通過しており、このレールはビルマ側区間に唯一現存している断片だった。

大戦当時、スリーパゴダパス一帯で泰緬鉄道の建設工事に従事したビルマ人作家リンヨン・ティッルウィン氏は、著書にこう記している。「捕虜たちはジャングルで切り倒した木材を運び出し、パヤトンズ駅の建設に取りかかった。象、象使いたちも厳しく働かされていた」「労務者たちはダイナマイトで爆破した岩石を、線路に敷くために砕く作業に従事した(37)」――。

現在、スリーパゴダパスとパヤトンズの国境ゲートは、両国間の正式な貿易ルートではなく、通関施設はない。だが、タイからはカップ麺や調味料などを積んだ密輪のトラックが入ってくる。ミャンマー側の国境事務所の裏手は、「ゴールデンバレー・ゴルフクラブ」という豪華な名称のゴルフ場だ。実際には、サッカー場三つほどの広さの原っぱで、周囲に柵はない。ミャンマーの警察や軍の高官とみられるグループが、ごく短い距離のゴルフを楽しんでいた。

そこから南東の方向に、モン族の武装勢力「新モン州党」（ＮＭＳＰ）の支配地域が広がっている。約２５０世帯、１０００人が住む集落ではＮＭＳＰの自治が営まれ、政府や軍の影響力は及ばない。集落のモン語名を訳すと、ニホン・イド村という。奇妙な村の名は、ＮＭＳＰが大戦後にこの一帯を収めた時、日本軍が森の中に残していった井戸から名付けた。村には子供たちが通う学校や、粗末な木のベッドを土間に並べた診療所の小屋もある。看板には「Hospital」と書かれているが、医師はいない。蒸し暑い小屋に5人の女性看護師が働く。村人の診察代は無料という。

この村を訪れたのは2回目だった。「この道は泰緬鉄道が通っていた跡だよ」。6年前に初めて来たとき、一緒に歩いていたＮＭＳＰの兵士にそう言われて、狐につままれた気分だった。土の道にはレールが敷かれていた跡は全く見当たらず、人通りのない林の中を通る小道にしか見えなかった。

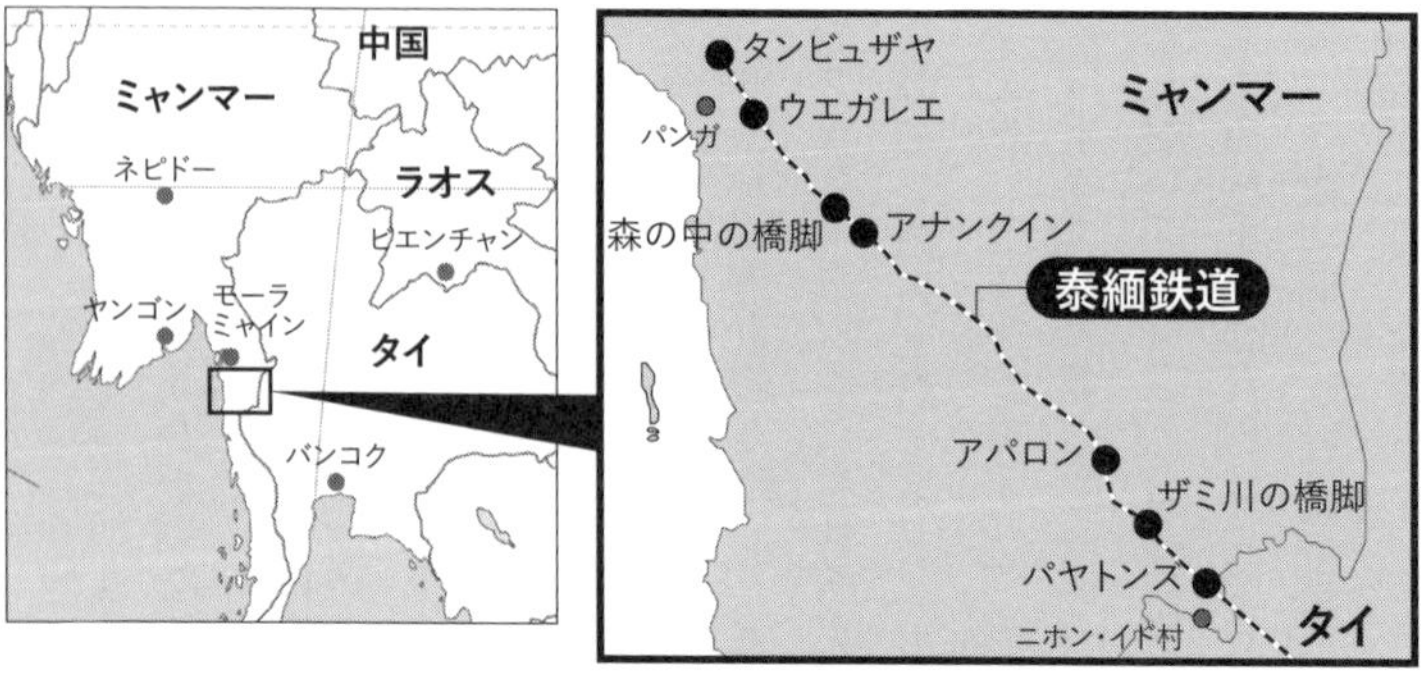


図 4-3　泰緬鉄道ビルマ側ルートと取材地点

今回、その時と同じ道を歩いていると、ＮＭＳＰの関係者が、土にめり込んでいるラワンのような木片を指さした。「鉄道の枕木の残骸だ」という。足元をよく見ると、小道のあちこちに同じような木片が埋まっていた。

小道から脇の茂みに入ると、数十メートル先の木々の間に日本軍が掘った井戸と貯水施設があった。井戸は直径1メートルほどの円筒形のコンクリート製で、分厚いコンクリの円盤のふたで閉じられていた。貯水施設は約3メートル四方で、内側に水がたまっている。機関車の給水用に使われていたのだろうか。日本軍がここに井戸を掘った目的は誰も知らなかった。村の老人は、「井戸は一度も枯れたことがない」と語った。

小道の反対側には草地があり、そこに縦横が2メートルと4メートルほどのほぼ長方形の穴がぽっかり開いている。内側に雨水がたまって小さな池のように見える。大戦中は、線路に敷く砂利を採るため、「日本軍がここに埋まっていた岩を削り取った跡」だという。

小道の数キロメートル先には、ＮＭＳＰが植林したゴムの森がある。その樹林の中に、雑草に覆われた高さ1メートル、幅2メートルほどの盛り土（築堤）が100メートル以上続いていた。その延長線上の約5キロメートル先に、スリーパゴダパスとパヤトンズがある。大戦当時、この国境の森に泰緬鉄道のレールが敷かれ、軍事物資を運ぶ機関車と貨車が行き交っていた。「チャンガラヤ」というタイとビルマの国境駅が近辺にあったはずだ。70代の村の男性は、「ここに日本軍が駐屯していた。モン族と良い関係だったが、戦争末期は乱暴になったそうだ」と話した。

ＮＭＳＰ支配地域のニホン・イド村と、政府側が管轄するパヤトンズは、原野をはさんで約3キロメートルの距離で向かい合っている。この一帯も内戦状態が続き、1990年代は激戦が交わされたという。

## 過酷な突貫工事で多くの犠牲者を出した「死の鉄道」

泰緬鉄道の建設は、山岳地帯の前人未踏の密林を切り開く難工事だった。タイ、ビルマの両側から工事が進められ、国境のタイ側で双方から延びてきたレールが接続された。ＪＲ東海道線の東京から岐阜県大垣の距離に相当する415キロメートルを、1年3カ月の突貫工事で完成させたため、作業はかなりの重労働だった。さらに、雨季には連日降り続く大雨で衛生状態が極めて悪化した。

工事にはビルマ、マレー、ベトナムなどのアジア人労働者と、英国、豪州、オランダ、米国などの連合軍捕虜の数万人が駆り出され、密林の奥深くにある作業キャンプでは、コレラ、天然痘、マラリアなどの感染症と、飢えによる栄養失調がまん延した。

タイとビルマの全工区の犠牲者は、「日本兵1000人、捕虜1万3000人、アジア人労働者3万3000人」[38]などの推測があるが、当時、日本軍は正確に記録していなかった。特にアジア人の労働者は、名前を記録しないまま森に埋葬しており、もはやその場所は分からない。犠牲者の数は「不明[39]」であり、最も犠牲者が多かったとみられているビルマ人労働者は「３万人から８万人」とかなりにのぼるが、推定の幅は大きく、漠然としている。

前述のリンヨン・ティッルウィン氏は、「（ビルマ人の）労務者たちは、ほとんどの日本人を野生の象よりも、コレラや天然痘より恐れていた」「私たちはキャンプを移る際、病人はそのまま捨てて行った」「連れて行くことを日本人が許さなかったのである」と記している。「労務者一人の生命は、鉄砲玉一個ほどの価値も認められていなかった」――。その情念は、「死の鉄道」という異称に今も込められている。

## タイとビルマの密林に55カ所の鉄道駅

泰緬鉄道は、密林を切り開く大工事の中で完成を急いだため、複線化を断念して単線にとどめた。開通後は、兵士、野戦砲、弾薬、燃料などが輸送されたが、やがて英軍の空襲が激化してくると、運行は夜間に限られた。日本軍が終戦時に関係書類を焼却したため、線路や駅、鉄道施設などの正確な位置は、今では不明だ。一部に残る鉄道の遺構などからルートを推察するしかない。

当時、駅はタイ側に36カ所、ビルマ側に19カ所配置され、大半は英軍の空襲を避けるためジャングルの中に設けられた。「駅」といっても一部の鉄道基地以外は、兵站の所在地や、捕虜とアジア人労働者の作業キャンプ近辺に設けた「停車地」であり、駅舎は竹や木で組んだ小屋だった。

終戦直後にビルマ側は全線のレールを英軍が撤去し、駅に残された金属類や鉄線などの鉄道設備、駅舎の部材などは、夜中に住民が盗み出すことも多かったという。熱帯林の奥に今も駅舎が現存しているとは考えにくく、すでに全てが朽ち果て、その跡も残っていないだろう。

ビルマ側区間のパヤトンズからタンビュザヤまでの約100キロメートル区間は、現在、1本の道が辛うじて貫通している。沿線の集落の住民によると、国境のパヤトンズ周辺では、道は実際にレールが敷かれていたルート上を通っている。それ以外のタンビュザヤまでの区間は、当時の線路に沿うようなルートを通っているという。以前は馬でしか通れないような劣悪で狭い道だったが、テイン・セイン政権当時に道路の整備が進められた。だが、区間の大部分は砂利と穴だらけの硬いデコボコ道で、工事は放棄されているようにみえた。

ミャンマーでは、大戦後から現在まで軍と少数民族勢力の内戦が各地で続いたため、泰緬鉄道の廃線後の状況は、これまで皆無といえるほど国外に伝わってこなかった。パヤトンズとタンビュザヤの間には、「チョンドー」「アパロン」「メザリ」「タンズン」「タンバヤ」「アナンクイン」「ラバオ」「ウエガレエ」などと、日本軍が付けたカタカナの駅名と同じ地名の集落や、現地語でそれに似た響きの集落が、道沿いに実際に点在していた。

### ザミ川に建つ巨大なコンクリート橋脚

パヤトンズの郊外に並ぶ小高い奇岩の山を背に車で西に約1時間進むと、アパロンという集落がある。パヤトンズからの距離は約20キロメートルだが、道がデコボコでノロノロ運転を強いられるため、距離の割に時間がかかる。アパロンから先のタンピュザヤまでの道のりも、そのような状況だった。

ザミ川の中に立つ泰緬鉄道の橋脚(左)。右側の土手に橋台も残る。桁はミャンマー内戦で爆破された（2019年7月、筆者撮影）

アパロンの一帯はＮＭＳＰの影響圏にあり、この地域からも多くのモン族がタイへ出稼ぎに出ている。アパロンやニホン・イド村で流通している通貨はタイのバーツだ。集落は原野に囲まれ、すぐ横をザミ川という川が流れている。ここから直線で約１００キロメートル下流にモン州の州都モーラミャインがあり、ザミ川はそこからアンダマン海に流れ込む。

アパロンのザミ川の河原から、道案内をしてくれたモン族の若者たちと、原動機付きの細長い木のボートに乗り、緩やかに蛇行する川を下った。周囲はひたすら原野が広がり、人影も人家もない。遠くにパヤトンズの奇岩が見えた。川幅は約30メートルで、深そうだ。５分ほど下ってカーブを曲がると、川の真ん中に突き出たコンクリート製の巨大な構造物が現れた。

それは泰緬鉄道の橋脚だった。機関車と貨車が走っていた橋げたの部分は失われ、頑丈に造られたコンクリート柱の橋脚が5メートルほど水面上にそびえていた。両岸には、経年で黒ずんだ台形型のコンクリート橋台が2基ずつ、どっしり据えられている。雑草や木々が橋台の大部分を覆いつくしており、まるでカムフラージュしているようだ。橋台には大きめな銃弾の跡が数カ所確認できた。

ＮＭＳＰ幹部によると、この一帯はカレン民族同盟（ＫＮＵ）と軍が１９９０年代を中心に激しい戦闘を繰り広げていた。それまでは、レールが撤去された橋げたが両岸を結び、周辺の住民は橋げたの上を歩いて行き来していた。しかし、「ＫＮＵが軍の侵攻を妨害するため、90年代半ばに橋げたを爆破して破壊した」という。橋脚から数十メートル下流の浅い川底に、その時に吹き飛ばされた鉄製の桁の残骸が横たわっていた。

この場所を80年近くさかのぼると、数キロ西の森の中には泰緬鉄道のアパロン駅があった。「泰緬連接鉄道要図」によると、給水、兵站、機関庫、停車場司令、電話交換所、無線通信所、工作隊、引き込み線、砂利線が配置され、「巨大なジャングルの中に、数多の工作機械工場を分散配置し、兵器補給業務と兵器修理」が行われていた(40)。ここからさらに西方に建設されたアナンクインという駅と並ぶ大型鉄道基地で、１９４４年3月の時点で両駅などを標的にした英国軍の空襲が激しくなったという。

第二次大戦を耐え残ったザミ川の橋脚は、それから約半世紀後、ミャンマーの内戦で爆破されるという数奇な運命をたどった。川に置き去りにされた橋脚の姿は、泰緬鉄道の墓標のように、戦争の無常を孤独に背負い続けているようだった。

## 仏塔を載せたアナンクインの密林の橋脚

アパロンから道を35キロメートルほど北西に向かうと、沿道にモン族とカレン族が住むアナンクインという集落がある。たまたま立ち寄った集落の食堂で、モン族の女性店主が「すぐ近くに鉄道の跡があるよ」と教えてくれた。その店主の30代の娘と、娘のカレン族の夫が、道案内をしてくれた。

食堂の裏手の民家の間を抜けて、膝まで水に浸かって草地のせせらぎを渡り、10分ほど歩いて薄暗い森に足を踏み入れた。そこには、草が絡まった高さ3メートル近い大きなコンクリート製の橋脚が、どんと存在していた。そこから草をかきわけて森の中を100メートルほど先に歩くと、樹木に覆われて姿が隠れてしまったもう一つの大きな橋脚があった。案内してくれたカレン族の女性によると、この辺りは、戦時中は川が流れていたが、その後、流れが移っていった。ここの集落の近くには、大きな川が流れていた。森には大戦当時、その川の本流か支流があったため、日本軍はここに泰緬鉄道の橋を建設した――。密林の中に大きな橋脚が建っているのは、そうした理由からだろう。

森の入り口近くにあった橋脚の頂部には、なぜか小さなストゥーパ（仏塔）が据えられていた。カレン族の女性は、「35年ほど前に、ある僧侶がやって来て、この構造物を壊さないように、と住民に伝えてストゥーパを備えたそうです」と語った。平和の祈願だったのだろうか。その意図は今では誰にも分からない。この一帯も、1990年代は軍とKNU、NMSPが激しく交戦した「危険地域」だった。案内してくれたカレン族の女性は子供のころ、銃声や砲声が鳴り響く中を、親と一緒に逃げ回ったという。「学校に通えなかったことが今もとても無念です」と、薄っすらと涙を浮かべて語った。

### あるモン族老女のアナンクインの述懐

日本軍は、アパロンとともにアナンクインの密林にも駅と大規模な鉄道基地を開発し、兵站所在地、給水、機関庫、電話交換所、停車場指令、引き込み線などを設けた[41]。戦時中、アナンクインで日本軍の兵隊向けに小さな飯屋を姉妹で営んでいたメイサンチーさんに、タンビュザヤから約10キロメートルの近郊にあるアンダマン海沿いのパンガという村で会った。93歳のメイサンチーさんは、モン族伝統様式の高床式の家に子供や孫と住んでいた。夕暮れ時、雨季の横殴りの雨が屋根を激しくたたき、メイサンチーさんの声が時々聞こえづらくなった。

戦争当時、パンガに住んでいたメイサンチーさんは、アナンクインにいた姉に呼ばれた。「姉が（泰緬鉄道の貨車で）モーラミャインまで食品や雑貨を買い出しに行き、一緒に日本兵の間を歩いて菓子やたばこを売りました。アナンクインにはかなりの数の日本兵がいました」と当時の様子を語った。2人で飯屋を開いたところ、日本兵で繁盛した。「兵隊さんたちはお金をちゃんと払ってくれて、暮らしが豊かになった。あの頃は良い思い出です」という。英国軍が日本兵の駐屯地や駅を空爆したが、メイサンチーさんと姉は離れたところにいて無事だった。日本兵と結婚した地元の女性もいたという。「ヨル（夜）～、ヨル～」。大戦中にアナンクインで覚えた日本語の歌の一節を、はにかみながら聞かせてくれた。

泰緬鉄道は、地元のモン族に商機を運んできた一面もあったようだ。メイサンチーさんは、「アナンクインにはビルマの中部からビルマ族の労働者がたくさん連れて来られていた」という。前述のリンヨン・ティッルウィン氏も、その一人だった。鉄道の工事現場に沿って数多く設けられた作業キャンプの様子をこう描いている。

「モン族行商人の牛車は（遠方の）チャイカミ、ムドン、モーラミャイン、タンピュザヤなどの町からジャングルの労務者キャンプへ商売にやってくる」「（ビルマ人）労務者は賃金を週に一度支給される。捕虜には払われない。山奥とはいえ（略）、炒り豆、黒砂糖、南京豆の砂糖漬け、安物の中国菓子、キンマ、ろうそく、マッチ、刻みタバコ、タバコの葉、お茶の葉、松明、もち米で造った酒などを売りに来た」――。

行商から日用品が買えたのは鉄道工事の初期の頃であり、労働者にとって、それはつかの間の安穏だった。やがて現場が密林の奥地に移るにつれて、雨季の不衛生な環境の中、労働者と連合軍捕虜は熱帯の感染病と飢えに命を落としていった。

## レジャー施設になった日本軍が掘った温泉

泰緬鉄道のビルマ（ミャンマー）側ルートは、国境のパヤトンズから平地のタンビュザヤまでの区間の大半が山間部だった。線路は傾斜が緩やかな山の谷間を縫い、なだらかな丘陵地に沿って敷設された。パヤトンズから車でタンピュザヤまで下ってきた道も、ずっと平たんな地形を通ってきたと思えるほど、下り勾配はほとんど感じなかった。日本軍がビルマ側のルートを決める際、列車運行に負荷がかからない地形を選び抜いたことがうかがえた。

パヤトンズとタンピュザヤの途中の地点で、ＮＭＳＰの支配地域と政府の管轄地に分かれているが、タンピュザヤに向かっている間、ＮＭＳＰ地域内で見かけた車は1台、バイクは2台しかなく、少数民族勢力地域と政府地域の間は、モノと人の行き来がなかった。途中、デコボコ道の脇の雑木林から4、5人の牛飼いの子供と数頭の牛が突然ぞろぞろと現れ、こちらに手を振りながら車の前を渡っていった。

森の中に橋脚があったアナンクインから車で1時間ほどタンビュザヤ方面に走ると、平野部に入る。このあたりから道は舗装され、時速60キロメートル程度で順調に走行できた。現在は軍の施設がある場所に、戦時中は泰緬鉄道のウエガレエという駅があり、兵站も置かれていた。その近くに日本軍が掘った温泉がある。タンピュザヤから8キロメートルしか離れてなく、２０１７年に日帰りの温泉レジャー施設がここに開業した。

広い園内には温浴施設、プール、レストランがあり、外周の塀に沿って植栽されたヤシの木々が、リゾートの雰囲気を演出している。ここを訪れた日は、地元の数グループの親子連れがプールで遊んでいた。施設のマネージャーの中年男性によると、ここの温泉は泰緬鉄道を建設している時に掘られた。行政がここを開発する業者を入札で募った際に示した条件は、日本軍が建てた温泉施設を残すことだった。

敷地内には老朽化したコンクリート製の槽があり、その底から湯が絶えず湧き出ていた。一角には、高級軍人用だったコンクリート製の建屋が残され、湯船と洗い場を備えた6畳ほどの当時の個室浴場が4室並んでいた。レジャー施設の来場客が使う屋内浴場には、日本兵が湯浴びしていたとみられる長さ5メートルほどの樋が隅にあり、溝を湯が流れていた。

このレジャー施設は、アンダマン海に面したビーチでリゾートホテルを経営する役人ＯＢの実業家が、開発権を落札した。施設の入場料は円換算でミャンマー人が約70円、外国人は約３５０円だ。レジャー施設ができる前は原っぱで、温泉施設の跡は集落の子供たちの遊び場だったという。

大戦当時、この付近には日本軍の野戦病院があったという。中年のマネージャーは「今は90代の祖父が若かったころ、野戦病院で亡くなった日本兵の埋葬を手伝っていたそうだ」と話した。遺骨が埋められていた場所は、すぐ隣の森だった。「今は住民の私有地になっているが、そこを掘れば、かなりの数の遺骨が確実に見つかる」と、その男性は断言した。

## 鎮魂の町、タンピュザヤ

アンダマン海のすぐ近くにあるタンピュザヤは、泰緬鉄道のビルマ（ミャンマー）側の起点であり、タイからは終点にあたる。大戦中、国境のスリーパゴダパスを越えて蒸気機関と貨車がタイから運んできた軍用物資は、ここからモーラミャインやヤンゴン（当時はラングーン）方面に物流動脈だった既存のレールで輸送された。

タンピュザヤは今、「鎮魂の町」でもある。小さな時計台が立つ町のロータリーの近くに、連合軍捕虜の犠牲者が眠る広大な墓地がある。芝生が張られた美しい西洋庭園のような敷地には、ビルマ側の建設工区で亡くなった英国、豪州、オランダ、米国軍などの３５１２人の捕虜が埋葬され、犠牲者の氏名、当時の年齢、家族からのメッセージを刻んだ小さな墓石のプレートが、整然と芝に埋め込まれている。まだ20歳そこそこだった若者が多く、胸が締めつけられる。

２０１２年に初めてタンピュザヤを訪れた時、この連合軍墓地から車で5分ほどの国道脇の草むらに、泰緬鉄道で使われた後にミャンマー国鉄が保有した機関車「Ｃ56」が、無造作に置かれていた。ミャンマー国鉄の緑色の塗装が所々はがれ、朽ちていくまま放置している状態だった。近くには、あばら骨が痩せて浮かび上がった捕虜たちの壊れた石こう像が数体、辛うじて立っていた。軍政当時からの野晒しの「死の鉄道博物館」だった。

２０１９年に同じ場所を訪れると、そこに2階建ての博物館が建てられていた。黒い塗装に化粧直しされた「C56」が屋外に展示され、先端に障害物よけのスカートが装着されている。建物の中は、作業キャンプの宿舎が捕虜のろう人形とともに再現されていた。両足が棒のように細く、あばら骨や頬骨が皮から浮き出た捕虜たちの当時の写真が痛ましい。実際の建設現場の写真、軍票、密林の線路のジオラマなども展示され、「死の鉄道」の工事の様子がわかる。泰緬鉄道のビルマ側の起終点だった場所は、この博物館のすぐ裏手だった。モーラミャイン方面とつながっている線路の脇に、英文で「死の鉄道の起点」と書かれた碑が立っている。

ここから国道を南に約1キロメートル行くと、左手の道路脇の草地の奥に、日本軍が建立した工事犠牲者の慰霊碑とパゴダが佇む。劣化して傷んだ慰霊碑の表面に「泰緬連接鉄道緬側建設殉職者の碑」と刻まれ、建設工事で犠牲になった「人柱の霊を慰む」という文面が読み取れる。泰緬鉄道が完成した直後の昭和19年（１９４４年）2月に建立された。

慰霊碑の周りは雑草が生え、うら寂しい雰囲気だ。その奥の雑木林の茂みの中に、草に覆いつくされた泰緬鉄道の築堤が、辛うじてこんもりと残っていた。この上を機関車が通ることは二度とない。築堤は、孤独に土に還ろうとしていた。

## 2. 日本のコミットで南シナ海とインド洋を貫く国際道路に

### タイとミャンマーの最適ルートに建設された泰緬鉄道

戦時中、泰緬鉄道はどのように運行されていたのだろうか。『泰緬鉄道　機密文書が明かすアジア太平洋戦争』（吉川利治、雄山閣）によると、「昭和19年6月ごろまでの運行は順調」で、馬、野戦砲、臼砲などの兵器、弾薬、ガソリンなどがビルマ方面に運ばれた。ただ、単線に変更したため輸送量は限られ、「ビルマで戦闘中の七個師団をとても支え切れるものではなかった」という。

戦況が悪化すると、英軍の攻撃を避けるために「一日三列車が精いっぱい。全線を七昼夜かかった」と、運行の頻度を削減した。やがて「雨季の土砂崩れ、橋梁流出、雨季後はカンチャナブリへの大空襲に始まる空襲で、夜行運行のみ」になり、災害で脱線事故が頻発し、空襲の危険も高まった。

膨大な犠牲を伴って完成した鉄道は、輸送能力の面では期待外れに終わったようだ。インパール作戦の失敗でビルマから敗走する日本軍の部隊は、多くが泰緬鉄道でタイ側へ退却したという。

ただ、このルート自体は、タイとミャンマーの間を結ぶ最適コースだったのは間違いない。日本軍は泰緬鉄道を建設する際、タイの北部、西部、南部からそれぞれビルマ側をつなぐ計八つの候補を検討した。この中でスリーパゴダパスを経由するルートが最も合理的だと判断したのは、山を抜けるためのトンネル建設が不要だったうえ、両国を最短経路で結べるためだ。実際、私が通ったパヤトンズからタンピュザヤまでの道も、山々の谷間をタイ国境からタンピュザヤ方面まで伸びる丘陵地にあり、勾配が緩

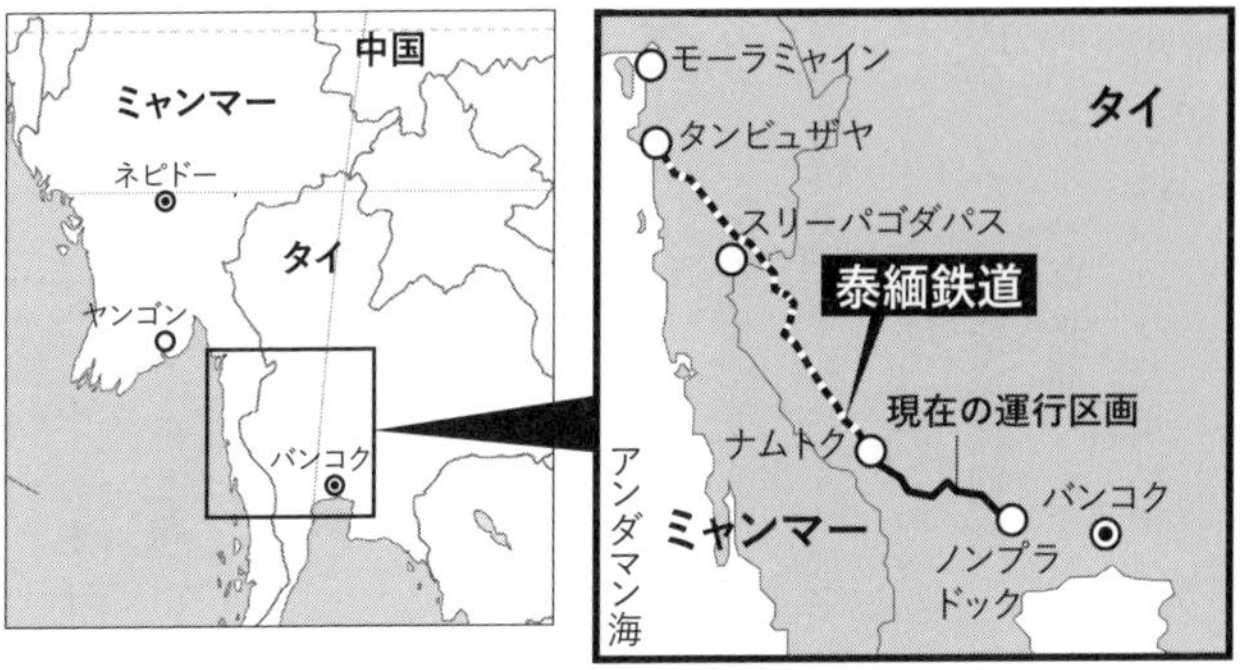


図4-4　泰緬鉄道の全ルート

やかなうえに、ルートを遮る地形もなかった。線路はこの丘陵地に敷かれていた。

英国も日本軍がルートを研究していた以前に、スリーパゴダパス経由の鉄道建設を検討した。しかし、密林を切り開く難工事の連続が予想されたため、断念したという。このルートは、両国間の古来の紛争でも数多く使われており、最も効率的な経路であることを歴史も証明している。「タイとビルマを往来する最短経路として知られ、過去44回もあったといわれているタイとビルマの紛争で、少なくとも16回はこの経路が利用されていたという[42]」。

## 東南アジアの「陸の大動脈」として再整備を

泰緬鉄道ルートは21世紀の現在も、両国の最大都市であるバンコクとヤンゴンや、日本企業の生産拠点が集積するタイのアユタヤ周辺とヤンゴン近郊のティラワ経済特区を、最短で結べるコースであり、タイとミャンマー間の最適ルートという特性は変わらない。ミャンマーが民政に完全復帰して、少数民族勢力との和平も実現すれば、日本はタイ、ミャンマーに加えて、第二次大戦時の敵国関係から、今は「自由で開かれたインド太平洋」構想と「クアッド」で同盟関係のつながりを深めている米国、英国、豪州、インドと協力して、このルートを「平和と繁栄のルート」として再生すべきだ。

鉄道を整備するには時間と予算がかかるため、ビルマ側ルートのタンピュザヤとパヤトンズの約100キロメートル区間に高品質の幹線道路を建設して、タイ側スリーパゴダパスの道路と接続する。タイから先はカンボジア、ベトナム、ラオスと高規格の道路がつながっており、ミャンマー側の約100キロメートル区間とカンチャナブリ側の一部の急こう配区間を整備するだけで、南シナ海側とインド洋側を東西に貫く東南アジアの「陸の大動脈」を短期間かつ低コストで開通させることができる。

泰緬鉄道ルートの道路整備に併せて、ミャンマー国内の港湾と道路を整備すれば、ミャンマーは再び「フロンティア」として外国企業の投資を集められるだろう。沿線各国との物流が活発化して、ミャンマー、タイ、カンボジア、ラオス、ベトナムの一層の経済成長が見込める。現地の日本企業も生産拠点の効率配置やサプライチェーンの強靱化が図れるなど、ミャンマーはもとより沿線の各国や企業にさまざまな波及効果が及ぶであろう。

ベトナム、ラオス、タイとミャンマーを結ぶ幹線道路は現在、アジア開発銀行（ADB）が主導して開発した「東西経済回廊」しかない。このルートはベトナム中部のダナン、ラオス南部のサバナケット、タイの東北部、ミャンマーと国境を接するタイ西部メソト、ミャンマー東部のモン州モーラミャイン、東部のカレン州パアン、中部の最大都市ヤンゴンを結ぶルート。このルートの「弱点」は、貿易港がルート東端のベトナム側にしかないうえ、各国の沿線は人口と産業集積が少ない内陸部の「過疎地」を通過しており、大きな経済波及効果が見込みにくいことだ。

しかも、東西経済回廊のミャンマー側の整備が始まったのは、２０１１年の民政移管後である。タイに面したミヤワディから、コーカレイという町までの山間部は、タイが援助してアスファルトの複線道路が建設された。しかし、コーカレイからパアン、モーラミャイン方面は未舗装のでこぼこ道が続く。２０１９年にこのルートを通ったが、集落の民家や商店の軒先をトラックがかすめて通るような生活道路の区間が多くあり、国際物流道路の品質は全く満たしていない。

ＡＤＢの主導で「南部経済回廊」というルートもある。ベトナム南部のホーチミン、カンボジアのプノンペン、カンボジア西部のポイペト、タイのバンコク、タイ西部のカンチャナブリ、ミャンマー南部のダウェイを結ぶコースだが、ミャンマーにはまだつながっていない。ルート上のベトナム、カンボジア、タイの沿線区間は、すでに外資系企業の生産拠点などの産業が集積しているか、これから工業団地や経済特区（ＳＥＺ）が開発されて産業の一層の活性化が見込めるエリアを通過しており、東西経済回廊に比べると、はるかに大きな経済効果が見込める。

一方、南部回廊のミャンマー側起終点のダウェイはマレー半島の根元にある半農半漁の田舎町で、前述の通りＳＥＺ構想も完成のめどが立っていない。南北回廊をバンコク方面からカンチャナブリに向かい、そこから左折してダウェイに向かわずに直進すれば、２時間程度でスリーパゴダパスに着く。泰緬鉄道のビルマ側ルートを整備すれば、南部経済回廊が「新南部回廊」としてタンピュザヤまで延伸され、その先のヤンゴンまで道が接続される。

この「新・南部経済回廊」が開通すれば、ルートに沿って、ベトナム、カンボジア、タイ、ミャンマーの沿線４カ国の最大都市（ホーチミン、プノンペン、バンコク、ヤンゴン）と、４カ国の大規模工業集積地（ホーチミン、プノンペン、ポイペト、バンコク近郊のアユタヤ、ミャンマーのティラワ経済特区）、域内沿線の大型港湾（ホーチミン、タイのレムチャバン港）が、ほぼ直列に並ぶ。沿線各国間の人流、物流、資本の流れ、域外国からの直接投資が拡大するのは確実であり、東西経済回廊に代わり、こちらがベトナムからミャンマーまでの東西を貫くメインのルートになるだろう。

以下に、具体的な波及効果を分析する。

## 期待される六つの大きな効果

泰緬鉄道のミャンマー側を再生する構想は、テイン・セイン政権が２０１２年に打ち出したことがあり、当時、アウン・ミン大統領府相に取材して、紙面化した(43)。タンピュザヤからパヤトンズまで鉄道を再建し、並行して道路も建設する構想で、アウン・ミン氏は「事業費は外国政府に援助を求めたいが、それが得られなくても自力で進める」と話した。しかし、構想は政権交代で立ち消えになった。

２０１９年7月にタイ国境側のパヤトンズからアンダマン海側のタンピュザヤまで車で通行した際、大部分の区間は未舗装状態で、車体はノロノロ運転でも上下にかなり大きく揺られた。対向車とすれ違えない道幅の区間もあり、物流にはとても使えない状態だった。その時にインタビューしたモン族武装勢力「新モン州党」（ＮＭＳＰ）の最高意思決定機関の幹部は、「テイン・セイン政権の鉄道と道路整備の話は、我々との停戦交渉の材料として打ち出したのだろう」との見方を示した。

ただ、この区間を大型トラックが円滑に通行できる高品質の物流道路に整備する意義は大きく、次の六つのメリットが考えられる。①少数民族地域の発展と国内経済の活性化を促す「ミャンマーの内政・

経済への効果」、②ミャンマーとタイ、ベトナムなどの貿易・投資の拡大による「タイとメコン川流域のCLMV各国（カンボジア、ラオス、ミャンマー、ベトナム）への経済波及効果」、③ASEAN経済共同体や、ASEANと日中韓など15カ国による地域包括的経済連携（RCEP）などの貿易・投資の自由化効果を、道路インフラの面から支える「市場統合効果の促進効果」、④タイやベトナム、ミャンマーなどに進出している日本企業の「サプライチェーンの強靱化効果」、⑤かつてビルマ戦線や太平洋戦争で敵国関係だった日本と米国、豪州、英国、インドなどがミャンマーの平和と発展に貢献することによる「インド太平洋地域での経済協力効果」、⑥ミャンマーや沿線各国、企業をはじめ全体がウィン・ウィンになる日本型経済協力モデルによる「中国の一帯一路政策との差別化効果」――である。

## タイとミャンマーの時間距離を大幅に短縮

物流面の効果として、最大都市のバンコク―ヤンゴン間の時間短縮効果を推計してみた。現状は、バンコクから国道を北上し、タク県で東西経済回廊に合流して、ミャンマーのメソトからカレン州パアンを通り、ヤンゴンに抜けるルートだ。

私の推計では、メソトの税関事務所の稼働時間と、メソトから先のパアンまでの劣悪な道路環境を考慮すると、両都市間の物流は4～5日かかる。パアンまでのミャンマー国内の道路が改善された場合、3日程度に短縮される。日系メーカーが集積するバンコク北方のアユタヤからも、同様の時間距離だろう。

一方、泰緬鉄道ルートの道路が開通すれば、バンコクからタイ西部のカンチャナブリを抜け、スリーパゴダパスからパヤトンズに入り、タンピュザヤ、モーラミャイン、バゴーを経てヤンゴンに行けるようになる。カンチャナブリからスリーパゴダパスまでの一部の区間は急勾配のカーブが続き、トラックの速度が落ちる。このため、この区間がバイパスなどで改善されることを前提に推計したところ、パヤトンズに税関施設を新設し、そこでの通関手続きの時間を考慮しても、バンコクとヤンゴンは24時間程度で結ばれ、現状のメソト経由より3～4日も大幅に短縮できる。東西回廊のパアンまでの道路が改善された場合でも、泰緬鉄道ルートの方が2日程度も速い。

現状ではタイとミャンマーの乗用車は相手国に乗り入れられないが、バンコク—ヤンゴン間を車で自由に行き来できるようになったと仮定した場合、通関手続きの時間を考慮しない推計値は、メソト経由だと24時間程度に対して、パヤトンズ経由の泰緬鉄道ルートは15～17時間と、やはり早く到着できる。

物流時間の短縮は、言うまでもなく沿線の生産拠点間で部品や製品の調達の効率化につながる。泰緬鉄道ビルマ側ルートの道路がタイ側と接続すれば、ミャンマー各地とバンコクに加えて、日系メーカーが集まるアユタヤ、最大港湾のタイ・レムチャバン港、経済特区（ＳＥＺ）が設置されているカンボジアのコッコン、プノンペンとラオスのサバナケット、南シナ海に面したベトナムのダナンとベトナム最大都市ホーチミンなどの主要都市と港湾が道路で結ばれる。ミャンマー側には日本企業が集積しているティラワ経済特区があり、日本企業は沿線国間でサプライチェーンの柔軟な展開が可能になる。

## スー・チー氏の「モン州ＳＥＺ構想」と泰緬ルートの一体開発を

アウン・サン・スー・チー氏は２０２０年７月、日本企業とのウェビナーで、ミャンマー東部のアンダマン海に面したモン州に、経済特区（ＳＥＺ）を開発する構想を突然表明した。具体的な候補地と開発時期は明言しなかったが、日本側は「ミャンマー政府はまだ青写真もない段階だが、これから日本も対応を検討したい」（外務省関係者）と、候補地調査などに前向きに関わる姿勢を示した。

モン州に貿易港を開発する構想は、私も以前から本紙などで提案してきた[44]。スー・チー氏がモン州ＳＥＺ構想を示したのは、①モン族との融和、②停戦合意した少数民族勢力「新モン州党」（ＮＭＳＰ）への「和平の果実」の付与、③「国土の均衡ある発展」の一環としてミャンマー東部の開発を推進する――などの目的が考えられる。ミャンマーでは、軍政時代から特定地域を対象にした開発計画はなく、モン州ＳＥＺ構想はＮＬＤとして初の具体的な地方振興政策だった。ＮＬＤは２０１６年の政権発足以来、経済政策の目玉を打ち出せずにいたが、モン州のＳＥＺ構想は経済政策の企画立案にようやく慣れてきた印象を受けた。

ＳＥＺを開発すれば、泰緬鉄道ルートの国際物流道路と相乗効果を確実に最大限発揮できる。このため、モン州ＳＥＺと泰緬鉄道ルートの整備は、一体的な計画で開発すべきだ。タイやベトナムなどとの最短ルートの陸路貿易が拡大し、ＳＥＺへの外国企業の進出が見込めるため、インドシナ半島やインドとの広域の産業連携とサプライチェーンの形成が促進されるだろう。

モン州のアンダマン海側は、南部はＮＭＳＰの支配地域が多く、住民は魚介類を養殖してヤンゴンなどに出荷している。日本は現地の水産業の育成や、保冷と冷蔵輸送などの技術協力を通じて、モン族の一次産業の振興にも協力できる。日本の物流業や水産加工業の進出の機会にもつながる。

ＳＥＺに必要な深海貿易港は、タンピュザヤから車で30分ほどのチャイカミという町が候補地になりうる。現地を取材で訪れたことがあるが、岬の先端にミャンマーで有名な大きな仏教寺院がある。寺院の向こう側はアンダマン海が180度の視界に広がり、海面は、モーラミャインのサルウィン川河口から広がる砂州で黄土色に濁っていた。沖合1キロメートルほどにかけて、所々、波間から岩がのぞいており、岩場が多い遠浅の海域だった。

地元のモン族住民によると、英国の植民地時代は、寺院から数キロメートル南側の沖合に外国の大型船が停泊し、荷物の積み下ろしは小船が陸を往復していたという。港湾の位地を検討する際、停泊地の参考になりそうだった。

## ミャンマー和平の象徴に

泰緬鉄道ルートの整備は、ミャンマーの少数民族と国民、ASEAN各国、RCEPや環太平洋経済連携協定（TPP）の関係国、ASEAN地域の日本企業など、全ての当事者に「ウィン・ウィン」の恩恵が広く及ぶ。日本が主導的に関わることで、対ASEAN外交での日本の独自性を打ち出せるだろう。自国の利益が最優先の中国の「一帯一路」政策と明確な差別化が図られ、日本とASEAN各国との信頼醸成にもつながる。

何よりもミャンマーにとって、停戦協定と和平の実現がかなえば、このルートの整備は国民和解の象徴になる。パヤトンズとスリーパゴダパスの周辺に経済特区を整備するのも一案だ。かつて内戦が激しかったアパロン、アナンクインなどに地域振興への貢献につながる産業を誘致できれば、少数民族地域の貧困の解消が期待できる。家族と離れてタイへ出稼ぎに行く必要もなくなる。

モン州で会った武装勢力「新モン州党」の最高首脳の一人は、「われわれは以前から政府に道路整備を求めていた。（泰緬鉄道ルートを幹線道路に再整備するという）その構想は経済的な利益が大きく、学校もあちこちに建てられる。大賛成だ」と賛同してくれた。

クーデターでモン州SEZ構想の先行きは不透明になったが、軍は国民の支持を得るため経済政策と地域振興策を重視するはずであり、モン州SEZの検討を続ける可能性はある。日本と国際社会は、真の民主化の実現と、将来も破られることのない停戦と和平の実現、そして連邦制の下で少数民族の権利が確実に保障されるよう、ミャンマーの人たちをサポートしていかなければならない。

泰緬鉄道の建設当時、現場のジャングルでは大勢の英国、米国、豪州などの捕虜とビルマ人やアジアの労働者が犠牲になった。21世紀の今、日本は米国、豪州、インドと「自由で開かれたインド太平洋地域」を目指して、「クアッド」を組織した。日本軍がインパール作戦などのビルマ戦線で敵対した英国とも、今は東アジアの安定のために手を携えている。

ミャンマーが国民主権の民主国家になることを大前提としたうえで、戦後80年を経て、かつて敵国関係だった国々が協力して、「死の鉄道」を「平和と繁栄の未来につながるルート」に生まれ変わらせることができたら、全ての犠牲者の鎮魂にもなるであろう。

# おわりに

ミャンマーの人たちは、覚悟を決めていたのではないだろうか。最悪の日々がまた戻ってくることを。だから命をかけて、軍に一ミリも屈することなく、1988年、2007年をはるかに上回る規模と期間に及ぶ抵抗活動を続けている。これは、軍と国民の「最後の闘い」である――。

過去2回の大規模な民主化要求デモは、1カ月ほどで鎮圧された。だが、今回は国民が民主化を奪還するためさまざまな形で抵抗しており、軍はクーデター後、国民を抑えられなかった。国民の連帯の輪は、日本や欧米に住むミャンマー人にも広がっている。オンライン上の国民統一政府（NUG）が発行した「国債」や「宝くじ」を、国外のミャンマー人が購入して資金を援助するなど、国内外一体の民主化運動を展開している。

「クールヘッド」（冷静な思考）と「ウォームハート」（人間味ある温かいハート）。これはジャーナリストの要件である。このバランスが大きく崩れた取材や記事は、ファクトがゆがんで読者をミスリードする恐れがある。そのため、取材対象への過度な感情移入や、まして同化することは絶対に避けなければならない。そう自分に決めてきた。

だが、2010年以降の激変するミャンマーの取材で、それはどこまで守れただろう。民政移管後のミャンマーを隅々までつぶさに取材できたのは、ココ氏とミン氏が全力で私や読売新聞の同僚記者をサポートしてくれたおかげだ。二人がいなければ何も取材できなかった。彼らは、ミャンマーの民主化を一緒に取材してきた親友である。

山岳部の少数民族武装勢力や支配地域に住む人々は、とても純朴で誠実だった。各地の少数民族勢力は、純粋に自分たちの尊厳を守ろうとしていた。彼らとの接点を与えてくれた井本勝幸さんに、深く感謝を申し上げたい。

この本を書いたのは、民政移管後の激動期のミャンマーを取材してきた者として、さらには口幅ったくて大変恐縮ながら歴史の記録者である記者として、10年間にミャンマーで起きた事象をその細部に至るまで、網羅的、立体的に記しておくことが自分の責務と感じたからだ。ミャンマーに関心のある方や、現代のミャンマー情勢を検証・研究される方などに、本書が少しでもお役に立てば幸いです。また、本の製作過程で無理をかなり聞いて頂いた文眞堂の前野弘太さんとスタッフの皆さんに御礼を申し上げます。さまざまな助言をくれた同僚たちにも。

ミャンマーの人権団体「政治犯支援協会」（AAPP）によると、クーデターが起きた2021年2月から12月までの間に、1300人を超える命が奪われた。非人道的な状況は続くが、ミャンマーの人たちは軍から民主的なミャンマーを取り返すことを、決して諦めていない。国民の連帯力と国際社会の結束力をかけ合わせれば、ミャンマーを未来に推し進める素晴らしい力を造りだせる。そして、それが民主的な連邦制のもとで平和に包まれた「完全国家ミャンマー」に必ず導く、と信じている。

グーグルで「泰緬鉄道　深沢淳一」と検索すると泰緬鉄道ルートのルポ、動画などを掲載した東洋経済、読売新聞のコンテンツをご覧いただけます。

# 注

（1）THE HIDDEN HISTORY OF BURMA/ THANT MYINT-U を参考
（2）THE HIDDEN HISTORY OF BURMA/ THANT MYINT-U
（3）本書内の憲法規定の訳文は、工藤年博編「ミャンマー軍事政権の行方」調査研究報告書補足資料を参考
（4）ファクト部分は読売新聞の報道
（5）THE HIDDEN HISTORY OF BURMA/ THANT MYINT-U を参考
（6）法廷での発言は BBC, The Irrawaddy を参考
（7）読売新聞2013年3月、5回連載「ミャンマー　少数民族は今」から。連載は、①日本兵の武装勢力地域での秘話、②武装勢力地域の実情、③タイへ出稼ぎにきた少数民族労働者たちの生活、④ロヒンギャ問題、⑤和平への課題——をまとめた
（8）当時の筆者の取材に基づく
（9）読売新聞を参考
（10）2021年10月12日の大統領が被告の裁判の質疑で、大統領がそう述べた、と弁護士が明らかにした。The Irrawaddy, Myanmar Now, AP通信などから
（11）工藤年博編「ミャンマー軍事政権の行方」調査研究報告書補足資料を参考
（12）演説内容は国営紙 Global New Light of Myanmar, The Irrawaddy などを参考
（13）The Irrawaddy を参考
（14）Bangkok Post, 2021年2月11日電子版など
（15）Bangkok Post, The Nation の報道を参考
（16）国営紙 Global New Light of Myanmar
（17）Global New Light of Myanmar
（18）2021年12月時点で12件の罪
（19）Global New Light of Myanmar

(20) この節は The Irrawaddy など地元メディアの報道を参考
(21) この節は The Irrawaddy, Frontier MYANMAR の報道を参考
(22) The Irrawaddy, Democratic Voice of Burma の報道を参考
(23) The Irrawaddy, 豪ＡＢＣ、ロイター、The Straits Times などの報道を参考
(24) ２０２１年４月の報告書
(25) The Irrawaddy, ２０２１年6月11日
(26) 自由アジア放送など各民主派メディアの報道
(27) 10月12日の大統領が被告の裁判の質疑で、大統領がそう述べた、と弁護士が明らかにした。The Irrawaddy, Myanmar Now, ＡＰ通信などから。
(28) 9月30日付のオンライン
(29) 4月27日付国営紙 Global New Light of Myanmar
(30) 筆者による調査・分析
(31) 新華社の報道
(32) ２０１２年5月15日、日本工業経済新聞社
(33) 現在は、ゴミ山はなくなっている
(34) THE HIDDEN HISTORY OF BURMA/ THANT MYINT-U
(35) THE HIDDEN HISTORY OF BURMA/ THANT MYINT-U
(36) THE HIDDEN HISTORY OF BURMA/ THANT MYINT-U
(37) 「死の鉄路」毎日新聞社
(38) 「泰緬鉄道　戦場に残る橋」広池俊雄、読売新聞社
(39) 吉川利治「泰緬鉄道　機密文書が明かすアジア太平洋戦争」
(40) 岩井健「Ｃ56南方戦場を行く　ある鉄道隊長の記録」
(41) 泰緬連接鉄道要図
(42) 吉川利治「泰緬鉄道　機密文書が明かすアジア太平洋戦争」
(43) ２０１２年12月30日付読売新聞。独自材
(44) ２０１３年６月23日付読売新聞など

# 巻末表　ミャンマーの軍政、民政移管、クーデターを巡る推移（筆者作成）

| 時期 | 年 | 月 | 軍事政権・軍の行動 | 民政移管後の政権の動向 | 民主化勢力、国民、少数民族勢力、経済など | 国際社会との関わり |
|---|---|---|---|---|---|---|
| | 1948年 | 1月 | | （英国の植民地支配から独立） | | |
| 軍事政権 | 1962年 | 3月 | ネ・ウィン将軍がクーデターで全権掌握 | | 「鎖国政策」の影響で外貨準備が枯渇、対外債務の拡大などで経済は困窮状態に | |
| 軍事政権 | 1987年 | 12月 | | | 国連が後発開発途上国（LDC）認定 | |
| 軍事政権 | 1988年 | 8月 | | | 学生の大規模な民主化要求デモがヤンゴンや各地に拡大、26年間続いた社会主義政権が崩壊。軍がデモを武力鎮圧して多数の犠牲者 | |
| 軍事政権 | 1988年 | 9月 | 軍がクーデター。国家法秩序回復評議会（SLORC）を組織して全権掌握 | | スー・チー氏ら民主化勢力が国民民主連盟（NLD）を設立。スー・チー氏は総書記長に就任 | 米国と欧州各国は、スー・チー氏の自宅軟禁措置と人権侵害などを理由にミャンマーに経済制裁。その後、段階的に強化 |
| 軍事政権 | 1989年 | 6月 | 軍政が国名をビルマからミャンマーに変更 | | | |
| 軍事政権 | 1989年 | 7月 | 軍が戒厳令布告 | | スー・チー氏、自宅軟禁下に置かれる | |
| 軍事政権 | 1990年 | 5月 | | | 総選挙が実施され、NLD | |

軍事政権

| 年 | 月 | | | | |
|---|---|---|---|---|---|
| 1990年 | 5月 | | | が圧勝。軍事政権は選挙結果の受け入れを拒否 | |
| 1991年 | 12月 | | | スー・チー氏、軟禁下でノーベル平和賞受賞 | |
| 1995年 | 7月 | | | スー・チー氏、1回目の自宅軟禁が解除 | |
| 1997年 | 7月 | | | | ミャンマーが東南アジア諸国連合（ASEAN）加盟 |
| | 11月 | SLORCが国家平和開発評議会（SPDC）に改組 | | | |
| 1999年 | 3月 | | | スー・チー氏の夫マイケル氏が病死 | |
| 2000年 | 9月 | | | スー・チー氏、2回目の自宅軟禁下に | |
| 2002年 | 5月 | | | スー・チー氏、2回目の自宅軟禁が解除 | |
| 2003年 | 5月 | | | スー・チー氏、拘束される | |
| | 6月 | | | | ASEAN地域フォーラム（ARF）とASEAN外相会議で、スー・チー氏の早期解放を求める共同声明を初めて採択。パウエル米国務長官が各国に圧力 |
| | 7月 | | | | 米国がミャンマー製品全面禁輸などを含む「対ミャンマー経済制裁法」を制定 |
| | 8月 | キン・ニュン氏が首相就任。直後に民主化に向けた7段階の「ロードマップ」を発 | | | |

| 軍事政権 | | | | | | | | |
|---|---|---|---|---|---|---|---|---|
| 2003年 | | 2004年 | | 2005年 | | 2007年 | 2008年 |
| 8月 | 9月 | 5月 | 10月 | 7月 | 11月 | 9月 | 5月 |
| 表。 | | 憲法制定のための「国民会議」を招集。NLDは参加を拒否 | キン・ニュン首相がタン・シュエSPDC議長によって失脚。「大がかりな汚職への関与」が理由。自宅軟禁下に。 | | 軍政が首都をヤンゴンから中部のネピドーへの移転を発表（7日） | | サイクロン・ナルギスがミャンマー南西部を直撃、 |
| | | | | | | | |
| | スー・チー氏、5月からの拘束を経て3回目の自宅軟禁下に | | | | | 全国的に僧侶の反政府デモが発生（サフラン革命）。軍の武力弾圧で日本人カメラマン1人を含む多数の死傷者が発生 | スー・チー氏の自宅軟禁期間が延長 |
| | | | | ミャンマー軍政が2006年のASEAN議長国就任を辞退。欧米が軍政とASEANに対して辞退を強く要請しており、軍政が議長国に就任した場合は一連のASEAN関連会議をボイコットすると表明していた | | | |

| 軍事政権 | | | | | |
|---|---|---|---|---|---|
| 2008年 | 2009年 | | | 2010年 | |
| 5月 | 5月 | 8月 | 9月 | 3月 | 7月 |
| 死者約8万5千名、行方不明者約5万4千名（2日）新憲法草案採択のための国民投票を実施。投票率99%、賛成票92・4%で新憲法承認（10日） | | | | 軍政がスー・チー氏とNLDの総選挙からの排除を狙った「政党登録法」を制定<br>軍政最後の「国軍の日」の式典で、タン・シュエSPDC議長が「秩序ある民主化」を要求（27日） | 軍系の政党として設立された「連邦団結発展党」（USDP）に、会員数2500万人とされる軍政 |
| | | | | | |
| | スー・チー氏、自宅で米国人男性と接触したとして、「国家防護罪」違反で起訴される | スー・チー氏の自宅軟禁期間が延長 | | NLDが中央執行委員会で11月に行われる総選挙のボイコットを機関決定、解党の道を選択 | |
| | | | クリントン米国務長官はオバマ政権の対ミャンマー政策の見直しを表明。制裁だけではなく特使が軍政との交渉にあたる「対話と圧力」政策に転換 | | |

| 軍事政権 | | | テイン・セイン政権 | | |
|---|---|---|---|---|---|
| 2010年 | | 2011年 | | | |
| 7月 | 11月 | 1月 | 3月 | 6月 | 7月 |
| の大衆運動組織「連邦団結発展協会」（USDA）が統合 | 軍政、ダウェイ経済特区の開発用地をタイのイタリアンタイデベロップメント社に最大75年間貸与する契約を締結（2日）<br>翌年の民政移管に備えた総選挙実施。軍系の連邦団結発展党（USDP）が圧勝。NLDはボイコット（7日） | 総選挙結果に基づく国会が初招集。総選挙当選者が議員に正式就任。大統領、副大統領を選任する採決が行われ、軍政のテイン・セイン首相が大統領に選ばれる | | カチン州で軍が1994年の停戦合意を破棄する形でカチン独立軍（KIA）との戦闘が再発。以後、KIAの拠点があるライザ近郊などで戦闘が激化 | |
| | | | テイン・セイン政権が発足し、民政移管が実現 | | |
| | スー・チー氏、自宅軟禁から解放。2003年5月に軍政から拘束され、同年9月から3度目の軟禁下に置かれていた（13日） | | | | テイン・セイン政権がスー・チー氏と初めて接触。アウン・チー労働大臣が政権側の窓口役に |
| | | | | | |

## テイン・セイン政権

2011年

| 8月 | 9月 | 10月 | 11月 |
|---|---|---|---|
| | | | |
| ネピドーで経済改革に関するフォーラムを開催。大統領は少数民族武装勢力との和平実現と、海外に逃避した民主化活動家などに帰国を呼びかけ | インターネットの接続規制を解除。軍政がアクセスを遮断していた民主派メディアのイラワディ、米政府海外向け放送（VOA）、BBCビルマ語、自由アジア放送などの声、民主ビルマのサイトが自由に閲覧できるようになった。YouTubeの民主化デモ弾圧の動画なども閲覧が可能になり、ツイッターやヤフー、マイクロソフトの無料メールサービスも利用禁止措置が解除された<br>同じ頃、民間が発行する新聞の事前検閲も、記事の削除や修正を求める基準が大幅に緩和。スー・チー氏の記事も掲載できるようになった | 労働組合法を制定 | |
| スー・チー氏が自宅軟禁から解放後、初めて地方遊説。バゴーで演説<br>テイン・セイン大統領とスー・チー氏がネピドーで初めて会談 | 軍政の弾圧を逃れるためタイなど外国に避難していた民主化活動家らが、大統領の呼びかけに応じて続々と帰国を始める | 大統領が200人規模の恩赦を実施。 | NLDが2012年4月の議会補選に参加することを |
| | テイン・セイン大統領が、カチン州で中国国営企業が開発中だったミッソン水力発電ダムの建設中止を表明（30日） | | インドネシア・バリ島で行われたASEAN首脳会議 |

| テイン・セイン政権 | | | | |
|---|---|---|---|---|
| 2011年 | | 2012年 | | |
| 11月 | 12月 | 1月 | 4月 | 5月 |
| | | | | |
| | | スー・チー氏、NLD議長に。 | 議会補選が行われ、NLDが45議席中43議席を獲得。スー・チー氏も下院選に当選し、「政治家」に | テイン・セイン大統領が「守旧派」の一掃を本格化。ティン・アウン・ミン・ウー副大統領が健康上の理由で辞任したが、実際は更迭。 |
| 決定（18日）。これに先立ち、大統領はスー・チー氏の政治参加を可能にする政党登録法の改正案に署名（4日） | | 2千人規模の恩赦を実施。政権側は「全ての政治犯を解放した」。民主化リーダーなど著名活動家も全員が解放。2004年に失脚したキン・ニュン元首相も自宅軟禁から解放された（13日） | 為替制度を改革し、37年間続いた公定レートを廃止して変動為替相場制に移行 | ヤンゴン、マンダレーで電力不足に抗議するロウソク集会。大規模なデモは2007年のサフラン革命以来。当局は集会を容認 |
| で、ミャンマーの2014年議長国就任を決定 | クリントン米国務長官、ミャンマー訪問（到着は11月30日）。1日にネピドーでテイン・セイン大統領と会談、2日にヤンゴンでスー・チー氏と会談 | テイン・セイン政権の恩赦に対して、欧米、国連などが高い評価 | | オバマ米大統領が米企業への対ミャンマー投資と金融サービス提供の全面解禁を表明。併せてデレク・ミッチェル米政府ミャンマー担当特別代表・政策調整官を駐ミャンマー大使に指名すると発表。米政府は軍政に抗議して1990年にミャンマーから大使を引き揚げ |

| テイン・セイン政権 | | | | | |
|---|---|---|---|---|---|
| 2012年 | | | | | 2013年 |
| 5月 | 6月 | 8月 | 9月 | 11月 | 1月 |
| | | | | | |
| | 「通信・郵便・電信省とエネルギー省の各副大臣の辞任を承認した」とする大統領名の官報記載を国営紙が掲載。2人は汚職による事実上の罷免 | 情報省が民間新聞への事前検閲制度の完全廃止を発表。<br>大規模な内閣改造を実施、守旧派の閣僚、副大臣を一掃 | | | 情報省でメディアの事前検閲を担当していた局が廃止。4月から民間メディア |
| | ラカイン州でイスラム系住民と仏教徒系住民が衝突(3日)。テイン・セイン政権からスー・チー政権にまたがる一連のロヒンギャ問題の発端。以後、対立が激化。民政移管後、初の非常事態宣言が同州に出される | | | 新外国投資法を制定。1988年に軍政が制定した外国投資法に代わるもの | |
| ており、22年ぶりに両国の大使派遣が正常化<br>スー・チー氏、タイ訪問。1988年に帰国して以来、初めて国外へ(31日～6月4日) | スー・チー氏、NLD本部での記者会見で、ロヒンギャ問題に対する発言がSNSで大炎上を招く(6日)<br>スー・チー氏、欧州訪問。オスロではノーベル平和賞受賞演説(16日)。ジュネーブ、アイルランド、英国、フランスなど半月かけて回る | | 米政府がミャンマー製品の全面禁輸措置の解除を表明 | オバマ大統領、ミャンマーを訪問。全面禁輸措置の解除を発動 | |

| テイン・セイン政権 | | | | | | | |
|---|---|---|---|---|---|---|---|
| 2013年 | | | 2014年 | 2015年 | | | |
| 1月 | 2月 | 12月 | 11月 | 6月 | 9月 | 10月 | 11月 |
| | | | | | | | |
| に日刊新聞の発行を解禁することも決定 | | | | | | | スー・チー氏がヤンゴンでの記者会見で、「NLDが政権を握れば、私が主導す |
| | 少数民族和平担当相のアウン・ミン大臣と少数民族武装勢力の連合組織「統一民族連邦評議会」（UNFC）がタイ・チェンマイで初の和平交渉 | ティラワ経済特区、着工 | | | 日本の援助で開発されたティラワ経済特区（SEZ）の開所式 | テイン・セイン政権はカレン民族同盟（KNU）など八つの武装勢力と全国停戦協定（NCA）に署名 | |
| | | | ネピドーでASEAN首脳会議、東アジア首脳会議。オバマ大統領、安倍首相、李克強中国首相、ロシアのメドベージェフ首相らが出席。 | 中国政府がまだ野党党首だったスー・チー氏を北京に招待、習近平国家主席らが接遇し、国家首脳級のもてなし | | | |

| | アウン・サン・スー・チー政権 | | | |
|---|---|---|---|---|
| 2015年 | 2016年 | | | |
| 11月 | 3月 | 4月 | 5月 | 7月 |
| | | | | |
| るつもりだ」「私は大統領よりも上に立つことになる」と述べて物議（5日）<br>民政移管後、初の総選挙。NLDが圧勝（8日） | NLD政権発足。ティン・チョウ氏が大統領、スー・チー氏は外相などを兼務（30日） | 中国の王毅外相がネピドー訪問。政権発足の祝意を伝える。スー・チー政権になって外国の外相が訪問したのは中国が初（5日）<br>スー・チー氏を国家顧問に任命する法案が議会で成立。軍人議員は採決を拒否して議場から退場（6日） | | |
| | | | | スー・チー政権としての経済政策を発表<br>少数民族武装勢力との和平交渉を担当する「国民和解和平センター」（NRPC）を設置。テイン・セイン政権当時の「ミャンマーピースセンター」（MPC）に代わる組織 |
| | | | 米政府が経済制裁の一部緩和を発表。軍系企業7社と銀行3行を制裁対象のリストから除外 | |

## アウン・サン・スー・チー政権

2016年

| 8月 | 9月 | 10月 | 11月 | 12月 |
| --- | --- | --- | --- | --- |
| | | バングラデシュに接するラカイン州北西部のマウンドー県でロヒンギャの武装集団がミャンマーの国境警備警察本部など3カ所を襲撃、警察官9人を殺害。2日後にも約300人の武装集団が軍を襲撃、少なくとも兵士4人が死亡。「アラカン・ロヒンギャ救世軍」（ARSA）の犯行（この事件当時は「ハラカト・アル・ヤキーン」） | | |
| | ラオスでのASEAN首脳会議にスー・チー氏が出席。以後、ASEAN関係の各種首脳会議はスー・チー氏が参加 | | スー・チー氏訪日、安倍首相と会談。日本は官民合わせて5年間で8000億円の支援を表明 | |
| スー・チー政権下では1回目の少数民族武装勢力と政府・軍との停戦交渉（21世紀パンロン会議）が開催（31日） | | | | |
| 中国の李克強首相がスー・チー氏を中国に招待、前年に続き習近平主席らと会談。一帯一路構想の連携強化を呼びかけ | 米政府が経済制裁の緩和をさらに拡大すると表明 | 米政府が経済制裁の全面解除を発表 | | ノーベル平和賞受賞者ら23人が「スー・チー氏の（ロヒンギャへの）対応は不十 |

**アウン・サン・スー・チー政権**

| 2016年 | 2017年 | | | |
|---|---|---|---|---|
| 12月 | 1月 | 2月 | 3月 | 4月 |
| | | | | |
| | NLD法律顧問のコー・ニー氏がヤンゴン国際空港で射殺 | | | |
| | 「国境なき記者団」などの国際団体から国内に至るまで61の人権団体が電気通信法66条dの廃止を求める共同声明 | | | モン州のモーラミャインとビル島を結ぶ大橋が完成。橋の名称を巡り、NLD政府が「アウン・サン将軍橋」と命名したため、モン族住民が大規模な反対運動を展開 |
| 分だ」として、国連安保理で問題を取り上げるよう書簡を送付 | | 2016年10月のARSAによる襲撃事件で国連人権高等弁務官事務所（OHCHR）がバングラデシュ・コックスバザールの難民キャンプで聞き取り調査を行い、2月3日に結果発表。軍がロヒンギャ住民に人道的な罪を犯したとの見方を強めた | 国連人権委員会はOHCHRの報告書を踏まえ、ロヒンギャへの人権侵害と虐待の事実を調査する「独立国際事実調査団」設置 | |

| アウン・サン・スー・チー政権 | | | | |
|---|---|---|---|---|
| 2017年 | | | 2018年 | |
| 5月 | 8月 | 12月 | 2月 | 3月 |
| 軍は内部調査を行った結果として、OHCHRの2月の調査結果発表に対して「不正な行為は発見されなかった」と全面否定 | ARSAがラカイン州の警察拠点を襲撃（25日）。治安部隊が掃討作戦を開始し、70万人以上のロヒンギャがバングラデシュへ逃げて難民化 | | | |
| | スー・チー政権は大統領令に基づき、2016年10月のマウンドー地区でのARSAの襲撃の背景や再発防止策を調査・検討するため「マウンドー地区調査委員会」を設置、8月に調査報告書を公表。「OHCHRが指摘する人道に対する罪、民族浄化を示す可能性のある証拠はなかった」とOHCHRへの反論書的な内容 | | | |
| | | | スー・チー政権下で初めて少数民族武装勢力（2勢力）と停戦協定に署名 | |
| スー・チー氏、北京での一回目の「一帯一路国際協力フォーラム」に出席 | ミャンマーとバングラデシュがロヒンギャ難民の早期帰還で合意 | 米誌「ローリング・ストーン」のインタビューで、軍政当時からスー・チー氏を支援してきたU2のボノ氏がスー・チー氏に退陣を求める | ロヒンギャン難民の帰還を延期 | 米国のホロコースト記念博物館がスー・チー氏に2012年に授与した「エリ・ヴィーゼル賞」をはく |

| アウン・サン・スー・チー政権 | | | | |
|---|---|---|---|---|
| ２０１８年 | | | | |
| 3月 | 5月 | 8月 | 9月 | 11月 |
| | | | | |
| | 汚職スキャンダルが発生したチョー・ウィン計画財務相を事実上罷免。２０１６年3月の政権発足前から学歴詐称問題が指摘されていた | | | |
| | | スー・チー政権、同年から２０３０年までの12年間にわたる開発政策を示した「ミャンマー持続可能な開発計画」（ＭＳＤＰ）を発表 | ロヒンギャ弾圧問題を取材していたミャンマー人のロイター通信記者2人に、国家機密法違反の罪で懲役7年の判決 | |
| 奪すると発表<br>国連のリー・ヤンヒー特別報告者は「独立国際事実調査団」が国連人権理事会で中間報告を行った際、フェイスブックがロヒンギャへの憎しみを増幅させているとして、フェイスブックを批判 | | | 中国とミャンマーが「中国ミャンマー経済回廊」（ＣＭＥＣ）実現に向けた覚書を締結 | 国際人権団体「アムネスティ・インターナショナル」がスー・チー氏に授与した人権賞「良心の大使賞」を取り消したと発表 |

| アウン・サン・スー・チー政権 | | | | | | |
|---|---|---|---|---|---|---|
| 2019年 | | | | | | |
| 1月 | 2月 | 3月 | 5月 | 6月 | 7月 | 8月 |
| | | | | | | |
| | | タニンダーリ管区のレイ・レイ・マー首相が収賄容疑で逮捕。NLD出身。4件の訴訟で懲役30年の判決 | | | 計画財務相のケースと同じくキン・マウン・チョー工業相が汚職スキャンダルで事実上罷免 | |
| 国際人権団体ヒューマン・ライツ・ウォッチ（HRW）がスー・チー政権の報道や表現の自由を規制する措置を検証した報告書を公表し、政権の対応を批判 | HRWが「言論と集会の自由を犯罪とみなす法律の廃止・改正」を求める声明<br>カレンニー州の町で公園に建立されたアウン・サン将軍像の撤去をカレンニー族住民が自治体に要求し、警察ともみ合う | | 国家機密法違反の罪で懲役刑を受けたロイターの記者2人が恩赦で釈放 | チン州の町にアウン・サン将軍の像を建てる計画にチン族住民が抗議運動を展開 | | |
| | | | | | | ロヒンギャ難民の帰還開始を決めたが、難民が帰還に |

| アウン・サン・スー・チー政権 | | | | | |
|---|---|---|---|---|---|
| 年 | 月 | | | | |
| 2019年 | 8月 | | | | 応じず |
| | 9月 | | | | 国連人権委員会の「事実調査団」が報告書を公表。軍による国際法に基づく犯罪と、それを容認したスー・チー氏の不作為を厳しく断罪。「ジェノサイド（大量虐殺）」「人道に対する罪」「戦争犯罪」が行われたと断定し、国際的な司法の場で罪を問うよう求めた |
| | 11月 | | | | ガンビアがロヒンギャ問題を巡って国際司法裁判所（ＩＣＪ）にミャンマーを提訴（11日）<br>国際刑事裁判所（ＩＣＣ）は「人道に対する罪」の疑いでミン・アウン・フライン最高司令官ら軍幹部への捜査の正式開始を発表（14日） |
| | 12月 | | | | 国際司法裁判所で公聴会。アウン・サン・スー・チー国家顧問が出席して反論 |
| 2020年 | 1月 | | スー・チー政権が設けた独立調査委員会（ＩＣＯＥ）が最終調査結果を公表。「戦争犯罪はあったが虐殺はなかった」という内容 | | 中国の習近平国家主席がミャンマーを訪問。共同声明で「中国ミャンマー運命共同体を構築する」と宣言。ミャンマーとの外交関係を強化 |

| 政権 | 年 | 月 | | | | |
|---|---|---|---|---|---|---|
| アウン・サン・スー・チー政権 | 2020年 | 3月 | | NLDが提出した憲法改正案を連邦議会が否決 | | |
| | | 7月 | | | スー・チー氏、日本との投資セミナーでモン州に経済特区（SEZ）を開発する構想を発表 | |
| | | 9月 | | | | EUの欧州議会は、スー・チー氏が「サハロフ賞」受賞者として活動できる資格を停止 |
| | | 11月 | 投票日前からミン・アウン・フライン最高司令官らが選挙管理委員会（UEC）の手続きに不備があったと指摘し、クーデターを示唆するような発言も。投票後も有権者名簿に不備があったと主張 | 初めて完全な民政化で総選挙が実施され、NLDが2015年総選挙を上回る議席を確保して大勝利（8日） | | |
| | 2021年 | 1月 | 軍とNLDの首脳で対応を協議したが、31日に決裂 | | | 中国の王毅外相がネピドーを訪問。スー・チー氏に総選挙勝利の祝意を伝える。マンダレーとチャウピュー間に鉄道を建設する可能性調査の覚書を締結 |
| クーデター政権 | | 2月 | クーデター発生。軍が非常事態宣言を発令、ミン・アウン・フライン最高司令官が全権掌握（1日）<br>意思決定機関「国家統治評議会」（NUG）を設置（2日） | スー・チー氏らNLD幹部が一斉に拘束される（1日早朝以降）<br>20年11月総選挙のNLD当選者らがバーチャル議会「連邦議会代表委員会（CRPH）」を開設（5日） | 医療関係者、教員、公務員らが不服従運動（CDM）開始（3日～）。・大規模なデモが全国各地で展開される（6日～）<br>ネピドーのデモで重体だった20歳の女性が死亡。クー | 国連安保理が報道声明で「深い懸念」（4日）<br>米国が制裁第一弾。バイデン米大統領が軍幹部7人と軍関係企業3社への制裁を承認（11日）<br>反中デモが激化する中、駐 |

| クーデター政権 | |
|---|---|
| 2021年 | |
| 2月 | 3月 |
| フェイスブック遮断（3日）、ツイッター、インスタグラム遮断（4日）。国民はVPN経由で対抗<br>ミン・アウン・フライン最高司令官がクーデター後、初のテレビ演説。クーデターの正当性を主張し、「規律ある民主化」の必要性を強調<br>ミン・コー・ナイン氏、ジミー氏ら民主化活動家7人に逮捕状<br>クーデター後に刷新された連邦選挙管理委員会（UEC）のテイン・ソー新委員長は、政党を集めた会合で、2020年総選挙の無効を宣言（26日）<br>軍がデモ参加者の本格的な逮捕に着手。国営テレビは479人を逮捕したと発表（27日） | ミジマ、ミャンマーナウなど五つのメディアの免許をはく奪。<br>ヤンゴンで中国系工場が放火され、消防車の通行をデモ隊が妨害したとして治安部隊が発砲、少なくとも22 |
| | |
| デター後のデモで初の犠牲者<br>チョー・モエ・トゥン国連大使、国連の演説で三本指を立ててクーデターを批判、国際社会に強力な行動を求める<br>ヤンゴンでもデモで初めての死者（28日） | マンダレーで19歳の女性が死亡、翌日に市民数百人が葬儀に参列（3日）<br>カレン民族同盟（KNU）第3旅団の支配地域にある金の採掘場を軍が空爆（30日）、タイとの国境周辺で |
| ミャンマー中国大使が大使館ホームページで、中国はスー・チー氏、NLDとも緊密と訴える（16日）<br>世界銀行がミャンマーでのプロジェクトへの支払い停止<br>英政府が制裁第一弾。国家行政評議会（SAC）の軍高官が対象。25日には6人に追加制裁（18日） | ASEANが特別外相会議を開催。シンガポール、インドネシア、マレーシア、フィリピンはスー・チー氏解放を要求（2日）<br>インドネシアのジョコ大統領がASEAN特別首脳会 |

**クーデター政権**

2021年

| 3月 | 4月 |
|---|---|
| 人が死亡<br>携帯電話のインターネット接続が15日午前中から停止。これまでは午前1～9時のみだったが日中も使用不能に（15日）<br>「国軍の日」、デモ隊に治安部隊が発砲し、複数の子供を含む114人が死亡。1日として最悪の犠牲者数（27日） | 有名な俳優、モデル、有名人、セレブなどの逮捕が相次ぐ<br>軍がNUGの副大統領、首相、閣僚など26人を反逆罪で指名手配。NUGを「非合法組織」に指定<br>27日付国営紙がミン・アウン・フライン司令官の声明を掲載。ASEANとの合 |
| | CRPHがオンライン上の内閣「国民統一政府」（NUG）の設立を発表、NUGは翌日以降、ウェブ、フェイスブック、ツイッターなどで情報発信を活発に展開（16日） |
| 避難民問題が深刻化 | 著名な活動家や有名人を含む数千人が8～9日、SNS上に「中国はミャンマーから出て行け！」と投稿し、反中運動を展開<br>全国停戦協定（NCA）に署名した10の少数民族武装勢力（EAO）は、連立形成を目的とした協議のため非署名EAOに連絡するこ |
| 議を開催するよう議長国ブルネイに要請。マレーシアのムヒディン・ヤシン首相は呼びかけを支持（19日）<br>在ミャンマーの欧米大使館が声明。弾圧の即時停止と非常事態宣言の解除、拘束者の解放を要求。<br>米政府、軍のコングロマリット「MEHL」「MEC」に制裁措置（25日）<br>欧米各国の軍や自衛隊など12カ国の参謀長らは「非武装の市民に対する殺傷力の高い武器の使用を非難する」と共同声明<br>中国の王毅外相、ASEANのシンガポール、マレーシア、インドネシア、フィリピンの外相と福建省で個別に会談 | ASEAN特別首脳会議がジャカルタで開催。ミン・アウン・フライン司令官も出席。「暴力の終結」「全ての当事者間の建設的な対話」など5項目に合意（24日）<br>国連開発計画（UNDP）が、クーデターの影響で貧困層が倍増し、人口の約半 |

**クーデター政権**

2021年

| 4月 | 5月 | 6月 |
| --- | --- | --- |
| 意項目は直ちに実行しない考えを示す | SACはCRPH、NUG、PDFおよび関連組織をテロリストグループに指定（8日）<br>選挙管理委員会のテイン・ソー委員長が2回目の各政党との会議。NLDを解党処分にする可能性を指摘 | 軍がマグウェーの村を焼き払う。激しい弾圧はチン、カチン、カレンニーなど少数民族地域で行われており、ビルマ族地域が攻撃対象になるのは異例（16日）<br>ミン・アウン・フライン最高司令官が22～24日にモスクワで開かれる安全保障会議出席のためロシアに向けて出国（20日）<br>ミン・アウン・フライン総司令官はモスクワでの国際安全保障会議で演説、「前政権の下で劣化した民主主 |
| | NUGは民間人を保護するために「国民防衛隊」（PDF）を設立したと発表。「連邦連合軍」の前身の位置づけ（5日）<br>スーチー氏が法廷に初めて姿を現す。「NLDは国民がいる限り存在し続ける」と弁護士に述べて軍に対抗 | |
| とに合意。北部同盟の各勢力にアプローチする<br>反軍活動はデモから小規模なゲリラ的手法に変化。少数民族武装勢力の地域で武力闘争の訓練を受ける若者が相次ぐ | 全国で2月1日以降、300回以上の爆弾による爆発が発生<br>全国各地でPDF設立が相次ぐ。この頃から軍が指名した地区の行政官が射殺される事案が各地で続く | 国連特別報告者のトム・アンドリュース氏は、カヤー州の10万人以上が「爆撃と砲撃から逃れるため家から逃げざるを得なくなった」と人道危機を指摘（9日）<br>国連人道問題調整事務所（OCHA）によると、推定23万人が避難、支援を必要としている。カレン州では約17万7千人、チン州は2万人以上が避難 |
| 数に達するとの見通しを示す。1200万人が悲惨な状況になると警告 | 米財務省はSAC、並びに、軍の主要メンバー13人や軍高官の成人した子など16人に制裁。英国はミャンマー宝石会社（MGE）への制裁措置を発表（17日） | 中国の王毅外相と、軍から外相に任命されたワナ・マウン・ルウィン氏が会談。王毅外相は「中国の友好政策は国民全体に向けられている」と述べ、民主派勢力に配慮を示す（8日）<br>国連総会本会議はミャンマーへの武器流入を阻止する決議案を採択。ASEANではインドネシア、シンガポール、マレーシア、ベトナム、フィリピンが賛成<br>英政府は木材と真珠の国営企業を制裁対象に加えた。 |

**クーデター政権**

2021年

| 6月 | 7月 | 8月 | 9月 |
|---|---|---|---|
| 義システムを回復させようとしているだけだ」とクーデターを正当化（23日） | スー・チー氏に対して新たに4件の汚職容疑を訴追。計10件に。最大で懲役75年になる恐れ<br>選挙管理委員会は国営テレビを通じて声明、「総選挙の有権者名簿や投票用紙を調査した結果、不正が確認された」として、選挙結果を無効にすると発表（26日） | 政治犯支援協会（AAPP）によると、クーデター後の市民の犠牲者が1001人となり、千人を突破（18日）<br>ミン・アウン・フライン最高司令官は選挙制度を比例代表制に修正する考えを初めて表明（23日） | 軍がチン州タントランを攻撃し、数千人の住民が町から避難。家屋などが攻撃で火災（22日）<br>最高司令官事務所は、10月1日から翌年2月末まで一方的な停戦を発表。パンロン協定の調印から75年にあたる来年2月の「ユニオンデー」を祝うためと説明 |
| | | NUGはラジオ放送を開始。ウェブでも配信（20日） | NUGが「Dデー」宣言、軍に宣戦布告。各地のPDFに蜂起を指示。ゲリラ戦が活発化する可能性（7日） |
| | コロナウイルスの感染拡大が深刻化、酸素ボンベの不足で市民が混乱<br>ミン・アウン・フライン最高司令官の65歳の誕生日に、各地で模擬葬儀などの抗議活動（3日）<br>ノルウェーの通信会社テレノールがミャンマー事業の売却を発表（8日） | | Dデー宣言後、PDFは軍系通信会社マイテルの通信インフラを集中攻撃。4日間で60超の送信塔を破壊<br>9月1日から22日までにヤンゴン地域で少なくとも39回の爆発が発生（地元メディアまとめ）<br>チャット安が急速に進行し、1ドル＝3000 |
| 制裁は第6弾となる（21日） | 米国と欧州各国の駐ミャンマー大使館は、刑務所内でのコロナ感染状況を懸念。基本的人権の遵守を関係当局に要請 | ASEANはブルネイのエルワン第2外相をASEAN特使に選任（4日）<br>中国の王毅外相とASEAN特使が電話会談。王外相は中国が民主化復帰に尽力する方針を強調（18日） | |

**クーデター政権**

2021年

| 12月 | 11月 | 10月 | 9月 |
|---|---|---|---|
| 複数件訴追されているスーチー氏とウィン・ミン大統 | AAPPによると、クーデター後に軍に拘束・逮捕された人が1万人に達した（11日） | 軍はスーチー氏へのASEANミャンマー特使からの面会要請を拒否（４日）ミャンマー外務省は議長国のブルネイ外務省に対し、ASEAN首脳会議で国家元首、または政府首脳、国家元首を代表する連邦大臣の参加のみを受け入れると通知。非政治代表（外務省事務次官）の首脳会議への招待はASEAN憲章と矛盾すると批判（25日）軍がチン州タントランを砲撃、放火。１６０以上の家屋、教会などが焼失。 | |
| | NUGが「債券」を発行して海外から６３０万ドルを調達。2年償還で利息はつかず、目標額は10億ドル。 | 2月のクーデター以降、NLDの党幹部、議員、党員など４５８人が逮捕・拘束（自由アジア放送）NLD長老のウィン・テイン氏に禁固20年の判決。 | |
| 軍の空爆を含む攻撃でカレン州から数千人がタイ側に | | | チャットに。 |
| 国連総会本会議は、演説で軍のクーデターに抗議した | 中国とASEANのオンライン首脳会議にASEANの反対でミャンマーが欠席（22日）。25日のアジア欧州会議（ASEM）首脳会議もミャンマーは欠席。 | ブルネイのASEAN特使、スー・チー氏への面会を拒否されたため、ネピドー訪問を直前でキャンセル（12日）ASEANがオンラインで緊急外相会議を開き、26日〜28日のASEAN首脳会議と一連の会議にミン・アウン・フライン最高司令官を出席させないことを決定（15日）米政府代表団がタイ、シンガポール、インドネシアを訪問。タイとは国境を越えて避難民に人道支援することで、シンガポールは金融・資金面から軍に圧力をかけることで一致。ASEAN首脳会議、異例のミャンマー抜きで開催（26日） | |

| |
|---|
| |
| 2021年 |
| 12月 |
| 領に最初の判決。クーデターを非難した刑法違反などで懲役4年が下され、その後「恩赦」で2年減刑（6日） |
| |
| 避難（中間以降） |
| ミャンマーのチョー・モー・トゥン国連大使が大使ポストにとどまることを承認（6日） |

## 著者略歴

**深沢 淳一**（ふかさわ・じゅんいち）

法大社会学部卒、読売新聞入社。主に経済部で経産省、財務省、経済企画庁（現内閣府）、外務省など経済官庁や財界を担当、官庁統括キャップ、産業統括キャップ、経済部と国際部のデスクなどを務める。この間、ASEAN、中国、韓国、台湾、インドのアジア経済担当特派員としてシンガポール支局に駐在（2001～2004年）。ASEANと東アジア全般の担当特派員としてバンコク支局（＝アジア総局）に駐在、アジア総局長（2010～2013年）。

1990年代の日米貿易摩擦、2000年代以降の自由貿易協定（FTA）を軸とするアジア太平洋地域の市場統合、中国の世界貿易機関（WTO）加盟などの通商分野と、ASEANおよびASEAN各国の政治・経済・安全保障、ソフトパワーと経済効果などに関する取材経験が豊富。著書は『ASEAN大市場統合と日本』（共著）。2015年度から神戸大客員教授。



**「不完全国家」 ミャンマーの真実**

民主化10年からクーデター後までの全記録

2022年1月31日第1版第1刷発行　　検印省略

著　者――深沢淳一

発行者――前野　隆

発行所――株式会社 文眞堂

〒162-0041 東京都新宿区早稲田鶴巻町533

TEL：03（3202）8480 / FAX：03（3203）2638

URL：http://www.bunshin-do.co.jp/

振替 00120-2-96437

製作……平河工業社





ISBN978-4-8309-5161-9　C0031

定価はカバー裏に表示してあります